동아시아사의 순간들

동아시아사의 순간들

초판 1쇄 발행 2019년 12월 28일

엮은이 ǀ 성균관대학교 동양사연구실
펴낸이 ǀ 윤관백
펴낸곳 ǀ 도서출판 선인

등 록 ǀ 제5-77호(1998.11.4)
주 소 ǀ 서울시 마포구 마포대로4다길 4(마포동 324-1) 곳마루빌딩 1층
전 화 ǀ 02)718-6252 / 6257
팩 스 ǀ 02)718-6253
E-mail ǀ sunin72@chol.com
Homepage ǀ www.suninbook.com

값 31,000원
ISBN 979-11-6068-325-7 93910

· 잘못된 책은 바꿔 드립니다.

동아시아사의 순간들

성균관대학교 동양사연구실 엮음

서문

 한국, 중국, 일본 등 여러 국가의 역사를 하나하나 이른바 '일국사'적인 시야를 넘어서 상호 연관을 중시하는 방법은 최근 10년 동안 한국의 역사학계에 커다란 영향을 미치고 있다. 그러나 거대한 '동아시아사' 역시 하나의 순간이 계속 쌓이고 응축되어 한중일을 넘나드는 대하가 되는 것이라는 점에 착안하여, 여기에서는 역사를 이루는 하나의 계기들을 다시 한 번 확인해 보는 작업을 진행하고자 하였다.

 우선 이 책을 읽으실 독자 여러분께 '성균관대학교 동양사연구실'이라는 명칭부터 설명을 드리고자 한다. 물론 성균관대에 학적을 둔 동양사 연구자들의 모임이지만, 2001년 처음으로 『사기』「평준서」 역주를 학술지에 발표하면서 '성균관대학교 동양사연구실'이라는 명칭을 사용하였다. 이 연구 모임은 원래 중국 역대 정사(正史) 식화지 강독 모임에서 출발하였는데, 여기에는 중국 고대사 연구자들은 물론이고 일본사나 한국 고대사와 경제사 연구자들도 참가하여 열띤 토론을 벌이는 하나의 장으로서 기능하였다. 그 일단의 연구 결과가 『사료로 읽는 중국 고대 사회경제사』(청어람미디어, 2005)로 출간된 바 있다. 현재까지도 이러한 사료 독해 모임은 한 달에 두 번씩 중국 정사인 『송사(宋史)』 식화지를 강독을 몇 년째 이어가고 있다.

 이 '성균관대학교 동양사연구실'의 구성원들이 다시 '동아시아사의 순간들'이라는 제목으로 책을 기획하여 상재하게 되었다. 그 계기는 올해

2020년 2월 박기수 교수의 정년퇴임이었다. 박기수 교수는 1994년대에 성균관대학교 사학과에 부임하면서 동양사 연구에 새로운 학풍을 불러일으켰고 많은 제자를 배출하였다. 원래 전공인 명청시대 사회경제사를 중심으로, 특히 태평천국 운동과 광동 상인 문제에 집중하면서도 중국사의 문제를 동아시아의 시점에서 파악하여 새로운 동아시아상을 정립해 나갔던 모습은 후학들에게 커다란 귀감이 되었다.

박기수 교수의 정년퇴임을 맞이하여 '성균관대학교 동양사연구실'의 구성원들은 이제까지 각자의 장에서 해온 학문 연구를 하나로 모아서 서로 절차탁마하는 계기를 마련하고자 하였다. 각 연구자들의 테마는 상주시대부터 현대사까지, 추상적인 국가 의례부터 기호품인 설탕까지 매우 다양한 편인데, 본 논집의 출간을 계기로 각자가 연구해 온 테마를 대중들에게 알기 쉽게 전달하거나 자신의 연구 성과를 종합하는 계기로 삼고자 하였다. 제목에 '순간들'이라는 명칭을 넣은 것은 박기수 교수의 훈도를 받았던 시절 역시 간직하고자 하는 마음을 담은 것이기도 하다.

각각의 연구자들이 기고한 문장들을 시대순으로 〈고대편〉, 〈중세편〉, 〈근세편〉, 〈근현대편〉으로 각각 나누었는데, 그 내용을 요약해 보면 다음과 같다.

우선 〈고대편〉은 3편의 글을 실었다. 중국 상고사의 시작이라고 할 수 있는 상과 주의 왕조 교체, 그리고 봉건 실시를 구체적으로 다룬 논문과 동아시아 고대의 호적제도 비교, 그리고 전한의 형제(刑制) 개혁을 다루고 있다.

1장 이유표 선생(동북아역사재단 연구위원)의 논문인 「상주 왕조 교체와 주의 제후 봉건」은 중국의 상고시대이자, 훗날 계속 역사적 전범이 되었던 상주 시대(商周時代)를 다루고 있다. 그 가운데에서 애초에는 서쪽의 소국이었던 주(周)는 어떻게 대국이었던 상(商)을 멸망시켰는가라는 '상주 왕조 교체'의 문제와 주는 어떻게 나라를 안정시키고 주변 제후국들을 다스렸는가라는 근본적인 의문에 하나하나 답을 주고 있다. 주 문왕의 덕으로 작은 나라 주는 발전을 거듭하였지만, '주지육림'의 고사 등에서 나타나듯이 상은 포악하고 무도한 모습을 줄곧 보여줬다. 이러한 실정은 상에 대한 주의 정벌에 결정적인 명분을 제공해 주었고, 결국 무왕 대에 이르러 상을 멸망시키고 새로운 왕조의 탄생을 알리게 되었다.

이 논문에서는 주가 상을 멸망시킨 과정과 각 지방 거점에 제후를 봉건하면서 영향력을 사방으로 확대해간 주의 모습을 선명하게 확인할 수 있을 것이다. 무왕의 급서 이후, 이를 계기로 반란이 일어났는데 이를 '삼감의 난'이라고 하며, 이는 성왕과 주공(周公)의 동정으로 진압되었다. 주공은 은의 유민 세력의 분열을 유도하면서 제후를 봉건하여 국가의 안정을 다지는 중요한 업적을 세웠다. 이러한 정책은 성왕(成王)에서도 이어졌으며, 제후를 봉건할 때에 여러 가지 위신재를 하사함으로써 제후들에게 제사를 지낼 수 있는 권리와 주(周)를 위해 출정할 의무를 동시에 부여하였다. 본문에서는 이러한 제후 봉건이 시기적으로 뚜렷한 차이를 보이는데, 초기에는 군사 교통의 요지를 장악하고 이를 수비하기 위한 군사 작전의 일환으로 주왕의 직간접적 영향력을 대외적으로 확장시킨 반면, 후기의 제후 봉건은 쇠약해진 주 왕실의 대내외적 통제력을 회복하려는 목적에서 진행되었으나 결국 나라의 멸망을 막을 수는 없었다고 지적하고 있다.

2장 김경호 선생(성균관대학교 동아시아학술원 교수)의 논문인 「고대 동아시아의 호적(戶籍)제도―출토자료를 중심으로」는 고대 동아시아 호적제도를 다루고 있다. 본 논문에 따르면 호적제도는 한국·중국·일본·대만 등의 동아시아에서만 볼 수 있는 제도로서 동아시아 내에서 각 국가와 지역의 역사적 발전을 측정하는 매우 적절한 바로메타가 되는 셈이다. 본 논문에서는 우선 주로 중국에서 발견된 고대 출토자료를 중심으로 국가가 인민들을 어떻게 파악했는가를 고찰하고 있으며, 이를 통하여 한반도와 일본 열도의 호적 제도를 비교하고 있다. 중국에서는 이미 B.C. 2세기부터 호적 작성이 실물로서 확인되고 있고, 유사한 형식의 호적이 한의 지배를 받고 있던 낙랑군에서 작성되었으며, 6세기는 한반도에서 정교한 호구 조사가 이루어졌고, 이를 관리하는 호적 문서가 존재하였다고 한다. 한편 일본에서도 호적류 목간이 사용되었는데, 처음에는 백제를 중심으로 한 도래인들에 의해서 도입되었으며, 백제가 멸망한 뒤 670년에는 전국 인민을 대상으로 한 호적이 작성되었다. 즉 동아시아 3국 모두 율령에 기초한 국가지배가 확립되고 전국적 인민 지배가 확산되는 과정과 발맞추어 호적 작성이 이루어졌다는 점이 확인되고 있다.

3장 임병덕 선생(충북대학교 사학과 교수)의 논문인 「한문제(漢文帝) 형제개혁(刑制改革)」에서는 전한 시기에 이루어진 형법 개혁을 다루고 있다. 주지하다시피 춘추·전국시대에 중국의 형벌은 신체를 훼손하는 이른바 '육형(肉刑)'을 위주로 하여 매우 잔인하였다. 그 뒤 B.C. 202 한 고조 유방에 의해서 한이 건국되고, 그 뒤 여후기(呂后期)를 거쳐서 즉위한 문제(文帝)는 '문(文)'이라는 시호나 '문경지치(文景之治)'라는 표현이 말해 주듯이, 중국역사상 유가(儒家)의 이상인 문치주의(文治主義)를 실현한 인군(仁君)으로 평가되고 있다. 그러한 평가를 결정지은 것은 문제 재위 시기에 '육형의 폐지'를 비롯한 형제(刑制) 개혁이 이루어졌기 때문이다. 그러나 본 논문에서는 이러한 문제(文帝)의 신화에 도전하여 문제 개혁의 공통적인 특징은 이제까지의 과도한 국가의 부담을 줄이기 위하여 과도한 노동 인원을 삭감하는 데 있었다는 점을 강조하였다. 즉 종신형 죄수들을 수용하여 이들에게 노역을 시켰던 종래의 형벌 체계는 과도한 관리 비용을 유발하였다. 따라서 이들을 줄여감으로써 국가의 부담을 경감시키고자 하였던 것이다. 즉 이제까지 무기형(無期刑)이었던 것을 유기형(有期刑)으로 개혁한 것은 이미 관이 보유한 지나치게 많은 노동력을 줄여서 관리 비용을 줄이려는 시도에서 이루어진 것이라고 지적하고 있다. 신체를 훼손하는 육형의 폐지 역시 종신형의 폐지를 의미하는 것이고 이는 곧 무기형에서 유기형으로의 개혁을 의미하므로 관유 노동력의 감소를 의미하는 것이라는 결론을 맺고 있다. 즉 문제의 형제 개혁은 어디까지나 과도한 국가 부담을 줄이려는 차원에서 이루어진 것이며 문제의 개인적인 인덕(仁德)과는 관련이 없다고 결론을 맺고 있다.

〈중세편〉은 6편의 글을 실었다. 중국 전통시대 통사적인 시점에서 공자의 평가를 시도한 논문과 중국 중세사에서 가장 유명한 테마 가운데 하나인 효문제의 한화정책에 대한 재평가를 통하여 북방사와의 연결까지도 시도하였다. 그리고 『대당개원례(大唐開元禮)』(732년 반포)라는 국가 의례서를 통하여 의례에 관한 당대의 다양한 논의가 어떻게 재구성되었는가를 다루고 있다. 마지막 문장은 고려 말의 왜구 문제가 동아시아 삼국의 외교적 교섭을 통해서 해결되어 가는 모습을 서술하고 있다.

4장 김성규 선생(전북대학교 사학과 교수)의 「공자의 관을 덮고 나서 – 중국왕조의 공자 평가 2000년 간사(簡史)」에서는 어떤 시대에 국한되지 않고 중국 한대부터 청대까지 전통시대를 그 대상으로 하여, 공자 사후 중국의 각 왕조에서 제기된 다양한 평가와 그 배경을 통사적으로 정리한 논문이다. 공자야말로 중국적 인물 평가 방식의 전형적 사례였다. 그의 일생은 자신의 정치적 '야망'에 비추어 결코 '성공적'이지 못했지만, 사후 실현된 유학의 '국교화'로 인하여 공자의 지위는 계속 상승되었고, 유교를 정통으로 하는 왕조들은 공자를 존숭하고 여러 가지 의례를 추가함으로써 왕조의 정통성 역시 제고하려고 하였다. 특히 이민족 정권인 서하

(西夏)나 청조에서도 이런 현상이 나타났던 것은 매우 주목할 만한 사례라고 생각된다. 본 논문에서 공자의 평가는 그의 관을 덮고 나서야 본격화되었다는 의미에서 '중국적 인물 평가'의 전형이라고 결론짓고 있다.

5장 정재균 선생(충북대학교 사학과 강사)의 「효문제(孝文帝)의 한화정책(漢化政策) - 보편적 통치원리에 입각한 통일국가의 지향」에서는 그 유명한 북위 효문제의 한화 정책을 다루고 있다. 통설에 따르면 북위 효문제는 이민족 왕조 가운데 '한화(漢化)'를 전면적으로 추진한 유일한 군주이자, 그가 추진한 정책들은 자발적 동화 정책으로 평가받고 있다. 즉 이러한 평가는 대부분 문화 수준이 낮은 탁발 선비가 선진적인 한족 문화에 동화되는 것이 당연하다는 인식에서 기반을 둔 것이었다. 반면, 소위 '한화정책'이 실시된 효문제의 치세는 화북을 통일한 북위가 당면한 문제, 화북 통치의 안정화 및 남북의 통일을 위해서 일개 호족국가(胡族國家)에서 황제를 정점으로 한 보편적 중앙집권적 국가의 전환이 불가피한 시기였다. 그러므로 효문제가 추진한 일련의 개혁 정책들은 단순히 한족 문화로의 동화 정책이라는 시각에서 벗어나 보편적 집권국가를 지향하였다는 점에서 재평가되어야 할 것이다. 즉 효문제의 한화정책은 종족적 혈연주의에 입각한 기존의 호족(胡族) 정권으로는 중앙집권 국가를 세우기 어렵기 때문에 취해진 조치, 즉 보편적 중앙 집권 국가로의 지향 속에서 나온 것으로 파악해야 한다고 보고 있다. 효문제 시기 실시된 균전제와 삼장제 역시 국가 권력이 직접적으로 향촌질서를 재구축하고, 한족 사회와 이민족 국가의 결합을 추진하는 과정 속에서 시행된 것으로 파악하고 있다. 호어(胡語) 금지 조치 등 일련의 정책들 역시 한족 문화로의 동화를 위해서 시행되었다기보다는 문벌 귀족제를 수립하기 위한 일환으로서 파악하고 있다는 점이 본고의 중요한 특징이 아닐까 생각된다.

6장 김정식 선생(신라대학교 역사교육과 교수)의 논문인 「당(唐) 전기(前期) 예제(禮制)의 정비와 국가의례서(國家儀禮書)의 편찬」은 당 전기 예제에 대한 논쟁과 그 결산인 『대당개원례』의 편찬 과정, 그리고 『대당개원례』의 내용과 특징에 대해 규명하고 있다. 왕조에서는 통치의 정당성과 권위를 확보하기 위하여 의례에 대해서 매우 중시하였는데, 의례의 어떤 점을 강조할 것인가에 대해서 견해가 나뉘기 마련이었다. 이 때문에 당 전기에는 예제를 둘러싼 논쟁이 벌어졌는데, 태종·위징·잠문본 등 실용성과 시의(時宜)를 중시한 입장(왕숙설)과 공영달·가공언·학처준 등 고정성·항상성을 중시한 상이한 견해(정현설) 사이의 대립이었다. 처음에는 예제의 고정성·항상성을 중시한 견해가 채택되었지만, 나중에는 예제에서 시의를 강조한 주장이 점점 설득력을 얻게 되었다. 한편, 기존의 전범이었던 『예기』는 당대에 들어와서는 이를 그대로 따를 수 없다는 의견이 많아져서 새로운 의례 전범이 필요하였는데 이러한 환경에서 편찬된 것이 바로 『대당개원례(大唐開元禮)』였다. 그리고 이 『대당개원례』의 편찬은 예제의 시의성을 우위에 두고 예제의 고정성을 적절히 조화시키려고 한 새로운 예제에 대한 모색이었던 것이다. 나아가 『대당개원례』는 당대 이후 동아시아 각국의 국가의례와 외교 의례의 전범으로 기능하였다고 결론을 맺고 있다.

7장 한윤희 선생(성균관대학교 사학과 박사과정 수료)의 논문인 「중세 동아시아의 왜구 침략과 외교」에서는 14세기 말 동아시아 삼국의 외교상 공통 현안이었던 '왜구 문제'를 다루고 있다. 14세기 말부터 시작된 왜구 침구는 일본 규슈의 정치·군사와 관련되어 있었다. 즉, 규슈의 남조 측 무장인 쇼니 요리히사를 위시한 휘하 세력이 전쟁을 벌이면 풍선효과처럼 고려의 왜구 침구가 증가하고, 역으로 쇼니씨가 휴지기에 들어가면 고려 침구는 줄어들었다. 이로써 당시 왜구 침구의 목적은 병량미

등을 확보하기 위한 내전 준비임을 알 수 있다. 한편, 중국은 왜구 침구를 빌미로 고려와 일본을 압박하였다. 이에 고려는 일본에 금왜(禁倭) 사절을 파견하였고, 이에 응한 일본은 고려에 군대를 파견하여 고려군과 함께 왜구를 물리쳐갔다. 특히, 규슈탄다이 이마가와 료슌은 2천 명 이상의 고려 피로인을 고려로 송환하였다. 하카타(博多)에 보빙사로 파견되었던 정몽주와 이마가와 료슌이 만난 이후, 고려는 더 이상 일본에 사절을 파견하지 않았으며, 이로써 왜구 문제로 위기감이 고조되었던 한중일 삼국의 군사·외교적 긴장관계가 점차 완화되어 갔다고 결론을 맺고 있다.

〈근세편〉은 2개의 장으로 이루어졌다. 하나는 한중일에 베트남까지 포함하는 좀 더 거시적인 동아시아의 문제이고, 다른 하나는 한중의 문제만을 집중적으로 다루었는데, 모두 동아시아 국제질서를 다루고 있는 것이 특징이다.

8장 홍성화 선생(부산대학교 역사교육과 교수)의 문장인 「16~19세기 동아시아 국제질서의 성립과 변용」에서는 중국사를 중심으로 명 말부터 청 말까지 동아시아 국제질서가 어떻게 새로이 정립되고 변화되어 갔는가를 살펴보고 있다. 본고에서 필자는 3단계로 나누어서 동아시아 국제질서의 특징을 서술하고 있다. 14~17세기 초까지는 동아시아 질서 속에서 명조의 우위가 인정된 시기인데, 명조의 '해금=조공질서'는 16세기 중엽부터 밖으로부터의 강한 저항에 직면하여 점차 동요하기 시작하였다. 그 동요의 군사적인 결과가 1592년 임진왜란과 1644년 명청교체라고 지적하고 있다. 주로 17세기 초에 성립된 새로운 화이질서는 이제 청조를 중심으로 한 화이질서 이외에도 '일본형 화이질서', 베트남의 '대남(大南) 제국 질서', 조선의 '조선 중화주의' 등이 나타났다. 다만 차이점이 있다면 조선과 베트남의 경우, 중화주의 내부에서 자신이 중화라고 상정하였다면, 일본의 경우는 중화주의와는 다른 화이질서를 지향했다는 점에서 다르다. 17~19세기 초까지 동아시아에서는 기존의 일체감이 점차 사라지고 자국을 중심으로 하는 사고가 크게 부각되었다. 19세기 초 서양과의 개항을 통해서 다시 교류를 하게 된 동아시아 내부에서는 서양과는 조약체제를, 동아시아 내부에서는 조공질서를 유지하려고 하는 청조와 만국공법을 전면에 내세운 메이지 일본과의 경쟁이 발생하였고, 1895년 시모노세키 조약을 거치면서 메이지 일본이 청조의 조공질서를 무너뜨리게 되는 일련의 과정을 서술하고 하고 있다.

9장 우신(于晨) 선생(성균관대학교 사학과 박사)의 「근대 조·청 관계사 연구의 회고와 제언」에서는 근대 한중 관계사를 연구하는 중국학자의 깊은 고뇌가 담겨 있다. 이 논문에서 한·중·일과 서양 학계의 근대 한·중 관계에 관한 연구 성과를 상세하게 정리하면서 새로운 연구방향을 제시하고 있다. 19세기 중후반 근대 한중 관계에서는 조공체제와 조약체제가 서로 혼재되어 있는데, 어느 한쪽을 강조한 기존의 대다수 연구와는 달리 본 논문에서는 조공체제와 조약체제의 공존현상을 '생물학적 공생(共生)'이라는 개념으로 다시 해석하고 있다. 두 체제 사이의 모순과 충돌을 강조한 기존의 연구견해와 달리 필자는 본고에서 생물학적 공생이라는 개념으로 조공체제와 조약체제의 공존현상을 해석했다. 아울러 예와 법이라는 전통 중국의 용어를 사용하여 뿐만 아니라 예는 조공체제, 법은 조약체제로 해석하고 있다. 이를 통하여 본고에서는 기존의 조약체제가 조공체제를 보완한다고 하는 주장과 정반대로 조공체제가 조약체제를 보완하는 역할이었음에 주목하고 있다.

〈근현대편〉은 4편의 문장으로 이루어졌다. 1911년 신해혁명과 1949년 중화인민공화국 수립에 관한 사실을 다룬 것이 각각 한 편씩이고, 근대 일본의 공민(公民) 교육을 통한 새로운 국민상의 창출이라는 테마를 다룬 것과 일상생활 속의 중요한 소비품인 설탕의 생산과 유통을 다룬 것으로 각각 구성되었다. 그 구체적인 내용은 다음과 같다.

10장 이평수 선생(충북대학교 사학과 교수)의 「신해혁명과 민국의 탄생」에서는 1911년 중국에서 청조를 무너뜨리고 공화국의 시대를 열었던 신해혁명에 관련된 여러 가지 흥미로운 사실을 독자들에게 생생하게 전달하고 있다. 신해혁명은 주도면밀한 사전 계획에 의해서 이루어지 않았고, 전제 군주정을 종식시켰다는 것 이외에는 이렇다 할 사회적 변화도 수반되지 못했다. 한편, 중앙 권력이 부재한 가운데 각 지역에서는 군벌이 횡횡할 수 있게 되는 계기가 되기도 하여 그 불철저함이 늘 지적되고 있는 상황이다. 하지만 이 글에서는 위와 같은 한계 속에서도 혁명의 대의를 위해 희생된 혁명가들이 계속 나타났고 그들의 '진실하고 순결한 정신'이 있었다는 점을 잊어서는 안 된다고 지적하고 있다. 이 글에서는 혁명가들의 장렬한 죽음이나 그들이 남긴 서화들을 사진 자료를 통해 다수 소개함으로써 그들의 정신을 생생하게 전달하고 있다.

11장 정영구 선생(안동대학교 사학과 교수)의 「중국의 설탕이야기」에서는 저자가 오랫동안 천착해 온 중국에서 설탕의 생산과 소비라는 문제를 알기 쉽게 독자들에게 전달하고 있다. 인도에서 처음으로 생산된 설탕은 이슬람교의 전파를 따라 서쪽으로, 불교의 전파를 따라 동쪽으로 전파된다. 중국에 설탕제조 기술이 전래된 것은 7세기 후반으로 추정된다. 그리고 그 제조기술은 하나가 아니라 매우 다양하였으며 시대에 따라서 커다란 변화를 보이고 있다. 제조된 사탕도 흑설탕 이외에도 만들기 까다로운 당상(糖霜), 즉 얼음 설탕까지 있었다. 그리고 송대의 경우,

설탕의 대부분은 복건지역과 광동지역에서 생산되어 북쪽의 대도시에서 소비되곤 하였다. 청대가 되면서는 생산이 광동지역에 집중되는 경향이 나타났으며, 광동이나 복건 사람들은 설탕을 싣고 강남지역에 판매하고 다시 강남지역의 면화를 사가지고 돌아가는 이른바 설탕-면화교역이 성행했다고 한다. 이러한 교역은 물자의 단순한 교역 차원에 그치지 않고, 지역 간에 높은 상호의존성이 존재했음을 보여주고 있다. 이러한 상호의존성이 두 상품이 유통되는 청 말에서도 굳건히 유지되었음을 이 글에서는 잘 보여주고 있다. 그리고 최근에 우리 주변에서 쉽게 찾아 볼 수 있는 흑당 열풍 역시 중국 설탕 속에 숨겨진 수많은 스토리 가운데 하나라는 점 역시 이 글에서 생생히 묘사되고 있다.

12장 김종식 선생(아주대학교 사학과 교수)의 「근대 일본 공민교육의 탄생과 소멸」에서는 역시 저자가 오랫동안 천착해 온 근대 일본에서 이루어진 공민교육의 변화상을 제시하고 있다. 저자가 공민 교육에 집중하고 있는 까닭은 메이지 유신 이후 1945년까지 일본 국민의 성격은 신민(臣民)→공민(公民)→황민(皇民)의 순서로 변화되었으며, 일본 정부가 상정한 국민상은 공민 교육을 통해 재생산되었다. 러일 전쟁 이후, 공민교육은 지역사회의 주민교육에서 중앙정부의 국민교육 혹은 사회생활에 필요한 시민교육의 의미로 점차 확장되어 사용되었다. 공민교육이 성립하고 전개된 시기는 러일전쟁을 전후한 시기부터 1930년대 초반까지이다. 이 시기는 다이쇼 데모크라시의 시기인데 일본에서는 국가를 대신하여 사회와 개인이 발견되면서, 가치관의 재정립이 일어나면서 정치·사회적으로 다양한 변화를 경험했던 때이다. 민(民)에 대한 파악방식도 기존의 군주(君主)와 신민(臣民)에서 근대적인 국가와 국민, 근대적인 사회와 시민으로 전개되었다. 공민교육에 대한 관심은 이러한 정세에서 현실적으로 발생하는 문제를 해결하는 과정에서 발생하였으며, 그것을 해결하는 과정과 방식이 바로 공민교육의 내용을 구성하였다고 지적하고 있다. 또한 공민교육은 비정규교육기관인 실업보습학교에서 시작하여 정규교육기관인 중학교에서 정식으로 성립하였고, 청년학교에서는 수신과로, 중학교에서는 국민과 속의 수신으로 흡수되면서 소멸하였다. 공민교육의 방향과 내용도 지식교육-입헌정치교육-국체·신민교육으로 변용되면서 성립과 소멸의 과정을 거치게 되었다.

13장 김지훈 선생(성균관대학교 동아시아역사연구소)의 「1949년 개국대전 그날」에서는 1949년 10월 1일 중화인민공화국 수립 당시, 이를 알리는 거국적 행사인 개국대전(開國大典)을 어떻게 준비하고 어떻게 진행되었는가를 묘사하고 있다. 당시는 아직까지 남쪽 지방에서 국공 내전이 계속 진행되던 시기였고, 수도를 어디로 할 것인가도 정해지지 않은 유동적인 상황이었다. 이러한 가운데 거행된 개국대전은 신중국 수립을 천하에 공포함으로써 국가의 기초를 다지려고 하는 노력의 일환이었다. 개국대전이 열리기 하루 전날, 마오쩌둥의 초상화를 어떻게 준비하였는가에 대한 서술로 시작하고 있는데, 개국대전의 행사는 3가지 부분으로 이루어졌음을 지적하고 있다. 첫째, 중화인민공화국 중앙인민정부 성립 전례(典禮), 둘째, 인민해방군 열병식, 셋째, 민중의 가두행진이었다. 특히 두 번째 인민해방군 열병식에 첫 번째로 참가한 부대는 해군이었는데, 이는 당시 마오쩌둥을 비롯한 공산당 지도부가 인민해방군의 현대화와 해군 건설을 매우 중시하였음을 보여준다고 지적하고 있다. 그리고 개국대전이 열렸던 장소를 천안문으로 정한 사람은 바로 저우언라이(周恩來)였다. 그리고 이 날을 위하여 홍색 바탕에 5개의 별을 그린 도안, 즉 오성홍기가 국기로 제정되었고, 의용군 행진곡이 국가로 사용되었다. 그리고 이러한 준비를 거쳐서 10월 1일 열린 개국대전이 어떻게 치러졌는가를 한 편의 영화를 보듯이 생동감 있게 묘사함으로써 독자들을 1949년 10월

1일 천안문 광장으로 안내하고 있다.

  2017년 말부터 이 책을 준비하면서 집필자들은 작은 워크숍을 겸하여 몇 번이나 모여서 문장들을 검토하였다. 이 과정 속에서 자신들의 논지를 가다듬고 보충하여 좀 더 나은 문장을 만들기 위하여 노력하고 서로 다른 시대, 여러 가지 테마들이 교차하는 과정에서 역사의 순간들 역시 이렇게 교차하여 새로운 물결을 만들어 가는 모습을 확인하면서 새로운 식견을 얻기도 하였다. 많은 한계로 인하여 이 책에 그 모습을 다 전달할 수 없음은 매우 아쉽게 생각한다. 그러나 첫술에 배부를 수 있겠는가? 이 책의 출간을 계기로 앞으로도 '성균관대학교 동양사연구실'의 구성원들이 다시 모여서 절차탁마하는 계기를 계속 갖고자 한다. 그것이 지금 퇴임하는 박기수 교수의 업적을 기리는 길이 되리라는 점 역시 믿어 의심치 않는다. 끝으로 선생님의 행복과 건강하심을 진심으로 빌어마지 않는다.

2019년 12월
필자들을 대신하여 홍성화 씀

일러두기

외국 역사에 관한 저서를 준비할 때, 늘 부딪치는 인명과 지명 표기 문제는 다음과 같이 처리하였다.

- 지명은 일괄적으로 우리 한자 발음대로 표기하였다.
- 인명의 경우, 〈근현대편〉의 저자들만 중국 발음을 기준으로 하였고, 일본사의 경우는 인명과 지명 모두 일본어 발음을 기준으로 하였음을 밝힌다.

차례

서문 _ 5

1부 고대편

1장 상주 왕조 교체와 주의 제후 봉건 _이유표   27
1. 상(商)의 쇠퇴와 주(周)의 흥기   27
2. 상말 주의 세력 확장   29
3. '무왕극상(武王克商)' - 상주 왕조 교체   33
4. '삼감의 난'에서 '주공동정'까지   35
5. 성왕의 은유민 정책   39
6. 주왕조의 제후 봉건 및 그 목적   40
7. 제후 봉건으로 본 서주 왕조의 확장과 좌절   49

2장 고대 동아시아의 호적(戶籍)제도 - 출토자료를 중심으로 _김경호   59
1. 머리말   59
2. 호적의 연원 : 중국 고대 사회의 호적   61
3. 호적의 전파   76
4. 맺음말   81

3장 한문제(漢文帝) 형제개혁(刑制改革) _임병덕   85
1. 한문제(漢文帝)는 어떤 황제인가?   85
2. 한문제의 공적에 관한 사료의 내용   87
3. 수노상좌율과 비방요언율의 폐지가 가지는 의미   92
4. 육형 폐지의 의의   96

2부 중세편

4장 공자의 관을 덮고 나서
– 중국왕조의 공자 평가 2000년 간사(簡史) _김성규   105

1. 서론   105
2. '스승'에서 '왕자(王者)'로   108
3. 대성지성선사(大成至聖先師)의 탄생   121
4. 다시 '스승'으로: 해체와 재생   129
5. 맺음말: 청조의 공자 인식   141

5장 효문제(孝文帝)의 한화정책(漢化政策)
– 보편적 통치원리에 입각한 통일국가의 지향 _정재균   149

1. 서론   149
2. 북위의 화북 통일과 중앙집권화 과정   152
3. 효문제의 한화정책: 문벌주의 채용과 보편적 통일국가로의 지향   157
4. 신분질서의 확립과 황제 지배체제의 구축   168
5. 결론   181

6장 당(唐) 전기(前期) 예제(禮制)의 정비와
국가의례서(國家儀禮書)의 편찬 _김정식   185

1. 들어가며   185
2. 당초(唐初) 예제논쟁과 국가의례서의 편찬   187
3. 현종조(玄宗朝) 『대당개원례』의 편찬   195
4. 『대당개원례』의 구성 : 오례(五禮)체제   198
5. 『대당개원례』의 의의와 영향   214

7장 중세 동아시아의 왜구 침략과 외교 _한윤희   219

1. 서론   219
2. 고려 말 왜구의 침구와 일본 규슈의 정세   221
3. 고려 정부의 외교적 대책과 일본의 대응   228
4. 고려 말 피로인 송환과 이마가와 료슌   234
5. 결론   240

3부 근세편

8장 16~19세기 동아시아 국제질서의 성립과 변용 _홍성화   247

1. 서론   247
2. 14-17세기 초 '명조적 화이질서'   250
3. 17세기 초 새로운 화이질서의 태동   263
4. 18-19세기 초 조공과 호시의 사이에서   278
5. 근대 시기 동아시아 국제질서의 변동   292
6. 결론   307

9장 근대 조·청 관계사 연구의 회고와 제언 _우신(于晨)   317

1. 서론   317
2. 기존 연구의 틀과 쟁점   319
3. 기존 연구의 틀로부터의 변용   329
4. 새로운 제언: 예·법공생체제의 성립   335
5. 결론   340

4부 근현대편

10장 신해혁명과 민국의 탄생 _이평수   347

   1. 서론: '파이 중국'과 '동물원 중국'   347
   2. 장렬한 죽음: 루하오동과 린쮀민   350
   3. 수의 삼열사: 펑추판·류푸지·양훙성   354
   4. 무창기의와 민국의 선포   356
   5. 비운의 정장군 총사령관 인창헝   359
   6. 혁명 전후의 남겨진 서화들   361
   7. 결론: 우연과 필연의 이중주   368

11장 중국의 설탕 이야기 _정영구   373

12장 근대 일본 공민교육의 탄생과 소멸
    - 정치교육을 중심으로 _김종식   395

   1. 서론   395
   2. 공민과 성립기   398
   3. 공민과 전개기   403
   4. 공민과의 변화 – 정치교육의 등장과 소멸   405
   5. 결론   407

13장 1949년 개국대전(開國大典) 그날 _김지훈　　411

1. 개국대전 하루 전　　412
2. 개국대전 개최 결정　　415
3. 개국대전을 어디에서 개최할 것인가?　　416
4. 새로운 국기와 국가 결정　　419
5. 메이화춘 공관으로 걸려온 전화　　421
6. 17대의 비행기로 26대의 편대비행 실시　　424
7. 개국대전을 둘러싼 보이지 않는 전쟁　　427
8. 개국대전 개최　　430
9. 10월 1일의 기쁨과 슬픔　　436
10. 맺음말　　439

게재정보_ 442

동아시아사의 순간들

1부_ 고대편

1장 상주 왕조 교체와 주의 제후 봉건

이 유 표

1. 상(商)의 쇠퇴와 주(周)의 흥기

상(商)은 천을[天乙, 탕(湯)]이 건국한 이후 제신[帝辛, 주(紂)]에 이르러 멸망할 때까지 31대의 제왕을 거쳤다. 상은 건국 후 멸망할 때까지, 박(亳), 효(囂), 상(相), 비(庇), 엄(奄)을 거쳐 마지막으로 은(殷)에 도읍하였다.[1] 따라서 '상'을 '은'으로 일컫기도 했다.

『상서(尙書)』「반경(盤庚)」편에 의하면, 상은 '반경'대에 이르러 은으로 도읍을 옮겼다.[2] 현재 역사 연구의 관점에서 봤을 때, 반경의 천도는 획기적인 의의를 갖는데, 바로 '은'[지금의 중국 하남성(河南省) 안양시(安陽市) 은허(殷墟)]에서 동시대적 문자자료인 갑골복사(甲骨卜辭)가 대량

---

[1] 方詩銘·王修齡 撰, 『古本竹書紀年輯證(修訂本)』, 上海, 上海古籍出版社, 2005, 21~41쪽.
[2] 『尙書正義』 권9 「盤庚上」, 『十三經注疏』 영인본, 上海古籍出版社, 1997, 168~170쪽.

으로 출토되고 있기 때문이다. 따라서 문자자료를 중시하는 역사학적 특성상 많은 학자들이 중국 역사의 시작을 이 '반경천은(盤庚遷殷)'으로 두곤 한다.

상은 이 '은' 땅에서 약 200여 년간 13명의 제왕을 거쳤다. 「은본기」에 의하면, 상은 이 땅에서 반경의 손자인 무정(武丁) 때 부열(傅說)을 등용하여 상의 중흥을 이끌었다고 한다.3) 갑골복사를 통해서도 무정 시기의 정치적 군사적인 큰 세력을 엿볼 수 있는데, 특히 무정의 후비로 알려진 부호(婦好)는 강방(羌方)·토방(土方)·파방(巴方) 등을 정벌하면서 상의 중흥에 앞장섰다. 1976년에 발견된 부호묘는 길이 5m, 너비 4m의 대형 묘로 1,928건의 부장품이 발견되었는데,4) 이는 그녀의 지대한 영향력을 반영해 준다.

무정의 중흥 이후 상은 쇠퇴의 길로 접어들었다. 「은본기」에 의하면, 무정이 죽은 이후 조경(祖庚)·조갑(祖甲)·무을(武乙)이 차례로 즉위하였는데, 조갑은 '음란'했고, 무을은 신을 모욕하다가 황하(黃河)와 위수(渭水) 사이에서 사냥을 하던 중 벼락을 맞고 쓰러져 죽었다고 한다.5)

상왕이 황하와 위수 사이에서 죽을 무렵, 바로 이 부근에서 세력을 키우던 자들이 있었다. 바로 '주(周)'족이다. 『史記』「주본기(周本紀)」에 의하면, 주의 시조는 '후직(后稷)'으로 순(舜) 임금 때 '태(邰)' 땅에 봉해졌으나, 그 손자 부줄(不窋) 대에 이르러 태를 떠나 '융적(戎狄)'과 어울려 살았고, 이후 공류(公劉)와 경절(慶節) 대에 이르러 농사지을 땅을 찾아 이동하면서 빈(豳) 땅에 자리 잡았다고 한다.6) 주인이 두각을 나타내기 시작한 것은 그로부터 7대가 지난 고공단보(古公亶父) 때였다. 고공단보는

---

3) 『史記』 권3 「殷本紀」, 北京: 中華書局, 1959, 102~103쪽.
4) 中國社會科學院考古研究所, 『殷墟婦好墓』, 文物出版社, 1980.
5) 『史記』 권3 「殷本紀」, 104쪽.
6) 『史記』 권4 「周本紀」, 111~112쪽.

훈육(薰育)이 쳐들어오자 땅을 내어주고 백성들과 함께 빈을 떠나 칠수(漆水)와 저수(沮水)를 건너고 양산(梁山)을 넘어 기산(岐山) 아래에 이르렀다.[7] 주족은 이곳에서, 계력과 문왕을 거치면서 큰 세력으로 성장하였다.

2. 상말 주의 세력 확장

갑골문 기록에 보면, 상은 무정 시기에 이미 주의 존재를 인식하고 있었던 것으로 보인다. 상의 중흥을 이끌었던 무정 시기의 갑골복사에는 '다자족(多子族)'을 명하여 '주(周)'를 정벌하게 했다는 기록이 보이고, 또 '주후(周侯)'에 명령을 내렸다는 기록이 보이는 것을 통해,[8] 주는 때때로 상왕에 복종하기도 하고 또 반항하기도 했던 것으로 보인다. 무정 시기의 주족은, 고공단보 이전 단계로, 아직 독자적인 세력을 형성하기 전이었기 때문에 상의 입장에서 봤을 때 주는 그리 큰 우환은 아니었을 것이다.

그러나 고공단보가 기산에서 기틀을 잡은 이후, 주의 세력이 커지기 시작하자 상왕 문정(文丁)은 주족의 수장이었던 계력(季歷, 곧 왕계)을 살해하기에 이른다. 이처럼 악화된 국면을 해소하기 위해 무을(武乙)은 계력의 아들인 문왕(文王) 창(昌)에게 딸을 시집보내면서 화해의 손짓을 보내기도 하였다. 한편 갑골문에 의하면 무을 시기부터 이방(夷方, 혹 인방人方)과의 대립이 보이기 시작하는데,[9] 어쩌면 주족에게 보낸 화해의 손짓은 동쪽의 이방에 집중하기 위한 결책이었는지도 모른다.

---

7) 『毛詩正義』 권16-2 「大雅·緜」, 509~512쪽.
8) '『합집(合集)』 6812~6816, 6825' 등에 주(周)를 공격했다는 기록이 보이고, '『합집』 20074'에 '영주후(令周侯)'로 석독되는 기록이 보인다(郭沫若 主編, 『甲骨文合集』 1~13, 北京: 中華書局, 1978~1983.
9) 박재복, 「殷商시기 甲骨文에 보이는 '征人方' 고찰」, 『유교문화연구』 20, 2012.

주족의 본거지였던 지금의 섬서성(陝西省) 주원(周原) 지역에서 나온 갑골문에 주족이 상왕을 위해 제사를 지낸 내용이 기록되어 있는데,10) 이는 주족이 상왕의 화해 무드 조성에 호응한 것처럼 보인다. 그러나 주는 상이 이방과 계속해서 다툼을 벌이는 틈을 타 서쪽에서 점점 세력을 키우고 있었다. 상왕 또한 이러한 주의 성장을 의식하지 않을 수 없었다. 「은본기」의 기록에 의하면, 제신은 문왕을 삼공(三公)으로 대우해 주었지만, 곧바로 숭후(崇侯) 호(虎)의 참소를 빌미 삼아 그를 유리(羑里)에 가두었다고 한다.11) 이는 상과 주의 운명을 가름하는 중요한 결책이었다. 그러나 이러한 제신의, 어쩌면 나라와 자신의 생명을 연장해 줄 수 있었던 '현명한' 결책은, 문왕의 신하들이 바친 뇌물을 받고 문왕을 석방하면서 물거품이 되고 말았다.

「주본기」에 의하면 유리에서 풀려난 문왕은 본격적으로 대외 확장에 돌입하였다. 먼저, 우(虞)와 예(芮)의 송사를 해결하여 이들을 복속시켰고, 이듬해에는 견융(犬戎)을 정벌하여 서북방을 안정시켰으며, 다시 이듬해에는 밀수(密須)를 정벌하고, 또 이듬해에 기국(耆國)을 정벌하였다. 기국은 곧 『상서』「서백감려(西伯戡黎)」편에 보이는 '여(黎)'국으로, 지금의 산서성(山西省) 장치시(長治市) 노주현(潞州縣) 일대에 있었던 고국이었다.12) 이는 주의 세력이 서토뿐만 아니라 상의 북쪽까지 미치게 되었다는 것을 의미한다. 여국을 정벌한 후 문왕은 지금의 산서성 남부 지역에 있었던 우(邘)를 정벌하고, 자신을 참소했던 숭후 호를 정벌하였다. 이어서 문왕은 풍읍(豐邑)을 영건(營建)하여 도읍을 기산에서 풍읍으로 옮겼다.13)

---

10) 『周原』 H11:1, H11:112 등 참고(曹瑋, 『周原甲骨文』, 北京: 世界圖書出版公司北京公司], 2002).
11) 『史記』 권4 「周本紀」, 116쪽.
12) 혹자는 이를 서주 금문에 보이는 '해(楷)'국으로 보기도 한다(高智・張崇寧, 「西伯旣戡黎—西周黎侯銅器的出土與黎國墓地的確認」, 『古代文明研究通訊』 34, 2007).
13) 『史記』 「周本紀」, 117~118쪽.

그렇다면 이 같은 주족의 거침없는 행보의 원동력은 무엇일까? 문헌에서는 대체로 이를 문왕의 덕에 두고 있다. 「주본기」의 기록을 보도록 하자. "서백은 문왕으로 불렸는데, 후직과 공류의 업을 준수하고, 고공(고공단보)과 공계(계력)의 법을 본받아, 인을 독실하게 실천하고, 노인을 공경하며, 어린 자에 자애로웠다."14) 이러한 후대의 기록이 상말(商末) 주초(周初) 시기의 역사적 사실을 완벽하게 대변한다고 할 수는 없다. 그러나 확실히 주문왕에게는 사람을 끄는 매력이 있었던 것은 긍정할 수 있다. 이는 많은 상인들이 주에 귀부했다는 기록을 통해 확인해 볼 수 있다.

『史記』「백이열전(伯夷列傳)」과 「주본기」에 의하면 문왕이 노인을 잘 대접한다는 말을 듣고 '백이(伯夷)'와 '숙제(叔齊)'는 문왕에 귀부하려 하였다. 이밖에 태전(太顚)·굉요(閎夭)·산의생(散宜生)·육자(鬻子)·신갑대부(辛甲大夫) 등 주족 외 사람들도 문왕에 귀부하였다.15) 이러한 상인들의 귀부는 서주 금문을 통해서도 확인해 볼 수 있다. 예컨대 은유민인 순궤(詢簋) 명문(『집성(集成)』4321)16)의 "순! 크고 빛나는 문왕과 무왕께서 명을 받으시니, 너의 조상께서 주방(周邦)을 안정되게 하셨다."17)는 기록은 문왕 시기 은민(殷民)들 가운데 주에 귀부한 사람이 있었다는 것을 증명해 준다.

이와 같이 주의 기틀을 다진 문왕은 풍으로 천도한 이듬해에 세상을 떠났다. 문왕의 아들 무왕(武王)은 태공(太公) 망(望)과 주공(周公) 단(旦), 그리고 소공(召公)과 필공(畢公)의 보좌를 받아 문왕의 유업을 이어

---

14) 『史記』「周本紀」, 116쪽, "西伯曰文王, 遵后稷·公劉之業, 則古公·公季之法, 篤仁, 敬老, 慈少."
15) 『史記』 권61 「伯夷列傳」, 2123쪽; 『史記』 권4 「周本紀」, 116쪽.
16) 中國社會科學院考古研究所 編, 『殷周金文集成』, 北京: 中華書局, 1984~1994. 본문에서는 『집성』으로 약칭한다.
17) "王若曰, 訇(詢)! 不(丕)顯文武受令(命), 則乃且(祖)奠周邦."

〈그림 1〉 순궤와 그 명문

받았다. 그리고 대대적으로 군사를 일으켜 상을 정벌하였다.

「주본기」에 의하면, 무왕의 정벌은 두 차례에 걸쳐서 진행되었다. 먼저 무왕 9년, 무왕은 필(畢) 땅에서 제사를 지내고 군대를 모아 맹진(孟津, 지금의 하남성 낙양시洛陽市 맹진현孟津縣)에 이르렀다. 이때 약속도 하지 않았는데 모인 제후만도 700이나 되었다고 한다. 그러나 아직 시기상조라 여긴 무왕은 후퇴하면서 훗날을 기약하였는데,[18] 이 훗날은 머지 않아 찾아왔다. 그로부터 2년 후, 상왕 제신이 비간(比干)을 죽이고 기자(箕子)를 가두는 등 폭정이 계속되고 있다는 소식을 듣자, "은의 죄가 크니 정벌하지 않을 수 없구나"[19]라고 하며 시기가 무르익었음을 알렸다. 이에 맹진을 건너 동정을 감행하였다.

---

18) 『史記』 권4 「周本紀」, 120쪽.
19) 『史記』 권4 「周本紀」, 121쪽, "殷有重罪, 不可以不畢伐."

3. '무왕극상(武王克商)' - 상주 왕조 교체

『史記』에 기록된 주문왕과 무왕의 기록은 유가적 덕을 갖춘 성군의 모습이나, 상왕 제신에 대한 기록은 모두 포악하고 무도한 모습을 나타내고 있다. 대표적인 것이 '주지육림(酒池肉林)'의 고사다.

> (제신은) 신하들에게 재능을 과시하기를 좋아했고, 천하에서 자신의 명성이 누구보다 높다고 생각하여 모두를 자기 밑으로 여겼다. 술과 음악에 빠졌으며 특히 여색을 밝혔다. 달기(妲己)를 총애하여 달기의 말이면 무엇이든 다 들어주었다 … (중략) … 사구(沙丘)에다가 악공과 광대를 잔뜩 불러들이고, 술로 연못을 채우고 고기를 매달아 숲을 이루어 놓고는 벌거벗은 남녀로 하여금 그 사이를 서로 쫓아다니게 하면서 밤새 술을 마시고 놀았다.[20]

이 고사는 상왕 제신을 주색에 빠져, 여자의 말만 듣고 정사를 돌보지 않는 황음무도한 모습으로 그리고 있다. 그리고 이러한 모습은 『상서』 「목서(牧誓)」에도 기록되어 있다.

무왕은 군대를 이끌고 맹진을 건너, 2월 갑자일 새벽, 목야에 이르러 상을 정벌해야하는 당위성을 선포하였다.[21] 이를 정리해 보자.

> 첫째, 은왕 주(紂, 제신)는 부인의 말만 듣고 스스로 선조에 대한 제사와 신령에 대한 답례를 내팽개쳐, 자기 나라를 멸시하고 저버렸다.
> 둘째, 부모형제는 기용하지 않고, 사방에서 죄를 짓고 도망쳐 온 자들을 존중하고 기용하였다. 이들은 백성을 난폭하게 대하고 나라에 온갖 악행을 저질렀다.

---

20) 『史記』 권3 「殷本紀」, 105쪽.
21) 『尙書』 권11 「牧誓」, 182~183쪽.

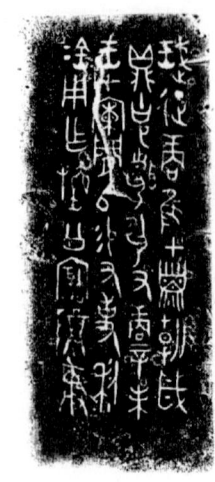

〈그림 2〉 이궤와 그 명문
이궤 명문(『집성』 4131)에 '무왕극상' 관련 내용이 기록되어 있다.26)

    선진시기, 국가의 대사 가운데 가장 중요한 것은 전쟁과 제사였다.22) 그러나 제신은 여자에 빠져 국가 제사에 소홀하였다. 또 비간・기자・미자(微子) 등 공자의 이른바 은의 '삼인(三仁)'23)을 기용하지 않고, 비중(費仲)이나 오래(惡來) 같은 이를 등용하여 민심을 잃었다. 이러한 제신의 실정은, 주의 정벌에 결정적인 명분을 제공해 주었다.
    「주본기」에 의하면, 무왕은 전차 300대와 용사 3천 명, 그리고 갑병 45,000명을 이끌고 출병했는데, 목야(牧野)에 이르렀을 때는 전차 4천 대가 집결했다고 한다. 상왕 제신은 무왕의 정벌을 방어하기 위해 병력 70만을 징발하였으나, 이미 전의를 상실한 상군은 오히려 창을 거꾸로 잡고 무왕을 위해 길을 열었다. 결국 제신은 백성의 고혈을 짜서 건설한

---

22) 『春秋左傳正義』 권27, '成公 13년', 1911쪽, "國之大事, 在祀與戎."
23) 『論語注疏』 권18 '微子', 2528쪽, "미자는 떠나가고, 기자는 노비가 되었으며, 비간은 간하다 죽었다. 공자가 가로대, '은에 어진 세 사람이 있었다'고 하였다(微子去之, 箕子爲之奴, 比干諫而死. 孔子曰, '殷有三仁焉')."

녹대(鹿臺)에 올라가 스스로 목숨을 끊었다.24)

상을 멸하고 새로운 왕조의 개창을 알린 무왕은 제신의 아들 무경(武庚) 녹보(祿父)를 책봉(册封)하여 은의 유민을 다스리게 했다. 이는 상의 제사를 잇게 해주면서 은유민(殷遺民)의 반발을 최소화하기 위한 결책으로 판단되지만, 언제 반란을 일으킬지 모른다는 불안감은 상존하였다. 따라서 무왕은 동생 관숙(管叔)과 채숙(蔡叔), 그리고 곽숙(霍叔)을 명하여 무경을 감시하게 하였다.25) 그러나 무왕이 구상했던 평화 국면은 오래가지 못했다.

4. '삼감의 난'에서 '주공동정'까지

무왕은 상을 멸한 지 얼마 지나지 않아 병마를 이기지 못하고 쓰러졌다. 주공 등은 무왕의 회복을 위해 백방으로 노력하였으나,27) 결국 무왕은 태자 송(誦)을 주공에 의탁하고 세상을 떠나고 말았다. 그러자 주공이 형이었던 관숙은 이에 불만을 품고 무경 녹보와 함께 은유민 및 옛 친상세력(親商勢力)이었던 회이(淮夷) 등을 규합하여 반란을 일으켰다.28) 이를

---

24) 『史記』 권4 「周本紀」, 121~125쪽.
25) 黃懷信 等 撰, 『逸周書彙校集注』(修訂本), 上海古籍出版社, 2007, 510~524쪽.
26) 무왕이 상을 정벌하는데, 갑자(甲子)일 아침 목성이 그 자리에 마땅하여 이길 수 있음을 알리니, 저녁에 상을 이겼다. 신미(辛未)일, 왕이 관사(寓師)에 있을 때, 우사(右史) 이(利)에게 구리를 하사하였다. 단공(檀公)을 위한 보배롭고 존귀한 예기를 만드노라[珷征商, 唯甲子朝, 歲鼎(貞), 克聞, 夙又(有)商. 辛未, 王在管師, 易(錫)又(右)史利金, 用作檀公寶尊彜].
27) 이는 『상서』 「金縢(금등)」(『尙書正義』 권13, 195~197쪽)에 자세히 기록되어 있다.
28) 『사기』에 의하면 문왕에게는 10명의 적자가 있었다고 한다. 첫째는 백읍고(伯邑考)로 상왕 제신에 살해당했고, 둘째가 바로 무왕(武王) 발(發)이며, 셋째가 관숙(管叔) 선(鮮), 넷째가 주공(周公) 단(旦), 다섯째는 채숙(蔡叔) 탁(度), 여섯째는 조숙(曹叔) 진탁(振鐸), 일곱째는 성숙(成叔) 무(武), 여덟째는 곽숙(霍叔) 처(處), 아홉째는 강숙

'삼감의 난'이라 한다.29) 이는 이른바 '삼감의 난'이 단순한 반란이 아니라 은유민은 물론 친상세력까지 규합한 대규모 반란이었음을 말해준다.

그러나 '삼감의 난'의 기세는 오래 가지 못했다. 성왕과 주공은 전열을 가다듬어 반란군을 토벌하여 무경과 관숙을 죽이고 채숙을 추방하였다. 그리고 그 기세를 타고 계속해서 친상세력을 정벌하기 시작했다. 이를 이른바 '주공동정(周公東征)'이라고 한다. 이와 관련된 전승 문헌 기록을 간단히 〈표 1〉과 같이 정리할 수 있다.30)

〈표 1〉 주요 문헌에 보이는 '주공동정' 관련 내용

문헌	동정군	정벌대상	
		반란세력	동방 이족
『상서』 「대고(大誥)」 서(序)31)	주공, 성왕	삼감	회이
『일주서』 「작락」32)	주공, 소공	무경, 관숙, 채숙, 곽숙	서(徐), 엄(奄), 웅영(熊盈) 17국
『史記』 「주본기」33)	주공, 성왕, 소공	무경, 관숙, 채숙	회이(동이), 엄
『史記』 「관채세가」34)	주공	무경, 관숙, 채숙	

    (康叔) 봉(封), 열째는 담계(聃季) 재(載)다(『史記』 권35 「管蔡世家」, 1563쪽).
29) 청화간(淸華簡) 『계년(繫年)』에는 "상읍(商邑)이 반란을 일으켰는데, 삼감(三監)을 죽이고 녹자 경을 세웠다"고 기록되어 있다. 이는 기존의 통설인 '삼감'이 난을 일으켰다는 것과 모순이 된다. 이에 대해 이학근(李學勤)은 상읍이 반란을 일으켜 죽인 것은 '삼감'이 아니라 은상 유민을 감독하던 주의 관리와 군사를 죽인 것으로 해석하기도 하였다(李學勤, 「淸華簡 『繫年』 及有關古史問題」, 『文物』 2011-3, 72쪽). 필자가 생각하기에, 『계년』의 기록은 기존의 통설을 뒤집을 만한 놀라울 만한 발견이지만, 전승 문헌에 일관되게 '삼감의 난'으로 기록된 바, 『계년』의 설을 그대로 받아들이는 것은 조금 신중해야 할 필요가 있다고 생각한다. 따라서 본문에서는 일단 '삼감'을 반란을 일으킨 주체로 파악하는 기존의 통설을 따른다.
30) 이는 이유표의 「서주(西周) 시기 영성족(嬴姓族)의 분포 및 그 지역적 성격」(『중국고중세사연구』 52, 2018, 4쪽, 〈표 1〉)에서 인용하였다.
31) 『尙書正義』 권13, 197쪽.
32) 黃懷信 등 撰, 『逸周書彙校集注』(修訂本), 上海古籍出版社, 2007, 510~524쪽.
33) 『史記』 권4 「周本紀」, 132~133쪽.
34) 『史記』 권35 「管蔡世家」, 1565쪽.

〈그림 3〉 태보궤와 그 명문
태보궤 명문(『집성』 4140)에는 성왕이 무경 녹보(彔子 聖)를 정벌하는 내용이 담겨있다.35)

이는 매사도의궤(𢼊司土𨳍簋), 소신선치(小臣單觶), 태보궤(太保簋), 강겁준(㝬劫尊), 금궤(禽簋), 염방정(䍧方鼎) 등의 청동기 명문을 통해서도 확인해 볼 수 있다.

〈표 2〉 '주공동정' 관련 서주 금문과 그 내용

기명(器名)	저록(著錄)	관련 내용
매사도의궤	『집성』 4059	성왕의 상읍 정벌
소신선치	『집성』 6512	성왕의 상읍 정벌
태보궤	『집성』 4140	성왕의 무경 녹보 정벌
강겁준	『집성』 5977	성왕의 엄 땅 정벌
금궤	『집성』 4041	성왕의 엄 땅 정벌
염방정	『집성』 2739	주공이 동이를 정벌하면서 풍백과 박고를 정복36)

35) 왕이 녹자(彔子) 성(䎼)을 정벌하였는데, 그 반란에 왕은 태보에게 정벌하라는 명을 내렸다. 태보는 경건하게 수행하여 과오가 없었다. 왕이 태보의 공을 치하하여 곷 땅을 하사하였다. 이에 이 기물로써 왕의 명령에 보답하노라[王伐彔子䎼(聖), 叡氒(厥)反(叛), 王降征令于太保, 太保克芍(敬)亡譴, 王伅(詠)太保, 易(錫)休余土, 用茲彝對令.]

특히 염방정의 기록은 『史記』「주본기」의 "소공을 보(保)로 삼고 주공을 사(師)로 삼아, 동쪽으로 회이를 정벌하여, 엄을 물리치고 그 임금을 박고로 옮겼다"[37]는 기록을 증명해 준다.

이처럼 이른바 '삼감의 난'을 평정하고 아울러 그 연합 세력인 회이까지 정벌한 주는 지금의 중국 하남성 낙양시 일대에 새로운 도읍인 '성주(成周)'를 영건하고,[38] 은견례(殷見禮)를 거행하여,[39] 주왕조 개창을 위한 기틀이 마련되었음을 선포하였다.

〈그림 4〉 염방정 및 그 탁본

---

36) 주공이 東夷를 정벌하여, 豊伯·薄姑를 다 정벌하였다. 주공은 돌아와 주묘(周廟)에서 禜 제사를 지내고, 무진(戊辰)일 음진례(飮秦禮)를 올렸다. 공이 염(量)에게 패(貝) 백 붕(朋)을 하사하니, 보배로운 정(鼎)을 만드노라.唯周公征于伐東夷, 豊伯·專(薄)古(姑)咸𢦏, 公歸禜于周廟, 戊辰, 酓(飮)秦酓(飮), 公賞量貝百朋, 用乍(作)尊鼎.
37) 『史記』권4「周本紀」, 132~133쪽, "召公爲保, 周公爲師, 東伐淮夷, 殘奄, 遷其君薄姑."
38) 『史記』권4「周本紀」, 133쪽, "성왕이 풍(豊)에 머무르며 소공에게 낙읍(洛邑)을 다시 경영하여 무왕의 뜻을 잇도록 했다. 주공이 다시 점을 치고 잘 살펴서 마침내 도읍을 건설하여 구정(九鼎)을 그곳에 잘 모셨다. 그리고는 "여기가 천하의 중심으로 사방에서 공물을 바치러 오는 거리가 모두 같아졌다"라 하고는 「소고(召誥)」, 「낙고(洛誥)」를 지었다(成王在豊, 使召公復營洛邑, 如武王之意. 周公復卜申視, 卒營築, 居九鼎焉. 曰, '此天下之中, 四方入貢道里均.' 作「召誥」, 「洛誥」)."
39) 李裕杓, 「西周時期殷見典禮芻議」, 『學行堂語言文字論叢』 2, 成都: 四川大學出版社, 2012.

5. 성왕의 은유민 정책

'무왕극상(武王克商)' 직후, 무왕은 상읍을 정벌한 후 상왕 제신의 아들 무경 녹보를 세워 은유민을 다스리게 하였지만, 무경은 은유민 및 기타 친상 세력과 함께 반란을 일으켰다. 이는 당시 무왕의 은유민 정책이 실패했다는 것을 보여준다. 그 실패한 원인은 강경한 태도를 지닌 은유민들이 계속 자신의 근거지에 정착하고 있었고, 그 주변의 친상세력 또한 자신의 세력을 그대로 유지하고 있었기 때문이었다.

무왕을 이어 즉위한 성왕과 그를 보필한 주공은 상읍을 정벌하여 무경 녹보의 반란을 평정하는 한편, 그 창끝을 주변의 은상(殷商) 유민과 친상세력으로 돌려, 대표적인 은상 유민인 상엄(商奄)과 대표적 친상세력인 박고(薄姑)를 정벌하면서 동정을 마무리 지었다.

혼란을 수습하면서 성왕이 취한 은유민 및 친상세력에 대한 정책은 다음 세 가지로 나눌 수 있다.

첫째, 상 및 친상세력의 옛 땅에 제후를 책봉하여 주왕실의 통치를 강화하였다. 무경 녹보의 반란을 평정한 이후, 강후(康侯)를 위(衛) 땅에 옮겨 책봉하였고, 엄의 옛 땅에는 주공의 아들 백금(伯禽)을 책봉하여 노후(魯侯)로 삼았고, 박고의 옛 땅에는 태공 망을 책봉하여 제후(齊侯)로 삼았다. 그리고 이들을 봉건할 때, 은유민을 딸려 보냈는데, 위후(衛侯)에게는 은유민 여섯 족속, 백금에게는 은유민 일곱 족속을 보내어 통제하게 하였다.[40]

둘째, 은유민 및 친상세력을 주의 도읍인 종주(宗周)와 성주(成周)로 강제 이주시켰다. 「주본기」에서는 성왕이 성주를 영건한 후 은유민들을 이곳으로 이주시키고 「다사(多士)」와 「무일(無逸)」 등을 지었다고 한다.[41]

---

40) 이 글의 제6절 '주왕조의 제후 봉건 및 그 목적' 참고.

청화간(淸華簡) 『계년(繫年)』에는 '상엄지민(商奄之民)'으로 대표되는 은 유민과 친상세력을 종주의 서쪽으로 이주시키는 내용이 나온다. 또 종주가 있었던 지금의 섬서성 서안시(西安市) 일대와 성주가 있었던 하남시 낙양 일대에 은유민과 관련된 고고학적 성과가 적지 않게 나왔다는 것을 통해 증명할 수 있다.[42]

셋째, 『史記』 「송미자세가(宋微子世家)」에 의하면, 주왕은 상의 제사를 잇고 남아있는 은유민을 다스리기 위해 미자 계를 송에 봉건하였다.[43] 비록 봉건의 형식을 취했지만, 다른 제후들이 주왕에 '칭신(稱臣)'하는 것과는 달리, 미자 계를 '송공(宋公)'으로 높이면서 빈객으로 대우하였다. 이 또한 은유민의 반발을 최소화 할 수 있는 효과적인 정책이었다.

이러한 정책은 기존 주무왕의 은유민 정책과 비교했을 때, 대대적으로 진화된 것이라 할 수 있다. 특히 은유민 및 친상세력을 종주와 성주로 옮겨 주왕이 직접 통제하거나 제후를 책봉하면서 은유민을 딸려 보낸 것은, 은유민 및 친상세력의 결속력을 약화시키면서 주왕조의 통제력을 강화시킨 효과적인 정책이라 할 수 있다.

6. 주왕조의 제후 봉건 및 그 목적

'주공동정' 이후, 성주를 영건하고 하늘에 제사를 지낸 주는 대대적으

---

41) 『史記』 권4 「周本紀」, 133쪽.
42) 張禮艶, 「灃西地區殷遺民的社會地位及其變遷」, 『考古與文物』 2013-2; 張禮艶, 「從墓葬材料看豊鎬地區西周時期的人群構成」, 『華夏考古』 2015-2; 郭寶鈞・林壽晉, 「一九五二年洛陽東郊發掘報告」, 『考古學報』 1955-1; 洛陽市第二文物工作隊, 「洛陽五女冢西周早期墓葬發掘簡報」, 『文物』 2000-10; 范學謙, 「西周殷遺民分布・影響及其同化問題研究」, 陝西師範大學碩士學位論文, 2013년; 이유표, 「요서 출토 상말주초 족씨 명문에 대한 일고찰」, 『동북아역사논총』 63, 2019.
43) 『史記』 권38 「宋微子世家」, 1621쪽.

〈그림 5〉 하준과 그 명문

하준(何尊) 명문(『집성』 6014)에는 '宅玆中或(國)', 곧 '천하의 가운데[중국]에 도읍을 정한다'는 글귀가 들어가 있다.

로 제후를 봉건하면서 '국가'의 안정을 위한 기초를 다졌다. 서주 초기 제후 봉건과 관련된 기록을 검토해 보면, 모두 지방의 거점에 봉건 되고 있는데, 주왕은 이들에게 울창주, 활과 화살, 수레, 깃발 등의 위신재(威信財)와 봉토, 그리고 백성들을 하사하면서, 주왕을 위해 충성을 다할 것을 요구하였다. 이와 관련된 대표적인 사료가 『춘추좌씨전』 '정공(定公) 4년'에 기록된 노(魯)·위(衛)·진(晉)의 봉건 기록이다.44)

성왕은 주공의 아들 백금(伯禽)을 노 땅에 봉건하면서, 수레[大路]와 큰 깃발[大旂]로 나누어 주고, 하후씨(夏后氏)의 황(璜)과 봉보(封父)의 좋은 활인 번약(繁弱) 등의 위신재를 하사하고, 은민육족(殷民六族), 곧 조씨(條氏), 서씨(徐氏), 소씨(蕭氏), 색씨(索氏), 장작씨(長勺氏), 미작씨(尾勺氏)를 나누어주고, 상엄(商奄)의 백성을 그대로 소유하게 하였고, 그 봉토로 소호(少皞)의 옛 터를 하사하였다고 한다. 여기서 상엄은 앞서 '주공동정' 때 정벌했던 '엄'으로, 지금의 산동성 곡부(曲阜) 일대에 있었다.

---

44) 『春秋左傳正義』 권54, 2134~2135쪽.

성왕은 또 동생 강숙(康叔) 봉(封)을 위후(衛侯)로 봉건하면서, 큰 수레[大路]와 소백(少帛)이라는 이름의 깃발, 붉은 색 깃발[綪茷], 붉은 색 기치[旃旌], 대려(大呂)라는 이름의 종 등의 위신재를 하사하고, 은민칠족(殷民七族), 곧 도씨(陶氏), 시씨(施氏), 번씨(繁氏), 기씨(錡氏), 번씨(樊氏), 기씨(饑氏), 종규씨(終葵氏)를 나누어 주면서, 은허(殷虛)를 봉토로 하사하였다. 은허는 지금의 하남성 안양시(安陽市) 일대에 있었다.

성왕이 동생 당숙(唐叔) 우(虞)를 봉건할 때는 큰수레[大路]와 밀수(密須)의 북[鼓], 궐공(闕鞏)의 갑옷, 고세(沽洗)라는 이름의 종 등의 위신재를 하사하고, 친상세력이었던 것으로 추정되는 회성구종(懷姓九宗)을 나누어 주면서 하허(夏虛)를 봉토로 하사하였다고 한다.

물론 『춘추좌씨전』의 기록은 후대에 추술(追述)된 기록이라는 한계를 갖기 때문에, 본 내용을 그대로 받아들이기는 힘들다. 특히 '소호'와 '하'는 후대에 생성된 전설적 요소가 다분하기 때문에, 보다 신중한 접근이 필요하다. 다행스러운 것은 이러한 한계를 어느 정도 극복 시켜 줄 수 있는 자료들이 존재한다는 것이다. 예컨대, 노의 책봉은 『시경』「노송(魯頌)·비궁(閟宮)」편,[45] 위의 책봉은 '청화간' 『계년』[46]과 『상서』「강고(康誥)」편,[47] 그리고 진의 책봉은 효공궤(晵公簋) 명문(『명도(銘圖)』 4954)[48]을 통해 확인할 수 있다.

---

[45] 『毛詩正義』 권20-2, 615쪽, "王曰, 叔父! 建爾元子, 俾侯于魯, 大啟爾宇, 爲周室輔. 乃命魯公, 俾侯于東, 錫之山川, 土田附庸."

[46] 清華大學出土文獻研究與保護中心 編, 『清華大學藏戰國竹簡(貳)』, 上海: 中西書局, 2011, 145쪽, "周成王·周公既遷(遷)殷民于洛邑, 乃昌(追)念顓(夏)商之亡由, 方(旁)埶(設)出宗子, 以乍(作)周厚嘼(屛), 乃先建嘼(衛)叔(叔)坴(封)于庚(康)丘, 以侯殷之餘(餘)民. 嘼(衛)人自庚(康)丘遷(遷)于淇(淇)嘼(衛)."

[47] 『尙書正義』 권14, 203쪽, "惟三月, 哉生魄, 周公初基作新大邑于東國洛, 四方民大和會, 侯甸男邦采衛百工, 播民和, 見士于周. 周公咸勤, 乃洪大誥治. 王若曰, '孟侯, 朕其弟, 小子封. 惟乃丕顯考文王, 克明德慎罰 …… 天乃大命文王, 殪戎殷, 誕受厥命. 越厥邦厥民, 惟時敘. 乃寡兄勗, 肆汝小子封, 在茲東土.' …… 王若曰, '往哉封. 勿替敬典! 聽朕告汝, 乃以殷民世享.'"

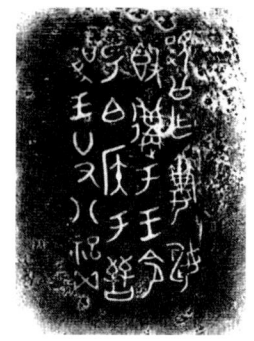

〈그림 7〉 효공궤와 그 명문
당백은 강왕 28년 진후가 되었다.⁴⁹⁾

특히 『계년』의 기록은 위후가 원래 강 땅에 봉건 되었다가 위 땅으로 옮겨 봉건된 사실을, 그리고 효공궤 명문은 진이 원래 당 땅에 봉건 되었다가 진 땅으로 옮겨 봉건된 사실을 전해 준다. 이는 위에 봉건된 강숙이 왜 '위숙(衛叔)'이 아닌 '강숙'으로 불렸는지, 그리고 진에 봉건 된 당숙이 왜 '진숙(晉叔)'이 아닌 '당숙'으로 불렸는지에 대한 수수께끼를 푸는 실마리가 되었다.

이처럼 제후 봉건에 따르는 '위신재'와 '강토'의 하사, 그리고 백성을 딸려 보내는 것은 1954년 지금의 강소성(江蘇省) 단도(丹徒)에서 출토된 의후오궤(宜侯夨簋) 명문(『集成』 4230)을 통해서도 확인해 볼 수 있다.⁵⁰⁾

4월 정미(丁未)일, 왕이 '무왕·성왕의 상(商) 정벌도[武王·成王伐商圖]'를 살펴보고, 이어서 동국도(東國圖)를 살펴본 후, 왕이 의(宜)

---

48) 吳鎭烽 編, 『商周靑銅器銘文曁圖像集成』, 上海: 上海古籍出版社, 2012. 이 책은 본문에서 『銘圖』로 약칭한다.
49) 효공(䚄公)이 처요(鄝姚)를 위한 기물을 만드노라. 왕이 당백(唐伯)을 진(晉)의 후(侯)로 삼은 해, 왕 28년. ◁䚄公乍(作)鄝姚簋, 遘于王令(命)昜(唐)白(伯)䚄(侯)于晉, 隹(唯)王廿又八祀. ◁.
50) 江蘇省文物管理委員會, 「江蘇省丹徒縣煙墩山出土的古代靑銅器」, 『文物參考資料』 1955-5.

땅에 이르러 종묘로 들어가 남면하였다. 왕이 우후(虞侯) 오(矢)에게 명하길, "의(宜) 땅의 후(侯)로 삼노라. 울창주 한 동이와 장찬[璋瓚] 하나, 붉은 활[彤弓] 하나와 붉은 화살[彤矢] 100개, 검은 활[盧弓] 열 개와 검은 화살[盧矢] 천 개를 하사하고, 땅을 하사하노니, 그 내[川]가 30□요, 그 □가 120이며, 그 택읍(宅邑)이 35요, 그 □가 140이라. 의 땅의 왕인(王人) 17 성(姓)을 하사하고, 전(甸) 7 백(伯)과 그 노인(盧人) □50을 하사하며, 의 땅의 서인(庶人) 6□6 인을 하사하노라." 의 후 오(矢)는 왕의 빛남을 드날리며, 우공(虞公) 부정(父丁)을 위한 존 귀한 기물을 만드노라.51)

의후오궤는 출토 당시 이미 많이 파손되어, 명문 중에 알아 볼 수 없는 글자가 적지 않지만, 그 대략적인 내용을 파악하는 데는 큰 무리가 없다.

〈그림 8〉 의후오궤와 그 명문

---

51) 隹(唯)三(四)月, 辰才(在)丁未, 王眚(省)珷(武)王・成王伐商圖, 誕眚(省)東或(國)圖, 王立(涖)于🅐(宜), 入土(社), 南卿(嚮), 王令(命)虞㞢(侯)矢曰, 䢔(?)㞢(侯)于🅐(宜), 易(錫)🅑鬯一卣, 商䙵(瓚)一・, 彤(彤)弓一・, 彤(彤)矢百・旅弓十・旅矢千, 易(錫)土, 氒(厥)川三百□, 氒(厥)□百又廿, 氒(厥)宅邑卅又五, 氒(厥)□百又卌, 易(錫)才(在)🅐(宜)王人十又七生(姓), 易(錫)甸七白(伯)・氒(厥)盧□又五十夫, 易🅐(宜)庶人六百又□六夫, 🅑(宜)㞢(侯)矢䚱(揚)王休, 乍(作)虞公父丁䵼(尊)彝.

주왕(강왕으로 추정)은 우후 '오(吳)'를 '의' 땅으로 옮겨 봉건하면서 장찬과 울창주, 붉은 활과 화살, 검은 활과 화살 등의 위신재, 그리고 하천과 택읍 등의 봉토, 그리고 왕인과 전인, 노인, 그리고 의 땅의 서인 등을 하사하였다. 이는 제후 봉건에 따르는 위신재와 강토의 하사, 그리고 백성을 딸려 보내는 패턴과 일치한다.

그렇다면, 이러한 제후 봉건은 어떠한 목적에서 진행되었는가? 그 실마리는 바로 하사품 속에서 찾을 수 있다.

먼저 위신재의 하사를 보도록 하자. 의후오궤에 보이는 장찬과 울창주, 그리고 붉고 검은 활과 화살 등의 사여는, '국가의 대사는 제사와 전쟁[國之大事, 在祀與戎]'이라는 당시 상황을 잘 나타내 주고 있다. 장찬과 울창주는 제사를 지낼 때 반드시 필요한 제기로, 제후 집안의 제사를 보장해 주는 의미를 담고 있고, 붉고 검은 활과 화살은 군사권의 위임이라는 의미를 담고 있다. 곧 제사를 지낼 수 있는 권리를 인정해 줌과 동시에 나라를 위해 출정할 의무를 부여한 것이라 할 수 있다.

이는 앞의 『춘추좌씨전』에 기록된 노·위·진의 봉건 기록을 통해서도 확인할 수 있다. 이들은 수레, 깃발, 북 등을 하사 받았는데, 평소에는 제후의 권위를 드러내는 의장품으로 활용되지만, 전시에는 제후가 참전할 때 작전을 지휘하는 군수품으로 활용된다. 다시 말해 제후를 봉건할 때 하사하는 위신재는 제후의 권리 행사 및 권위를 세워 주는 용도로 활용되기도 하지만, 유사시 주왕을 위해 군사적인 의무를 이행할 의무, 곧 제후로서의 권리와 의무를 규정짓는 것이라 할 수 있다.

이러한 군사적인 목적은 제후의 봉토를 통해서도 확인해 볼 수 있다. 서주 시기 제후국의 위치를 살펴보면, 먼저 대체로 교통로 상에 위치하고 있다는 것을 확인해 볼 수 있고, 또 서너 제후국이 가까이 위치하고 있는 것을 확인할 수 있다. 교통로 상에 위치하고 있다는 것은, 당시 아직 영역국가의 단계에 진입하기 이전, 교통로를 효과적으로 확보하여 주

천자(周天子)의 영향력 확대를 담보하는 한편, 주변과의 교류를 통해 유입된 물자의 운송을 담보하기 위한 장치로 볼 수 있다.52) 또 서너 제후국이 가까이 위치하고 있다는 것은 유사시 군사적 연합을 통해 외적의 침입에 대응하기 위한 장치로 이해할 수 있다.53)

　마지막으로, 제후에게 백성을 딸려 보내는 것을 통해서도 제후 책봉의 목적을 추론할 수 있다. 이는 두 가지 각도에서 살펴 볼 수 있다. 먼저, 의후오궤 명문을 통해 왕인과 전인 등을 하사한 것은, 사민정책(徙民政策)을 통해 제후국의 국력을 강화하면서, 주왕의 직간접적 영향력이 미치는 한

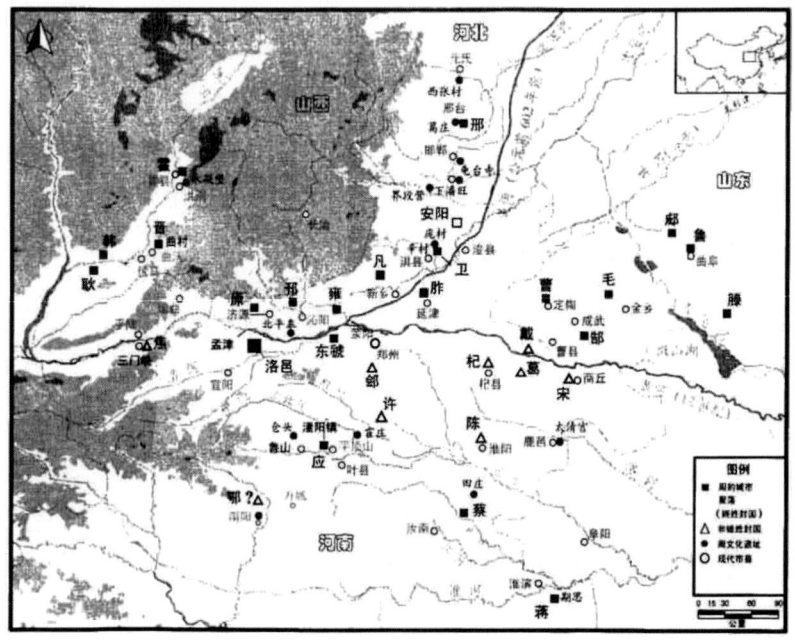

〈그림 9〉 서주시기 주요 제후국

---

52) 伊藤道治, 『中國古代王朝の形成』, 創文社, 1975, 247~290쪽; 민후기, 「西周王朝의 晉, 豫, 燕 지역의 封建: 山西, 河南, 河北, 遼寧, 天津, 內蒙古 지역 遺址와 金文 출토지의 분석」, 『동양사학연구』 134, 2016.
53) 李峰, 『西周的滅亡: 中國早期國家的地理和政治危機』, 上海: 上海古籍出版社, 2007, 83~89쪽. 〈그림 9〉는 이 책 70페이지에서 인용한 것이다.

계 지역인 변역(邊域)의 내실을 기하고자 하는 목적을 볼 수 있다. 또 다른 각도에서 보면, 앞서 지적했듯이, 노와 위, 그리고 진을 책봉할 때 은유민과 친상세력을 딸려 보냈는데, 이는 은유민과 친상세력을 각 지로 흩으면서, 이들의 결속력을 약화시켜 효과적으로 통제하기 위한 목적 또한 엿볼 수 있다. 이는 극뢰(克罍, 『近出』54) 987)와 형후궤(邢侯簋, 『집성』 4241) 명문에 보이는 연후와 형후 봉건 기록을 통해서도 확인해 볼 수 있다.

이를 종합해 보면, 서주 초기의 제후 봉건은, 후대의 행정구역과 같이 행정을 위한 땅 나누기가 아니라, 군사·교통의 요충지를 장악하고 이를 지키기 위해 구현된 군사작전의 일환이었다고 할 수 있다. 다시 말해, 서주 초기의 봉건국은 적진을 감시하는 일선 군사 부대이자, 교통과 통신을 제공하는 정거장이자 우체국이었으며, 군사적으로 보면 전차들의 중간 기착지였고, 또 주변의 이민족들을 관할하는 식민사령부적인 복합적인 성격을 띠고 있었던 것이다.55)

〈표 3〉 제후 책봉 기록에 보이는 위신재·백성·봉토 사여

	책봉자	위신재	백성	봉토
노	노공	큰 수레, 큰 깃발, 하후씨의 황, 봉보의 번약	은민육족: 조씨, 서씨, 소씨, 색씨, 장작씨, 미작씨	소호지허
위	강숙	큰 수레, 소백(깃발), 붉은깃발, 붉은 기치, 대려(종)	은민칠족: 도씨, 시씨, 번씨(繁氏), 기씨(錡氏), 번씨(樊氏), 기씨(饑氏), 종규씨	은허
진	당숙	큰 수레, 밀수의 북, 궐공의 갑옷, 고세(종)	회성구종	하허(당)
의	우후 오	울창주, 장찬, 붉은 활, 붉은 화살, 검은 활, 검은 화살	왕인 17성, 전 7백, 노인 □50, 서인 6□6	의
연	극		강·마·조·우·어·미	연
형	형후		주인·중인·용인	형

---

54) 劉雨·盧巖編, 『近出殷周金文集錄』, 北京: 中華書局, 2002. 이하 본문에서 『近出』로 약칭한다.
55) 민후기, 「西周王朝의 晉, 豫, 燕 지역의 封建: 山西, 河南, 河北, 遼寧, 天津, 內蒙古 지역 遺址와 金文 출토지의 분석」, 『동양사학연구』 134, 2016, 44~45쪽.

〈그림 10〉 극뢰(克罍)와 그 명문
주왕은 연후를 책봉할 때 '강(羌)·마(馬)·조(馭)·우(雩)·어(馭)·미(微)'의
여섯 족속을 딸려 보냈다.56)

〈그림 11〉 형후궤(邢侯簋)와 그 명문
주왕은 형후를 책봉할 때, '주인(州人), 중인(重人), 용(?)인(庸人)'을 딸려 보냈다.57)

---

56) 왕이 말하였다. "태보(太保)여! 그대는 그대의 마음을 밝게 하여, 왕에게 헌신하였소. 내 그대의 헌신에 대하여, 극(克)을 명하여 연(燕)의 제후로 삼아, 강(羌)·마(馬)·조(馭)·우(雩)·어(馭)·미(微)의 여섯 族을 관리하게 하오." 극은 연에 자리 잡아, 그 땅과 그 유사(有司)들을 받았다. 이에 보배롭고 존귀한 이기(彝器)를 만드노라[王曰, 太保, 唯乃明乃心, 享于乃辟. 余大對乃享, 令克侯于匽(燕), 旃(使)羌·馬·馭·雩·馭·兆(微). 克宙(次)匽(燕), 入土眔氒(厥)司. 用乍(作)寶尊彝].

57) 3월에 왕께서 영(榮)과 내사(內史)에게 명하여 말하길, "형후의 직책을 내려주며, 주인(州人) 중인(重人) 용인(庸人)의 신삼품(臣三品)을 내리노라." 절하고 머리를 조아려 천자의 그 두터운 복을 받음을 찬미하고, 상제와 하제를 분주히 섬기니, 주의 천명이 끝이 없을 것이고, 효를 좇아 보답하여 감히 직무를 실추함이 없을 것이다. 나

7. 제후 봉건으로 본 서주 왕조의 확장과 좌절

이른바 '무왕극상'으로 왕조의 개창을 알린 서주는 개국하자마자 '삼감의 난'의 위기를 겪었지만, '주공동정'으로 대표되는 성왕과 주공의 동정을 통해 은유민과 친상세력을 격퇴하고, 대대적으로 제후를 봉건하면서 왕조의 기틀을 닦았다.

성왕을 이어 즉위한 강왕 또한 적극적인 군사작전을 통해, 동쪽과 북쪽으로 확장해 갔다. 앞서 살펴본 의후의 봉건 통해 강왕 시기 동쪽 확장을, 그리고 형후과 연후의 봉건을 통해 북쪽 확장을 확인해 볼 수 있다. 특히 의후와 형후는 기존의 영지에서 새로운 곳으로 옮겨졌는데, 형후의 케이스를 보면 원래 지금의 하남성 형양시(滎陽市) 범수진(氾水鎭) 일대에 있다가, 강왕의 북정(北征)을 통해 영향력이 확대되자, 지금의 하북성 형대시(邢臺市) 일대로 옮겼다.58) 이를 구조적으로 살펴보면, 거점과 거점을 연결하는 교통로를 확보한 이후, 그 거점과 교통로를 대외적으로 확장해 나가는 과정에서, 새로 획득한 거점을 강화하기 위해 제후를 봉건 한 것으로 파악할 수 있다.

이러한 양상은 강왕의 아들 소왕 시기에도 확인할 수 있다. 소왕은 한수(漢水)를 건너 형초(荊楚)를 정벌할 때, 중간 기착지에서 정(靜)과 중(中), 그리고 견(遣)에게 채읍을 하사하였다.59) 비록 '후'작의 봉건은 아니었지만, 여러 귀족들에게 채읍을 하사하여 이곳에 정착하게 한 것은,

---

의 복과 맹세를 밝히니, 나는 천자의 신하가 되어 왕명을 기록하고, 주공을 위한 기물을 만드노래[隹(唯)三月, 王令奔(榮)眔(暨)內史曰, 薲(介)井(邢)侯服, 易(錫)臣三品, 州人・重人・章(庸)人, 拜稽首, 魯天子寴氒(厥)頻福, 克奔走上下, 帝無冬(終)令(命)于有周, 追考(孝), 對不敢彖(惰), 昭朕福盟, 朕臣天子, 用典王令(命), 乍(作)周公彛].

58) 張渭蓮・段宏振, 「邢臺西周考古與西周邢國」, 『文物』 2012-1; 민후기, 「西周王朝의 晉, 豫, 燕 지역의 封建」, 34쪽.
59) 이유표, 「서주시기 '제후'의 다양성과 그 성격의 차이」, 『중국사연구』 116, 2018, 16~20쪽.

〈그림 14〉 맥방준과 그 명문
본 명문(『집성』 6015)은 형후가 비 땅에서 형 땅으로 이봉(移封)된 내용이
기록되어 있다.[61]

중간 기착지의 내실을 기하여 교통로를 강화하기 위한 맥락에서, 제후 봉건과 같은 성격으로 볼 수 있다.[60]

그러나, 현재까지 확인된 자료에 의하면, 그 이후 선왕 시기에 이르기까지, 제후 봉건 기록이 보이지 않는다. 이는 서주가 대외적으로 더 이상 확장해 나가지 못했다는 것을 의미한다. 주는 항상 서북쪽의 견융(犬戎,

---

60) 이 일대에 이미 증후(曾侯)와 악후(鄂侯)가 있었고, 또 상후(相侯)의 존재도 확인된다.
61) 왕이 邢侯를 명하여 坯 땅에서 나와 井(邢) 땅의 侯가 되게 하였다. 2월 邢侯가 宗周에서 〈왕을〉 알현하여……[王令辟井(邢)侯出坯, 侯于井(邢), 雩若二月侯見于宗周……].

곧 험윤(獫狁)과 동남쪽 회이(淮夷)의 내침에 시달렸다. 서주 초기 성왕과 강왕 시기 효과적인 회이 정벌을 통해 동남방을 안정시켰고, 서주 중기 목왕(穆王) 시기에는 견융을 대대적으로 정벌하면서 왕조의 대외적 영향력을 극대화 시켰지만, 변역의 안정은 그리 오래 가지 못했다.

먼저, 동남쪽에서는 회이가 시시각각 주왕조에 대한 태도를 바꾸면서 서주의 변역을 괴롭혔고, 견융은 주왕실의 쇠퇴를 틈타 다시 주를 공격하기 시작했다. 또 남방에 있었던 형초(荊楚)의 약진 또한 주의 큰 골칫거리였다. 소왕(昭王)의 대대적인 남정(南征)으로 남방을 일시적으로 안정시키긴 했으나, 이왕(夷王) 시기에 이르러 형초는 왕을 칭하며 주와 대치하였다.[62] 북방 또한 그리 안정적이지는 못했던 것으로 보인다. 강왕 시기 연(燕)이 봉건 되었던 지금의 북경시 방산구(房山區) 일대에서는 아직까지 서주 중후기의 연후(燕侯)의 흔적이 발견되지 않고 있고, 전승 문헌에서도 이 시기의 기록이 없는 것으로 보아, 주가 연후를 봉건하고 얼마 지나지 않아 이 지역을 상실하여 그 방어선이 지금의 하북성 중남부까지 후퇴된 것으로 추정된다.[63]

이와 같이 위축된 서주는, 이왕(夷王)에서 여왕(厲王)에 이르는 시기에 견융을 대대적으로 정벌하고, '남국 복자(南國反孳)'에 대한 대규모 원정을 감행하면서 회이를 압박하여 일시적인 성공을 거두었으나,[64] 악후(鄂侯)의 반란[65] 및 이른바 '국인폭동(國人暴動)'이라는 내부 모순의 폭발로 인해 여왕이 '체(彘)' 땅으로 쫓겨나는 지경에 이르렀다.[66] 이후 공백 화

---

62) 『史記』 권40 「楚世家」, 1692쪽.
63) 민후기, 「西周王朝의 晉, 豫, 燕 지역의 封建: 山西, 河南, 河北, 遼寧, 天津, 內蒙古 지역 遺址와 金文 출토지의 분석」, 『동양사학연구』 134, 2016.
64) 이는 전승문헌에 보이지 않지만, 호종(虢鐘, 『집성』 260)과 백섬보궤(伯戈父簋, 『명도』 5276), 료생수(蓼生盨, 『집성』 4459), 악후어방정(鄂侯馭方鼎, 『집성』 2810) 명문 등에 보인다.
65) 악후의 반란은 우정(禹鼎, 『집성』 2833) 명문에 보인다.

가 대신 정사를 담당하던 이른바 '공화(共和)' 시기를 거쳐 즉위한 선왕(宣王)은 험윤과 회이의 침입을 효과적으로 격퇴하면서 왕조의 위신을 세웠다.67) 사서에서는 이를 '선왕중흥(宣王中興)'이라고 한다.68) 서주 중기 이후 보이지 않았던 '제후' 봉건 기록은 바로 이 시기에 다시 보인다. 『史記』「정세가(鄭世家)」에 의하면, 정환공(鄭桓公) 우(友)는 주여왕(周厲王)의 작은 아들이자, 선왕의 이복동생으로 주선왕 22년에 정 땅에 봉해졌다고 한다.69) 또 남쪽의 회이와 형초를 정벌한 후 신백(申伯)을 지금의 하남성 남양(南陽) 지역에 봉건하여 남국의 안녕을 꾀하였다.70)

이러한 '선왕중흥'은 선왕 재위 39년에 태원(太原)71) 지역에서 백성의 수를 계수한 이른바 '요민어태원(料民於太原)'72)에서 정점을 찍었다. 『후한서(後漢書)』「서강전(西羌傳)」과 『국어』「주어」에 따르면 주선왕은 재위 31년부터 지속적으로 융(戎)과 전쟁을 벌여 공을 세우기도 했지만, 남국(南國)의 군사를 잃는 대가를 치러야했다. 이때 선왕이 택한 정책이 바로 태원의 백성, 곧 당시 험윤이 거주하고 있던 태원 지역에서 백성을 계수한 것인데,73) 이는 선왕이 험윤을 주의 세력권 속에 편입시켰다는 것을 의미한다.

2003년 1월 지금의 섬서성 미현(郿縣) 양가촌(楊家村)에서 출토된 42

---

66) 『史記』 권4 「周本紀」, 142쪽.
67) 李裕杓, 『西周王朝軍事領導機制研究』, 上海: 上海古籍出版社, 2018, 267~271쪽.
68) 『後漢書』 권86 「南蠻傳」, 北京: 中華書局, 1965, 2830쪽.
69) 『史記』 권42, 1757쪽.
70) 『毛詩正義』 권18-3, 565년, "亹亹申伯, 王纘之事. 于邑于謝, 南國是式."
71) 여기서의 '태원'은 지금의 산서성 태원시가 아니라, 높고 평평한 지역을 의미하는 보통명사로서의 '태원'으로, 당시 견융이 거주하던 '태원'은 지금의 영하회족자치구(寧夏回族自治區) 고원(固原) 일대다(李峰 著, 徐峰 譯, 『西周的滅亡』, 上海: 上海古籍出版社, 2007, 192~197쪽).
72) 徐元誥 撰, 『國語集解(修訂本)』, 北京: 中華書局, 2002, 23쪽.
73) 徐元誥 撰, 『國語集解(修訂本)』, 23쪽, "宣王旣喪南國之師, 乃料民於太原."

년래정(四十二年逨鼎)에 보이는 '양후(楊侯)'의 봉건은 바로 이 시기에 진행된 것으로 보인다. 이는 주선왕이 아들 상보(尙父)를 양후로 봉건하였다는 『신당서(新唐書)』「세계표(世系表)」의 기록을 증명하는 것이다.74) 다만 기존에는 『한서(漢書)』「지리지(地理志)」를 근거로 양후의 영지를 지금의 산서성 홍동(洪洞)으로 보았지만,75) 양후가 험윤과 전쟁을 치렀다는 42년래정의 기록을 고려해 보면, 양후는 주와 험윤 사이의 교통 요지에 있었을 가능성이 크다. 이는 대 험윤전의 전진기지로써 효과적으로 활용하기 위한 선왕의 복안이라 할 수 있다.

그러나 이른바 '선왕중흥' 시기의 봉건은 주초의 봉건과 큰 차이를 보인다. 앞에서 언급하였듯이, 서주 초기의 봉건은 거점과 거점을 연결하는 교통로를 확보한 후, 그 거점과 교통로를 대외적으로 확장해 나가는 과정이라 할 수 있다. 그러나 이 시기의 봉건은 대외 확장과는 성격이 달랐다.

주의 도읍인 종주는 지금의 섬서성 서안시 일대에 있었는데, 이 지역은 왕조 전체적으로 봤을 때, 서쪽에 치우친 곳이었다. 따라서 당시 천하의 중심이었던 지금의 낙양 지역에 '성주'를 영건하고, 이를 중심으로 동쪽과 북쪽, 그리고 남쪽에 군사적 성격의 '후(侯)'를 봉건 했던 것과 달리, 이곳에는 '후'가 봉건 되지 않았는데, 이는 주왕이 이 지역을 정치적·군사적으로 충분히 장악할 수 있었기 때문이었다.

하지만 선왕이 이 지역에 양후를 봉건 하고 심지어 왕도(王都) 부근에 정백을 봉건한 것은 당시 주왕의 정치적·군사적인 장악력이 많이 약해졌다는 것을 의미한다. 신후 봉건의 경우 또한 마찬가지다. 신후가 봉건

---

74) 『新唐書』 권71下 「世系表」, 北京: 中華書局, 1975, 2346쪽, "楊氏出自姬姓, 周宣王子尚父封爲楊侯."
75) 『漢書』 권28上 「地理志上」, 北京: 中華書局, 1962, 1550쪽, "楊, 莽曰有年亭." 應劭曰, "楊侯國". 「地理志」의 '楊'은 곧 지금의 산서성 홍동현 동남쪽에 있는 범촌(范村)이다.

된 지금의 하남성 남양시 일대에는 원래 악후가 있었는데, 여왕 시기에 악후가 반란을 일으키면서, 주왕실의 남방에 대한 통제력은 많이 약화되었다. 주선왕이 이곳에 신후를 봉건한 것은 곧 왕조 남방에 대한 통제력을 회복하고자 하는 의지를 내비친 것이었다.

이를 종합해 보도록 하자. 서주 초기의 제후 봉건과 후기의 제후 봉건은 군사적 요충지를 장악하고 이를 지키기 위해 구현된 군사작전의 일환이었다는 점에서는 일치하지만, 서주 초기의 제후 봉건이 주왕의 직간접적 영향력을 확대해 나가는 과정에서 진행되었다면, 서주 후기의 제후 봉건은 주왕의 정치적·군사적 영향력이 약해진 상황 속에서, 주왕의 대내외적 통제력을 회복하고자 하는 목적에서 진행되었다는 점에서 차이를 보인다.

그러나 서주의 운명은 그리 오래 가지 못했다. 선왕이 죽은 후 즉위한 유왕(幽王)은, 신후(申后)와 포사(褒姒)의 쟁총(爭寵)으로 비쳐진 내우(內憂)와 신후(申侯) 및 그 일족과 결탁한 견융의 내침이라는 외환(外患)에 의해 멸망하고 말았다. 주선왕이 왕조의 회복을 위해 중용했던 신후가 유왕 시기에는 도리어 왕조의 명을 재촉하는 부메랑이 되어 돌아왔던 것이다.

주유왕과 신후(申后) 사이에서 태어난 왕자 의구(宜臼)가 신후와 진후 등의 옹립으로 성주에서 즉위하면서 새로운 왕조의 탄생을 알렸다. 이를 역사에서는 '동주(東周)' 시기로 부른다. 그러나 동주왕조는, 주왕과 제후 사이의 권력이라는 저울추가 점차 제후에게로 기울면서, 이른바 '춘추' 시기와 '전국' 시기를 거쳐 겨우 명맥만을 유지하다가, 결국 역사의 뒤안길로 자취를 감추게 되었다.

상주 제왕 계보도

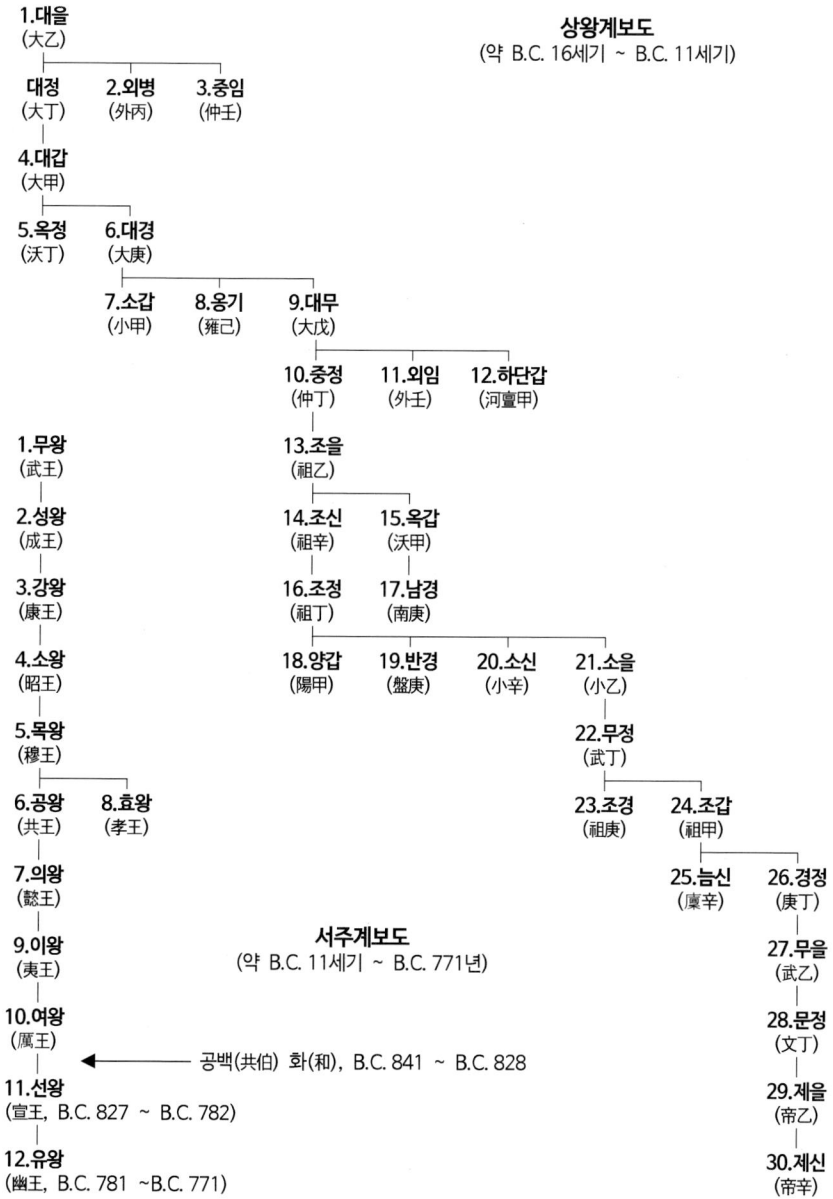

참고문헌

1. 사료 및 출토문헌 저록

『尚書正義』,『毛詩正義』,『春秋左傳正義』,『論語注疏』,『十三經注疏』 영인본, 上海古籍出版社, 1997.
黃懷信 等 撰,『逸周書彙校集注』(修訂本), 上海古籍出版社, 2007.
方詩銘·王修齡 撰,『古本竹書紀年輯證(修訂本)』, 上海: 上海古籍出版社, 2005.
徐元誥 撰,『國語集解(修訂本)』, 北京: 中華書局, 2002.
『史記』, 北京: 中華書局, 1959.
『漢書』, 北京: 中華書局, 1962.
『後漢書』, 北京: 中華書局, 1965.
『新唐書』, 北京: 中華書局, 1975.
郭沫若 主編,『甲骨文合集』(1-13), 北京: 中華書局, 1978~1983.
中國社會科學院考古研究所 編,『殷周金文集成』, 北京: 中華書局, 1984~1994.
劉雨·盧巖 編,『近出殷周金文集錄』, 北京: 中華書局, 2002.
吳鎭烽編,『商周青銅器銘文暨圖像集成』, 上海: 上海古籍出版社, 2012.
淸華大學出土文獻硏究與保護中心 編,『淸華大學藏戰國竹簡(貳)』, 上海: 中西書局, 2011.

2. 논문

김정열,「西周의 이성제후 봉건에 대하여」,『동양사학연구』 77, 2002.
김정열,「邦君과 諸侯」,『동양사학연구』 106, 2009.
민후기,「西周王朝의 晉, 豫, 燕 지역의 封建: 山西, 河南, 河北, 遼寧, 天津, 內蒙古 지역 遺址와 金文 출토지의 분석」,『동양사학연구』 134, 2016.
박재복,「殷商시기 甲骨文에 보이는 '征人方' 고찰」,『유교문화연구』 20, 2012.
이유표,「요서 출토 상말주초 족씨 명문에 대한 일고찰」,『동북아역사논총』 63, 2019.
이유표,「서주(西周) 시기 영성족(嬴姓族)의 분포 및 그 지역적 성격」,『중국고중세사연구』 52, 2018.
이유표,「서주시기 '제후'의 다양성과 그 성격의 차이」,『중국사연구』 116, 2018.

江蘇省文物管理委員會,「江蘇省丹徒縣煙墩山出土的古代青銅器」,『文物參考資料』 1955-5.
高智・張崇寧,「西伯旣戡黎－西周黎侯銅器的出土與黎國墓地的確認」,『古代文明研究通訊』 34, 2007.
郭寶鈞・林壽晉,「一九五二年洛陽東郊發掘報告」,『考古學報』 1955-1.
洛陽市第二文物工作隊,「洛陽五女冢西周早期墓葬發掘簡報」,『文物』 2000-10.
范學謙,「西周殷遺民分布・影響及其同化問題研究」, 陝西師範大學碩士學位論文, 2013.
傅斯年,「大東小東說: 兼論魯燕齊初封在成周東南後乃東遷」,『中央研究院歷史語言研究所集刊』 2-1, 1930.
李裕杓,「西周時期殷見典禮芻議」,『學行堂語言文字論叢』 2, 成都: 四川大學出版社, 2012.
李學勤,「淸華簡『繫年』及有關古史問題」,『文物』 2011-3.
張禮艶,「從墓葬材料看豐鎬地區西周時期的人群構成」,『華夏考古』 2015-2.
張禮艶,「灃西地區殷遺民的社會地位及其變遷」,『考古與文物』 2013-2.
張渭蓮・段宏振,「邢臺西周考古與西周邢國」,『文物』 2012-1.
朱鳳瀚,「關於西周封國君主稱謂的幾點認識」, 陝西省考古研究所・上海博物館 編, 『西周封國論衡: 陝西韓城出土芮國文物暨周代封國考古學研究國際學術研討會論文集』, 上海: 上海古籍出版社, 2014.

3. 저서

심재훈,『중국 고대 지역국가의 발전』, 일조각, 2018.
北京市文物研究所,『琉璃河西周燕國墓地(1973-1977)』, 北京: 文物出版社, 1995.
伊藤道治,『中國古代王朝の形成』, 創文社, 1975.
李峰,『西周的滅亡: 中國早期國家的地理和政治危機』, 上海, 上海古籍出版社, 2007.
李裕杓,『西周王朝軍事領導機制研究』, 上海: 上海古籍出版社, 2018.
中國社會科學院考古研究所,『殷墟婦好墓』, 文物出版社, 1980.

2장 고대 동아시아의 호적(戶籍) 제도
- 출토자료를 중심으로

김 경 호

1. 머리말

고대 동아시아 사회에서 가족에 대한 지배단위로서의 명칭은 '호(戶)'이고, 그 구성원에 대한 신상정보(이름·신분·성별·거주지와 더불어 국가적 노동력으로서의 활용 가능 여부 등)를 수록한 장부는 호적(戶籍)이다. '호적'은 정부가 인민 통치를 위하여 몇 년에 한 번씩 행정지역단위로 가족과 그 구성원을 '호(戶)'와 '구(口)'로 파악한 조사문서이다. 정부의 호구파악은 광범위한 지역에 대한 중앙정부의 집권적 통치체제가 존재하는 것을 전제로 한다. 중앙정부가 주민을 일률적인 호구로 파악하는 것이 중앙집권적 전제국가의 이상이었다. 따라서 호적은 국가의 대민지배의 가장 기초적 자료로서, 세역(稅役)의 수취와 기층 사회질서의 유지에 필요한 문서행정의 출발점이다. 즉 문서를 통한 사람의 지배를 전형적으로 보여주는 것이 호적이다.

호적 자료에는 개별 인적사항을 가족 단위로 파악한 '호적'과 그것을 행정구획 별로 통계 처리를 한 '호구부(戶口簿)'가 있다. '호적'은 지방정부에서 작성되어 '호구부'와 함께 중앙에 보고되는데, 중앙정부는 주로 '호구부'를 확인하는 선에서 그쳤다. 그런데 '호적'에는 호의 편제과정에서 구성원의 일부가 가감되고, 지역 단위의 '호구부'에는 정부가 필요한 만큼의 호구 수가 일정한 수치로 총액화(總額化)되는 경향이 있었다. 지방정부의 자율적 호구조사를 수용한 위에 광범위한 지역으로부터 일정 정도의 호구를 집권적으로 파악하는 방법이었다. 동아시아 전제국가의 중앙집권은 중앙정부와 지방정부의 상호 교감과 견제가 요구되는 체제였던 것이다.

또한 '호적'에는 가족관계·성명·나이 등, 호 구성원의 인적사항만 기록한 것이 있는 반면, 호별 호구통계와 함께 경작지나 조세, 혹은 진대 곡물에 관한 기록이 병기된 것이 있다. 호적은 치안만이 아니라 인력 동원을 근간으로 재정운영을 위한 기본대장이었음을 말한다. 전제국가의 재정은 인력 및 재화의 징수와 재구성, 그리고 재분배의 과정을 집권적으로 수행하는 소위 '국가재분배'의 운영원리를 가지고 있었다. 고대 동아시아 사회에서 호적과 관련한 기준과 원칙이 등장한 것은 중국의 전국시대(戰國時代) 중엽 상앙(商鞅)이 2차에 걸쳐 추진한 이른바 가족개혁법령[分異令]에 기인한다. 이러한 호적 관련 법령이 출현하였다는 것은 두 말할 나위 없이 국가가 병역(兵役)과 요역(徭役) 등에 필요한 노동력을 확보하기 위한 것이었다. 그렇지만 국가권력이 민을 어떠한 방식으로 장악하였는지 대한 구체적 사례는 확인하기 어려웠다. 이러한 상황하에서 최근 중국에서는 『리야진간(里耶秦簡)』, 『장가산한간(張家山漢簡)』 등 중국 고대 호적의 실체와 관련 법령을 이해할 수 있는 호적 관련 출토자료들이 연이어 공개되었으며, 한국에서도 비록 완정한 형태와 많은 수량은 아닐지라도 고대 한국의 호적제도를 이해할 수 있는 목간들이 출토되기 시작하였다. 따라서 새로운 자료의 공개와 관련 연구 성과는 고대 동아시아 사회에서 호적을 통한 민의 지배와 국가운영 등의 문제를 검토할 수 있는 새로운 계기를 제공하였다.

고대 동아시아에서의 호적은 중국 고대사회로부터 작성되기 시작하여 시차를 두고 한국과 일본에 전파되어, 각 지역의 통치체제를 중앙집권적으로 형성하는 기본 도구가 되었다. 한편, 호적 작성방법은 지역의 상황에 따라 독자적으로 적용하게 되었는데 각 지역 통치체제의 서로 다른 특성과 관련되었다. 이 글에서는 고대 동아시아 각지의 호적 자료에 대한 비교사적 분석에 기초하여 중앙집권적 통치체제의 형성과 변화과정을 살펴보기로 한다.

2. 호적의 연원 : 중국 고대 사회의 호적

호적은 호를 기본 단위로 호주(戶主)와 그 가속(家屬)들을 기록한 문서를 일컫는다. 따라서 진한제국의 철저한 호적의 전국적 관리는 호를 기초로 한 인적자원의 관리였으며, 이는 곧 국가에 의해서 시행된 토지 분배가 "위호(爲戶)"[1]를 기본으로 한 세역의 확보와 노동력의 재분배를 의미하는 것이다.[2] 따라서『상군서(商君書)』「거강편(去强篇)」"민의 인구수를 등록할 때 태어난 자는 (籍에) 기록하고 죽은 자는 (籍에서) 말소한다(擧民衆口數 生者著 死者削)"는 기사나 호적에 남자에 한해서 나이를 기록했다는『사기』「진시황본기(秦始皇本紀)」"16년 9월……비로소 (籍에)

---

1) 睡虎地秦墓竹簡整理小組 編,『睡虎地秦墓竹簡』, 文物出版社, 2001(이하『睡虎地秦簡』으로 약칭),「爲吏之道」174쪽, "自今以來, 假門逆旅, 贅壻後夫, 勿令爲戶, 勿予田宇." (堀敏一, 1987; 金珍佑, 2008)

2) 이성규, 1999, 62쪽.

남자의 연령을 기록하였다(十六年 九月……初 令男子書年)"는 기사3)는 바로 편호(編戶)가 국가에 요역이나 병역을 제공해야 하는 「傅」와 밀접한 관련이 있음을 보여주고 있다.4) 이와 같이 전국시대 이래로 국가권력이 호구편성을 중요시한 것은 후한 말 서간(徐幹)이 언급한 것처럼 국가통치의 핵심이 호적이었기 때문이다.5)

이러한 측면에서 호적류 문서는 법령과 현실 통치의 양면을 함께 파악할 수 있는 유용한 자료라 하겠다. 다만 이러한 간독과 지장(紙張) 문서의 출현이 현재로서는 호남(湖南), 돈황(敦煌), 투루판(吐魯番)등 진한 및 당 제국의 변방지역에 한하여 확인되고 있으며, 이들 문서 작성의 하한시기는 전국시기에서 대략 당대 직후인 10세기 정도까지로 한정되었기 때문에 당대까지의 호적류 문서에 대한 분석은 그만큼 용이하지 못했던 것이 사실이다. 이러한 의미에서 19세기 말에서 20세기 초에 걸쳐 간독 및 문헌자료들에 대한 최근의 정리 및 재검토 작업이나 1997년부터 2006년까지 투루판 지역 내에서 새로이 발굴, 수집된 문헌자료들에 대한 정리 작업을 통하여6) 호적류 문서의 일부가 확인된 것은 특기할 만한 일이다.

『리야발굴보고(里耶發掘報告)』7)에 의하면 향급(鄕級) 호적문서인 『리야진간』 호적간은 출토 시에는 51매였지만, 정리 복원 작업을 거쳐 24매의 호적 간독이 세상에 공포되었다. 본고에서는 서술의 편의상 『리야발굴보고』에 소개된 호적간의 내용 가운데 K27, K1/25/50, K43간 등 일부 간을 통해 대략의 내용을 살펴보고자 한다.8)

---

3) 이와 관련한 내용은 『睡虎地秦簡』,「編年記」(7쪽, "十六年, 七月丁巳, 公終, 自占年.")에도 명기되어 있다.
4) 『漢書』 卷1「高帝紀」二年五月條 師古注, "傅 著也. 言著名籍 給公家徭役也."
5) 『中論』「民數篇」, "夫治平在庶功興, 庶功興在事役均, 事役均在民數周, 民數周在國之本也."
6) 박근칠, 2010.
7) 湖南省文物考古硏究所, 2007, 203~208쪽; 김경호, 2008.

(K27)	(K1/25/50)	(K43)
1 南陽戶人荊不更蠻强	1 南陽戶人荊不更黃得	1 南陽戶人荊不更大□
2 妻曰嗛	2 妻曰嗛	弟不更慶
3 子小上造□	3 子小上造台	2 妻曰娛
4 子小女子駝	子小上造	慶妻規
5 臣曰聚	子小上造定	3 子小上造視
伍長	4 子小女㜍	子小造□
	子小女移	
	5 子小女平	
	五長	

　비록 상기한 호적간 3매를 예시로 제시하였지만, 『리야진간』 호적간 전체 24매의 주요 내용은 대체로 5가지 정도로 요약할 수 있다.9) 첫째, 각 란의 기재 내용 즉 제1란은 성년남자로서 호인(戶人)·호인의 자식·호인의 동생, 제2란은 성년여자로서 처(妻)·모(母)·동생의 처, 제3란은 미성년 남자인 자식·동생의 자식, 제4란은 미성년 여자인 딸·동생의 딸·「무실(毋室)」(K28/29간, 가옥이 없음을 의미),10) 제5란은 남자 노예·오장(伍長)[특기사항] 이다. 둘째, 기재 내용은 남녀와 대소의 구별 그리고 혈연과 노예의 차이를 보이고 있다. 셋째는 호인의 자녀·형제 등 1촌의 범위에 있는 자는 친족관계만을 표시

〈그림 1〉 리야진간 호적간의 일부

---

8) 이성규, 2008; 鈴木直美, 2008; 黎明釗, 2009. 숫자는 각 간의 해당 란(欄)이다.
9) 湖南省文物考古硏究所, 2007, 208~209쪽.
10) 鈴木直美, 2008.

하고 있지 호인의 이름을 첫머리에 사용하지 않는다. 동생의 처자에게는 동생의 이름을 명기하여 부부·친자의 관계를 명확하게 하고 있다.

본고에서는 기재 양식과 관련 있는 제1란의 내용에 주목하고자한다. 제1란은 호주의 적관(籍貫), 작위, 성명 등이 "南陽戶人荷不更蠻强"의 형식으로 기재되어 있다. 특히 '호인'과 관련한 기재방식은 전한시기부터 삼국 오 지역에서 출토된 자료에서도 확인되고 있다. 즉 제1란 기입의 기본적인 구성은 '지명'+'호인(호주)'+'작위'+'인명'+'연령'의 순서이다. 더욱이 호적간은 아니지만 이러한 기재 양식은 『거연한간(居延漢簡)』 수졸(戍卒) 명적간(名籍簡) "戍卒/張掖郡/居延/當遂里/公士/張襃/年卅"[11])에서 알 수 있듯이 기재 내용이 현+리+작위+성명+연령 순서로 되어 있는 것과 거의 일치한다. 사실 한대 명현작리(名縣爵里)로 불리는 개인 신상의 표기는 1973년 발굴된 호북(湖北) 강릉(江陵) 봉황산(鳳凰山) 10호 서한묘(西漢墓)의 「정리름부(鄭里廩簿)」 중의 내용 가운데 "戶人越人, 能田三人, 口六人, 田卅七畝. 十 门, 貸三石.", "戶人不章, 能田四人, 口七人, 田卅七畝. 十 门, 貸三石七斗."[12]) 등에서 처음으로 확인되었다. 더욱이 이 간에서는 『리야진간』과 동일한 성격의 "호인", 즉 호주의 존재를 확인할 수 있다. 또한 『주마루오간(走馬樓吳簡)』[13])에서도 호주와 그 가속이 동일한 간에 기재되었음을 확인할 수 있으니 '하륭(夏隆)'이라는 남자와 그 가속을 기재한 호적간이 그것이다.

   宜陽里戶人公乘夏隆年卅一眞吏 融子男帛年十一 帛男弟燥年八歲
   燥男弟得年六歲 隆 戶下奴謹年十三雀兩足 隆戶下奴成年卄二 右
   隆家□食九人 訾一石

        (簡號: 9090, 9165, 9213, 9217, 9013, 9092, 9324)

---

11) 謝桂華 외, 1987, 「194.18」 (" / " 표시는 필자).
12) 裘錫圭, 1974, 51쪽.
13) 走馬樓簡牘整理組 編, 2003.

물론『주마루오간』의 명적이 완정간이 아니기 때문에 호 전체를 복원하는 것은 결코 쉬운 일이 아니지만, 상기의 명적에서도 '호인'이란 용어를 확인할 수 있을 뿐만 아니라 리명(里名), 작위, 성명, 연령이 기재된 양식이『리야진간』이나『거연한간』명적부의 경우와도 일치한다. 엄격히 말하자면 호구관련 자료가 아닌,『수호지진간』「봉진식(封診式)」봉수(封守)에서도 고소된 남자의 가족은 도망한 처, 성인인 딸, 미성년인 아들, 남자 노예, 미성년의 여자 노예의 순서대로 기재되어 있고 子는 남녀의 순서가 아니라 연령에 따르고 있음을 알 수 있다.14) 따라서 이상과 같은 진대『리야진간』부터 삼국시대『주마루오간』에 이르기까지 출토문헌 호구자료들의 기재양식은 일정한 기준 하에서 작성됨을 알 수 있다. 이러한 사실은 사마천(司馬遷)의 임용 기록인 "太史令茂陵顯武里大父司馬遷, 年卅八, 三年六月乙卯除, 六百石"15) 역시 관명, 현리명, 작위, 이름, 나이, 임명일자 순서로 기록되어 있음을 볼 때, 이 역시 명현작리의 순서에 입각한 기재방식을 입증한 것이다.

호적 작성의 규정에 대해서는 종래 문헌에는 "八月案比"라고 하여 8월의 호구조사 시행 정도로 알려졌다. 그러나 최근 여후(呂后) 2년(B.C.184) 시기로 추정되는 한초 법령인『이년율령(二年律令)』이 발견되었다. 이 법령 내용 가운데 호적과 관련한 이른바「호율(戶律)」(328~330간)의 내용에 의하면 현의 하급 행정 단위인 향의 관리인 색부(嗇夫)와 현의 관리가 함께 호적을 조사하고 조사가 완료된 호적의 부본을 현정(縣廷)으로 보내며, 전출한 자가 있으면 해당자의 호적과 작위 및 요역 관련 정보 등

---

14) 池田溫, 1979, 19쪽.『睡虎地秦簡』,「封診式」封守, "鄕某愛書. 以某縣丞某書, 封有鞫者某里士伍甲家室・妻・子・臣妾・衣器・畜産.…(중략)…●妻曰某, 亡, 不會封. ●子大女子某, 未有夫. ●子小男子某, 高六尺五寸. ●臣某, 妾小女子某. ●牡犬一. …(하략)…."

15)『史記』卷130,「太史公自序」索隱引『博物志』.

을 전출지에 보내는 규정이 기재되어 있다. 『리야진간』의 작성은 바로 『이년율령』에 보이는 규정에 의해 작성된 내용의 일부라고 볼 수 있다. 향에서 작성된 호적은 상급 행정 기구인 현으로 이송되며, 현에서 작성한 호적문서는 또 다시 군으로, 그리고 중앙정부로 상계(上計)된다. 이러한 호적 문서의 상계과정을 현재 확인할 수 있는 대표적인 자료로서는 현 단위에서 작성된 문서는 「안휘성천장시아락진기장촌19호한묘목독(安徽省天長市安樂鎭紀庄村19號漢墓木牘)」(이하 '天長漢墓木牘'으로 칭함)16) 이고 군 단위의 문서는 「윤만한묘간독(尹灣漢墓簡牘)」《集簿》,17) 「낙랑군초원4년현별호구다소□□(樂浪郡初元四年縣別戶口多少□□)」,18) 「형주송백목독(荊州松柏木牘)」19) 등이 현재 실물이 확인된 호적이다. 「천장한묘목독」은 호구부(戶口簿), 산부(算簿), 서신(書信), 명알(名謁), 약방(藥方), 예단(禮單) 등이 주요 내용으로 34편의 목독에 2,500자 정도의 문자가 양면 혹은 한면에 쓰여 있으며 목독의

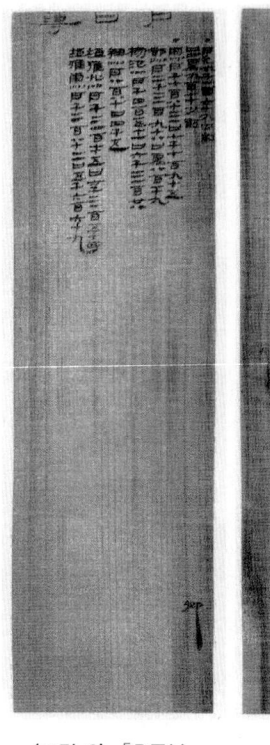 

〈그림 2〉「호구부」   〈그림 3〉「산부」

---

16) 天長市文物管理所·天長市博物館, 2006, 8·17쪽.
17) 連雲港市博物館 외, 1997, 1~4쪽.
18) 손영종, 2006a, 30~33쪽, 2006b, 49~52쪽, 윤용구, 2007, 241~263쪽.
19) 荊州博物館, 2008.

길이는 22.2~23.2cm, 너비 3.6~6.9cm의 형제(形制)이고 묘주는 동양현(東陽縣)에서 일정한 권력을 가지고 있는 사맹(謝孟)이며 연대는 전한 중기 초로 파악하고 있다. 서술의 편의상 본고와 관련 있는 호구부와 산부 목독의 내용을 중심으로 언급하고자 한다.

戶口簿(A면)	簿(B면)
●戶凡九千一百六十九少前	八月事算二萬九復算二千卅卄五
口四萬九百七十少前	都鄕八月事算五千卄卄五
●東鄕戶千七百八十三口七千七百九十五	東鄕八月事算三千六百八十九
都鄕戶二千三百九十八口萬八百一十九	垣雍北鄕八月事算三千二百八十五
楊池鄕戶千四百五十一口六千三百卄八	垣雍東鄕八月事算二千九百卅一
鞠鄕戶八百八十口四千五	鞠鄕八月事算千八百九十
垣雍北鄕戶千三百七十五口六千三百五十四	楊池鄕八月事算三千一百六十九
垣雍東鄕戶千二百八十二口五千六百六十九	●右八月 集九月事算萬九千九百八十八復算二千六十五

　1호 목독(M19:40-1A · B)은 정면(A면)과 배면(B면)에 각각 '호구부'와 '산부'라고 기입되어 있는 행정문서이다. 즉 군으로 상계하기 위한 문서로서 문서 자체에 '호구부'라고 기재되어 있는 한대 호구부가 실물형식으로는 처음 공개된 것이다. 호구부와 산부에 명기되어 있는 향은 14호와 24호 목독에 "진동양(進東陽)", 10호에는 "유동양(留東陽)", 25호에는 "동양승(東陽丞)" 등의 문자가 보이며 『한서』「지리지」의 기사에도 임회군(臨淮郡) 관할 하에 동양현이 있음을 알 수 있다.[20] 따라서 1호 목독의 호구기사는 '동양현(東陽縣)'이라 기재되어 있지 않지만 동양현의 호구부라고 보아도 대과는 없을 듯하다. 기재 내용 가운데 주목되는 것은 "전년

---

20) 天長市文物管理所 외, 2006, 20쪽.

도 호구수보다 감소하였다(少前)"라는 표현이다.

이와 관련하여 후술할 郡 단위에서 작성된 『윤만한간』「집부」의 내용은 다음과 같다.

> ……亭688 卒2,972人 郵34 人408 如前
> 界東西551里 南北488里 如前
> 戶266,290 多前2,629 其戶11,662 獲流
> 提封512,092 頃85畝…… 人如前
> 男子706,064 女子688,132 女子多前7,926
> 年九十以上11,670人 年七十以上受杖2,823人
> 凡14,493 多前718

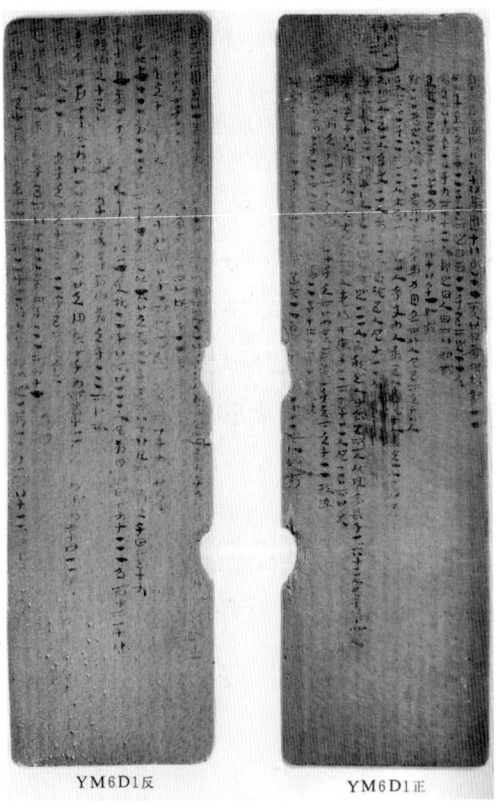

〈그림 4〉
윤만한간 집부

種樹65,679畝 多前46,320畝

『윤만한간』「집부」의 기사에서 알 수 있듯이 전년대비 증감치나 동일함을 기재하는 용어인 "소전(少前)"・"다전(多前)"과 "여전(如前)" 등은 주요 기재 대상인 호구만이 아니라 지역 경계의 넓이, 간전(墾田)의 수, 춘종수(春種樹)의 수 등 집부의 모든 기재 대상에 적용되고 있다. 이러한 사실은 호계산(虎溪山) 전한 죽간의 내용 중「황부(黃簿)」의 "□□方 九十五. 如前.(M1T:43-97)"과 "復算：百七十, 多前四, 以産子故.(M1T:43-98)"에서도 확인할 수 있다.21) 따라서 호적 작성 시에는 공통적으로 통일된 용어를 사용하며, 특히 호구 기재와 관련해서는 '호+호구수+[少前・多前・如前+增減數值 /口+口數+[少前・多前・如前+增減數值의 공식적인 기재 방식을 사용하고 있음을 알 수 있다.

호구의 증감과 동일함을 의미하는 "소전"・"다전"・"여전" 외에도 동일한 의미로 사용한 용어를 찾아볼 수 있다. 즉 2004년 말 호북성(湖北省) 형주시(荊州市) 형주구(荊州區) 기남진(紀南鎭) 송백촌(松柏村)에서 출토된 전한 무제(武帝) 초기(建元年間) 목독 가운데 48호 목독「이년서향호구부(二年西鄕戶口簿)」의 관련 기사이다.22) 현재까지 실물은 공개되지 않았지만 주요 기재 내용을 살펴보면 다음과 같다.(괄호 안의 숫자는 欄

---

21) 湖南省文物考古硏究所 외, 2003. 前漢 文帝 後元二年(B.C. 162) 사망한 제1대 원릉후 吳陽의 묘에서 발견된 죽간의 주요 내용은 「黃簿」, 「日書」, 「美食方」 등의 3부분이다. 이 가운데 「黃簿」는 241매이지만 완정간은 120매로서 완정간의 길이는 14cm, 너비 0.7cm, 두께 0.1cm이며 상하 두 곳이 편철되어 있으며 예서로 서사되어 있다. 「簡報」에 소개된 내용에 의하면 黃簿는 전한 초년 원릉후국의 행정기구, 리원인수, 호구인민, 전부무세, 대형가축(耕牛 등), 경제임목(배, 매실 등) 등의 수량과 兵甲船 및 각 항목의 증감과 그 원인, 그리고 도로교통, 亭聚, 장안을 왕래한 노선과 수륙이정 등이 상세히 기재되어 있다. 이 전체상이 명확하게 규명된다면 전한 전기의 縣級 관문서의 상당한 부분이 명확하게 될 가능성이 있다.

22) 彭浩, 2009.

을 표기함)

　　●二年西鄕戶口簿(상-1)　戶千一百九十六(2)　息戶七十(3)　耗戶三十五(4)　相除定息四十五戶(5)　大男九百九十一人(6)　小男千四十五人(7)　大女千六百九十五人(8)　小女六百四十二人(9)

　息口八十六人(하-1)　耗口四十三人(2)　相除定息口四十三(3)　●凡口四千三百七十三人(4)

「이년서향호구부」는 서향에 남아있는 호구문서로서 당년(當年) 남군(南郡) 강릉현(江陵縣)에 보고한 상계 수치와 일치하는 것으로 「천장한묘목독」의 "●戶凡九千一百六十九少前　口四萬九百七十少前"의 기록처럼 강릉현 호구부는 전면에 먼저 강릉현 전체의 호구 수를 기록한 다음, "西鄕戶千一百九十六**多前**三十五　口四千三百七十三**多前**四十三"으로 기재하였을 것이다. 현재까지 향급 단위에서 호구의 증감을 표기하는 방식으로 "다전"과 같은 표기는 보이고 있지 않아 단언할 수는 없지만 적어도 향급 단위에서의 호구 파악 시 변동사항은 "息戶(口)"·"耗戶(口)" 등으로 표기했을 가능성도 배제할 수 없다.

현에서 호구를 비롯한 각 방면의 현황을 작성하여 매년 군으로 보고하면 군에서는 관할현의 관련 분야의 현황을 종합한다. 그 전형적인 자료가 강소성 연운항시 관할하의 윤만촌에 위치한 무덤에서 발견된 『윤만한간』이다. 특히 6호 묘에서는 23개의 목독과 133매의 죽간이 발견되었는데, 그 중 「집부(集簿)」에는 호구와 관련한 내용이 기록되어 있다. 표제인 「집부」는 목독 정면 최상단부 중앙에 예서(隸書)로 쓰여 있으며 본문은 초서체로서 앞뒷면에 작성한 문서이다. 주요 내용은 상술하였듯이 동해군의 행정기구, 리원(吏員)의 설치, 호구, 간전과 전곡(錢穀)의 출입 등을 기록한 해당연도의 통계숫자로서 동해군(東海郡)이 중앙에 보고

할 때 사용한 집부의 저본 혹은 부본일 것으로 추측하고 있으며 이미 상 술하였지만 호구 관련 부분은 "戶266,290 多前2,629 其戶11,662 獲流"의 내용이다.

최근에 이미 보고된 바와 같이 평양시(平壤市) 정백동(貞柏洞) 364호에서 낙랑군(樂浪郡)에서 산하 25개 현의 호구 수를 집계한 이른바「낙랑군초원4년현별호구다소□□」라 명명하는 호구부의 사진이 공개되어 그 내용의 전문에 대한 석독이 명확하게 되었다.[23] 호구부의 주요 기재 양식을 살펴보면 3매로 나누어진 목독으로 사진의 중간 목독 첫 줄에 표제인「낙랑군초원4년현별호구다소□□」가 명기되어 있으며, 그 이하는『한서』「지리지」의 서술 순서에 준하여 25개 현의 호구 증감을 표기하고 마지막 행에 낙랑군 전체의 호구 수를 기재하고 있다.[24]

락랑유적에서 나온 목간

〈그림 5〉「樂浪郡初元四年縣別戶口多少□□」

---

23) 낙랑호구부의 실물 자료는 공개되지 않았지만, 북한사회과학원 고고학연구소에서 발간하는『조선고고연구』제149집(2008년-4기)의 뒤표지 배면에 '락랑 유적에서 나온 목간'이란 설명이 붙은 사진 1장으로 내용을 파악할 수 있었다.
24) 윤용구, 2009.

樂浪郡初元四年縣別戶口多少 ■ 簿
朝鮮戶9,678多前93口56,890多前1,862……(中略)……提奚戶173多前4
口1,303多前37……(中略)……凡戶43,835多前584口280,361
(서술의 편의상 총계숫자는 아라비아 숫자로 표기)

비록 『윤만한간』에서는 동해군 관할하의 현명과 그 호수의 증감에 대한 기사는 보이지 않지만 군 전체의 호의 증감을 '다전'이란 용어로서 기재하고 있다. 낙랑군에서 발견된 호구부는 이보다 상세하게 현별 호구 증감은 물론이고 군 전체의 호 증감에 대해서도 '다전'이란 용어로 설명하고 있다. 비록 낙랑군 초원 4년의 호구부와 같이 군에서 현별로 호구를 집계한 문서는 아니지만, 각 현에서 상계한 호구집계에 기초하여 관련 사항 등을 군에서 다시 집계한 관련 문서가 최근에 공개되었다.

상기한 「이년서향호구부」가 출토된 이른바 「송백목독(松柏木牘)」이다. 『송백간보(松柏簡報)』[25])에 의하면 1호 묘(M1)에서 출토된 63매의 목독 가운데 6매는 문자가 없으며 31매는 단면에, 26매는 양면에 문자가 쓰여 있다. 길이 22.7~23.3㎝, 너비 2.7~6.5㎝, 두께 0.2㎝의 비교적 너비가 좁은 장방형의 목독이다. 묘의 연대는 무제 건원(B.C.140~B.C.135) 및 원광(B.C. 134~129) 연간의 역보(曆譜)가 함께 출토된 점으로 보아 전한 무제 초기로 추정된다. 또한 묘주는 출토된 칠목기(漆木器) 가운데 "주(周)"자가 새겨져 있는 것으로 미루어 보아 목독이나 목간에서 언급되고 있는 "주언(周偃)"이 틀림없으며, 그 관직은 "江陵西鄕有秩嗇夫"이고 작위는 "공승(公乘)"이라 한다. 이미 공개된 목독의 주요 내용은 남군 소속 13개 현과 4개의 후국(侯國)의 「면로부(免老簿)」, 「신부부(新傅簿)」, 「파륭부(罷隆簿)」의 35호 목독,[26]) 표제는 없지만 남군 속현과 후국의 명 뒤에 순차

---

25) 荊州博物館, 2008.
26) 위와 같음.

적으로 용졸(用卒)의 인수, 요역교
대(更替)회수, 요역에 복역하는 사
람 수 및 남거나 부족한 인원수,
그리고 다른 지역으로 동원된 인
원수 등이 기록되어 있으며, 제2
란 7행은 용졸총수("●凡萬四七十
人")를, 8행은 매월의 용졸수("月用
卒二千一百七十九人")를 명기한 47
호 목독,(彭浩, 2009.4.12.) 그리고
상기한 48호 목독인「이년서향호
구부」(彭浩, 2009.4.4.)가 있다. 그
리고 강릉현을 비롯한 7개 현과
편후국(便侯國)을 비롯한 3개 侯國
등 각 현과 후국 내의 인구에 대
하여 성별과 연령에 따른 통계,

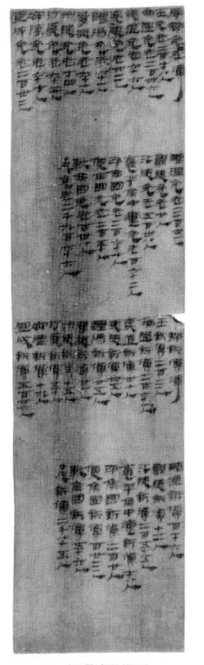

1. 35号木牘正面　　2. 35号木牘背面

〈그림 6〉松柏木牘 35호

즉 사대남(使大男)·대녀(大女)·소남(小男)·소녀(小女)·부인(復人)의
총수를 집계한 53호(彭浩, 2009.4.11; 胡平生, 2009.4.12.)목독이다. 이외
에 미공개된 자료로서『송백간보』에 따르면「정리부(正里簿)」·「귀의부
(歸義簿)」·「부사산부(復事算簿)」·「현졸부(見卒簿)」·「치리졸부(置
吏卒簿)」 및 「남군원년호구부(南郡元年戶口簿)」(彭浩, 2009.4.4.)[27] 등이
공개를 기다리고 있다.

이상과 같이 장황하게「송백전한목독」의 내용을 소개한 까닭은 호구
집계 방식이 군 소속 전체의 행정 단위 수(縣·侯國·邑·鄕·亭·里·

---

27) 무제 건원 2년(B.C. 139) 강릉현의 戶는 5,500여 戶이고 口는 21,000여 인으로서 강릉
현의 호구와 인구의 1/5를 차지한다고 한다.

郵)를 비롯한 군 전체 면적, 행정 기관의 구성과 관리 수를 군 단위에서 집계한『윤만한간』「집부」의 기재방식과는 달리 현별로 호구 수를 집계한 낙랑군 초원 4년 호구부와 매우 유사하기 때문이다. 이러한 내용은 「남군원년호구부」의 내용이 공개되지 않아 호구 집계 방식의 정확한 내용을 알기가 어렵지만, 35호 목독에 보이는 「면로부」, 「신부부」, 「파릉부」의 기재방식이나 47호 및 53호 목독의 기재양식을 참조하면 낙랑군 호구부와 같이 각 현에서 집계된 자료가 군에서 다시 정리되고 있음을 추측할 수 있다.

한초의 법령 가운데 호구조사와 관련한『이년율령』「호율」과 소송 문서인『주언서(奏讞書)』의 관련 기사 내용을 참고하면 진한시기 군현민들은 자신들이 호구 관련하여 향에 직접 신고하게 되어 있었다. 아래의 인용 기사가 관련 내용이다.

> 백성들은 모두 스스로 나이를 신고해야 한다. (나이가) 어려서 스스로 신고할 수 없고 부모나 형제가 대신 신고할 수 없는 경우에는 관리가 그 나이를 결정한다. 스스로 신고하건, 부모나 형제가 대신 신고하건 실제 나이와 3세 차이가 나면 모두 耐刑에 처한다. 아이를 낳은 자는 항상 8월에 신고를 해야 한다.[28]

또한『이년율령』「호율」에는 호적 신고와 이를 위배했을 경우에 처벌하는 규정이 있다. 주요 규정은 다음과 같다. 첫째, 스스로 신고(自占)하는 것이 원칙이다. 둘째, 나이가 어리거나 신고할 형편이 어려우면 부모나 형제가 대신 신고할 수 있다. 셋째, 실제나이에 준하여 신고해야 한

---

28)『二年律令與奏讞書』「戶律」, 325~326簡, "民皆自占年. 小未能自占, 而毋父母·同產爲占者, 吏以□比定其年. 自占·占子·同產年, 不以實三歲以上, 皆耐. 產子者恒以戶時占其."

다. 넷째, 아이는 태어나면 매년 8월 안비(案比)시에 신고하여 국가의 호적에 등록해야 한다. 또한 이와 관련하여 『주언서』 안례14에서는 관련 법령에 따르면 30일 이내에 호적이 없는 자들은 관할 관청[현도관(縣道官)]에 가서 신고하도록 명기되어 있으며 이를 시행하지 않을 경우에는 내위예신첩(耐爲隷臣妾)에 처하고 鋦에 하도록 작과 상으로 감면하지 못하게 하고 있다.[29] 따라서 민들은 출생과 동시에 국가에 의해서 편호(編戶)되었음을 알 수 있다.

이러한 원칙과 과정을 통해 작성된 호적 문서는 매년 8월 향부색부(鄕部嗇夫)·리(吏)·영사(令史) 등의 관리들에 의해 작성된다. 이들은 민에게서 신고를 받아 공동으로 호 단위를 기초로 호구, 토지, 작위, 가족사항 등을 주요 내용으로 하는 장부를 만들고 이를 보관한다. 향은 이렇게 작성된 호적을 부본과 집계한 장부를 현으로 이송하며 현 역시 이를 군으로 이송한 것이다. 이때 호적의 원본이 이송되는 것이 아니라 각 행정 단위기관에서 집계한 장부가 군에 보고되고 상기한 군급의 호적 문서들은 이러한 과정을 거쳐 작성된 것이다. 그런데 군 또는 현에 보고된 집계 장부, 즉 집부에 기재 내용을 살펴보면 무제 이후 군현의 호구문서에서 동일한 용어로서 그 증감을 표기한다거나 전체 수를 집계할 경우 "●凡×××"로 표기하는 등 호구부 작성에서 통일된 기재 원칙에서 작성되었음을 알 수 있다. 즉 제국 통치의 근간인 리민(里民)의 구성원을 향에서 파악하여 그 결과를 보고하고, 현급 행정 단위에서는 국가운영의 근간이 되는 요역의 부과 및 면제 대상자의 수, 남녀 비율 등의 집계 내용을 군에 보고해야 하기 때문에 통일된 양식을 통하여 작성했을 가능성이 농후하다. 군 역시 각 현에서 보고받은 다양한 집계의 내용을 다시 정리하여

---

29) 『二年律令與奏讞書』 『奏讞書』 案例14, "●令曰 : 諸無名數者, 皆令自占書名數, 令到縣道官, 盈卅日, 不自占書名數, 皆耐爲隷臣妾, 鋦, 勿令以爵 賞免 舍匿者與同罪."

중앙정부에 상계해야 하기 때문에 통일된 문서 양식에 기재해야 할 필요성이 있었던 것이다.

3. 호적의 전파

간독과 문헌자료에 대한 발굴과 정리 작업에서 진한 및 삼국 오 등의 간독자료 가운데 호적제도의 운영 관련 법류 규정과 관련 문서로 추정되는 간독 호적이 적어도 3세기 초·중반까지의 상황을 설명하고 있다면 4세기 후반의 상황을 반영한 지장(紙張) 호적은 「전진건원20년3월고창군고녕현도향안읍리적(前秦建元卄年(384)三月高昌郡高寧縣都鄕安邑里籍)」(이하 이 문서는 '「전진건원20년적(前秦建元20年籍)」'으로 약칭함)[30]과 서위(西魏) 대통 13년(547) 문서[31] 등이 대표적이다. 비록 이 두 자료는 시기적으로 1세기 정도의 간극이 있지만 현재로서는 간독 호적으로부터 지장 호적으로 서사(書寫)의 재료가 바뀌면서 나타나는 다양한 형식과 내용상의 변화를 추정할 수 있는 유일한 자료이기도 하다.

4~5세기 종이가 서사재료로 본격적으로 사용되기 시작함에 따라 종래 죽간 혹은 목간을 사용하여 작성된 호적은 종이로 대체되기 시작하였다. 즉 함화(咸和) 3년(328) 이후 동진(東晋)의 호적은 종이 위에 적기 시작하였음을 알 수 있다.[32] 4세기 후반의 상황을 반영한 지장 호적은 「전진건

---

30) 榮新江 외, 2008, 176·179쪽.
31) 周紹良 主編, 1990, 78~85쪽; 郝春文 主編, 2003, 317~341쪽; 池田溫, 1979, 149~165쪽; 唐耕耦·陸宏基 編, 1986, 112~127쪽.
32) 『通典』 권3, 「食貨」, "梁武帝時所司奏, 南徐, 江, 郢連兩年黃籍不上, 尙書令沈約上言曰, 晋咸和初, 蘇峻作亂, 版籍焚燒, 以後起咸和三年以至乎宋, 並皆詳悉, 朱筆隱注, 紙連悉縫, 而尙書上省庫籍, 唯有宋元嘉中以來, 以爲宜檢之日, 卽事所須故也, 晋代舊籍, 並在下省左人曹, 謂之晋籍, 有東西二庫, 旣不係尋檢, 主者不復經懷, 拘牽鼠齧, 雨濕沾爛, 解散於地, 又無局騰."

원20년적」이 대표적이다. 이 자료는 간독 호적의 작성이 지장 호적으로 서사의 재료가 바뀌면서 나타나는 다양한 형식과 내용상의 변화를 추정할 수 있는 자료이기도 하다. 우선 「전진건원20년적」의 일부 내용을 제시하면 다음과 같다.

〈「前秦建元二十年(384)三月高昌郡高寧縣都鄕安邑里籍」〉33)

01	高昌郡高寧縣都鄕安邑里民張晏年卄三		
02	叔聰年卅五物故	奴女弟想年九	桑三畝半
03	母荊年五十三	晏妻辛年卄新上	城南常田十一畝入李規
04	叔妻劉年[卌][六]	丁男一	得張崇桑一畝
05	晏女弟婢年卄物故	丁女三	沙車城下道北田二畝
06	婢男弟隆年十五	[次]丁男三	牽加田五畝
07	隆男弟駒年[　]	[次]丁女一	[舍一]區
08	駒女弟□年[　]	[小女一]	[建元卄年三月籍]
09	聰息男[奴]年[　]	凡口[九]	

〈그림 7〉前秦建元20年籍

---

33) 문서의 결락된 부분은 [　]으로 표시하였고 내용상 추정이 가능한 것은 괄호 안에 기재하였다.

2장 고대 동아시아의 호적(戶籍) 제도　77

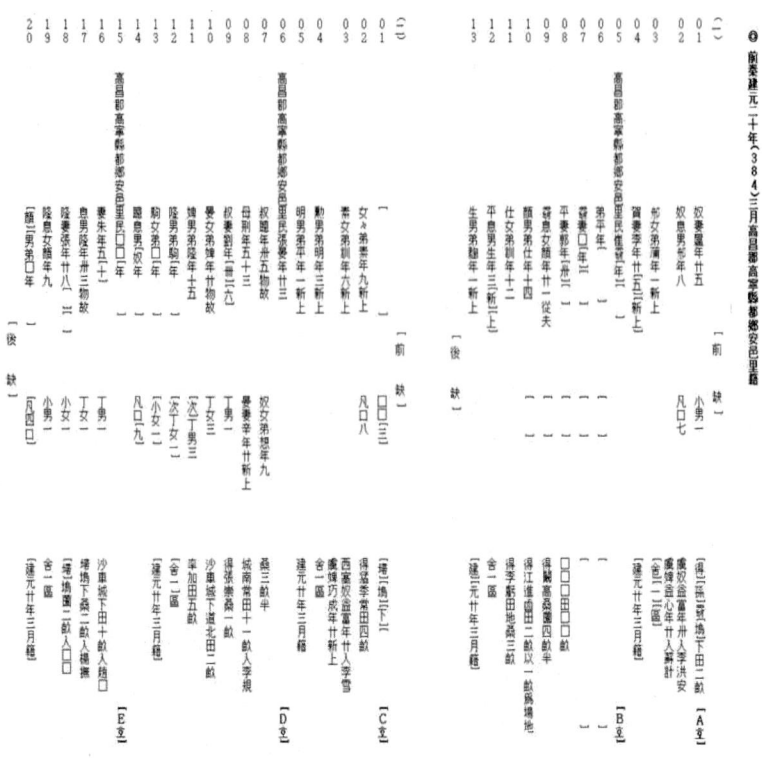

〈그림 8〉前秦建元20年籍 석문

호의 기재 형식을 살펴보면 해당 호의 첫 행(01)에는 '民 張晏'을 필두로 호의 내역이 기재되기 시작한다. 이어서 그 다음 행부터 해당 호의 호구와 전토 등의 내역을 삼단으로 구분하여 기재하고 있는데, 상단에는 각 호의 구성원 각자의 내역을, 중단에는 정(丁)·차(次)·소(小) 등 구분에 따른 구수(口數) 집계와 전체 구수 합계를, 하단에는 보유권이 이동한 전토와 노비의 내역을 명시하였다. 그리고 하단 말미에는 '건원20년3월적'이라 명시함으로써 해당 호의 등재를 마무리하고 있다. 각 호의 첫 행에 '적관+민+성명+연령'의 형식으로 명시된 '民 某'는 각 호의 호주에 해당한다. 즉 호주의 성명 앞에 '호주'를 명시하는 대신 '民'이라 지칭하고 있다. 즉「전진건원20년적」은 민호를 대상으로 한 호적으로 구별할 수 있다.

이와 같이 종이에 기재된 호적에서도 단을 구별 지어 작성하는 양식은 지속되고 있음을 알 수 있다. 신분, 성명, 연령 등의 기록이 기본적인 요소로서 구분하여 호적을 작성한 사례는 한국의 출토 목간에서도 찾아볼 수 있다. 한반도에서 출토된 호적류의 목간은 상기한 평양에서 발견된 「낙랑군초원4년현별호구다소집부」가 주목된다. 이는 초원 4년(B.C. 45) 전한제국의 지배를 받고 있던 낙랑군에 소속하는 25현의 호구 수를 전년도와 비교하여 기재한 내용이다. 이후 시기의 확실한 호적류의 출토 실례는 없다. 그러나 늦어도 6세기에는 한반도에서 호적류가 작성되어 있었던 것은 대체로 확실하게 여겨진다. 예를 들면 신라의 성산산성(城山山城) 유적에서 발견된 대량의 하찰(荷札)목간은 공진자(貢進者)의 이름이 적혀져 있어 호적류의 문서의 존재를 엿보게 한다. 또한, 백제의 수도인 부여의 능산리사지(陵山里寺址)에서는 가로로 선을 그어 4단으로 쓴 복수의 인명을 기록한 목간이 출토되고 있다. 7세기 초에는 백제의 군역소로 보이는 복암리(伏岩里)유적으로부터 겉면에 '정(丁)', '중구(中口)' 등과 같은 연령 구분의 기재와 관련된 목간이 출토되었다. 부여(夫餘) 궁남지(宮南池)에서 출토된 '서부후항(西部後巷)' 목간에서도 '중구사(中口四)', '소구(小口)'의 어구의 내용으로 보아 연령별로 인민파악이 행해지고 있었던 것을 알 수 있다. 또한 쌍북리(雙北里)에서 출토된 좌관대식기(佐官貸食記)에 보이는 10명의 인명은 백제시기에 이미 정교한 호구 조사와 이를 관리하는 호적문서가 존재하였음을 시사한다. 한편 복암리 목간의 뒷면에서는 '수전(水田)', '전(畠)', '맥전(麦田)' 각각의 면적(단위는 '형(形)')이 기록되어 있고, 앞선 두 가지에는 수확고(단위는 '석(石)')도 적혀 있다. 이 목간은 수전·전·맥전을 경작하기 위한 노동력(소도 포함)을 연령구분에 따라 집계했던 것으로 여겨진다.

2장 고대 동아시아의 호적(戶籍) 제도 79

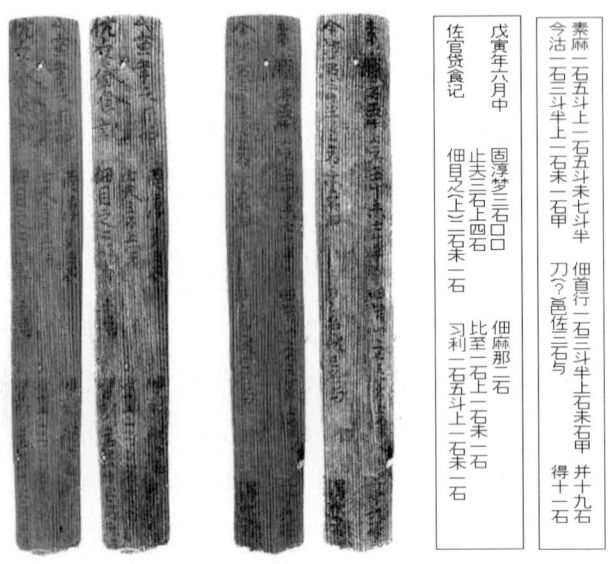

〈그림 9〉 좌관대식기(전면, 후면)

　　일본에서도 호적류 목간의 사용을 확인할 수 있다. 호적류 문서의 도입을 보여주는 초기의 사료는 시라이노미야케(白猪屯倉)에 관한 『일본서기』의 일련의 기사를 들 수 있다. 그것에 의하면 긴메이(欽明) 16년, 소가노 이나메(蘇我稲目)·호즈미노 이와유미(穗積磐弓) 등을 키비(吉備)에 파견하여 시라이노미야케가 설치되었다. 그때 미야케에서 관리하는 토지를 경작하는 '전부(田部)'가 설정되고 '적(籍)'이 작성되었다. 또한 『일본서기』 긴메이 원년 8월 조목에는 진인(秦人)·한인(漢人) 등의 도래인을 소집하고 '국군(国郡)'에 안치하고 '호적'에 등재하여 진인의 호수는 전부 7053호였다고 기록되어 있다. 도래계 씨족 중에는 '모호(某戸)'성을 가진 자가 존재하는 것과 더불어, 호적은 도래계 씨족을 대상으로 시작되었을 가능성이 지적되고 있다.

　　일본에서의 호적 제작 기술은 백제를 중심으로 한 도래인에 의해 도입되었다고 여겨진다. '적(籍)'에는 '후미타(文板)', '후무타(札)'라는 고훈(古訓)이 있듯이, 처음에는 목간이었을 가능성이 있다. 조선반도를 매개로 조적(造籍)기술을 배운 일본열도에서는, 처음에는 일부 지역이나 집단을 대상으로 한 호적류 밖에 작성되지 않았는데, 텐치(天智) 9년(670)에는 전국의 인민을 대상으로 한 최초의 본격적인 호적, 경오연적(庚午年籍)이 작성된다. 한 사람씩 씨성(氏姓)이나 부성(部姓)을 확정시키는 작업을 동반했던 점도 있어, 경오연적은 씨성의 근본대장으로서 영구 보전되었다. 그리고 지토우(持統) 4년(690)의 경인연적(庚寅年籍) 이후는 원칙적으로 6년에 한 번씩 호적이 작성되게 된다. 호적은 11월 상순에 조적을 개시하고, 익년 5월 30일까지 완성시켜, 중앙으로 보내는 것으로 되어 있었다. 그리고 정창원 문서 중에서도 미농국(美濃國) 호적에서도 동일한 형태의 작성이 행해졌었다.

4. 맺음말

고대 동아시아 3국의 주요 호적 출토자료의 분석을 통하여 각국에서의 호적제도 시행과 관리 방식을 중심으로 한 제도사적 접근과 더불어 호적의 형태와 내용 및 그 구조에 대한 분석을 시도하고자 하는 것이 본고의 목적이다. 호적 관련 규정이나 양식 등은 이미 B.C. 2세기 무렵 중국에서 확인된 사실로서 그 시기나 절차는 각 지역에 따라 달랐지만, 호적을 통한 민의 지배라는 성격은 공통적이었다. 호적은 복수의 사람을 하나의 단위로써 성원 상호 관계를 파악하려 한 등록부라고 할 수 있다. 이러한 제도는 동아시아 사회에서의 특유한 제도라고 말할 수 있으며 현재에도 한국·중국·일본·대만 등지에서만 볼 수 있는 제도이다. 물론 이러한 호적은 고대부터 일관된 형태로서 지속된 것은 아니라 현행의 제도는 근대의 상황에 적합하게 만들어진 것이다. 그러나 그 기원은 본고에서 서술한 바와 같이 진대까지 거슬러 올라간다. 그리고 하급기관에서 작성된 호적에 기초하여 집계가 이루어지고 이를 기초로 작성된 집계부는 중앙정부에까지 보내져 국가의 운영과 통치수단으로서의 역할을 담당하게 된 것이다.

▌참고문헌

1. 논문

金珍佑, 「秦漢律의 '爲戶'를 통해 본 編戶制 운용의 한 성격」, 『中國古中世史硏究』 20, 2008.

김경호, 「이천년 전 里耶鎭으로의 旅程과 『里耶秦簡』簡介」, 『中國古中世史硏究』 19, 2008.

朴根七, 「吐魯番文獻의 流散과 整理−'新材料'의 擴充−」, 『中國古中世史硏究』 23, 2010.

손영종, 「락랑군 남부지역(후의 대방군지역)의 위치−'락랑군 초원4년 현별 호구 다소□□' 통계자료를 중심으로」, 『역사과학』 198, 2006a.

손영종, 「료동지방 전한 군현들의 위치와 그 후의 변천(1)」, 『역사과학』 199, 2006b.

尹龍九, 「새로 발견된 樂浪木簡−樂浪郡 初元四年 縣別戶口簿」, 『韓國古代史硏究』 46, 2007.

尹龍九, 「平壤出土「樂浪郡初元四年縣別戶口簿」硏究」, 『木簡과 文字』 3, 2009.

李成珪, 「前漢末 地方資源의 動員과 分配─尹灣漢牘〈東海郡下轄長吏不在署名籍〉의 분석」, 『釜大史學』 23, 1999.

李成珪, 「里耶秦簡 南陽戶人 戶籍과 秦의 遷徙政策」, 『中國學報』 57, 2008.

裘錫圭, 「湖北江陵鳳凰山十號漢墓出土簡牘考釋」『文物』 7, 1974.

黎明釗, 「里耶秦簡:戶籍檔案的探討」, 『中國史硏究』 2, 2009.

天長市文物管理所・天長市博物館, 「安徽天長西漢墓發掘簡報」, 『文物』 11, 2006.

荊州博物館, 「湖北荊州紀南松柏漢墓發掘簡報」, 『文物』 4, 2008.

湖南省文物考古硏究所・懷化市文物處・沅陵縣紬博物館, 「沅陵虎溪山一號漢墓發掘簡報」, 『文物』 1, 2003.

堀敏一, 「漢代の七科謫身分とその起源」, 『中國古代の身分制─良と賤』, 汲古書院. 1987.

鈴木直美, 「里耶秦簡にみる秦の戶口把握─同居・室人再考─」, 『東洋學報』 3, 2008.

2. 저서

권오중·윤재석·김경호·윤용구·이성제·윤선태,『낙랑군 호구부 연구』, 동북아역사재단, 2010.

唐耕耦·陸宏基編,『敦煌社會經濟文獻眞蹟釋錄』(第一輯), 書目文獻出版社, 1986

謝桂華·李均明·朱國炤,『居延漢簡釋文合校』, 文物出版社., 1987.

連雲港市博物館·中國社會科學院簡帛研究中心·東海縣博物館·中國文物研究所,『尹灣漢墓簡牘』, 中華書局, 1997.

榮新江·李肖·孟憲實 主編,『新獲吐魯番出土文獻』(上), 中華書局, 2008.

走馬樓簡牘整理組 編,『長沙走馬樓吳簡』竹簡(壹), 文物出版社, 2003.

周紹良 主編,『英藏敦煌文獻(漢文佛經以外部分)』(第2卷), 四川人民出版社., 1990.

彭浩,「讀松柏出土的西漢木牘(二)」, 武漢大學 簡帛網 簡帛文庫 漢簡專欄, 2009.

彭浩,「讀松柏出土的西漢木牘(三)」, 武漢大學 簡帛網 簡帛文庫 漢簡專欄, 2009.

彭浩,「讀松柏出土的西漢木牘(四)」, 武漢大學 簡帛網 簡帛文庫 漢簡專欄, 2009.

彭浩·陳偉·工藤元男 主編,,『二年律令與奏讞書』, 上海古籍出版社, 2007.

郝春文 主編,『英藏敦煌社會歷史文獻釋錄』(第3卷), 社會科學文獻出版社, 2003.

湖南省文物考古研究所 編著,『里耶發掘報告』, 岳麓書社, 2007.

胡平生,「松柏漢簡五三號木牘釋解」, 武漢大學 簡帛網 簡帛文庫 漢簡專欄, 2009.

池田溫,『中國古代籍帳硏究―槪觀·錄文』, 東京大學出版會, 1979.

3장 한문제(漢文帝) 형제개혁(刑制改革)

임 병 덕

1. 한문제(漢文帝)는 어떤 황제인가?

한초(漢初)의 혼란을 수습하고 등장한 한의 5대 황제인 한문제(재위 B.C. 180~B.C. 157)는 이름이 류항(劉恒)으로, 한고조 유방의 4째 아들이자 혜제(한의 2대 황제)의 동생이며 황제로 부임하기 전에는 대국(代國)의 대왕(代王)이었다. 유방의 사망 후 실권을 잡았던 여후(呂后)가 죽자, 제왕(齊王, 한고조의 큰아들)이 주발(周勃) 등과 함께 여씨 일족을 주살하였으나 공신들은 제왕의 모친을 두려워하여 도리어 대왕 유항을 황제로 세웠다고 한다. B.C. 180년 즉위 당시에 24세인 것으로 알려져 있다.

한문제의 '문(文)'이라는 시호, '문경지치(文景之治)'라는 말이 말해주듯이 한문제는 중국역사상 유가(儒家)의 이상인 문치주의(文治主義)를 실현한 군주로 평가되고 있다. 문제(文帝)라고 하는 명칭에 걸맞게 그는 '인정(仁政)'을 베풀어서, 한나라의 기초를 공고히 하였다고 한다. 구체적으로 그 업적으로는, ① 세금 부담을 줄임 ② 농업을 중시 ③ 궁정의 경비 경감을 위해 황제의 사치품이나 일용품을 제한하는 한편 관리의 수를 줄임 ④ 곡물을 지출하여 빈민을 구제 ⑤ 육형(肉刑)을 폐지함 ⑥ 가의(賈誼), 조조(晁錯), 주아부(周亞夫)와 같은 훌륭한 인재를 중용 ⑦ 중앙집권을 강화 ⑧ 죽음에 이르러 유조(遺詔)로서 박장(薄葬)을 명하고, 그 능묘에 분구(墳丘)를 만들지 않고 또 부장품에도 금·은·구리·주석 등의 그릇을 사용하지 않고, 장의(葬儀)에서도 관리나 서민의 복상 기간을 3일간으로 한정함 등의 사례를 들 수 있다.

한문제가 주발, 진평 등의 노신들의 도움으로 황제의 자리에 올랐을 때는 이들 권신만이 아니라 제왕(齊王) 등의 류씨의 제후들이 강력한 병권을 행사하고 있었고, 남월왕 조타(趙佗), 흉노 등의 민족문제도 복잡하게 전개되고 있었다. 그는 매우 어려운 여건 속에서 탁월한 재능과 식견으로 어지러운 국면을 신속히 통제하고 중대한 개혁조치를 시행하여 통치계급 내부의 관계와 민족관계를 적절히 조정한 탁월한 정치가이었다. 또한 안정된 정치 환경을 제공하고 경제와 법제의 개혁을 통해 달성한 민생안정에 대한 평가는 매우 긍정적일 뿐 아니라 심지어는 중국역사상 가장 위대한 군주라는 평가를 받기도 한다.

그러나 그와 달리 한문제에 대한 긍정 일변도의 평가에 대해 의문을 제기하는 견해도 제기되고 있다. 가령 한문제는 매우 우유부단한 인물로 가의가 제후왕에 대한 억제책을 주장하였는데, 이를 과감하게 수용하지 않음으로써 화를 키웠고 결국 '오초칠국의 난'이 일어나는 원인을 제공하였다는 것이다. 또한 제후왕이나 외척에게는 관대하였고, 뇌물을 받은 장무(張武)를 표창하는가하면, 주발이 면상(免相)이 된 후 그를 모반으로 고발하여 심문토록 하였는데, 그것은 한문제가 한실에 큰 공을 세운 개국공신조차 불신하는 모습을 보인 것으로 나이어린 소제(昭帝)가 곽광(霍光)을 처리할 때의 판단력에도 미치지 못하였다는 것이다. 그는 또한 직간자(直諫者)를 구하였으나 직간을 받아들이지 못하고 중시하지도 않았다는 것이다. 그는 즉위 초 선양을 하는 길이 천하를 위하는 길이라며 태자 책봉을 거절하는 성군의 면모를 보였지만, 결국은 태자를 책봉하였다는 점에 대해서 그의 이중적 인격성이 지적되기도 한다.

한문제를 역사적으로 어떻게 평가할 것인가 하는 데는 어려움이 많다. 무엇보다 진(秦)의 폭정을 없애고 요역과 부역을 가볍게 하고 금령을 완화한 개혁자로써의 이미지를 가지고 있는가하면 다른 한편으로는 유씨 종족과 노신을 존중하고 의지하고 이들에게 보은했다는 수구적 이미지라는 이중성을 가지고 있기 때문이다.

또한, 한문제의 여러 정책에 대해서 비판적인 관점을 가진 논자들은 한문제의 혜민정책의 대표적인 사례로 꼽히는 전조감면에 대해서도 적은 토지를 보유한 농민에게는 그 이익이 적었던 반면 호족에게 매우 유리한 정책이었음을 지적하고 있고, 백성들에게 주전을 허용한 조치는 화폐유통의 증가와 상공업을 촉진시켰지만 이는 제후의 세력을 키우고 반란을 일으키게 하는 원인이 되었다는 부정적인 측면을 지적하고 있다.

2. 한문제의 공적에 관한 사료의 내용

한문제의 재위기간 동안에 국가 전장제도의 기틀이 잡히고, 흥성기로 접어들 수 있는 기반을 마련하였다. 특히 물자 유통을 원활히 하기 위하여 사수전을 제조하였고, 늘어나는 변방 수비 비용을 마련하기 위하여 조착의 납속수작책을 채용하였다. 유가(儒家)의 이상인 문치주의(文治主義)를 실현한 군주, '인정(仁政)'을 베풀어서, 한나라의 기초를 공고히 하였다고 하는 평가를 받는 민생안정책의 구체적인 실태를 사료를 통하여 살펴보면 다음과 같다.

① 후7년(B.C. 157)에 천하의 관리와 백성들은 조령이 도달하고부터 3일간 곡조(哭弔)하고서 상복을 벗는다. 부인을 얻고, 딸을 시집보내고, 제사지내고, 술을 먹거나 고기를 먹는 것을 금지할 필요가 없다. 상을 치르는 사람과 복상(服喪)하는 사람이 모두 맨발일 필요가 없다. 상복(喪服)을 입을 때, 머리와 허리에 두르는 삼으로 된 띠는 3촌을 넘으면 안 되고 송장(送葬)할 때는 차와 병기(兵器)가 있으면 안 된다. 남녀백성을 발동하여 궁전에 가서 울면서 조문하게 하지 말며 궁전에서 울어야 되는 자는 아침과 밤에 각 15번 우는 소리를 낸 후에 상례를 끝나면 곧 정지한다. 아침과 저녁의 곡제(哭祭)시간을 제외하고 함부로 울면 안 된다. 하장(下葬) 이후 대공(大功)은 복상 15일, 소공(小功)은 복상 14일, 시마(緦麻)는 복상7일, 이 이후에 모두 효복(孝服)을 벗는다. 나머지 이 조령에서 포함하지 않는 것은 이 조령에 참조해서 처리해야 한다. 이 규정을 전국에 포고하여야 한다.[1]

② 문제는 무기를 뉘어 놓고 학문을 닦았다. [태평한 시기가 도래하여] 정남에게는 3년에 한 번의 사역을 시키고, 백성들에게는 40전의 인두세를 내게 하였다. 주석에 이르기를, "천하의 백성들이 많아진 시기가 되어서 3년에 한 번의 사역과 산부 40전을 내게 된 것이다."고 하였다.[2]

③ 백성에게 곡식을 변경에 납입하도록 하여 600석이면, 상조(上造)의 작을 내리고, 점차 늘려서 4,000석에 이르면 오대부(五大夫), 12,000석은 대서장(大庶長)을 살 수 있게 하였다.[3]

④ 이 해(B.C. 167)에 [육형과] 전조세율[과 수졸령]을 없앴다.[4]

⑤ 4년(B.C. 176)에 강후 주발이 죄가 있어서 체포하여 정위의 감옥에 보냈다. 가의가 상소하여 말하기를, "옛날에 염치예절로 군자를 다스렸다. 그래서 사사(賜死)를 내려도, 큰 치욕을 주며 살육하

---

1) 『漢書』 권4, 「文帝紀」, 132쪽.
2) 『文獻通考』 권10, 「戶口考」 1, 中華書局, 1986, 106쪽.
3) 『漢書』 권24(상), 「食貨志」, 1134쪽.
4) 『史記』 권22, 「將相名臣表」, 1127쪽.

지 않았다. 얼굴에 글자를 새기거나 코를 잘리는 형벌은 대부에게 미치지 않았다. 지금 왕후·삼공의 귀인들은 모두 천자가 표정을 바꿔서 예로 대하는 사람들인데 백성들과 같이 얼굴에 글자를 새기거나 코를 자르거나 머리카락을 자르거나 때리거나 기시(棄市) 등의 형벌로 처벌하게 하는데, 이 때 살육의 모욕을 받는 사람은 천자와 매우 가까운 사람이 아니었는가? 일찍이 존경과 총애를 받는 지위에 있었던 사람이 지금 잘못한 것이 있으면 작위를 폐해도 되고, 관직을 파해도 되고, 죽여도 되고, 가족을 멸해도 된다. 만약 그를 속박하여 묶어서 끌고 가서 사구(司寇)에게 보내서 도관(徒官)의 관할에 편입하여 사구와 소리가 그를 욕하고 때리니, 일반 백성들에게 [이러한 모습을] 보게 해서는 안 된다."라고 하였다. 이때 승상 주발은 면직되어 봉국(封国)으로 돌아가는데 어떤 사람이 주발이 모반이라고 신고하여 주발을 묶어서 장안으로 압송하여 감옥에 보내면서 죄를 다스렸다. 결국에 모반한 일이 없었고, [그는 작위를 회복했다.] 때문에 가의가 주발의 일로써 [한문제가 대신을 처벌할 때 신중히 해야 한다고] 권하였다. 황제가 그의 말을 깊이 받아들여 이후에 대신들이 죄를 저지르면 모두 자살하도록 하였고 육형을 가하지 않았다. 한무제 때에 이르러 영성(寧成)부터 시작해 대신의 범죄에 감옥으로 보내는 것이 점차 회복되었다.⁵⁾

⑥ 이해 3월에 양노에 대한 상세한 법령조문을 제정하였다.⁶⁾
⑦ 5년(B.C. 175)에 주전의 율을 없애니 [백성이 주전을 할 수 있게 되었다.]⁷⁾
⑧ 12년(B.C. 168)에 입관 출관할 때 사용하는 통행증을 폐지했다.⁸⁾
⑨ 이 해(B.C. 167)에 [육형과] 전조세율[과 수졸령]을 없앴다.⁹⁾

---

5) 『文獻通考』 권163, 「刑考」 2, 1414쪽.
6) 『漢書』 권4, 「文帝紀」, 113쪽.
7) 『史記』 권22, 「將相名臣表」, 1126쪽.
8) 『漢書』 권4, 「文帝紀」, 123쪽.
9) 『史記』 권22, 「將相名臣表」, 1127쪽.

⑩ 13년(B.C. 167)에 비축관(秘祝官)을 없앴다.10)
⑪ 주금률을 만들었다().11)

　이상의 ①~⑪의 사료 내용은 한문제를 중국역사상 유가의 이상인 문치주의를 실현한 군주로 평가하는 근거가 되고 있다. 한문제의 형제개혁 가운데 가장 중요한 것은 육형의 폐지였지만, 그 외에도 그 시기에 이뤄진 형제개혁 가운데, 법제사적인 관점에서 크게 주목을 받는 것이 다음과 같은 수노상좌율(收帑相坐律)과 비방요언율(誹謗妖言律)의 폐지였다.

① 원년(B.C. 179)에 수노상좌율령을 완전히 폐지했다.12)
② 응소가 말하기를, "진나라에서는 한 사람이 죄를 지으면 그의 가실이 함께 연좌된다. 지금은 이 율령을 폐지한다."고 하였다.13)
③ 2년(B.C. 178) 5월에] 조서에서 말하기를, "지금의 법에는 비방과 요언을 전파하는 사람에게 죄를 내리니, 모든 신하들이 하고 싶어 하는 바의 말을 하지 못하게 하여 황제로 하여금 자신의 과실을 알지 못하게 한다. 앞으로 어떻게 현명한 사들을 멀리서 오도록 할 수 있겠느냐? 이 법률을 폐지해야 한다. 백성들이 황제를 저주한 후에 서로 비밀을 지키겠다고 약속을 했는데 나중에 서로 고발하니, 관리가 이것은 대역이라고 하고 만약 그때 불복하는 말을 하면 관리가 그것을 비방이라고 한다. 이런 것들은 어리석은 백성들이 무식해서 범한 죄에 불과한데 사죄로 처리하는 것은 적절하지 않다고 생각한다. 지금부터 무릇 이 율조를 범한 자는 모두 처벌하지 말라."고 하였다.14)

---

10) 『漢書』 권4, 「文帝紀」, 125쪽.
11) 『後漢書』 志第4, 「禮儀志」, 3104쪽.
12) 『漢書』 권4, 「文帝紀」, 110쪽.
13) 『史記』 권10 「孝文本紀」, 419쪽.
14) 『漢書』 권4, 「文帝紀」, 118쪽.

이상의 형제개혁 사료는 한문제를 평가하는데 뿐만 아니라 그 자체 중국고대법제의 변화 내지는 진제국과 비교되는 한제국의 이념의 차이와 관련해서도 주목할 만한 내용을 담고 있다. 발전에 큰 영향을 준 , 주요한 사료이긴 하지만, 역사적으로 한문제가 '인군'으로 평가받는데 있어서 가장 결정적인 역할을 한 것은 역시 형제개혁, 특히 다음과 같은 육형의 폐지였다.

"무릇 이제까지 완형(完刑)에 해당하는 자는 고쳐서 완(完)하여 성단용(城旦舂)으로 한다. 경형(黥刑)에 해당하는 자는 곤겸성단용(髠鉗城旦舂)으로 한다. 의형(劓刑)에 해당하는 자는 태삼백(笞三百)으로 한다. 참좌지(斬左止)에 해당하는 자는 태오백(笞五百)으로 한다. 참우지(斬右止)에 해당하거나 살인하고 발각되기 전에 자수한 자, 뇌물을 받고 법을 어긴 관리, 관의 재물을 관리하는 직책에 있으면서 도둑질한 관리, 이미 판결을 받고 죄명이 정해진 뒤에 더욱 태형에 상당하는 죄를 범한 자는 모두 기시로 한다. 죄인의 옥이 이미 결정되어 완성단용이 된 자는 복역(服役) 3년이 되면 귀신백찬(鬼薪白粲)으로 한다. 귀신백찬으로 1년을 복역하면 예신첩(隸臣妾)으로 한다. 예신첩이 복역 1년이면 면하여 서인으로 한다. 예신첩은 복역 2년이 되면 사구(司寇)가 된다. 사구 1년 및 작여사구(作如司寇)는 복역 2년으로 면하여 서인으로 한다. 그러나 도망을 하거나 거듭해서 내죄(耐罪) 이상의 죄를 범한 자는 이 영을 적용받지 않는다. 이 법령의 시행 이전의 형성단용(刑城旦舂)으로 몇 년 간 복역하고 있으면서 금고(禁錮)되지 아니한 자는 완성단용의 세수(歲數)에 따라 면죄한다. 신들은 감히 죽음을 무릅쓰고 청하옵니다." 황제가 조서를 내려 '윤허한다.'고 하였다.15)

위의 사료는 한문제의 육형의 개혁은 '백성의 어버이로서 느꼈다는 그

---

15) 『漢書』 권23, 「刑法志」, 1097~1099쪽.

고통'에서 비롯된 것으로 나오고 있다. 이를 바탕으로 한문제는 결정적으로 역대 위대한 '성군'으로서의 이미지가 각인된다.

3. 수노상좌율과 비방요언율의 폐지가 가지는 의미

수노상좌율(收孥相坐律)의 폐지가 가지는 의미에 대해서 잘 지적한 사람은 교토대학인문과학연구소의 미야케 기요시(宮宅潔)이었다.16) 미야케 기요시는 성단용(城旦舂), 귀신백찬(鬼薪白粲), 예신첩(隸臣妾), 사구(司寇) 등의 진한시기의 노역형도는 형도 신분이 과해진 노역의 종류에서 유래했다고 하지만, 실상은 노역형도의 직무 자체가 벌목, 염철 생산, 청동기제조, 수공업, 궁전 건설, 도로·교량 수축, 능묘 조영, 변경 수비, 기와나 벽돌제조 등 워낙 광범위해 서로 겹치는 부분이 많았기 때문에 구분이 쉽지 않다고 지적한다. 예컨대 아방궁이나 시황제의 능을 건설하는데 천하의 죄수 70만 명이 동원되었는데, 이 70만 명 중에는 얼굴을 자자(刺字)하는 경형(黥刑)에 처해진 경포(黥布)를 포함해 광범위한 여러 노역형도가 포함돼 있었다고 지적한다. 예컨대, 성단(城旦)이라는 형도는 성의 축조뿐만 아니라 관부의 건설·보수, 관아 수위, 전송, 위수(委輸) 등에도 동원된 것이 확인된다. 심지어 벌금을 노동으로 대신하는 '거자(居貲)'조차 성단용의 노역에 동원되기도 했으며, 이 경우 노역의 강도가 성단용과 다를 바 없었다고 강조한다. 요컨대, 사구의 경우를 제외하고는 형도에게 과해진 노역의 종류와 노동의 강도를 통해 형도들에 대한 대우의 차이를 찾기 어렵고, 노역의 빈도나 노동의 환경 등에서 그 차이

---

16) 宮宅潔, 「〈有期勞役刑體系の形成―《二年律令》に見える漢初の勞役刑を手がかりにして―〉」, 『東方學報』 78, 2006.

를 찾아야 한다는 것이다. 이 가운데 성단용과 예신첩 간의 가장 두드러진 차이는 그들의 자녀와 배우자가 몰수되는지 여부의 차이에 있다. 즉 성단용, 귀신백찬의 처분을 받은 자의 처와 자녀는 몰수의 대상이 되어 '수인(收人)'이 되지만 예신첩 이하의 형도들의 자녀는 그렇지 않다는 것이 큰 차이점임을 알 수 있다.

미야케 키요시는 한 걸음 더 나아가, 한문제의 연좌(緣坐)제도의 개혁을 이 몰수 문제에 연관시킨다. 한문제의 연좌제도 개혁에는 모반죄의 연좌제도를 폐지하는 것뿐만 아니라 몰수제도를 폐지하는 것도 포함되어 있었다고 한다. 이러한 몰수제도 폐지의 의미를 미야케 기요시는 다음과 같이 파악한다. ① 자녀·배우자의 몰수라는 조치가 따르는지 여부는 성단용과 예신첩을 가르는 가장 커다란 기준이었는데, 몰수 제도의 폐지는 바로 이 기준이 사라졌다는 것을 의미한다. ② 몰수제도가 사라지면 몰수에 의한 관노비 공급이 감소하게 되므로 몰수제도의 폐지는 관유노동력의 감소를 의미하며, 국가가 관유노동력을 대폭 잃게 된다는 것을 의미한다.

몰수제도의 폐지는 노동력 손실을 불러온다는 점에서 한문제 13년의 형제 개혁, 즉 무기형에서 유기형으로의 개혁과 맥을 같이한다. 1년 단위로 수졸을 교대시키는 수졸제를 폐지하는 '수졸령 폐지' 등 한문제의 모든 개혁의 공통적 특징은 노동 인원을 삭감하고 국가의 부담을 경감한다는 것이었다. 노역형 체계의 변경, 몰수 제도 폐지, 수졸제 폐지 등은 모두 국가에 의한 노동력 편성 및 노동력 활용 형태와 관련된 조치로, 관유노동력의 보다 효율적인 활용과 관련돼 있었다는 것이다.

그러나 연좌제도나 처자식을 몰수하는 제도가 실제로 폐지된 것이냐 하는 것에 대해서는 근대 법률사가인 정수덕(程樹德)이 다음과 같이 비판하고 있다.

『한비자』 정법편에 "공손앙이 진나라를 다스릴 때 서로 감시하여 죄를 고발하고 연좌하는 법을 제정하여 그 죄를 함께 물었다. 고로 진법에서는 한 사람이 죄가 있으면 그 가실이 모두 연좌되었다. 『논형』에는 진에 처자식을 몰수하는 법이 있다고 하였다. 그러나 『공양전』의 희공19년에 하휴가 주석을 달기를, "양군은 형을 무겁게 하고, 법을 준엄하게 해서, 1家가 죄를 지으면, 4가가 연좌하게 하였다." 라고 하였다. 이것이 연좌의 법이다. 춘추시기 이미 그런 법이 있었다. 진에서부터 시작된 것은 아니다. 문제 원년에 비로소, 처자식을 모두 연좌하여 몰수하는 율령을 모두 없앴으나, 『후한서』 양통전에 또한 이르기를, 문제가 육형과 연좌의 법을 없앴다고 하였다. 그러나 『후한서』 안제기 영초4년에 조서를 내려 "건초이래로 각종 요언(妖言)과 기타 잘못으로 연좌되어 변방에 옮겨 오게 된 자는 각각 원래의 군현으로 돌아가고 몰입되어 관노비가 된 자는 면하여 서인이 되게 하라"고 한 것을 생각해 보면, 이 법이 안제 때까지 여전히 행해졌던 것이다. 뜻은 단지 얼굴에 묵형을 가하는 것을 없앴다는 것이고, 몰수하여 노비가 되게 하는 제도는 한대 내내 일찍이 폐지한 적이 없다는 것을 의미한다.17)

확실히 성단용, 귀신백찬의 처분을 받은 자의 자녀가 몰수의 대상이 되는 진대 이래의 몰수제도는 폐지된 것이 확실하다. 그러나 그렇다고 해서 모든 연좌제도나 몰수제도가 폐지되었다고 볼 수는 없다. 정수덕의 시대에는 근래 계속해서 공개된 출토법률문서를 볼 수가 없었다. 따라서 그는 성단용, 귀신백찬의 처분을 받은 자의 처와 자녀는 몰수의 대상이 되어 '수인(收人)'이 되는 사례라든가 혹은 죄를 고발하고 연좌하는 법의 구체적인 규정과 내용을 알 수 없었다. 정수덕의 견해가 정확한 것은 아니지만, 성단용, 귀신백찬의 처분을 받은 자의 처자식을 모두 연좌하여

---

17) 정수덕 저, 임병덕 역주, 『구조율고―九朝律考―』, 세창출판사, 2014, 314~315쪽.

몰수하는 율령을 모두 없앤 것은 분명하지만, 후한 안제 때까지 여전히 행해졌다는 정수덕의 견해 역시 일정부분 타당하다. 한편, 비방요언율의 폐지에 대해서도 정수덕이 다음과 같이 고증하고 있다.

> 『한서』「노온서전」을 보건대, "진의 시대에 바른 말을 하는 것을 이르러 비방이라 했고 과실의 발생을 그치도록 하는 것을 이르러 요언이라 하였다."고 하였다. 이것은 그 율이 진에 이미 있었고 한은 대체로 진의 제도를 계승했다는 것을 의미한다. 고후·문제 때에는 모두 비방·요언의 영을 없애라는 명령이 있었고 애제 시대에는 또한 비방을 없애는 법이 있었으며 장제·안제 때에는 모두 기(紀)에 실려 있는 바, 요언의 죄가 또 있다.『위지』「최염전」 주에 인용한 『위략』에 "태조는 최염이 드러내지 않고 마음속으로 비방한다고 생각하였으며 이에 거두어 옥에 넣었고 곤형(髡刑)을 내려 노역형에 처했다."고 하였다. 무릇 이 법은 한대 내내 없애지 못하였다.『통감장편기사본말』에 실린 왕안석이 말한 바로는, 문제가 비방 요언을 없애고자 했던 것은 모두 소하의 법에 있는 것이라고 하였다. 이것은 무릇 『구장률』속에 본래 그 율이 있다는 것을 의미한다.

비방요언율이 문제가 되는 것은 정수덕이 『위지』「최염전」 주에 인용한 『위략』의 지적, 즉 마음속으로 비방한 것을 기준으로 곤형(髡刑)을 내려 노역형에 처했다는 것에 잘 나타나 있다. 한대의 혹리로 유명한 장탕(張湯)이 정위가 되면서 엄격한 법을 적용하고 판결을 내려 정위가 된다. 여기서 '견지(見知)의 법'이 생겨나고, '폐격(廢格)'·'저비(沮誹)' 등의 죄가 있었다. 「견지의 법」이란 범죄를 알면서 눈감아준 죄, '폐격'은 법령을 무시한 죄, '저비'는 비방죄이다. 혹리들은 이것들을 최대한 유용하게 이용하면서 적발해 간다. 특히 주의할 점은 '견지의 법'이다. 이것은 범죄를 알고 눈감아 준 것도 죄가 되고, 범죄 의도를 눈감아 준 것은 이것을 시인한 셈이 되어, 이것은 자기가 직접 그 죄를 지은 것과 같다고 한다. '원심정죄'가 지향하는 심정에 대한 처벌이었다. 당연히 이때에도 실제로 범행한 것과 같은 형벌이 내려졌다.

또 '복비(腹誹)의 법'이라는 죄도 있었다. 마음속으로 비방한(혹은 비방했다고 추정하는)것은, 비방죄 그 자체를 범한 것이라 간주했고, 이것도 역시 "마음에 물어보아 판결한다"에서 나온 판단이다. '견지의 법'·'복비의 법', 그리고 모반죄, 모두 동기 중시주의의 부정적인 면만을 조장한 것으로 주관주의적 형법해석을 취한 것으로 한문제 이전에도 그리고 그 이후에도 지속되었다. 즉 한문제가 '비방요언율'을 폐지했음에도 불구하고, '비방요언율'이 가지는 주관주의 적 법해석의 본질은 한대 내내 전혀 바뀌지 않았다. 그런 점에서 한문제의 '비방요언율'폐지에 대한 정수덕의 부정적인 견해는 타당하다고 생각된다.

4. 육형 폐지의 의의

앞서 한문제 형제개혁 가운데, 수노상좌율의 폐지와 비방요언율의 폐지에 대하여 살펴보았다. 그런데 한문제의 모든 개혁 가운데서도 한문제를 인군으로 평가하는 결정적인 것은 다음과 같은 육형의 폐지였다.

이 해(B.C. 167) 5월에 육형을 폐지했다.[18]

진율(秦律) 이후 크게 논쟁이 된 것은 진형도(秦刑徒)의 무기(無期)·유기설(有期說)의 대립이었다. 이 논쟁의 발단이 된 것은 1977년에 꼬우

---

18) 『漢書』 권4, 「文帝紀」, 125쪽.

형(高恒)의 발표 이후였다. 꼬우형은 1977년 진의 형도 나아가 한문제의 형제개혁 이전까지 노역형도의 형기가 존재하지 않았다는 견해를 발표하였다. 이 이후 진한형도무기설 = 관노비설이 꼬우형에 의해 거의 완벽하게 정리되었다. 꼬우형 이후의 진한형도무기설은 특별히 다른 사료에 의한 분석이라기보다는 어떻게 보면 비슷한 사료의 반복 내지는 강조, 혹은 해설상의 차이에 지나지 않았다. 이 논쟁을 완전히 종식시킨 것은 『리야진간(里耶秦簡)』으로, 다음과 같은 내용이었다.

> 진시황 33년(B.C. 214) 2월 초 하루날, 천릉현(遷陵縣)의 수승(守丞)인 도(都)가 아뢰기를, "영(令)에 이르시기를, '항상 초하루 날에 매각한 도예(徒隷)의 수를 보고하라.'고 하셨습니다. 그리하여 이를 물으니, 영에 해당하는 자는 없습니다. 삼가 아룁니다."라고 하였다.[19]

여기서 도예(徒隷)는 예신첩, 성단용, 귀신백찬 등의 형도를 의미하는 것이라 할 수 있는데, 『리야진간』의 이러한 내용과 관련하여 리쉐친(李學勤)은 진(秦)에서는 매월 초하루에 관부에서 사들인 도예의 수량을 파악하고 있었다고 지적하고 있다.[20] 이와 관련하여 『수호지진간(睡虎地秦簡)』의 다음 내용이 주목을 받았다.

> ① 어떤 마을의 사오(士伍)인 갑(甲)이 남자 병(丙)을 압송해 고했다. "병은 갑의 수하노예인데, 성질이 교한(驕悍)해 전작(田作)을 하지 않고 갑의 명령을 듣지 않으니 관부에서 매입해 성단으로 하고 갑에게 그 대가를 지불해줄 것을 요구합니다." 병을 심문해보니 다음과 같았다. "갑의 노예인 병은 과연 교한하고 갑의 명령을 듣지

---

19) 湖南省文物考古研究所·湘西土家族苗族自治州文物處,「湘西里耶秦代簡牘選釋」,『中國歷史文物』, 2003-1, 12쪽.
20) 李學勤,「初讀里耶秦簡」,『文物』 2003-1, 78쪽.

않았다. 갑은 병을 해방시킨 바 없고 병은 다른 병(病)도 없으며 다른 죄도 없었다. 영사(令史) 아무개를 시켜 병을 진찰해보니 병(病)은 없었다. 소내(小內) 아무개와 좌모(佐某)를 시켜 승(丞) 아무개 앞에서 시장 표준 가격으로 현승인 아무개의 면전에서 병을 매입하도록 하였다."[21]

② 어떤 마을의 공사(公士)인 갑이 대여자(大女子)인 병을 압송하여 와서 말했다. "본인은 어떤 마을의 오대부(五大夫)인 을(乙)의 가리(家吏)이고 병은 을의 여종입니다. 을이 갑을 파견해 말하도록 하기를, "병은 성질이 사납고 강하니 병에 대해 얼굴에 자자하고 코 베기를 청합니다'라고 하였다."[22]

1981년 츄씨구이(裘錫圭)는 『수호지진간』에서 노예를 관부에 팔려고 한 조항과 관련하여, 노예를 원래부터 관부에서 매입한 것이었기 때문에 노예주는 관부에 다시 매입할 것을 요구할 수 있었다는 가설을 제시하였다.[23] 만약 노예주가 관부에서 매입한 것이 아니었다면, 관부에 매입할 것을 요구하고 관부에서는 노예의 교한(驕悍)함을 인정하고 시장가로 매입할 리가 없었다는 것이다. 즉 국가가 소유하고 있는 예신첩, 성단용, 귀신백찬 등의 무기형도, 즉 관노비는 시정가(市正價)에 따라 시장에 판매하는데, 판매 시에는 인적사항, 판매가격 등의 계약서가 작성되고, 명수(名數)의 등록을 거쳐 사노비로 전환되는데, 품질이 불량한 경우는 이를 산 사람이 국가에 반품을 요구할 수 있는 권리가 있었다는 것이다. 진에서는 매월 초하루에 관부에서 사들인 도예의 수량을 파악하고 있었다는 리쉐친의 견해와 『수호지진간』에서 노예를 관부에 팔려고 한 조항과 관련하여, 노예를 원래부터 관부에서 매입한 것이었기 때문에 노예주

---

21) 陳偉主 編, 『秦簡牘合集』(『睡虎地秦簡』·「封診式」), 299쪽.
22) 위의 책, 302쪽.
23) 裘錫圭, 「戰國時代社會性質試探」, 『中國古史論集』 吉林人民出版社, 1981.

는 관부에 다시 매입할 것을 요구할 수 있었다는 츄씨구이의 견해에 착안하여 필자는 다음과 같은 견해를 제시하였다. 예신첩, 성단용, 귀신백찬 등의 노역형도가 모두 무기이고 관노비라고 한다면, 형기가 없으므로 관노비의 수가 무제한으로 늘어나게 된다는 문제점이 발생하게 된다. 따라서 한문제 육형폐지 이전에 도예, 즉 예신첩, 성단용, 귀신백찬 등의 노역형도를 매각하고 그 수량을 파악하는 제도를 통하여 국가가 노역형도의 수량을 적절히 유지하고 있었다는 것을 의미한다. 따라서 한문제 13년의 육형 폐지는 예신첩, 성단용, 귀신백찬 등의 노역형도의 형기를 설정하여 관노비 제도의 비효율성, 낭비적 요소를 제거한 조치였다. 한문제 13년의 형제개혁 이전에 성단용, 귀신백찬, 예신첩은 모두 무기형도인 동시에 관노비였다. 국가는 국가노동력편성에 있어서 최적의 조건을 유지하기 위하여 매달 매각 혹은 매입을 통하여 물량조절을 하고 있었다. 성단용, 귀신백찬, 예신첩, 즉 도예(徒隷)가 시장에 매각되면 사노비로 바뀐다. 따라서 노비나 죄인이나 큰 차이가 없었다. 즉 노비와 죄인과의 관계는 『설문해자(說文解字)』의 지적대로 "노비개고지죄야(奴婢皆古之罪人也)"이었다. 그런데, 한문제 13년의 형제개혁 이후 성단용, 귀신백찬, 예신첩, 사구에 모두 형기가 설정이 되자 형도와 노비는 완전히 그 개념이 달라졌다.

  필자의 이러한 견해는 미야게 키요시의 관점과 일맥 상통한다. 미야게 키요시는 몰수제도의 폐지는 관유노동력의 감소를 의미하며, 국가가 관유노동력을 대폭 잃게 된다는 것을 의미한다고 보았다. 몰수제도의 폐지는 노동력 손실을 불러온다는 점에서 한문제 13년의 형제 개혁, 즉 무기형에서 유기형으로의 개혁과 맥을 같이한다. 1년 단위로 수졸을 교대시키는 수졸제를 폐지하는 '수졸령 폐지' 등 한문제의 모든 개혁의 공통적 특징은 노동 인원을 삭감하고 국가의 부담을 경감한다는 것이었다. 육형의 폐지도 곧 종신형의 폐지를 의미하는 것이고 이는 곧 무기형에서 유기형으로의 개혁을 의미하므로 관유 노동력의 감소를 의미하는 것이라는 동일한 결론을 내릴 수도 있다. 한문제가 육형의 폐지를 통하여 얻고자했던 정책의 목표 가운데 가장 중요한 핵심적 내용도 무기형에서 유기형으로 전환을 통하여 잉여 관유노동력의 경감을 꾀한 것이고 이를 통하여 관부의 부담을 줄이고자 한 것이었다.

    한문제의 형제개혁, 몰수제도를 폐지하는 것을 그 내용으로 하는 연좌(緣坐)제도의 개혁, 무기형에서 유기형으로의 개혁, 수졸제(戍卒制)를 폐지하는 '수졸령(戍卒令) 폐지'는 모두 절실한 현실적 요청에 의해 이뤄졌다고 한다면, 그 현실적 요청이 무엇이었는가를 분석하는 것이 우리의 연구의 과제이지 이를 한문제의 성덕의 고저를 평가하는 잣대로 삼는 것은 적절하지 않다.

▌참고문헌

1. 사료

睡虎地秦墓竹簡整理小組,『睡虎地秦墓竹簡』, 北京: 文物出版社, 1978.
湖南省文物考古研究所・湘西土家族苗族自治州文物處・龍山縣文物管理所,「湖南龍山里耶戰國-秦代古城一號井發掘簡報」,『文物』 2003년 1월.
湖南省文物考古研究所・湘西土家族苗族自治州文物處,「湘西里耶秦代簡牘選釋」,『中國歷史文物』 2003년 제1기.
『睡虎地秦簡』(陳偉主 編,『秦簡牘合集』, 武漢: 武漢大學出版社, 2014.
『史記』, 北京: 中華書局 標點校勘本, 1985.
『漢書』, 北京: 中華書局 標點校勘本, 1985.
『後漢書』, 北京: 中華書局 標點校勘本, 1985.
[宋]馬端臨 撰,『文獻通考』, 北京: 中華書局, 2006.
윤재석,『수호지진묘죽간 역주』, 서울: 소명출판, 2010.

2. 논문

高景新・郭桂芝,「杰出的政治家和改革家漢文帝」,『內蒙古民族師院學報・哲社版』 1994년 제1기.
高敏,「論漢文帝」,『史學月刊』 2001년 제1기.
古永繼,「"文景之治"非"黃老無爲之治"—文景政策與思想剖析」,『惠州大學學報』 1994년 제2기.
高恒,「秦律中隸臣妾問題的探討兼批四人幇的法家愛人民的謬論」,『文物』 77-7, 1977년 7월(『秦漢法制論考』, 福建: 廈門大學出版社, 1994에 재수록).
裘錫圭,「戰國時代社會性質試探」,『中國古史論集』 吉林人民出版社, 1981.
宮宅潔,「〈有期勞役刑體系の形成—《二年律令》に見える漢初の勞役刑を手がかりにして—〉」,『東方學報』 78, 2006.
劉光勝,「試論漢文帝的改革」,『天津社會科學』 1985년 제4기.
劉昌秋,「漢文帝減免和政策的原因」,『農村財政與財務』 2002년 11월.
林炳德,「秦・漢交替期의 奴婢」,『中國古中世史研究』 16, 2006.

林炳德, 「漢文帝의 刑制改革과 그 評價」, 『中國古中世史研究』 18, 2007.
邵金凱, 「略論漢文帝的創新精神」, 『甘肅社會科學』 2003년 제1기.
王培華, 「漢文帝"施德惠天下"與漢朝政治"家風"」, 『青海社會科學』 2002년 제3기.
王澤武, 「漢文帝"易刑"再考」, 『歷史研究』 2002년 제8기.
楊紹維, 「略論漢文帝的開明思想和作風」, 『燕山大學學報(哲學社會科學版)』 2000년 제1기.
楊承順, 「對"文景之治"的現實思考」, 『石油大學學報(社會科學版)』 1999년 제2기.
楊邦國, 「賈誼之不遇, 罪在漢文帝"辨」, 『江西大學學報(哲學社會科學版)』 1988년 제2기.
楊靜婉, 「漢文帝時期吏治的弊端」, 『湘潭大學社會科學學報』 1999년 제1기.
李景山, 「略論漢文帝的社會改革」, 『齊齊哈爾師範學院學報』 1987년 제1기.
李學勤, 「初讀里耶秦簡」, 『文物』 2003년 1월.
陳斯風, 「漢文帝與歷史上的"德治仁政"」, 『河北學刊』 22-3, 2002년.
黃宛峰, 「漢文帝並非薄葬」, 『南都學壇』 1995년 제1기.

3. 저서

정수덕 저, 임병덕 역주, 『구조율고―九朝律考―』, 세창출판사, 2014.

동아시아사의 순간들

2부 - 중세편

4장 공자의 관을 덮고 나서
－중국왕조의 공자 평가 2000년 간사(簡史)

김 성 규

1. 서론

 인물 평가와 관련해 중국에서는 '개관논정(蓋棺論定)'이라는 말이 있다. 살아 생전은 당사자에 대한 평가가 '공정'을 기하기 어려우므로 본인 사후에야 비로소 인물평이 시도되고 또 '확정'된다는 말이다. 중국의 고관 명인들이 사후에 거의 예외 없이 받은 '시호'는 각 왕조가 해당 인물에 내린 공식적이고 상징적인 중국 특유의 평가 방식이며, 그것을 받음으로써 평가가 일단락되었다고 여겨졌다.
 그러나 이와 달리 평가가 결코 간단히 마무리되지 않는 자들이 있었다. 시대와 왕조가 바뀌면서 선대에 내려진 평가에 대한 이의가 제기될 수 있었고, 경우에 따라 그 논란은 중국사를 통해 지속되기도 하였다. 평가의 수정은 시호의 갱신으로 이어졌고, 그에 따라 이미 말이 없는 사자(死者)에게는 예상치 않은 영광과 굴욕의 굴레가 덧씌워졌다. 이러한 변동은 명분을 중시하는 중국에서 신생 왕조들이 저마다의 가치관을 역사 평가에 개입시킨 결과이지만, 한편으로는 이미 '신(神)'으로 편입되어 봉사(奉祀)를 받고 있던 자들에 대한 국가적 예우를 어느 선에서 유지할 것인가, 하는 현실적 요청에 따른 것이기도 하였다.

공자야말로 위와 같은 중국적 인물 평가 방식의 전형에 속한다고 할 수 있다. 자신이 간혹 드러낸 바 있던 정치적 원망(願望)에 비추어 그 일생은 결코 '성공적'이었다고 할 수 없지만, 사후 이루어진 유학의 '국교화'와 자신에 대한 '성인화(聖人化)'는 본인도 생각 못했을 '대성공'이었고, 나아가 明代에 나타난 재평가 혹은 20세기의 '비림비공(批林批孔)'에 따른 위상 격추는 그러한 평가의 고정성을 다시금 부정하는 것이었다. 기나긴 중국 왕조사에서 유교가 '권력'의 자리를 독점함으로써 공자상은 권력자의 이해에 영향을 받으며 변화를 거듭하였다. 공자의 평가는 오히려 관을 덮고 나서 본격화한 것이다.

소론은 이와 같이 공자 사후 오랜 기간을 통해 중국의 각 왕조에서 제기된 다양한 평가와 그 배경을 정리하는 것을 목적으로 한다. 중국에서는 공자의 역사적 비중이 매우 큰 만큼 관련 연구가 수없이 존재하며 이것은 본고가 이들의 연구에 상당 부분 의존할 수밖에 없음을 뜻한다. 다만 중국 학계의 경향이 때때로 그러한 것처럼 공자 평가에 대해서도 연구의 축적은 시대(왕조)나 분야별로 집중되어 나타나고, 중국사 전체를 통한 분석은 상대적으로 부족한 감이 있다. 이 점에서 일정한 의미를 찾으려는 본문은 2000년에 달하는 중국 왕조의 복잡한 공자 평가의 역사 과정에서 어떠한 문제가 어디에 어떻게 존재했는지를 파악하고 정리하는 작업을 통해 필자 나름의 통찰을 부여할 것이다.

공자의 영향은 한국사에서도 지대하며 따라서 관련 연구가 역시 적지 않지만 그것은 공자를 직접 논평하기보다 주로 문묘(文廟)를 둘러싼 문제로서 나타나고 있다. 이것은 중국과 달리 공자를 독자적으로 평가하기 어려웠던 한국적 상황과 관련이 있다고 보이지만, 그럼에도 불구하고 문묘는 공자의 평가 문제에 직결되는 불가결한 요소이므로 본고가 한국사에 대한 이해에도 접점을 갖고 있음은 물론이다.

본문은 한국사와의 관련 여부를 떠나 공묘(孔廟)(즉 문묘(文廟)) 내부에서 전개된 종사제(從祀制)를 공자 평가의 또 하나의 중요한 축으로서 보기 때문에 이에 대해서도 함께 검토할 것이다. 공자를 '공자'이게 만든 그의 제자 및 후학으로 구성된 '공자 사단(師團)'에 대한 제사 제도인 종사제의 발달 과정은 공자에 대한 중국 왕조의 인식과 예우를 그대로 반영한 프리즘이었기 때문이다.

그럼에도 불구하고 이상의 과제는 그 자체가 방대하고 논점도 철학과 종교 등 다기에 걸치기 때문에 지면 제약을 받는 본문에서는 주로 역사적인 맥락에 초점을 맞추어 그 대세를 추적할 것이다. 종래의 공자 연구의 대부분이 그의 철학자로서의 언행에 분석이 집중되어 온 반면 그를 역사적 인물로서 상대화한 분석은 많지 않았다.

필자는 앞서 관우(關羽)를 대상으로 중국 왕조에서 그에 대한 평가의 역사를 정리한 적이 있다.[1] 관우가 민중의 우상이 되고 또 공자가 지식인의 절대자가 된 역사적 배경을 이해하는 것은 그대로 중국적 특성을 이해하는 중요한 열쇠가 될 것이다.

---

1) 김성규, 2015.

2. '스승'에서 '왕자(王者)'로

1) 한·당시대의 공자 인식과 평가

(1) 주공과 대등한 존재로: 당 이전의 사정

공자가 사후 중국 왕조에게 받은 최초의 공식 논평은 노 애공(魯 哀公)의 뢰사(誄辭)(제문(祭文))를 통해서이다.(B.C. 479) 상실감이 강조된 이 조문에서 공자는 '이보(尼父)'로 불렸는데, 이 호칭이 과연 시호에 해당하는지의 여부는 오래 동안 의견이 분분하였다. 만일 시호가 아니라면 당시의 지배층 사이에서 이미 활발히 이용된 시호 추증의 관례가 공자에게는 적용되지 않은 것이 된다.

전한도 말기에 이른 평제(平帝) 때(B.C. 1)에 '포성선니공(褒成宣尼公)'이라는 분명한 시호가 공자에게 주어졌다. '公'이라는 작위가 함께 추증되었다. 살아생전의 행실에 기초해 수여하는 시(諡)는 '선니(宣尼)'이고 '니(尼)'는 자(字)이기 때문에 수여자의 평가는 '선(宣)'쪽에 의미를 둔 것이 된다. 그리고 '선(宣)'은 시법(諡法)에서 "성선주문(聖善周聞)"을 나타내므로 한은 공자의 생전 업적을 이와 같이 평가한 것이다.

한편 '포성'은 봉국(封國)의 이름에 해당한다. 이것은 본래 한의 원제(元帝)가 태자일 때 자신을 훈도해준 공으로 공패(孔霸)(공자 13세손)에게 준 국명(國名)인데, 이후 평제가 다시 공균(孔均)(15세손)을 '포성후(褒成侯)'에 봉하면서 공자에게 같은 이름의 '공(公)'을 추증한 것이다. 후손이 조상의 봉호를 세습하는 통상의 형식과 다르게 공자의 봉호 취득은 그 반대 순으로 이루어진 것이다. 공자의 후예가 그 후광을 통해 지위를 얻었음에도 불구하고 공자 본인의 봉호는 자손보다 늦게 주어졌을 뿐 아니라 그 호칭도 이미 후손들이 쓰던 것을 답습한 것이 된다.

공자의 이 같은 지위 상승에는 한 왕실의 정치적 배경이 있었다. 하나는 이것이 단순한 '유학상'의 문제가 아니라 '이왕지후(二王之後)'를 대우하려는 한의 입장과 관련이 있었다. 즉 한은 '삼통(三統)'을 세운 주(周)의 전통을 이어 선행하는 두 왕조(은과 주)의 자손을 봉건할 필요에서 은의 후예를 찾다가 결국 공자 집안으로 그것을 귀착시키게 된다. 물론 이것은 유가의 집요한 노력이 낳은 결과이지만, 전한 말기에 실현된 공자의 지위 부상이 사상사 등에서 일반적으로 언급되는 유가 측의 학문적 승리라는 관점만큼 '혈통상'의 측면에서도 공자를 정통으로 내세우려한 또 하나의 작업이 성공적으로 추진된 결과였다고 보는 관점은 매우 중요해보이며 이러한 시각은 종래 강하지 않았다.

또 하나의 정치적 배경으로 유학의 열렬한 신봉자 왕망의 작용이 있었던 점은 잘 알려진 사실이다. '유교적' 왕조 건설을 의도했던 그가 공자를 존숭한 것은 극히 당연한 일이다. 공자가 그에 의해 '공(公)'의 작위를 처음으로 받고나서 이윽고 주공(周公)에 필적하는 '주공병칭(周孔竝稱)'의 형세가 나타났고, '성인(聖人)' 공자의 이미지가 가속화되었다.[2] 무제와 동중서 이래로 구체적인 포상을 받지 못하고 또 그 위상이 주공 아래에 머물던 공자를 처음으로 왕조 차원에서 정치적으로 현창한 점에서 왕망의 역할은 공자 평가사에 중대한 의미를 지닌다.

'공성(孔聖)'의 이미지가 '公'이라는 일개 관작으로 실현된 것은 결코 아니다. 그것은 이 무렵, 유학 내부에서 때마침 진행되던 공자의 신격화 운동에 힘입은 바 크다. 이미 맹자 이래로 공자의 성인화(聖人化)가 추진되었지만, 양한(兩漢) 교체기에는 유학의 경전 문제를 둘러싼 금고문(今古文) 논쟁에 촉발되어 특히 금문학 측이 '위서(緯書)'를 이용해 신으로서의 공자를 급속히 강조하고 나섰다. 초기 유학사의 중대 사건인 이 문제의 의의를 재론할 필요는 없지만, 그동안 없던 신비와 초인성의 부여가 공

---

2) 李紀祥, 2013.

자의 신격화와 유학의 종교로의 변용을 촉진시킨 것은 분명했다.3) 또한 위서는 공자를 '소왕(素王)'으로 묘사해 비록 현실 세속의 '왕자'는 아니지만 하늘로부터 수명(受命)하여 한 왕조가 나아갈 길을 밝혔다고 묘사하였다. 이것은 '성인' = '왕자'만이 천하에 교령(敎令)을 선포해 만민을 교화할 수 있다는 중국적 관념에 비추어 공자가 '왕자'가 아닌 것을 극복하려는 유교 측의 자기 방어 장치였다고 할 수 있다.4)

유교 교단을 벗어난 현실에서 공자가 '왕자'로 인정받는 길은 요원했다. 한 말 이후 남북조를 통해 도교와 불교의 보급 및 청담의 유행으로 유학은 전반적으로 침체하여 중국 왕조의 공자에 대한 대우도 특별할 것이 없었다. 위·진과 남조를 통해 공자를 추모하는 석전(釋奠)은 유지되었지만(후술), 그에게 시호나 봉토를 추증하는 동향은 거의 보이지 않는다. 관련된 움직임은 오히려 북조에서 나타나 북위의 효문제가 '문성니부(文聖尼父)'라는 시호를 공자묘에 고(告)하고,(492년) 이어 북주(北周)는 추국공(鄒國公)을 추봉하였다.(580년) 전자는 노의 애공이 칭한 '이부(尼父)'에 왕망이 사용한 '선(宣)' 대신 '문(文)'과 '성(聖)'을 결합한 것으로 실로 500년 만의 개정에 해당한다. 후대 왕조에서는 '선(宣)'이 찬탈자 왕망이 사용했다는 점에서 비판적이고 북위도 이를 의식한 것인지는 모른다. 하지만 '선(宣)'이 공자의 실질을 적절히 대변한다는 의견이 한편으로 강하여 후대에도 시호로서의 생명력을 잃지 않았고, 여기에 북위에서 처음 사용한 '문(文)'과 '성(聖)'이 병용됨으로써 이후 역대 왕조에서는 이들 3개의 문자를 조합한 시호가 다용된다.

---

3) 가나야 등, 1986.
4) 浅野裕一, 1997.

(2) '왕자'로의 변신: 당대의 사정

당대는 왕실이 도교를 보호하고 사회적으로 불교가 융성하였지만 유학에도 관심이 모아진 시대였다. 남북조 이래로 분열된 학술을 『오경정의』의 편찬을 통해 통일하려 한 당은 그 밖의 유학이 안고 있는 여러 현안에도 개입해 조정해야 했다. 그 중의 하나가 단적으로 말해 유학에서의 중심 즉 '선성(先聖)'을 누구로 정할지에 관한 것이었다. 이것은 왕망 이후 주공과 공자의 지위가 길항 관계를 보이는 속에서 마치 유학 경전의 주소(注疏)가 남조와 북조에서 서로 달라 이론의 여지가 있던 것처럼 국학(국자학) 등에서 석전을 치를 때 제사의 주 대상자가 다를 수 있다는 것을 말하며, 해결이 필요한 문제였다.

이를 주공과 공자 사이에서 고민하던 당은 결국 공자로 결정하게 된다. 고조가 처음은 주공을 '선성', 공자를 그 다음 가는 지위인 '선사(先師)'로 결정하지만,(624년) 태종대에 '선성'을 공자로 바꾸고 나서 당분간 이 상태가 이어지다가,(628년) 고종 대에는 또다시 주공으로 선성을 바꾸는(650년) 과도기를 거쳐 결국 공자로 선회해 최종적인 결착을 보았다.(657년)[5] 주공은 이로써 중앙의 태학에서 완전히 밀려나 그의 본래 주군(主君)이던 주 무왕의 묘(廟)에 배향되었다.

공자가 이 같이 최후의 '승리'를 거둔 배경에 태종이 정변을 일으킨 주공을 경계했기 때문이라는 색다른 관점도 있으나, 남북조 이래로 공자가 주공보다 '선성'으로 취급된 기간이 더 길었던 역사적 전통이 고려되었을 것이라는 지적이 설득력 있게 보인다.[6] 관련 연구 성과를 이용해 필자가 그 추이를 정리해 본 것이 〈표 1〉이다. 이를 통해 볼 때 후한 이후 '주·공 병칭'의 형세 속에서 석전에서만큼은 우세를 유지하던 주공이 위·진

---

5) 黃進興, 1998 등.
6) 鐘濤, 2009; 鄢挺·徐聡, 2013.

시대 이후 특히 남조=한인 왕조시기에 들어 공자에 밀리게 되고, 단지 북조의 일부 왕조(즉 북조(北周)와 그를 이은 수)에서만 우세한 것을 볼 수 있다. 북주는 그 국호가 암시하듯 서주(西周)의 전통을 계승하였고 수는 또 이 북주를 모태로 한 사정이 주공 숭상과 관련이 있을지 모른다.

당의 '선성' 결정에서는 북방과 남방의 두 전통이 아울러 고려되었을 것이지만, 결국 그것이 공자로 수렴된 것은 특히 남조 이래로 확고해진 한인의 전통이 더 중시되었을 것이다. 모종삼(牟宗三)은 유학의 발전 과정과 관련해 "송(宋) 이전은 주공병칭(周孔幷稱), 송(宋) 이후는 공맹병칭(孔孟幷稱)"으로 규정하였지만,[7] 위와 같은 추세에서 볼 때 공자의 지위는 중국 왕조에서 일부의 지역과 시기를 제외하면 이미 위·진 시대 이후 주공을 압도하고 있던 것으로 보인다.

〈표 1〉 후한~당의 석전(釋奠)에서 '선성'의 입장에 있던 주공과 공자의 기간

	후한	위·진	남(하단)·북조(상단)	수	당 전기	당 후기 이후
주공	───	───		───	──	
공자		───	───		──	───

유학의 전당인 국학(국자학)에서 주공이 분리되어 나가고 공자가 홀로 석전의 대상이 된 것은 왕망 이후 700여 년간 지속된 '주공병칭' 시대가 종식되고 유학에서 공자의 지위가 확립된 것을 뜻한다. 이 사건을 고명사(高明士)의 설명처럼 중국에서 도통(道統)이 치통(治統)에서 분리되는 중대한 획기로 파악하는 이해도 가능할 것이다.[8] 중국에서는 치(治)와 교(敎)(도(道))가 양전(兩全)하기 어려운 관계로 천자가 치통을, 성인(聖

---

7) 牟宗三, 1993.
8) 高明士, 1982.

人)은 도통을 맡는다는 인식이 공유되어 왔지만, 그러한 관념이 이때 정치색 짙은 주공이 배제됨에 따라 실현되었다고 볼 수 있기 때문이다.

공자를 처음으로 치통의 대표로 결정한 당 태종 시기에 그 후속 조치로 각 주·현의 학교에 공자묘가 세워지고,(정관4년) 공자의 지위가 확립된 고종 시대에는 이를 확인하는 조치가 이어져 공묘가 전국에 확산되었다.(670년) 당은 유가 경전을 학습하는 학교에 공자에 대한 제사 시설인 묘우(廟宇)가 결합된 소위 '학묘제(學廟制)'라는 독특한 제도가 자리 잡은 획기이기도 했다.9)

현종조에 이르러 이상의 경위를 반영한 하나의 결산으로 공자에게 '문선왕(文宣王)'이 추봉되었다.(739년) 이것은 선부(宣父)(637년), 융도공(隆道公)(690년) 등의 이름에 이어 측천무후가 '문선(文宣)'(705년)으로 시호를 고친 데에 작위를 '공'에서 '왕'으로 승진시킨 결과이다. 왕망이 '포성공'을 추봉한 지 740년만의 일이다. 생전에 정치 참여에 대한 의도를 강하게 갖고 있던 공자는 사후 자신의 학문 영역에서 추종자들에게 '소왕'이라 불린 적은 있지만 현실 왕조로부터 왕작을 공인받은 것은 이때가 처음이었다.

이와 함께 현종조에서는 공자에 대한 '왕자'로서의 권위가 부가되었다. 그의 소상(塑像)은 곤면(袞冕)이 입혀지고 석전에서는 처음으로 '궁현지락(宮懸地樂)'이 사용되었다. 이때의 곤면이 구체적으로 어떤 것인지 알 수 없으나, 북송 전기에는 9류(旒)와 9장(章)이 사용되고 또 이것은 당의 1품관의 예복에 상당하므로 현종조에서도 이 정도의 수준을 생각해 볼 수 있다. 공자 소상이 남면(南面)으로 고정된 것이 이 때 이후라는 사실도 중요하다. 부족한 관련 사료 속에서 한대의 공자는 주로 남면(南面)한 것으로 판단된다. 하지만 서진(西晉) 이후는 어째서인지 동면(東面)(즉

---

9) 高明士, 1982.

서좌(西座))한 사례가 보이며, 당에서 '선성'의 자리를 굳힌 이후도 '서좌동면(西坐東面)'이 예법 상 공식의 정좌(正坐)였다는 것이 『대당개원례』에도 반영되어 있다. 송렴(宋濂)과 같은 후대의 논자는 이 동면(東面)이 오히려 고례(古禮)로서 바른 자세이며, 그렇기 때문에 현종이 공자에 대한 존숭의 표시로 그를 '남면(南面)하게 만든 작법(作法)은 잘못이라고 비평한다.(후술) 송렴의 주장이 과연 옳은 것인지, 옳다 해도 현종이 이를 무시한 것인지는 알 수 없지만, 현종이 공자를 존숭하는 의미에서 '왕자남면(王者南面)'의 통념에 따라 결정한 면위가 세속적으로는 공자의 권위를 한층 강화시키는 효과를 가져왔을 것으로 보인다.

2) '공자 사단(師團)'의 출현: 종사제의 형성과 발전

공자의 지위가 정립되면서 공묘가 전국에 확산되고 석전 등의 제사가 제도화되었다. 그런데 석전의 자리에서는 공자만이 아니라 그의 제자를 비롯한 여러 인물들이 함께 '종사(從祀)'되는 것이 일찍부터 관례였다. '종사제'는 유학 발전에 공이 있는 자들에 대한 "숭덕보공(崇德報功)"의 표시로, 공자의 학문=유학도 이들이 없었다면 성공하지 못했을 것이라는 의미가 내포되어 있다. 유학의 도통(道統)은 이들에 의해 면면히 이어지고, 공묘는 그 도통을 형상화해 놓은 곳이다. 또한 중국의 전통 사회에서 공묘는 사대부가 죽어 자신의 위패를 남기고 싶어 한 이상향이기도 했다. 유학의 가르침으로 무장한 공자의 추종자들이 그 능력을 측정하는 과거(科擧)라는 난관을 돌파한다 해도, 사후에 다시 공묘에까지 입사(入祀)하는 것은 지난한 일이었기 때문이다. 선량(選良) 중의 선량으로 이루어진 공묘의 종사제는 중국 문화의 정화(精華)이자 공자 '사단(師團)'의 '향연'이었던 것이다.

(1) 한~남북조시대 공묘의 출현과 추이

당대에 들어 그 기본형이 출현하는 종사제는 한대 이후의 여러 요소들이 서로 발전한 결과였다. 공자 사후 가묘(家廟)(사묘(私廟)) 상태에 머물러 있던 궐리(闕里)(곡부(曲阜))의 공묘에 왕조의 관심이 커지기 시작한 것은 후한 무렵부터이다. 고조를 예외로 돌리면 보이지 않던 전한 황제의 궐리 방문 양상과 달리 후한에서는 광무제와 명제(明帝), 장제(章帝)가 연속해 방문하고 안제(安帝)까지 더하면 모두 4명의 황제에 달하였다. 명제 때에는 전국의 군·현 학교에서 공자를 주공과 함께 제사하는 현상도 나타나(59년) 궐리를 벗어난 지역에서의 사공(祀孔)이 시작되었다.[10] 단지 이것은 훗날의 일반적인 석전례와는 달리 학교에 아직 입묘(立廟)가 이루어진 상태가 아니었던 점에서 구별된다. 이러한 움직임은 공자 후손에 대한 식읍의 지급(전술)과 공묘에의 관리 파견 등과 더불어 모두 후한시대에 진전된 공묘의 관묘(官廟)로의 이행을 보여준다.

궐리에 갇혀있던 공묘는 위·진과 남북조 시대를 통해 밖으로 그 모습을 나타내기 시작했다. 한 말 이후 전란이 계속되고 또 궐리가 이민족에 점거되는 기간이 길어짐에 따라 강남의 한인 왕조는 수도(남경)를 중심으로 문묘를 건설하였고, 북방왕조에서도 비슷한 경향이 나타났다. 이 무렵 공자묘는 이미 중국 문화의 정통성을 상징하는 측면을 갖기 시작했고, 각 왕조는 그 보호를 통해 자신이 중국 문화의 전승자임을 표방하려 했다.

수도권에 등장한 최초의 공묘는 이설이 있지만 동진(東晉)시기(효무제(孝武帝) 태원(太元)10년, 395)로 보는 것이 무방할 것이다. 그리고 그 장소는 다름 아닌 국학(태학)의 내부라는 사실이 주목된다. 당시 학교에서 이미 석전이 거행되고 있던 실정에서 볼 때, 태원(太元)10년(395)을 기준

---

10) 董喜寧, 2011.

으로 그 이전의 석전은 공묘가 없던 상태에서 이루어진 것이지만, 그 이후부터는 공묘를 場으로 석전이 치러진 것이다. 이 이후 각 왕조의 수도에서 공묘의 출현이 보편적 현상이 되고, 따라서 남북조는 기존의 국학에 공묘가 결합한 소위 '묘학제'의 남상기(濫觴期)였다고 할 수 있다.

수도에서 출현한 묘학은 다시 지방으로의 보급이 진전되어 6세기 전후에는 북위, 제(齊), 양(梁) 등 왕조의 각지에서 차례로 출현한 것이 확인된다. 예를 들어 『남사(南史)』(권8 양본기(梁本紀))에는 원제(元帝)가 즉위(552년) 전 형주자사(荊州刺史)로 있을 때 이 지역의 주학(州學)에 공묘를 세운 사실을 전한다. 그는 형주자사에 보통(普通)7년(526)~대동(大同)6년(540)과 대청(大淸)원년(547년)~동3년에 두 차례 재임하였기 때문에 늦어도 대청(大淸)3년(549)에는 형주 지방에 묘학(廟學)이 나타난 것이 된다. 중국 학계에서는 이를 "지방 관리 개인의 우연적 행위[11]"로 돌려, 지방에서의 묘학을 더 늦은 북제(北齊)시기(550~577년)로 보는 것이 일반적이지만, 이것이 반드시 '우연한 행위'로만 볼 필요가 있는지는 의문이다.

위와 같이 볼 때 묘학의 제도화와 전국적 확산은 당대를 기다려야 하지만(전술), 위진남북조는 그것이 이미 출현하여 어느 정도 보급되는 단계에 있던 것이 된다. 공상림(孔祥林)은 역대 중국의 '공묘'를 '공사고거공묘(孔子故居孔廟)', '학교문묘(學校文廟)', '기념공묘(記念孔廟)', '서원공묘(書院孔廟)', '공씨가묘(孔氏家廟)'의 5종류로 구분하여, 특히 학교에 세워진 것을 '문묘(文廟)'라고 보았다.[12] 이는 공묘와 학교와의 결합을 전제로 한 의미 있는 명칭이며, 그런 의미에서 위진남북조는 '문묘'가 처음 출현하는 시대이기도 하다. 다만 역사적 명칭으로서의 '문묘'는 명대부터

---

11) 孔祥林, 2007.
12) 孔祥林, 2007.

사용되었다고 하고, 또 '문묘'가 '문선왕묘'의 약칭으로도 사용되는 점에서 혼란을 부를 수 있어 본문에서는 문묘와 공묘의 구별을 엄격히 하지는 않았다.

(2) 종사제 기본형의 출현

묘학제의 발달에도 불구하고 당대 이전에 종사제가 구체적으로 어떻게 운영되었는지에 관해서는 분명하지 않다. 후한의 명제가 궐리의 고택(古宅)에서 공자를 제사할 때 이미 '72제자'를 종사한 점, 후한 말 가까이부터는 안회가 공자 곁에 홀로 배향된 점, 그리고 '10제자'도 늦으면 서진부터는 종사된 점 등을 알 수 있지만, 제사의 구조를 이해하기는 쉽지 않다. 이때까지는 제도로서의 종사제라고 할 만한 것이 사실상 없었을지 모른다.

왕조 차원에서 종사제가 중요한 문제로 관심을 받은 것은 당대부터이다. '선성(先聖)'의 지위가 공자로 결정되면서 제사 방식의 정비가 함께 필요해졌다. 먼저 태종 시기에 배향과 관련한 중대한 조치가 나타났다. (정관21년, 647년) 좌구명(左丘明)(춘추)에서 범녕(范寧)(동진)에 이르는 소위 '22현(賢)'을 '선사(先師)'로 삼아 공자의 묘당에 배향시킬 것을 결정한 것이다. 일찍부터 석전에서는 '선성' 곁에 '선사'를 배정하는 것이 관례로, 주공이 '선성'일 때는 '공자'를, 공자가 선성일 때는 안회를 각각 충당하였지만, 이때는 안회 이외에 22명을 '선사'에 대규모로 추가한 것이다. 훗날의 배향과 비교해 매우 이질적인 이 조치가 당시의 학술적 경향을 반영시킨 것이라는 점은 이미 많은 사람들이 지적한 바이다.[13] 즉 이때의 '선사'란 '전경지사(傳經之師)'나 '편저일경지유(偏著一經之儒)'로서 유학의 경전을 전하는 데에 공이 있거나 특정 경서에 뛰어난 전문가(경

---

13) 黃進興, 1998.

사(經師))들을 말하는 것으로, 즉 이들은 모두 훈고학의 대가들이었다. 당이 이 무렵 국가사업으로 추진하고 있던 『오경정의』의 내용 중에 '22현' 다수의 저술이 수록된 점도 '선사' 선정의 성격이 어떠한 것인지를 암시한다.

현종의 개원8년(720) 이후 '10철'과 '70자(子)'의 성격을 포함한 당의 종사제의 내용이 한층 분명해지는 계기가 찾아왔다. 종래 공묘에서 차지한 '22현'의 지위에 대해 국자사업(國子司業) 이원관(李元瓘)이 문제를 제기하면서 종사제도 전반에 대한 조정을 요구하였고, 이를 현종이 접수한 결과 새로운 변화가 일어난 것이다. 종사제의 획기에 해당하는 만큼 관련 사료와 분석이 적지 않지만, 다소 분명치 않은 점이 있기 때문에 이 문제를 필자 방식으로 〈표 2〉와 같이 정리해 주요 특징을 들면 다음과 같다.

〈표 2〉 개원8년(720) 당의 종묘제 논의와 결정

구분	이원관의 설명과 주장	구분	현종의 결정
①	선사(先師) 안자(顔子)의 배좌(配坐)는 입상(立像)이므로 의당 좌상(坐像)으로 만들어야 한다.	㉮	안회 등 10철은 좌상(坐像)을 만들어 종사(從祀)시킨다.
②	'10철(哲)'은 묘당(廟堂)에 상(像)이 있지만 향사(享祀)(飧祀)가 없는데 반해 범녕(范寧) 등 22현은 종사(從祀)를 받는다. '10철'은 석전에서 22현보다 상위에서 향사(享祀)되어야 한다.		
③	증삼(曾參)은 그 효도로 인해 22현에 준해 종향(從享)해야 한다.	㉯	증삼은 대효(大孝)이므로 특별히 소상(塑像)을 만들어 10철의 다음 자리에 앉는다.
④	'70자(子)'는 묘벽에 화상을 그리고 찬(贊)을 적어 넣는다.	㉰	70자와 22현은 묘벽에 그림을 그려 넣는다. 안자(顔子)는 아성(亞聖)으로 황제가 찬(贊)을 짓고, 민손(閔損) 이하는 문사(文士)가 나누어 찬을 짓는다.

출전: 『통전(通典)』 권53 예(禮)13 연혁(沿革)13 길례(吉禮)12, 『구당서』 권24 예의(禮儀)4 석전(釋奠), 『신당서』 권15 예악(禮樂)5, 『당회요』 권35 학교.

여기서는 무엇보다 '22현'의 지위가 현저히 강등된 점이 눈을 끈다. 이들의 화상이 묘벽에 그려진 결정(㉰)은 그 지위가 '10철'보다 하위에 놓인 것을 뜻한다(㉡). 도학(道學)이 주류를 이룬 송·원시대에는 '22현'을 두고 "'경사(經師)'이지 '인사(人師)'가 아니다"고 한 마단림(馬端臨)의 평가나, 웅화(熊禾)가 "당(唐)의 예관(禮官)이 일시 취한 자들"이라고 한 비판처럼 그 부당성을 지적하는 소리가 한층 강해지지만(후술), 현종조에서도 그 같은 인식이 감지된다.

'22현을 대신해 부상한 '10철'은 소위 4과(科)에 뛰어난 공자의 제자들을 말하며, 이들이 당 이전부터 공자와 함께 종사의 대상이었던 점은 이미 지적하였다. 공자의 많은 제자 중에 이들이 특히 주목을 받은 것은 순전한 우연이라는 설도 있지만, 그 여부와 상관없이 '22현'의 자리가 공자의 직제자들로 대체된 것은 공묘의 성격이 사제(師弟) 관계를 중시하는 쪽으로 선회한 것을 뜻한다. 아울러 이원관이 '10철'의 '향사(享祀)'를 주장한(㉡) 것에 대해 현종이 '종사(從祀)'를 결정했다(㉮)고 한 것은, 결국 내용상 같은 것이라는 점도 언급해둘 필요가 있다. 공묘에서는 묘당의 제사에서도 안회처럼 공자와 지근(至近)한 위치를 '배향', 그 다음가는 10철의 자리를 '종사', 다시 그로부터 한발 떨어진 곳에 위치한 자들에 대한 제사를 '종사'로 각각 구별하는가 하면, 이러한 관계를 특별히 구별하지 않고 모두 '종사'로 총칭하는 용법이 있기 때문이다. 따라서 현종이 결정한 '종사(從祀)'가 결코 묘당을 벗어난 종사를 말하는 것이 아니므로 여기서는 이원관이 요구하는 '배향'의 용법으로 사용된 것이 틀림없다.

또 한 가지 주의를 요하는 것은 "안회 등 10철"(㉮)이라는 표현이다. 안회가 비록 처음에는 '10철'의 일원이기는 했어도 당 이전부터 이미 '선사'의 지위를 얻어 독립하였고, 하물며 당에서는 훗날의 맹자보다 더 빨리 '아성(亞聖)'(㉰)으로 존숭된 것이 사실이기 때문이다. 따라서 〈표 2〉의 '10철'은 안회가 없는 '9철'로 볼 필요가 있다. 하지만 이와 반대로 '22

현' 중에는 공자의 제자로 유일하게 복자하(卜子夏)가 있고 그는 동시에 '10철'이었기 때문에 '22현'의 실제 수는 '21'이 된다.

증삼(증자)의 지위가 중시된 점도 이때의 큰 특징이다. 효행으로 유명한 덕행이 그를 '10철' 다음 자리에 놓이게 만든 것이다. 증삼이 '10철'에 들지 못하고 그보다 낮은 지위를 받은 것 자체가 논란꺼리이지만, 당은 그러한 증삼을 늦게나마 주목한 것이다. 그는 睿宗 때(712년)에 안회와 함께 일시 '배향'을 받기도 했으나 그 후 다소 분명치 않은 상태로 있다가 개원8년의 지위가 부여된 것이다.

이상의 孔門 제자들, 즉 안회와 '10철' 그리고 증삼에게 모두 좌상의 소상(塑像)이 마련되었다는 점도 중요하다. 공묘에서는 한대 이래로 화상이 사용되다가 위진시대 이후 불교의 영향으로 소상(塑像)이 등장하였다. 〈표 2〉를 통해 볼 때 공묘에서는 이전부터 공자는 물론 제자들에까지 소상이 마련되어 있었지만, 개원(開元)8년을 기준으로 그 이전까지 입상(立像)이던 것이 '좌상'으로 바뀐 것으로 보인다. 10철에 이어서는 공자의 또 다른 제자들인 '70자', 그리고 좌천된 '22현'이 자리를 잡고 묘벽에는 그들의 화상이 그려져 있었다. 공묘에서 절대 다수를 차지하는 이들의 수는 후대로 갈수록 더욱 늘어나지만, 이들이 당에서는 묘당 위에 10철과 함께 위치한 것도 후대의 사정과 비교해 다른 점이다. 여기서 또한 유의할 것은 '70자'의 '70'이 어디까지나 개수(槪數)이며 따라서 '70자'는 '70여자(餘子)'라고 보아야 하는 점이다. 이미 한대부터 공자의 제자 수에 대해서는 '72', '76', '77' 등 사료에 따라 기록이 다르며 이는 당에서도 마찬가지로 일정치 않기 때문에 개원8년의 논의에서 이와 같이 표현한 것으로 보인다. 따라서 이하 본문에서는 실질에 입각해 '70자'를 '70여자(餘子)', '22현'은 '21현(賢)'으로 표현하기로 한다.

이상의 경위로 대략 당 현종 이후, 공묘 종사제의 핵심을 이루는 종사자의 순위는 다음과 같이 정리된다. 이 순위를 확인하듯 공자가 '문선왕'

에 추증된 개원27년(739)에는 각각의 제자들에게도 상응하는 작위를 처음으로 부여하였다. 봉작제까지 더해진 자신의 '왕국'인 공묘에서 공자는 살아생전의 '스승'의 면모를 탈피해 왕자(王者)로의 이미지를 뚜렷하게 만들고 있었다.

> 선성(先聖) 공자(문선왕) － 선사(先師) 안회(顔回)(公) － 9철(哲)[후(侯)] － 증삼백(伯)) 등 70여자(餘子)(伯) 및 21현(賢)

3. 대성지성선사(大成至聖先師)의 탄생

1) 송·원시대의 공자 인식과 평가

도학(신유학)이 등장하고 발전한 송 이후 명·청에 이르는 시기 동안 공자와 그 '사단(師團)'에 대한 평가와 예우에도 이전과 다른 여러 특색이 나타났다. 그것은 명 중엽에 큰 분수령을 맞이하지만, 그 전기에 해당하는 송·원시기는 크게 보아 당 이래의 경향, 즉 공자에 대한 존숭 표현과 묘학제의 보급, 그리고 종사제의 정비가 꾸준히 진행되었다.

북송의 진종조(眞宗朝)에 이르러 '문선왕' 공자에게 오랜만에 '현성문선왕(玄聖文宣王)'이라는 새로운 시호가 주어졌다.(1008년) 봉선 차 태산에 들렀다 곡부의 공묘(孔墓)를 직접 방문한 진종은 공자에 대한 시호만이 아니라 그 부친 숙량흘에게도 중국사상 처음으로 작위('노국공(魯國公)')를 추증하였다. 공자 시호 중의 '성(聖)'은 이미 북위시대에 사용된 자(字)이고 여기서는 '현(玄)'이 새로 보태진 것인데, 이것이 얼마 후 국휘(國諱)를 이유로 '지(至)'로 바뀌어 결국 '지성문선왕(至聖文宣王)'이 되었다.(1012년) 주목할 것은 진종이 본디 공자에게 '제(帝)'호(號)를 추시(追諡)할 의사가 있었고 그것이 결국은 신하의 반대로 무산된 점이다. 반대의 근거는 "선부(宣父)는 주(周)의 배신(陪臣)이고, 주(周)는 단지 왕을 칭했을 뿐이므로 제호(帝號)를 가(加)하는 것은 부당하다"라는 것이다. 이 문제는 진종이 고집하지 않아 더 이상 비화되지 않고 시호의 개명만으로 그쳤지만, 이것이 이후 명대에 큰 문제로 재부상하는 점(후술)에서 송대는 그 씨앗이 배태된 시기였다고 할 수 있다.

왕조 차원에서 공자의 시호 개정이 논의된 것은 이때가 유일하며, 동시에 이는 실패로 끝나기는 했으나 중국사상 황제가 공자에게 직접 제호 부여를 의도한 유일한 사건이기도 했다. 아사노(浅野裕一)가 주장하는 것처럼 공자를 왕위(王位)를 꿈꾼 야망가로 간주한다면,14) 이 해프닝을 공자는 비록 사후이기는 하지만 아쉽게 바라보았을 것이다. 그러면서도 공자의 이 같은 '불만족'이 한족 왕조가 아닌 송과 이웃한 탕구트(黨項)족의 서하(西夏)에 의해 충족된 사실은 흥미롭다. 서하의 인종(仁宗)은 공자를 '문선제(文宣帝)'로 칭하고 전국의 주와 군에 공자묘를 세우되 그 예법을 황제에 준하게 하였다. 유학이 근린 국가로 확산되고 있던 당시 이러한 움직임이 그 발전 정도가 상대적으로 더 높았을 고려가 아니라 서하에서 나타난 점은 주목된다.

그렇지만 이 무렵의 중국에서 공자는 명칭만을 빼면 사실상 천자에 근접한 예우를 받고 있었다. 이 경향은 특히 휘종조(徽宗朝)에서 공자와 관련한 복식과 전당(殿堂) 등에서의 예제에 집중적으로 반영되었다. 면류(冕旒)의 수가 12개로 늘어나고 손에 쥐는 홀(笏)은 진규(鎭圭)로 바뀌었다. 전자는 당과 북송 전기에 9개이던 것이(전술), 그 후 신종과 철종기에 신하들의 증수(增數) 요구에도 불구하고 유지된 것이었으나, 이때 다시 제기된 공묘 복식의 문제점을 휘종이 받아들인 결과이며, 후자는

---

14) 浅野, 1999.

환규(桓圭)이던 것을 "왕집진규(王執鎭圭)"(『주례』춘관(春官))에 따라 수정한 것이었다. 다만 공자가 착용한 곤복(袞服)의 장(章) 수(數)는 바뀌지 않아 이를 송조가 여지를 남겨둔 것으로 보이는 점도 지적해 둘만하다. 얼마 후 중원을 차지한 금(金)은 이 부분까지 과감히 '12장(章)'으로 바꾸게 되고(세종, 대정(大定)14, 1174년), 이것이 원과 명으로 이어졌다고 보인다.

휘종 때에는 또한 공묘 중에 '묘(廟)'라는 자가 붙은 시설의 이름을 '전(殿)'으로 고치는 속에서 그 핵심을 이룬 '문선왕묘'(즉 공묘)가 '대성전(大成殿)'으로 칭해졌고, 이 대성전 앞에 권위의 표시로 세운 '극(戟)'의 수를 종래 16에서 24로 증설하는 등 공묘의 칭호와 외관에 수식이 더해졌다.

남송 초에 공자에 대한 석전을 중국사상 처음으로 '대사(大祀)' 반열에 편입시킨 것(1140년)은 이상과 같은 송조의 공자 존숭에 대한 결산이었다. 국초 국가 위난의 인식을 반영시킨 조치로 보이지만, 당 이래로 중사(中祀) 수준을 유지하던 공묘 제사가 주로 천지와 종묘사직에게만 허용한 대사(大祀)로 격을 올린 것은 문자 그대로 파격이었다. 송은 약 50여년 후에 이를 중사(中祀)로 되돌리지만(1195년), 청 말기에 일시 대사(大祀)로 승급된 사실을 빼면 사실상 중국 왕조에서 유일한 사례였다.

유학의 가치가 재발견된 송대에 공자의 존숭이 고조된 것은 자연스러운 일이지만, 이 흐름이 정복자 원을 만났을 때 크게 굴절한 것 또한 당연하였다. 과거(科擧)가 정지되고 유자들이 '구유십면(九儒十丐)'의 처지에 몰린 실정에서 유학의 위축은 어쩔 수 없는 일이었다. 공자에 대한 태도에도 큰 변화가 따랐을 것이다. 하지만 공자의 지위는 이미 중국 사회의 저변에 뿌리를 내린 상태이고 이를 원조(元朝)가 생각 없이 일방적인 하대(下待)로 임했다고는 생각되지 않는다.

원의 태조(쿠빌라이)가 북경(대도(大都)) 천도에서 머지않아 '선성묘

(宣聖廟)'를 건립하고 석존도 개시한 것은 공자에 대한 예우를 전대에 이어 계속했다는 것을 말한다. 나아가 원대는 당 이래로 나타난 묘학제가 전국적으로 유지되고 한층 정비된 시기로 설명된다. 당·송 시기에는 공묘(孔廟)와 학궁(學宮)이 분리된 것이 보통이지만, 원에서는 양자가 비로소 표리적인 결합을 이루어 '묘·학상의(廟·學相依)'가 성제(成制)로 되었다고 한다.15) 더 주목할 만한 것은 원조가 이렇게 보급된 지방의 묘학을 무대로 매월 2차례의 제사(즉 삭망제(朔望祭))를 요구하거나 지방관이 수시로 부하 관리와 유생 등을 인솔하고 공묘(즉 문묘)를 방문하는 '전알(殿謁)'(혹은 '묘알(廟謁)') 등의 제도를 도입한 점이다.16) 이는 묘학(廟學)을 통해 지역사회를 통제하려는 원조의 의도이며, 이 점에서야말로 원대에 묘학제 나아가 공자 제사가 성황을 이룬 배경이 있었다고 할 수 있다. 유학의 '암흑기'로 평가되는 이 시기에 원조는 통치의 안정과 감시를 위한 방법으로 묘학제를 활용하였고 그 속에서 아이러니하게 공묘의 저변은 중국 사회에 더욱 밀착하는 것이었다.

원은 이 속에서 무종(武宗)이 공자에게 '대성지성문선왕(大成至聖文宣王)'이라는 새로운 시호를 부여하게 된다.(1307년) 『맹자』[만장하(萬章下)]의 '집대성(集大成)'이라는 어구에서 가져온 '대성(大成)'의 두 자를 종래의 '지성문선왕(至聖文宣王)'에 부가한 것이다. 공자야 말로 옛 성현의 위대함을 모두 모은 존재라는 이 말은 그 위대함을 잘 드러냈다는 이유로 훗날의 유자들에게 호평을 받게 된다. 송조가 이미 공묘의 본당(本堂)을 가리켜 '대성전(大成殿)'이라 칭한 점은 앞에서 지적한대로 이다. 원에서는 이밖에 문종(文宗)이 숙량흘에게 '계성왕(啓聖王)'을 추증하였다.(1331년) 공자의 부친이 그 아들과 같은 왕작을 갖게 된 이때의 일과 관련해

---

15) 胡务, 2001.
16) 申万里, 2004.

『원사』는 숙량흘과 그 부인에 대해 이전 왕조에서는 찾아볼 수 없는 '성부(聖父)'와 '성모(聖母)'라는 표현을 사용하였다.

2) 종사제의 완성

청 말기(동치(同治)2, 1863년) 무렵 공묘에는 묘당(廟堂)과 그에 부속한 양무(兩廡)에 총 172개의 신위(神位)가 엄격한 원칙에 따라 자리 잡고 있었다.17) 묘당에서 공자와의 거리가 가장 가까운 곳에 '4배(配)', 그 다음에 '12철(哲)'이 위치하고, 다시 양무(兩廡)에도 후술하는 '선현(先賢)'(79명)과 '선유(先儒)'(77명)를 동서로 배치하되 선현이 선유보다 먼저 오는 형식이다.

기술한 바와 같이 종사제의 골격은 당의 개원연간에 원형이 나타났다고 보지만, 송대에는 그중 가장 중요한 4배와 10철이 확정됨으로써 대근간이 마련되었다. 또한 양무(兩廡)가 마련되어 이곳으로 선현과 선유가 이동·배치된 것도 송대부터이다. 송 이후 10철이 12철로 늘어나고 선현과 선유의 수가 증감한 것은 종사제의 역사가 길어지면서 동반된 현상으로 근간을 흔드는 문제는 아니었다. 복잡하고 난해한 종사제에 대해서는 황진흥과 동희녕의 분석이 가장 뛰어나며 본문도 의존하는 바가 크지만, 이하 이들이 지적하지 않은 내용을 포함해 특히 종사제의 인선(人選)과 관련한 특징을 필자의 관점으로 다시 정리해보기로 한다.

4배(配)는 남송 말에 안회, 증삼, 자사(子思), 그리고 맹가(孟軻)(맹자)로 확정되어 이후 불변한다. 배향자의 수가 '4'로 되어야 할 필연성은 없었고 송도 본디 그것을 의도한 것은 아니었다. 그 가운데 안회가 공자의 촉망받는 수제자라는 이유로 위·진이래 배향을 장기간 독점한 것은 이

---

17) 董喜寧, 2011.

미 보았다. 송대가 되어도 그의 위상이 여전히 높았던 것은 진종이 공자를 '지성문선왕'에 추증한 다음 해(1009년), 안회와 9인의 '10철'을 모두 '공(公)'으로 삼되 안회만을 '국공(國公)'으로 하고 나머지는 '군공(郡公)'으로 차등을 둔 점에서 알 수 있다. 또 이때는 종전까지 '백(伯)'이던 증삼 등 62인이 후(侯)로 진작(進爵)되었다. 이 조치는 당의 개원연간에 시작된 '선사(先師) 안회−9철−증삼 등 제자'의 구도가 송대까지 계속되고 있었음을 뜻한다.

이 구도는 신종조(神宗朝)에 결정된(원풍(元豊)7, 1084년) 두 가지 조치로 큰 변화를 맞는다. 하나는 일찍부터 중시되었음에도 불구하고 낮은 위치에 머물던 증삼이 드디어 10철에 편입된 것이다. 이로써 당 이래 사실상 결원 상태에 있던 10철의 정원이 채워지고, 증삼은 이 자리에서 다시 재도약의 기회를 노리게 된다.

또 하나는 맹가(맹자)가 일약 배향의 지위를 획득한 점이다. 안회 독점 체제를 무너트린 이 사건은 왕안석의 강력한 후원이 있었기 때문에 가능한 것이었다. 배향의 발의로부터 13년이라는 단기간에 실현되었을 뿐 아니라, 또 공자와 동시대인이 아니라는 비판도 이겨낸 결과였다. 맹가에 대한 존숭은 이미 당의 한유가 열렬히 선창(先唱)한 이래 송대에 들어서도 "공문(孔門) 최대의 공로자"등의 평가가 연이어진 점이 왕안석의 운동을 수월하게 만들었다고 보인다. 맹자는 배향 전년에 '추국공(鄒國公)'에 봉해졌고, 그의 『맹자』는 이미 과거(科擧)의 경서에 포함되어 있었다.(희녕(熙寧)4, 1071년) 맹가의 인기는 전통의 안회를 넘어서는 기세에 있었다.[18]

배향과 관련한 송대 종사제의 역동성은 휘종조에 다시 나타났다. 이때는 앞에서 언급된 안회, 증삼, 맹가에 이어 장래 '4배(配)'로 안착하는 또

---

18) 周淑萍, 2006

한명의 후보인 자사(子思)에게도 주목이 모아졌다. 맹가 같은 약진은 아니지만 그는 가장 낮은 반열인 '24현(賢)'(후술) 자리에, 그리고 '4배' 가운데서도 가장 늦게 공묘에 입사(入祀)하게 된 것이다.[대관(大觀)2, 1108년] 훗날 완성되는 '4배'의 진용은 북송 말기 시점에서 안회와 맹가만이 확정되어 있었고, 증삼과 자사는 아직 그 귀추를 알 수 없는 상태였던 것이다.

그런데 실은 이 무렵에 위의 4인 이외의 또 한명이 배향자가 이미 결정되어(1104년) 있었다는 사실에 대해서는 그리 알려져 있지 않다. 그리고 이 인물이 결국 '4배' 속에 그 이름을 유지하지 못하였다는 것은 그의 배향이 얼마 후 취소되었음을 뜻한다. 다름 아닌 왕안석이었다. 이는 휘종조의 정치적 성격, 즉 신법 추진을 정권 유지의 방편으로 삼은 채경 등의 실권자가 신법당의 원조인 왕안석을 학문적으로 선전하려다 역풍을 맞은 결과였다. 왕안석은 본조(本朝)의 인물을 처음으로 종사시키게 된 송조에서도 첫 사례에 속하며, '서왕(舒王)'까지 추증됨으로써 안회와 맹가를 넘어 작위 면에서 공자와 어깨를 나란히 하게 된다.

하지만 왕안석은 정치적으로 변질되어 버린 공묘에서 파사(破祀)의 경험도 처음 맛본 주인공이 되었다. 금(金)의 남침으로 붕괴된 신법당을 대신한 세력이 북송 멸망의 근원을 왕안석에 돌려 그의 배향을 종사로 강등시키지만(1126년), 약 50년 뒤에는 이도(李燾)의 청으로 완전히 공묘에서 퇴출당하게 된다.(1177년)

이 사이 남송에서는 도학이 발전을 거듭해 주희에 의해 집대성되는 국면에 도달하지만, 그가 정쟁에 휘말린 직후 불우하게 사망하자 도학 전체가 '위학(偽學)'으로 몰려 크게 위축된다.(1195년) 하지만 위기의 시간은 길지 않아 도학이 명예를 회복하자 왕조의 급속한 관심과 함께 도학파 관료가 조정에 포진하는 전성기를 구가하게 되었다. 자사(子思)의 '10철' 승급(1235년)은 그러한 속에서 도학에 열중한 이종(理宗)이 취한 조치였고, 이로써 증삼과 함께 유력한 배향 후보자가 또 한명 탄생한 것이다. 이들이 기존의 안회와 맹가의 배향 대열에 최종적으로 합류한 것은 함순(咸淳)3년(1267)의 일이다. 배향의 순서가 현재와 같이 연장(年長) 순으로 '안-증-자-맹'이 된 것은 이때의 일이다.

송조에서 '4배'의 출현은 도학(신유학)의 발전과 밀접한 관련을 갖는다. '4배'는 도학에서 오경 이상으로 주목하는 '4서(書)'와 공교롭게 그 수가 같다. 물론 수 자체는 우연이지만, '4배' 중 안회를 뺀 3인이 4서 중 『논어』를 제외한 『대학』, 『중용』, 『맹자』의 저작과 관련이 있다고 알려져 있다. 소위 '도통'이 공자 사후 안회-증삼-자사-맹자로 이어져 이들의 공로와 저작이 중시된 점은 새삼 강조할 것이 없지만, 그들의 배향이 같은 맥락에서 이루어진 점을 함께 강조하는 설명은 종래 많지 않다.

'4배'의 형성은 '10철'에게 직접적인 영향을 주었다. 증삼과 자사가 '4배'로 이동하면 그들의 원래 자리인 '10철'에 결원이 생겨 조정이 필요해졌기 때문이다. 앞의 검토 결과 신종 시기에 종사제의 근간은 2배·10철이었고, 이 상태가 북송 말의 예외적 상황을 빼면 남송의 후반까지 장기간 이어진 셈이다. 따라서 그 후 이종(理宗) 때의 자사의 승진은 '11철'이 된 것을 말하며, 이후는 2배·11철이 당분간 계속되었다. 그러다가 증삼과 자사가 배향으로 옮겨가면 다시 4배·9철이 되었기 때문에 곧 이 자리를 공자의 또 다른 제자 중에서 자장(子張)으로 충원하고, 자장이 빠진 선현의 자리는 공리(孔鯉)로 보궐하게 된다. 이로써 전체적으로 남송 말기 시점에서 4배는 10철과 함께 공묘의 당상(堂上)에 위치하고, 양무(兩廡)에는 본론에서는 그 변천을 추적하지 않았지만 우여곡절을 거쳐 71자(子)와 33현(賢)이 있었다. 자장은 본래 이 중에서 '70자(子)'에 속해 있었던 것이고, 이들도 당 이래로 공묘에 종사되고 있었음은 앞에서 보았다. 송대가 되어 4배와 10철의 자리가 안정되자, 원 이후 특히 명·청 시대에서 종사제에서의 변화는 '70자'와 '22현' 쪽에 집중되어 나타나게 된다.

4. 다시 '스승'으로: 해체와 재생

1) 명대의 공자 재인식: '공묘개제(孔廟改制)'로의 길

'중화'를 회복한 한족 국가 명의 공자 존숭은 정략적이던 원에 비할 수 없는 것이었다. 태조 주원장의 국가 건설이 유학에 기초한 것은 주지의 사실이며, 그의 공자에 대한 태도가 후계자들에 주는 영향은 컸다. 주원장의 각별한 공자 대우는 제신(諸神)의 명호(名號)에 대한 태도를 통해 단적으로 드러난다. 당시 제사 대상이 되는 신(神)들에게 공여된 이름이 너무 '일미(溢美)'하다는 판단에서 대부분의 칭호를 과감히 대폭 하향 수정한 태조는 공자만큼은 제외시켜 종래의 시호를 그대로 유지하였다.19) 공묘의 제기(祭器) 중 변두(籩豆)의 수가 10으로 증설된 것도 태조 재위 중의 일이었다.

명의 공자 존숭은 헌종조(憲宗朝)에 있던 주홍모(周洪謨)의 제호(帝號) 추증 제안에서 절정을 맞는다.(1476년) 이는 송의 진종 때 이미 한차례 있던 움직임의 재현이며 '비례(非禮)'를 주장하는 예부의 반대로 결국 무산된 것도 같았지만, 명대에 존재한 공자 숭배의 일면을 알기 족하다. 단지 이때는 공자 소상의 면류(冕旒)가 송·원 이래의 구례(舊禮)에 따라 12로 되어 있음에도 불구하고 제기(祭器)와 일무(佾舞)의 수가 거기에 부합하지 않는다는 주홍모의 주장이 받아들여져 변두(籩豆)의 수가 12로 늘어났다. 이후 '6일(佾)'에 머물러 있던 일무의 수가 '8일'로 승격된 것은 효종(孝宗)시대의 일이다.(1496년) 공자에게 제호를 제외한 각종의 예의(禮儀)가 천자에 근접한 수준이 된 것은 이미 송대 이후의 경향이지만, 명의 효종시대는 보다 한층 현저해진 '천자의 예'로써 공자 석전이 거행된 것이다.

---

19) 김성규, 2015.

대반전이 세종의 즉위와 함께 찾아왔다. 방종한 무종(武宗)이 후사(後嗣) 없이 횡사하자 내각대학사 양정화(楊廷和) 주도로 효종(홍치제(弘治帝))의 아우(주우원(朱祐杬))의 아들, 즉 무종의 종제(從弟) 주후총(朱厚熜)이 영입되어 세종(世宗)(가정제(嘉靖帝))으로 즉위하였다.('외번입통(外藩入統)', 1521년). 이렇게 되면 명분을 중시하는 중국왕조에서 '생부(生父)'라는 호칭에 논란이 있을 수 있고 이것이 명에서도 발생했다. 존호를 결정하는 자리에서 양정화 등이 효종을 '황고(皇考)', 주우원을 '황숙부(皇叔父)'로 하자는 진언에 대해 세종은 생부를 황보(皇考)로 할 의향을 강하게 비추며 대립하지만, 14세에 불과한 황제가 노련한 중신들을 상대하기는 매우 불리하였다. 여기서 극적으로 등장해 형세를 뒤집은 것이 장총(張璁)이었다. 7차례 낙방하고 공교롭게 세종 즉위년에 47세의 나이로 과거에 합격한 이색 경력자 장총은 상소를 통해 "계통불계사(繼統不繼嗣)"라는 기발한 논리로 장정화 등을 반박하였다. 이후 '기사회생'한 세종이 여전히 힘겹게 내각(內閣)과 대립하지만, 양정화가 스스로 물러나고 많은 정신(廷臣)이 죽거나 투옥되는 탄압이 따른 끝에 세종의 승리로 사태가 수습되었다.(1525년) 이상이 유명한 '대례의(大禮議) 논쟁'의 간단한 경위이다.

세종을 부추겼다는 비난도 있지만 중국학계에서는 장총에 대한 옹호론이 더 많은 듯하다. 문제는 여기에 그치지 않고 이들이 한층 민감한 문제를 건드린 점이다. 정국을 장악한 세종은 5년 뒤(1530년)에 천지와 사직 등 각종 제사를 개정하더니 해가 가기 전에 공자 본인에 대한 예우와 종사제에 대해도 손을 대어 종전의 관례를 대폭 수정하였다. 그것은 공자에게서 '왕'의 작위를 없애는 등의 놀라운 내용으로 가득 찬 것이었다. 유학을 '도그마'로 여기던 당시의 관리=지식인들에게 이 사건은 '절대자' 공자에 대한 불경 그 자체였고, 공묘 발전사에 전무후무한 파란이 되었다.

명의 예부(禮部)가 이 때 결정한 주요 내용을 적시한 것이 다음 〈표 3〉이다.(『명사』 권50 길례(吉禮)4 지성선사공자묘사(至聖先師孔子廟祀)에 의함)

〈표 3〉 세종조의 공자 및 공묘에 대한 개혁 내용

구분	개혁 부분	개혁의 내용
㉮	공자에 대한 칭호	신위를 '지성선사(至聖先師)'라 적고, 왕호 및 '대성(大成)', '문선(文宣)'의 칭호를 없애고 '대성전(大成殿)'을 선사묘(先師廟), '대성문(大成門)'을 묘문(廟門)이라 한다.
㉯	4배 등 종사자에 대한 칭호	4배(配)는 복성안자(復聖顔子), 종성증자(宗聖曾子), 술성자사자(述聖子思子), 아성맹자(亞聖孟子)라 칭하고, 10철 이하 급문제자(及門弟子)는 '선현모자(先賢某子)', 좌구명(左丘明) 이하는 '선유모자(先儒某子)'라 칭해 공(公)·후(侯)·백(伯)을 다시 칭하지 않는다.
㉰	소상(塑像)	이를 철폐하고 목제(木製) 신주(神主)로 대체한다.
㉱	제기(祭器)와 악무(樂舞)	국학(國學)은 10변(籩)10두(豆)로 전국 각 학교는 8변(籩) 8두(豆)로 하고, 악무(樂舞)는 6일(佾)로 한다.
㉲	공자와 4배의 선친(先親)에 대한 예우	각 학교는 계성사(啓聖祠)를 별도로 설치해 숙량흘의 신위는 '계성공(啓聖公)'으로 하고, 4배의 선친을 배향하되 '선현모씨(先賢某氏)'라 칭한다.
㉳	종사자의 재평가	파사자(罷祀者), 향사자(鄕祀者), 입사자(入祀者)의 자질을 재검토해 다시 선정한다.

먼저 ㉮와 ㉯는 칭호의 개혁과 관련한 부분이다. 공자의 '왕호'를 비롯해 '4배' 이하 종사 받는 모든 자들의 작위가 제거된 것을 알 수 있다. 그 대신 공자는 '선사(先師)', 나머지는 모두 '선현(先賢)' 또는 '선유(先儒)'의 이름이 주어졌다. 이에 대해 "송 진종(宋 眞宗)이 공자를 '지성(至聖)'이라 칭한 데서 그 의(意)가 이미 갖추어졌다"고 『명사』가 설명하는 것처럼 명은 '지성(至聖)'에서만 의미를 인정하고 유서 깊은 '문선(文宣)'이나 후대 유자에게 호평을 받은(전술) '대성(大成)'의 이름은 모두 없앴다. 이에 따라 '대성전'의 칭호가 '선사묘(先師廟)'로 함께 바뀌는 등, '전(殿)'의 용어조차 사용이 중지되었다. 아울러 ㉯에 보이는 '4배' 각 인물에 붙은 칭호는 이미 원조(元朝)가 부여한 것으로, 특히 안회(안자)를 지칭하던 '아

성(亞聖)'이 맹가(맹자)로 바뀐 점이 눈을 끈다.

㉢ 역시 파괴력이 강한 부분이다. 이는 소상을 통해 공자에 대한 존엄을 느끼던 사람들에게는 말 그대로 '신상 파괴'의 단행이었기 때문이다. 공자의 형상을 치우고 그 자리를 목주(木主)가 대신하게 된 공묘의 시각적 변화는 심리적 박탈감을 부르기에 족하다. 소상이 사라짐에 따라 공자상을 장식해온 면류(冕旒)와 복장(服章)은 더 이상 문제가 될 것이 없게 되었다. 이와 달리 ㉣는 그 자체를 제거할 수는 없기 때문에 그 '수(數)'의 삭감을 통해 조정을 꾀한 것이다.

한편 ㉤는 그동안 공묘에서 일반 종사자와 함께 모셔오던 숙량흘(공자 부친)을 '계성사(啓聖祠)'라는 사당을 특별히 만들어 제사하고 이곳에 '4배'의 부친 등을 함께 배향시킨다는 조치이다. 안회와 증삼의 부친이 '70자'의 일원으로 이미 일찍이 종사되어온 것은 사실이고 다만 숙량흘의 종사는 실태가 분명치 않은 점이 있지만, 부친을 자식 아래 둔다는 사실 자체가 인륜상(人倫上) 논란을 부르기에 족한 문제였다. 계성사(啓聖祠)의 건립은 공묘에 "전전명도, 후전명륜(前殿明道, 後殿明倫)"의 의미를 실현하였을 뿐 아니라, 경관 면에서 '국묘(國廟) - 가묘(家廟)'의 2중 구조를 출현시키는 계기가 되었다고 할 수 있다.

㉥ 역시 종사와 관련된 문제로 특히 공묘의 '양무'에 위치한 인물들의 자격에 관한 것이다. 이들은 당과 송에서는 '70자'와 '22현'으로 칭해지던 자들이지만(전술), 세종대의 '공묘 개제(改制)'에서는 ㉣의 규정에 따라 '70자' 계통의 '급문제자(及門弟子)'를 '선현(先賢)', '22현' 계통은 '선유(先儒)'로 칭하고, 또 이들 간에서는 선현이 선유보다 상위가 된다. 종사자에 대한 용어를 이처럼 바꾼 데에는 그 수가 점차 증가할 것으로 기대되는 상황에서 당·송의 '70자'와 '22현'처럼 특정수로 고정시킬 때 구애되는 불편함을 피하기 위한 것으로 보인다.

전체적으로 보아 명 이후 종사제의 인적 구성은 ㉡의 설명처럼 '4배'

(맹가와 자사 제외)부터 '10철'과 '선현'까지가 원칙적으로 공자의 제자이고, '선유'만이 넓게는 공문(孔門)이기는 하나 공자를 직접 접하지 못한 후학(後學)의 명유(名儒)라고 볼 수 있다. 하지만 이는 어디까지나 '원칙'이며, 각 왕조에서는 우수한 자로 판정한 인물을 '선유'의 자리에 있다가도 '선현'으로 이동시키는 일이 적지 않았다. 또한 '70자' 계통의 급문제자(及門弟子)라는 '선현' 중에는 실체가 분명치 않다는 비판이 존재하고 그럼에도 불구하고 공문 출신이라는 이유만으로 자리를 고수한 자가 많았던 반면, '선유'는 각 왕조의 주관에 따라 자질이 재평가될 여지가 있고, 실제로 파사(罷祀), 개사(改祀) 등으로 인한 종사자의 변동이 이들로 집중되는 경향이 있다. 명 이후 엄격해진 종사의 인선(人選)은 주자학적 학풍을 반영해 '훈고지유(訓詁之儒)'를 배척하고 '전도지사(傳道之師)'를 중시한 경향과 '도덕주의'가 두드러지지만, 물론 여기에 무엇보다 자파(自派)의 인물을 중시하는 정치적 의도가 앞선 것은 물론이다.

㉺의 조치에도 그러한 정치적 계산이 작용한 부분이 보이며 '입사자(入祀者)' 중에 구양수를 포함시킨 것은 대표적이다. 구양수는 명의 '대례의(大禮議)'와 흡사한 모양새로 송의 영종(英宗) 시기에 발생한 소위 '복의(濮議)'에서 영종의 생부를 '황고(皇考)'로 부를 것을 주장한 경력이 있고 이것이 세종에게 만족감을 준 것이다.

실질의 면에서 이상의 '공묘 개제'가 황가(皇家)의 일개 호칭 문제에 지나지 않던 '대례의'보다 중국의 관료=지식인들에게 준 충격의 파장이 훨씬 컸음은 말할 나위 없다. 그렇기 때문에 반대론이 비등했던 것은 자명했다. 다만 이것이 '대례의'에 비해 오히려 조직적인 실력 행사로 이어지는 모양이 약했던 것은 의외이며, 이는 이미 수년전에 다수의 관료들이 타격을 받았던 학습 효과일지 모른다. '대례의'를 황권(皇權) 대 각권(閣權)의 대결 구도에서 황권의 승리로 본다면[20] '공묘 개제'도 그 연장선에서 벌어진 황권의 신권(臣權)에 대한 일방적인 승리의 측면이 있을 것이다.

그렇지만 '공묘 개제'는 단순히 신권과의 대결에 그치는 것이 아니라 공자에 대한 강렬한 도전의 의미를 띠었기 때문에, 그 성격은 '대례의'보다 한층 복잡했다. 이 문제는 명 세종 이전에 중국인들이 공자에 대해 갖고 있던 평가, 그리고 세종의 공자에 대한 특수한 입장을 함께 고려할 필요가 있다. 아울러 '대례의'의 배후에는 신흥의 왕학(王學)과 정통 주학(朱學) 간의 사상적 대립이 존재한다는 지적이 있고 중시되어야 하겠지만,[21] '공묘 개제'에도 이 문제가 관련이 있는지는 분명치 않다.

2) '왕호(王號)'의 제거와 '훼상(毁像)'론(論)의 계보

한 이후 공자에게 보인 관심의 고조는 예우 면에서 꾸준히 '인플레이션'을 동반하고 있었다. 명 전기 공묘에서 천자의 예악인 '8일무(佾舞)'가 연출된 것은 대표적인 사례일 것이다. 공자가 생전에 계손씨(系孫氏)의 가묘(家廟)에서 '8일무'가 사용된 것을 보고 분개한 일화를 생각할 때 이것은 모순이 아닐 수 없다.

도를 넘는 예우 또는 '허식'에 대한 경계는 이미 오래된 것이고, 사실 세종조에 단행된 '공묘 개제'는 이들을 수용해 '적폐(積弊)' 해결을 위한 하나의 결산이라는 측면이 있다.『명사기사본말』권51 '경정사전(更定祀典)'은 그러한 논자들의 견해를 장충이 직접 인용하는 형태로 소개하고 있어 이용에 편리하기 때문에, 특히 논란이 된 '왕호(王號)'와 '소상(塑像)' 부분을 중심으로 그 개요를 정리해 제시하면 다음과 같다.

---

20) 張立文, 1996.
21) 欧阳琛, 1949.

〈표 4〉명 세종(世宗) 이전의 '공묘개제(孔廟改制)'를 둘러싼 주요 의론

구분	인물 (시기)	주장 내용
①	송렴(宋濂) (명초)	예(禮)로써 공자를 사(祀)하지 않음은 설사(褻祀)이다. 옛날에는 목주(木主)에 신(神)이 깃든다고 하여 천자와 제후 묘에 모두 이를 두되 설상(設像)은 없었다.
②	임악(林鶚) (명 중기)	소상(塑像)은 '비고(非古)'이다. 이는 단지 '흙'일뿐 성현(聖賢)이라 할 수 없다. 불교가 들어오기 전에 죽은 공자가 어찌 '상(像)'을 알겠는가?
③	요수(姚燧) (원)	평제(平帝)가 공자를 봉시(封諡)한 것은 왕망이 자신의 간사함을 감추려 한 것이다.
④	오심(吳沈) (명 초)	예(禮) 중에는 '사이실비(似而實非)'한 것이 있고 공자는 이를 『춘추(春秋)』에서 비난하였다. 부자(夫子)는 인신(人臣)으로 본래 왕작(王爵)이 없었으니 죽어서 이를 시(諡)하는 것이 옳은가?
⑤	하인(夏寅) (명 중기)	당 현종은 노자(老子)를 현원황제(玄元皇帝)라 하고, 또 태공(太公)을 무성왕(武成王)에 봉했으니, 공자에 대해서만 추시(追諡)를 빠트릴 수 없었다. 어찌 이임보의 '불학무술(不學無術)'한 기만으로 만세(萬世)의 법도로 삼을 수 있겠는가?
⑥	구준(丘浚) (명 중기)	시호를 옥상옥으로 늘려가는 것은 성덕(聖德)에 유익한 것이 없다. 소상은 불교와 함께 중국에 들어 온 것이다.
⑦	주희(朱熹) (남송)	설상(設像)은 비고(非古)이다.

 남송에서 명 중기에 걸친 이들 비평 가운데 ①, ②, ⑥, ⑦은 주로 '설상(設像)'을 논평하고 있고, 그 초점은 '비고(非古)'에 모아진다. 이들은 직·간접으로 '설상(設像)' 행위가 '고(古)', 즉 '옛' 방식 = '고례(古禮)'가 아니라고 하면서 진정한 '고례'인 '목주(木主)'로 돌아갈 것을 주장한다. 또한 '설상'이 불교의 영향이며 공자의 제사가 그로 인해 '더럽혀졌다'(설사(褻祀))고 본다. 다만 명은 국초에 남경의 국자감에서만 목조(木主)를 허용한 예외적 상황이 있었고,(후술) 이는 주원장이 그의 참모로 유명한 송렴의 의견을 따른 결과로 보인다. 하지만 송렴은 공자에 대한 예제 개혁 등으로 주원장에게 경원되어 결국 유배지에서 죽게 되는데, 이 사건과 목주의 전국적 사용이 실현되지 못한 점 사이의 인과관계는 분명치 않다.

한편 작위와 시호 문제에 대해 평론한 ③, ④, ⑤는 '비실(非實)'(원문은 '사이실비(似而實非)')의 관점에서 그 부당함을 지적한다. 공자는 인신(人臣)으로 본래 작위가 없었기 때문에 사후에 왕작을 주는 것이 합당하지 않다는 점을 ④는 분명히 지적한다. 사후에 추증하는 시호 내지 작위가 생전과 비교해 명(名)과 실(實)에 괴리가 있어서는 안 된다는 것이다. ④를 주장한 오심(吳沈)은 지명도는 떨어지지만 예학에 밝아 송렴과 함께 주원장의 브레인으로 활약했고, 무엇보다 그의 공자 제사에 대한 생각이 후대에 남긴 영향력이 매우 컸음을 『명사』의 본전(권137 오심전(吳沈傳)은 밝힌다.

> 오심은 일찍이 '변(辯)'을 저술해 공자에게 봉왕(封王)하는 것이 '비례(非禮)'라고 하였다. 훗날 포정사(布政使) 하인(夏寅)과 제주(祭酒) 구준(丘濬)이 모두 이 설을 따랐고, 가정(嘉靖)9년의 경정사전(更定祀典)에서 '지성선사(至聖先師)'라고 바꾼 것은 실은 심(沈)에게서 시작된 것이다.

이로써 보면 명초에는 주원장과 송렴 내지 오심 등의 측근들 사이에 공자를 둘러싼 예법에 대해 논의가 있었지만 '개제(改制)'로까지는 이어지지 않음을 알 수 있다. 또한 여기서 말하는 '비례'는 '비실'과 '비고'와도 통하는 것이지만, 그 연원은 더 거슬러 올라가 ⑦처럼 남송의 주희에서도, 혹은 이미 검토한 북송에서의 '제호' 추증에 대한 반대론 속에서도 유사한 생각이 이미 존재한 것을 보았다.

그러면 공자에게는 왕작이 애초에 왜 주어졌는지를 문제 삼을 수 있고, 이에 대해서는 하인(夏寅)이 ⑤에서 현종, 특히 이임보와 관련지어 설명한 점이 주목된다. 그에 따르면 도교에 열중한 현종이 노자에게 '현원황제(玄元皇帝)'를 추증한 이상 공자에게도 왕호 '정도'는 줄 수밖에 없게 되었다는 것이다. 도교를 우선시한 당 왕실이 유교에 대해 '아량'을 베푼 것이고, 그 추동자는 실권자 이임보였던 것이다. 결국 공자를 이용한 격이 되는 이 같은 '음모론'은 흥미롭게도 ③에서도 보인다. 이미 원대에 요수(姚燧)는 한에서 공자에게 준 최초의 작위 추증이 왕망의 음모였다고 지적하였다. 왕망의 음모란 훗날 구준(丘濬)의 해석에 의하면 "숭유지명(崇儒之名)을 빌려 예망(譽望)을 얻고, 간모(奸謀)를 분식하는"것이었다.

그런데 요수는 ③에서는 아니지만 다른 자리에서 "요순을 넘어서는 성인(聖人) 공자가 왕작 따위를 받지 못할까 만은 후세의 천자 아들이나 공신이 왕을 칭하니 그들보다 아래에 있는 것이 진실로 옳은 일인지 모르겠다"(『대학연의보』 권65 석전선사지례(釋奠先師之禮))는 말을 인용하였다. 이 말의 출처는 공문 '10철' 중에서도 '언어'에 뛰어난 재아(宰我)이며 그다운 말이지만, 요수가 이런 주장에 관심을 비춘 것은 그 무렵의 유자들에게 비슷한 정서가 있던 것을 암시한다. 즉 공자의 왕호를 없애야 하는 또 하나의 이유로 유자들 간의 '자존심'이 고려될 수 있을 것이다.

3) 세종과 공자

세종과 장총의 '공묘 개제'는 이상과 같이 선행하는 여러 주장들로부터 힘을 받아 추진된 면이 있다. 그러나 더 중요한 원동력은 다름 아닌 세종 본인의 적극적인 태도에 있었다는 점을 주의하는 것이 중요하다. 이번에도 전면에 나선 것은 장총이지만, 그를 독려하고 국면을 주도한 것은 세종 본인이었기 때문이다. 장총이 세종의 뜻을 받아 논적과 대립하다가도 공자의 권위에 부딪혀 한계를 느끼면 세종이 직접 개입해 반대자를 처벌하거나 공자에 대해 강도 높은 비판을 서슴지 않은 장면이 보인다.

세종이 이렇게까지 나선 배경에는 그를 둘러싼 복잡한 상황과 심리가 작용했겠지만, 결론적으로 필자는 이를 소년기에 '대례의'의 '트라우마'와 반항심을 안고 자라온 세종의 왜곡된 자아가 23세의 청년이 되어 보태진 혈기와 미숙함 그리고 한없이 크게 느낀 황가(皇家)의 자존감 등이 얽혀 자신을 반대하는 과거 및 현재의 신하들에 대한 반발을 그들 유가 관리들의 권위의 화신인 공자를 향해 발산한 결과라 해석한다. 본 절에서는 세종에게서 볼 수 있는 이 같은 특색을 그가 장총을 지원하기 위해 직접 만들어 '군신(群臣)에 반사(頒賜)'까지 했다는『정공자사전설(正孔子祀典說)』(이하『사전설』)을 중심으로 개관하기로 한다.

세종은 1000자(字)가 채 안 되는『사전설』을 통해 매우 냉정하게 자신의 생각을 직설적으로 나타냈다. 특징의 하나는 공자의 소위 '명정언순(名正言順)'의 논리를 역이용해서 공자를 공격한 점이다. 세종은 공자의 신분이 어디까지나 '인신(人臣)'임을 환기한 뒤, 그가 살아생전은『춘추』로 '참왕(僭王)'한 자를 비판해놓고 "죽어서는 '성인지심(聖人之心)'을 체현하지 못하고 왕호를 보태어 비록 존숭이라 해도 기실은 스스로 '난적지도(乱賊之徒)'가 된 것이니 이는 무슨 마음에서 그러한가?"라고 하였다. '난적지도'가 공자를 직접 지목한 것인지, 혹은 왕호를 추증한 자를 가리킨 것인지 다소 애매하나, 전자라면 그 대담함은 놀라울 정도이고, 후자라면 당 현종을 지칭하는 것이 되므로 역시 예사로운 표현이 아닐 수 없다. 왕호가 물론 공자 본인의 의사와 관계없이 주어진 것이기는 하지만, 세종은 이 사태의 책임을 '명정언순'을 강조한 공자 자신에게로까지 추궁한 것이 분명하다. 세종은 또 "왕자지명(王者之名)은 마땅히 위칭(僞稱)이어서는 안되고, 왕자지덕(王者之德)은 위위(僞爲)이어서는 안 된다"고도 강조한다. 전술한 공묘에서의 '8일무'의 연출 등, 세종의 눈에는 공자를 둘러싼 예우에 '위칭'과 '위위'가 가득 찬 것으로 비친 것이다. 이 같은 세종의 생각이 오심(吳沈)의 주장에 닮아 있는 것은 자명하다.

『사전설』에서는 명조를 위대한 황가로 찬양하고 '인신(人臣)' 공자를 상대적으로 왜소하게 만드는 효과도 노린다. 특히 세종은 주원장의 위업을 강조해 그가 비록 '공자지도(孔子之道)'를 이용은 했지만 "무공과 문덕이 요순과 대등하여 공자가 흉내 낼 수 없을"정도라고 자랑한다. 황제로서의 자존심과 우월감이 공자에 대한 과감한 무시로까지 이어진 것을 볼 수 있다. 앞의 '난적지도'와 함께 이 정도의 강도 있는 표현은 중국사상 전무후무한 것이다. 이 대목은 또한 앞서 재아(宰我)가 스승 공자를 두고 "요순을 넘어서는 성인 공자"라고 한 주장을 연상할 때, 그들 나름으로 공자를 통한 강한 자존감을 갖고 있던 유자들의 의식과 대비되어 흥미롭다.

이것은 다름 아닌 치통(治統)과 도통(道統)의 긴장 관계를 말하는 것이며, 세종대의 '공묘 개제'를 이해하는 중요한 포인트가 된다. 하지만 중국 왕조에서 '도통'이 언제나 '치통'의 간섭에서 완전히 자유로울 수 없던 것이 실정이었고, 세종조는 그러한 간섭의 국면이 무엇보다 '사적인 감정'을 동반한 채로 최고조에 달했던 시기였다. 이러한 상황은 형세 상 세종으로 하여금 단순한 '도통'의 우위에 그치지 않고 '치통'이 '도통'을 겸할 수 있다는 주장까지 가능하게 만들었다.

> 군부(君父)는 겸사지도(謙師之道)를 갖지만, 사(師)는 결코 군주지명(君父之名)을 모방할 수 없다. 공자는 본디 주(周)의 신하로 태공망(太公望)과 다를 바 없다. 그가 전(傳)한 도(道)는 본래 희농지전(羲農之傳)으로 그에 의지해 크게 밝혔을 뿐이다.(『명세종실록(明世宗實錄)』권119 가정9년 11월 을미(乙未))

이것은 진시황 이래로 갖게 된 중국 황제의 '무소불위(無所不爲)'적 절대성을 표출한 것으로, 절대 군주=치통(군권(君權))의 도통에 대한 일방적 우위의 선언이며, 그렇기 때문에 '공자지도(孔子之道)' 역시 그 원천은 복희와 신농 같은 고대 제왕에게서 나왔다는 것이다. 이 같은 세종의 '독선'은 이미 명조가 다 가기 전에 "세종은 평소 사도(師道)와 군(君)이 병존(幷尊)하는 것을 좋게 생각하지 않았다"(『만력야획편(萬曆野獲編)』 권14)는 평론을 받고 있었다. 14세에 즉위해 4년 만에 신권(臣權)과의 대립에서 승리한 세종은 다시 5년 뒤인 23세에 공자를 대표로 하는 '도통'에 대해서도 '치통'이 우위에 있음을 천하에 확인시키는데 성공한 것이다.

한편 『사전설』에서 세종은 위대한 명조의 후계자임을 자부하고 특히 건국자 주원장을 계승할 의지를 천명한다. 그렇다면 주원장이 공자에 대해 종래의 예우를 지키려한 태도를 보인 사실(전술)에 비추어 세종은 적어도 이 문제에서만큼은 그 반대의 입장에 서있는 셈이 된다. 주원장이 공자의 작위와 시호를 특별히 용인하고 또 공묘 개혁을 요구하는 송렴을 내치기까지 한 반면, 세종은 '공묘 개제'를 추진한 장본인이었기 때문이다.

그러나 세종의 주장에 의하면 이것은 완전히 오해이고 사실은 주원장에게는 공묘를 개혁하려는 의지가 있었고, 따라서 자신이야말로 그 미완의 과업을 실현해야 할 입장에 있다고 『사전설』은 말한다. 이에 해당하는 세종의 논지는 다음과 같다.

> 성조(聖祖)(태조: 인용자)가 당초 천하를 통일함에, 천하의 학교에 명해 공자를 숭사(崇祀)하게 하고, …. 또(국자감에서는) 소상을 없애고 목주를 설치하고, 악무는 6일(佾), 변두(籩豆)는 10을 사용하는 등 공자의 존숭은 지극하여 보탤 것이 없다고 할 수 있다. 단지 그 호(號)만을 남긴 것은 어찌 후인(後人)에 대한 바람이 없었겠는가? 아니면 당시가 국가의 초창기라서 겨를이 없었을지도 모른다. 황조문황제(皇祖文皇帝)(성조 영락제: 인용자)가 북경에 국학을 세움에 원인(元人)이 만들어 놓은 소상을 차마 부수지 않았다. 황조고(皇祖考)(효종: 인용자)가 예관의 논의를 받아들여 악무(樂舞)를 늘려 8일(佾)을 이용하고 변두(籩豆)는 12, 희생을 익혀서 올리는 것들이 사천지례(事天之禮)와 같아 거리낌이 없었다. 공자가 설혹 지금 이곳에 있다면 어

찌 이를 기꺼이 누릴 것이고, 옛날에 노(魯)의 참왕지례(僭王之禮)를
보지 않았으니 어찌 스스로의 참사(僭祀)를 수긍하겠는가?

세종은 주원장이 공자의 왕호를 남겨둔 것은 그것을 진정으로 원했기 때문이 아니라 국가 초창기의 반발 등을 우려한 어쩔 수 없는 상황에서의 조치이며, 따라서 주원장이 이를 후대에 과제로 남겼다고 본 것이다. 세종의 주원장에 대한 해석이 옳다면 이것이 그에게 또 하나의 강력한 정당성을 부여한 것은 틀림없을 것이다. 공묘를 둘러싼 각종의 '비례'가 분명히 정비되어야 할 필요가 있었고, 이것이 주원장 이래로 해결되지 못한 것이라면 세종조의 '공묘 개제'에 일정한 의미가 있음은 인정될만하다.

문제는 '개제'에 대한 세종의 동기가 결코 공자에 대한 존경심에서 나온 것이 아니라는 데에 있다. 존경은커녕 세종은 '공묘 개제' 직후 별도로 '성사제(聖師祭)'라는 것을 만들어 공자의 지위를 끌어내리기로 결정하였다. 본래 '성사제(聖師祭)'는 명초에 송렴이 공자를 보호하기 위한 의도에서 복희와 신농에서 주의 문·무왕까지 역대의 성왕(聖王)을 별도로 제사할 것을 계획하였다가 주원장의 거절로 실행되지 못하던 것이 세종의 강한 의지로 재추진이 결정되고 이때는 공자를 선사(先師)로 배향시키기로 한 것이다. '도통'의 지존인 공자는 세종이 만든 국가의 제전(祭典)에서 '치통(治統)' 앞에 완전히 굴복하는 모양이 된 것이다.

5. 맺음말: 청조의 공자 인식

청은 중국사상 공자 숭배가 정점에 달한 시기처럼 보인다. 이 움직임의 저의에 청조의 중원 통치 정당성의 확보라는 면이 있었음은 자명하다. '이적(夷狄)' 출신 청조는 '존공(尊孔)'을 열심히 연출함으로써 자신이

진정한 중화 문화의 계승자라는 것을 밝혀 중국인의 심리를 안정시키려 했다. 중국 민간에 널리 퍼져 있던 그 밖의 종교와 신앙 등을 청이 오히려 적극적으로 조장한 점도 같은 맥락에서였다. 정치, 사회, 종교, 문화 등의 다중 특성을 지닌 제공(祭孔)은 "청초 만주정권의 공고한 수단이자 생존의 의지물이었다."22)

여러 형태로 나타난 청의 존공 표현에서 가장 특징적인 것은 황제의 '친제(親祭)'를 비롯한 공자에 대한 각별한 태도였다. 순치제가 즉위 초 6년간에 14번이나 '견관제공(遣官祭孔)'하고, 옹정제는 춘추의 석전에 대학사(大學士)를 보내던 관례를 고쳐 자신이 직접 참여하는 것으로 하고 이후 이것이 관행이 되었다. 공자의 조상들에 왕작이 추봉되고(옹정1, 1723년), 공자 탄신일(지성선사탄일(至聖先師誕日))이 8월 27일로 지정된 것(옹정5년 2월)도 옹정제 때의 일이다. 이어지는 건륭제는 곡부의 궐리를 직접 찾아가 제사한 것으로 유명하며, 80세에 이른 고령 시기를 포함해 재위 기간 중 모두 9차례나 방문한 것은 역대 중국 황제들의 궐리 방문 전체를 합친 것보다 많은 것이었다.

이러한 청 황제들의 자세는 송·명의 경우와 비교해도 인상적이다. 송에서는 진종이 공묘를 찾았을 때 유사(有司)가 '숙읍(肅揖)'의 예(禮)를 정했음에도 특별히 '전배(展拜)' 즉 '궤배(跪拜)'하였다 하고[대중상부(大中祥符)원년, 1008], 또 철종이 태학(太學)의 석전에서 '일헌재배(一獻再拜)'했다는 동향이 보인다.[원우(元祐)6, 1091년] 이어 명의 홍무제는 신하가 공자에 대해 성인(聖人)이라 해도 인신(人臣)이므로 '일전재배(一奠再拜)'만을 해야 한다고 했으나, 주 태조(周 太祖)의 고사를 인용해 재배(再拜)를 2차례[4배(拜)] 하는 의주(儀注)를 만들게 했다는 이야기가 있다.(『명사』 권136 류중질(劉仲質)전) 이들은 모두 송과 명에서의 예우가 청에 미치지

---

22) 张分田·刘方玲, 2009.

못함을 보여준다. 청에서는 적어도 외견상 "만일 선사(先師) 앞에서 입헌(立獻)한다면 짐(朕)의 마음에 편치 않은 점이 있을 것이다"(『황조문헌통고(皇朝文獻通考)』권74)는 황제의 입장을 반영한 예법이 한층 진전되었고, 그 끝에 말기[광서(光緖)32, 1906년]에는 국가 제사 체계에서 '중사(中祀)'에 있던 공자 제사를 '대사(大祀)'로 승격시켰다.

고명사(高明士)는 당대(唐代) 묘학제와 도통(道統)의 관계를 논하면서 "천자의 공자에 대한 궤배(跪拜)의 예는 친제자(親弟子)와 같은 것으로 도통(道統)이 치통(治統)보다 높은 것을 말한다"[23]고 하였다. 이 설명이 과연 당대의 실정을 온전히 반영했는지 필자는 의심하는 바이지만, 하물며 동일한 현상이 똑같이 나타났다고 해서 청에서도 통용된다고는 보기 어렵다. 황제가 외견상 공자 앞에 '궤배'한 것은 사실이지만 이를 중국의 지배자인 '치통'의 대표자 청 황제가 진정으로 중국 문화의 정화(精華)인 공자에게 '치통'의 대표를 양보했다고 단정하기 어렵기 때문이다.

전설상의 고대 중국에서 '치(治)'와 '교(敎)'는 성천자(聖天子)가 합일적(合一的)으로 담당하는 것이었으나, 양자가 본디 양전(兩全)하기 어려운 이유에서 공자 이후 '(儒)士'가 도(道)의 담당을 자임(自任)하는 의식이 나타났고, 이 '치교분화(治敎分化)'를 마땅한 것으로 보는 생각이 명의 말기까지 계속됐다. 그러나 이것이 청대에는 황제 스스로가 치통만이 아니라 도통마저 겸한다는 논리가 황제 자신의 주장으로 출현하게 된다. 이를 가장 먼저 의식적으로 현창한 자는 강희제로 그는 예를 들어,

> 짐은 생각하기를 하늘이 성현(聖賢)을 낳아 군주(君主)가 되고 또 사(師)가 되게 하니, 만세(萬歲)에 이르도록 도통지전(道統之傳)은 즉 만세(萬世)에 이르도록 치통(治統)의 간섭을 받는 바라고 생각한다.

---

23) 高明士, 1982.

(『청성조어제문초집(淸聖祖御制文初集)』 권19, 일강사서해의서(日講
四書解義序))

고 하여, 도통이 치통과 더불어 군주에 의해 합일되어야 한다는 생각을
밝혔을 뿐 아니라 스스로를 유가를 대신한 도통의 계승자로 '자거(自居)'
하였다. 이에 의하면 청 황제는 살아 있는 '성현(聖賢)'이며, 이는 적어도
한대 이후 민간에 이양한 도통(道統) 즉 '도통재민(道統在民)'을 '도통재군
(道統在君)'의 상태로 되돌렸다고 할 수 있다. 고대의 성왕(聖王)처럼 청
의 황제도 도(道)가 발원하는 살아 있는 '성인(聖人)'이 된 것이다. 강희제
를 이은 옹정제가 『대의각미록(大義覺迷錄)』을 직접 지어 '화이사상'을
비판하고 청조의 정통성을 강조한 잘 알려진 사실과 함께 생각하면, 청
조는 그 전반에 해당하는 강희와 옹정 양대에 걸쳐 '중원'이라는 단순한
영토만이 아니라 '중화 문화의 정수'마저 자신이 진정한 계승자임을 주장
하고 인정받으려는 작업을 하고 있었다.

청은 송대 이래로 발전한 이른바 '황제독재체제'가 완비된 시기로 이
해된다. 이 시기의 황제에 의한 '치교합일(治敎合一)'의 경향도 그러한 일
면으로 보이며, 이를 두고 황진흥은 "중국의 정치사 중에서 '도통'과 '치
통'이 결합한 전제 정권이 발전하는 최종적인 단계(보취(步驟))"라고 규
정하였다.24) 필자는 단지 중국의 황제 권력을 생각해 볼 때 '도통'이 '치
통'의 간섭에서 벗어나 진정한 독립 영역을 지킨 시간이 얼마나 있었는
지를 생각해본다. 명의 가정제 사례처럼 '치통'이 갑작스럽게 변덕을 부
릴 때 '도통'이 자신을 지킬 수단은 많지 않았다. 물론 중국에서 '치통'은
대체로 '도통'을 존중하였고, 양자가 서로 존중한 기간이 더 길었지만,
'도통'은 언제나 '치통'의 영향력 안에 있었고 그 만큼 의존적인 관계였다

---

24) 黃進興, 1998.

고 이해된다. 중국에서 서양의 '교황'과 같은 훨씬 독립적인 '도통'이 출현하지 못한 것은 이러한 속성 때문이라고 생각된다. 이 점에서 황진흥이 "반드시 주의할 것은 도통을 결합하는 것이 통치자가 절대 권력을 신장시키는 유일한 길이 아니다 라는 점이다. '절대권력'은 절대로 정치 권위와 문화권위의 결합으로 생기는 것이 아니다."[25]고 지적한 점은 의미 깊다. 즉 전통시대의 중국사에서 '치통'은 홀로 '치통'일 수 있었지만, '도통'은 '치통' 없이 인정될 수 없는 것이었다.

---

25) 黃進興, 1998.

참고문헌

1. 논문

김성규, 「'패장'에서 '武神'으로: 중국왕조에서 '관우 이미지' 변천사 소고」, 『역사교육』 135, 2015.

高明士, 「隋唐庙学制度的成立與道统的关系」, 『台湾大学历史学系学报』 제9기, 1982.

孔祥林, 「孔子庙创建时间考」, 『孔子研究』 2007-6.

孔定芳, 「清初朝廷與明遺民关于"治统"與"道统"合法性的较量」, 『歷史學研究』 2009-2.

孔喆, 「孔子庙附享的历史演变」, 『孔子研究』 2011-4.

郭畑, 「道統與政統-王安石與宋代孔廟配享的位向問題」, 『河南大学学报』 56-1, 2016.

欧阳琛, 「王守仁與大禮议」, 『新中华』 12-7, 1949.

董喜寧, 「孔廟祭祀研究」, 湖南大學博士學位論文, 2011.

董喜寧·陳戍國, 「孔子謚號演變考」, 『湖南大学学报』 24-3, 2010.

陆建猷, 「宋代四书学产生的历史动因」, 『西安交通大学学报』 21-1, 2001.

李纪祥, 「西汉封爵孔子的两种走向：血缘性与非血缘性」, 『文史哲』 2013-4(총337기).

李媛, 「塑像与木主：明朝祭孔形象的变迁及其原因」, 『史學月刊』 2011년 8기.

白雪松, 「浅谈《大唐开元禮》中的释奠禮」, 『國學研究』 450, 2010.

申万里, 「元代文庙祭祀初探」, 『暨南史学』 3, 2004.

鄢挺·徐聪, 「唐太宗变更周公孔子先圣地位述论」, 『湖北师范学院学报』 33-5, 2013.

鄢挺·徐聪, 「唐太宗变更周公孔子先圣地位述论」, 『湖北师范学院学报』 33-5, 2013.

王宇, 「宋代衍聖公制度试述」, 『孔子研究』 2009-4.

王雪莉, 「宋代服飾制度研究」, 浙江大學博士學位論文, 2006.

王洪军·李淑芳, 「唐代尊祀孔子研究」, 『齊魯文化研究』 6, 2007.

尉利工, 「唐宋古文運動及道統說與孟子地位的變遷」, 『安徽师范大学学报』 34-4, 2006.

張金岭, 「宋理宗與理學」, 『四川大學學報』 113, 2001.

張金岭,「宋理宗推崇理學的深遠影響」,『华北水利水电学院学报』23-6, 2007.
張连生,「六朝太学與国学考辨」,『史学集刊』2006-5.
張立文,「论张璁的"大禮议"與改革思想」,『浙江大学学报』32-4, 2002.
張分田・刘方玲,「祭孔與清初帝王道统形象之链接」,『深圳大学学报』26-6, 2009.
張勇,「先秦和汉代诔文的发展」,『大衆文藝』2011-6.
張立文,「论"大禮议"與朱熹王陽明思想的衝突」,『南昌大学学报』30-2, 1996.
田澍,「张璁: 明代六十年改革的开启者」,『西北师大學報』48-1, 2011.
田志馥,「近二十年孔庙研究成果综述」,『西华大学学报』2011-8.
丁功谊,「人情與禮制的冲突－濮议中的欧阳修」,『寧夏社会科学』2013-3.
趙克生,「试论明代孔庙祀典的升降」,『江西社会科学』2004-6.
鐘濤,「魏晋南北朝的释奠礼与释奠诗」,『文史知識』2009-4.
周淑萍,「宋代孟子升格运动中的四种关键力量」,『史學理論研究』2006-4.
朱溢,「唐代孔庙释奠礼仪新探」,『史學月刊』2011-1.
胡务,「元代庙学的建筑结构」,『元史论丛』제8집, 江西教育出版社, 2001.
黃進興,「毁像與聖師祭」,『聖賢與聖徒』, 北京大學出版社, 2005.

2. 저서

가나야 오사무(金谷治) 등 저, 조성을 역,『중국사상사』, 이론과 실천, 1986.
牟宗三,『道德理想主义的重建』, 中國廣播電视出版社, 1993.
卜鍵,『嘉靖皇帝』, 知書房出版社, 1996.
林延清,『嘉靖皇帝大傳』, 遼寧教育出版社, 1994.
黃進興,『優入聖域: 權力, 信仰與正當性』, 陝西師範大學出版社, 1998.
浅野裕一,『孔子神話 ― 宗教としての儒教の形成』, 岩波書店, 1997.
浅野裕一,『儒教: ルサンチマンの宗教』, 平凡社新書, 1999.

5장 효문제(孝文帝)의 한화정책(漢化政策)
― 보편적 통치원리에 입각한 통일국가의 지향

정 재 균

1. 서론

　서진(西晉)의 멸망을 초래한 팔왕(八王)의 난이 종결될 즘에 이미 중원에 정착하고 있던 북방의 유목민족들, 예컨대 흉노(匈奴)·갈(羯)·저(氐)·강(羌)·선비(鮮卑) 등은 화북지역에 각자 독립 정권을 수립하기 시작하였다. 특히 화북(華北) 지역은 304년 흉노 유연(劉淵)이 한(漢)을 건국한 이후 439년 북위(北魏)에 의해 통일되기까지 약 130년간 분열과 통일을 거듭한 오호십육국(五胡十六國) 시대를 맞이하였다.
　대분열의 시대를 종식시키고 화북을 통일한 북위는 오늘날 흑룡강성의 눈강(嫩江) 유역에서부터 내몽골 지역의 대흥안령 산맥 동쪽 기슭에 이르는 지역에서 유목과 수렵 및 원시적 농업을 영위하던 선비의 한 갈래인 탁발부(拓拔部)가 세운 나라이다. 북위가 화북을 통일하기까지 과정을 대략이나마 살펴보면, 탁발선비는 다른 호족(胡族)들과 달리 비교적 늦은 3세기 중엽에 이주하여 오늘날 내몽고자치구 허린거얼현(和林格爾縣) 부근인 성락(盛樂)¹⁾에 정착하게 되면서 역사의 무대에 등장하였다. 이후 몇 차례 부침을 겪다가 386년 대왕(代王)으로 즉위한 탁발규(拓拔珪)가 다시 국호를 대(代)에서 위(魏)로 고치고, 397년 모용부의 후연(後燕)을 멸망시킨 이듬해인 398년에 평성(平城: 현재 산서성 대동시)에 도읍을 정하면서 국가로서의 기틀을 확립하였다. 북위는 439년 태무제(太武帝) 탁발도(拓拔燾)가 5호(五胡) 여러 나라들을 모두 멸망시키면서 화북을 통일하였다.

5호의 여러 나라들이 대개 권력을 둘러싼 내분 등으로 단기간에 와해된 반면 북위는 장기간 존속하였을 뿐만 아니라 화북을 통일하기에 이르렀다. 북위가 다른 5호의 여러 나라들과 달랐던 점은 호한의 갈등을 해소시키는 데 주력한 것과 특유의 유목적 체제를 탈피하여 중국식 집권적 국가체제를 지향한 것이다. 특히 주목되는 것은 도무제(道武帝) 탁발규가 시행한 부락해산과 같은 중앙집권화의 추진과 호한 이중지배 구조의 폐지와 같은 정책들이다.

중국식 집권적 국가체제를 지향한 북위에서도 효문제(孝文帝)는 통설에 따르면 거의 유일하게 '한화(漢化)'를 전면적으로 추진한 이민족 왕조의 군주로서 주목받고 있다. 효문제는 낙양(洛陽)으로 도읍을 옮긴 494년을 전후하여 호어(胡語) 사용 및 호복(胡服) 착용 금지, 호성(胡姓)의 한성(漢姓)으로의 개칭, 본적지 개칭을 비롯하여 관제 개혁과 성족분정(姓族分定), 서교(西郊) 제천(祭天) 금지 등의 정책을 추진하였는데, 이를 소위 '한화정책'이라고 한다.

---

1) 駒井和愛,「附錄: 中國西北ホリンゴルの漢盛樂縣址」,『曲阜魯城の遺蹟』(考古學研究 第2冊), 東京大學文學部考古學研究室, 1951; 內蒙古文物研究所,「內蒙古和林格爾縣土城子古城發掘報告」,『考古學集刊』第6集, 1989; 內蒙古文物研究所,「和林格爾縣土城子古城發掘主要收穫」,『內蒙古文物考古』 2006-1.

이와 같은 효문제의 '한화정책'은 호족의 습속을 버리고 한족 문화를 수용하는 측면이 강하였기 때문에, 대개 자발적 동화 정책으로 평가받기도 한다. 효문제의 한화정책을 일방적 동화정책으로 이해하는 견해는 주로 경제적 단계나 문명화 단계가 낮은 탁발선비가 경제적·문화적으로 선진적인 한족 문화에 동화되는 것이 필연적이라는 인식에 기반하고 있다.[2] 근래의 낙양 천도를 전후하여 실시된 효문제의 일련의 개혁정책들에 관한 연구들은 완전한 동화론적 입장은 아니지만, '한화'의 관점에서 해석하는 것이 일반적이다.

그러나 낙양 천도 이후에도 호족의 문화적 요소가 남아있음을 확인하고 한화정책은 중국 문화와 제도를 수용한 것일 뿐이라는 지적이 있다.[3] 또한 북위의 한화정책 이후에도 선비족을 비롯한 호족들이 여전히 자신들의 습속을 유지하고 있었던 사례들을 정리한 연구들도 제출되었다.[4] 이상의 연구들은 한화가 동화정책은 아니지만, 한족으로의 동화 그 자체를 부정하지 않았다. 이에 반해 언어·복식을 비롯하여 목축, 부족 조직, 토지 문제 등에서 호족들이 여전히 자신들의 습속을 유지하고 있음을 통해 효문제의 한화정책에 대한 일반적 통념에 전면적인 반론이 제기되기도 하였다.[5]

한족으로의 동화이든 혹은 중국문화로의 이행이든, 효문제가 실행한

---

[2] 이러한 견해는 주로 정복자의 절대다수의 경우 피정복자가 보유한 비교적 높은 경제 상황에 적응하게 될 뿐만 아니라 피정복민에게 동화되고 심지어 그들의 언어를 채용하게 된다는 마르크스주의 사관에 근거한 것이다. 이와 같은 마르크스주의 사관을 바탕으로 북위의 한화가 필연적이었음을 주장한 이는 탕장루이다(唐長孺, 「北魏均田制中的幾個問題」, 『魏晉南北朝史論叢續編』, 三聯書店, 1959, 131~153쪽).
[3] 川本芳昭, 『魏晉南北朝時代の民族問題』, 汲古書院, 1998, 396~409쪽; 湯奪先, 「北魏孝文帝改革鮮卑族生活方式」, 『民族教育研究』 2001-2, 78쪽.
[4] 呂一飛, 『胡族習俗與隋唐風韻』, 書目文獻出版社, 1994; 劉錫濤, 「南北朝時期中原地區的生活胡風現像」, 『新疆大學學報』 2001-1.
[5] 古賀昭岑, 「北魏の部族解散について」, 『東方學』 59, 1980, 64~74쪽; 孫同勛, 『拓拔氏的漢化及其他: 北魏史論文集』, 稻鄉出版社, 2006, 102~103쪽.

일련의 개혁 정책들의 실질적인 내용을 전체적으로 살펴 볼 필요가 있다. 즉 건국 이후 화북 통일에 이르기까지 북위의 통치정책 혹은 지배체제상에서 효문제의 개혁 정책이 가지는 의미를 되짚어 볼 수 있을 것이다. 이하에서는 소위 '한화정책'의 내용을 간략하게나마 고찰해 봄으로써 효문제가 추구한 정치적 목적과 지향한 통일제국으로서 북위의 정치 체제를 검토해 보고자 한다.

2. 북위의 화북 통일과 중앙집권화 과정

1) 부락 해산에서 주진제까지

북위가 다른 5호의 나라들과 달리 화북의 통일을 안정적으로 수행할 수 있었던 원동력의 하나는 건국 초부터 유목민 특유의 봉건적 질서를 배제하고 중앙집권적 국가체제를 지향한 점이다. 이러한 경향은 도무제(道武帝) 탁발규가 북위 건국 당시부터 호족 국가의 핵심이자 한계이기도 하였던 부락 제도를 포기하고, 여러 부락에 대해 해산 조치를 단행한 것으로부터 시작되었다. 부락 해산 조치는 그때까지 부락을 통솔하던 '군장(君長)'이나 '대인(大人)'을 부락에서 분리시켜 그 통솔권을 박탈하였고, 그 부락민을 일정한 지역에 정주시켜 유목민적 이동을 금지하였다. 즉 이것은 부락민을 종래 군장이나 대인의 통한 간접 지배 방식에서 벗어나 국가가 직접 지배하에 두고자 하였음을 의미한다.

물론 부락 해산 조치로 부락민이 한족과 동일한 대우를 받은 것은 아니었다. 북위는 이들을 수도 평성의 기외(畿外)에 두어진 8국(國) 혹은 8부(部)라는 특별행정구역에 편입시켰고, 이들에 대해 농경을 장려하는 동시에 일반 주군(州郡)과는 다른 기준으로 군수품이 징발하기도 하였으나 여러 특별한 우대조치들을 행하였다. 그렇지만 이러한 특별행정구역 역시 시간이 지남에 따라 점차 축소·소멸되어 옛 부락민들 역시 일반 주군으로 편입되었다.

부락의 해산과 그로 인해 설치되었던 8국 역시 축소·소멸되었지만, 그렇다고 선비족을 비롯한 호족의 옛 부락민이 한족사회에 흡수·동화된 것은 아니었다. 이들 옛 부락민은 북위가 화북의 통일전쟁에서 핵심적 역할을 수행한 호족 병사와 그 통솔자인 장군들의 근간이었다. 북위는 정복지의 관인과 민호(民戶) 중 적대성이 강한 일부를 수도 주변으로 강제 이주시키고, 적국의 수도 및 군사적 요충지에 진(鎭)을 설치하여 군정을 시행하였다. 이와 같이 정복지에 대한 군정조직인 진은 관할 구역 내 각 지역에 하부조직으로서 수(戍)를 두었고, 이 진과 수에 주둔하는 군대의 사령관으로 진장(鎭將)이 파견되었다.

정복지에 대한 북위의 군정지배는 비교적 장기간에 걸쳐 민정(民政)으로 이행하였다. 진은 주(州)로 수는 군(郡)으로 고쳐 민정장관인 자사(刺史)가 통할하게 된 것이다. 그러나 군정에서 민정으로의 이관은 일시에 이루어진 것이 아니라 상당 기간 진과 주가 병치되었다. 예컨대 427년에 점령한 하국(夏國)의 수도 통만(統萬)에 설치된 진은 60여 년의 군정을 거쳐 487년에 비로소 하주(夏州)로 개칭되었으나, 하주자사는 통만진장을 겸임하였다. 이처럼 진과 주가 일정기간 병존한 모습은 436년에 정복한 북연(北燕)의 화룡진[和龍鎭: 이후 영주(營州)로 고침]이나 439년에 정복한 북량(北涼)의 양주진[涼州鎭: 이후 양주(涼州)로 고침] 등 화북 각지에서 나타나고 있음을 볼 수 있다. 더구나 이때 북위의 군대는 화북 각 지역에 설치된 진과 수에 주둔하고 나아가 그 병사들이 그 땅에 정주하는 경향을 보였다.

이처럼 북위의 화북지배는 군사적 지배 색채를 강하게 띠고 있는데, 그 근간은 북위 군대의 주력은 호족 병사들이었다. 이들 호족 병사들은 부락 해산의 대상이었던 옛 부락민이었고, 이들은 먼저 8국의 조직에 편성되었으나 북위 세력의 확대에 따라 화북 각지에 주둔하였고, 동시에 그 땅에 정주하게 된 것이다. 이것은 한 때 화북을 통일하였던 전진(前秦)의 부견(苻堅)이 관중의 저족(氐族) 15만 호를 화북 각지에 분산 배치하여 치안유지를 기도하였던 것과 마찬가지이다. 북위의 경우는 옛 부락민을 주력으로 하는 군대를 통해 기내 및 기외를 더욱 강력하게 통제하였던 것이다. 즉 북위 국가의 유지는 이들 호족 군대에 의해 지탱되었다고 할 수 있다.

북위의 군대를 통솔한 것은 주로 북위의 종실과 상층 호족이었다. 이들은 중국식 장군호(將軍號)를 직함을 가지고 군부(軍府)를 열어 속관을 두며 군대에 영호(營戶)를 종속시키고 있었는데, 이와 같은 북위의 군사 체제는 다른 5호의 국가들과 큰 차이가 없는 등 여전히 종실의 여러 왕이 군권을 장악하는 '종실적 군사 봉건제'가 존속하고 있었다. 그러나 부락 해산을 거친 후의 북위에서 군대의 통솔자인 종실이나 상층 호족들은 군대를 구성하는 호족 병사들과의 유대 정도가 다른 호족 국가들에 비해 훨씬 약화되어 있었고, 소위 군부의 관료로서 성격을 강하게 나타내었다. 즉 북위는 군사제도에서 볼 때 호족적 요소를 기반으로 하고 있으나, 다른 5호의 국가들에 비해 종족적 혈연주의에 의존하는 바가 약했고 보다 보편적인 관료체제에 근접해 갔다고 할 수 있다.

2) 문명태후의 섭정과 개혁 정책

헌문제(獻文帝)를 이어 효문제는 5세의 나이에 즉위하였다. 어린 나이에 제위에 오른 효문제를 대신하여 국정을 주도한 것은 그의 할머니이자 문성제(文成帝)의 황후인 문명태후(文明太后) 풍씨(馮氏)였다. 문명태후의 섭정 시기의 주요 정책은 균전제(均田制)와 삼장제(三長制)이다. 균전

〈그림 1〉 문명태후의 영고릉(寧固陵: 山西省 大同市 鎭川鄕 소재)

제는 조군(趙郡) 출신의 한족관료 이안세(李安世)의 상소를 계기로 485년에 만들어졌으며, 삼장제는 농서군(隴西郡) 출신의 한족관료 이충(李沖)의 건의에 의해 시행되었다.

균전제의 내용은 대략 15세에서 70세까지의 성인을 대상으로 남자와 여자에게 각각 노전(露田) 40무(畝)와 20무, 마전(麻田) 10무와 5무를 지급하고, 70세가 되거나 사망하면 국가에 반환하는 것을 골자로 한다. 또 성인 남자에게 상전(桑田) 20무를 지급하여 뽕나무를 심어 생산한 비단 등의 일부를 조(租)로써 국가에 납부하게 하였으며, 자손에게 물려줄 수 있도록 하였다. 이외에 원택지(園宅地)를 할당하고 노비와 경우(耕牛)의 수에 따라 토지를 지급했다.

또한 균전제보다 1년 늦게 시행된 삼장제는 5가(家)를 1린(隣), 5린을 1리(里), 5리를 1당(黨)으로 하여 3단계로 조직하고, 각각 장(長)을 두어 민호들을 통솔하게 하고 요역과 조세 납부의 책임을 지도록 하였다. 즉 삼장제는 국가적 지방조직, 곧 향촌제도의 확립과 그에 기초한 소농민의 직접지배를 겨냥한 것으로 균전제의 시행을 위한 전제조건이었다.

균전제와 삼장제 시행 이전 북위는 후연을 정복한 이래 화북을 통일해 나가는 과정에서 지속적인 지방통치체제의 강화에 주력하였다. 그러나 북위의 지배력은 기내에서 어느 정도 성과를 거둔 것과 달리 기외 지방에서는 향리에 사람이 드물다거나 정주(定州), 기주(冀州), 상주(相州)에 경작할 땅이 남는데도 경작할 사람이 부족하다고 할 정도로[6] 여전히 관철되지 못하는 상황이었다. 이것은 당시 '종주(宗主)'라고 불리는 무장 능력을 갖춘 한족 사인인 대토지소유자들의 세력이 강고하였기 때문이었다. 종주는 전란이 지속되던 시대에 지방의 유력자가 주(主)가 되어 친족관계를 통해 종족(宗族)과 향당(鄕黨)을 이끄는 자들이었다. 이들 종주는 대개 30가(家) 혹은 50가에 이르는 민호(民戶)들을 일괄하여 하나의 호(戶)로 호적에 등록하여 국가의 조세와 요역의 부담을 피함과 동시에 그들을 종주의 아래로 종속시켜 지방의 향촌사회를 장악하고 있었다. 따라서 북위의 지방 통치는 이들 한족 사인들을 지방관으로 본적지에 임용하거나 '종주' 세력을 인정하고 그들을 통한 간접 지배방식에 그칠 수밖에 없었다.

게다가 북위의 국가재정 및 지배체제를 위협한 것은 향촌사회의 한족 사인들만은 아니었다. 예컨대 태무제의 황태자였던 탁발황(拓拔晃)이 측근들과 함께 광대한 토지를 점유하고 영리행위를 하였는데, 탁발황과 같이 종실이나 호족지배층도 토지 점유와 영리행위를 통한 사익 추구와 부패가 심각하였다. 이와 같은 대토지 점유와 영리행위로 생겨난 소농민의 무산화(無産化)와 빈부의 격차는 북위 정권의 유지에 큰 부담이었다. 따라서 균전제와 삼장제는 호족지배층과 한족 사인들의 대토지소유와 영리행위를 시정하고 국가에 대한 조세와 요역의 의무를 부담하지 않는 상황을 해소하여 자작농을 육성해 향촌사회의 질서의 유지와 국가재정의

---

[6] 『魏書』 卷2, 「太祖紀」, 49쪽; 『魏書』 卷51, 「韓茂傳」, 1143쪽.

기초를 확보하기 위한 조치였다.

지방통치체제의 측면에서 본다면 균전제와 삼장제의 시행은 오랜 전란으로 황폐화된 향촌사회의 재건과 더불어 국가의 지배가 종전에 비해 한층 더 철저해졌음을 의미한다. 즉 태무제의 화북 통일 이후 북위의 간접적 지방통치체제가 효문제 치세 초 정치적 안정화가 어느 정도 이루어진 이후에야 비로소 타개될 만한 여건이 마련되었던 것이다. 이것은 북위가 화북 향촌사회의 '종주' 등 한족사인들을 지도자로 하는 공동체적 구조를 그 동안의 간접적 지배에서 벗어나 국가권력의 직접적 지배 안으로 포섭하여 향촌질서를 재구축하는 것과 동시에 한족사회와 이민족 국가의 결합을 외형적으로나마 추진한 것이라고 할 수 있다.

3. 효문제의 한화정책: 문벌주의 채용과 보편적 통일국가로의 지향

1) 낙양천도와 관료제도상의 개혁

효문제 초기의 정책들은 북위의 국가 성격을 중국식 중앙집권국가로 변모시키는 것이라 할 수 있다. 당시 섭정으로 국정을 주도한 것은 효문제의 할머니였던 문명태후였다. 문명태후의 정책들은 국가 경영의 편의를 위해 제도적 개혁에 치중하였을 뿐, 호족을 중심으로 한 기존의 국가체제 자체를 변화시키려는 것은 아니었다. 그러나 490년 문명태후가 죽고 친정을 개시한 효문제가 실시한 일련의 정책들은 문명태후의 개혁 정책과는 성격상 차이를 보인다.

효문제의 개혁정책은 낙양으로의 천도 과정에서 잘 드러난다. 그는 493년 평성에서 낙양으로 천도를 강행하였다. 평성에서 오랜 생활에 익숙해진 선비족들에게 낙양으로의 천도는 상당한 충격이었고, 이는 곧 심한 반발을 불러일으켰다. 그러나 효문제는 남조(南朝)의 제(齊)를 친정한다는 명목으로 반발을 물리치고 천도를 결정하였다.

효문제의 낙양천도는 단순히 남제(南齊) 원정이라는 정치적·군사적 과제만을 전제로 한 것으로 아니다. 화북의 광대한 영역에서 북동쪽에 치우친 평성의 위치, 평성을 중심으로 한 선비 지배층의 부패와 유목민의 부족적 유제의 잔존 등 통치상의 곤란을 타개할 필요가 있었음이 틀림없다. 북위가 처한 당시의 상황에서 효문제는 평성은 용무(用武)의 땅이라 문치(文治)를 행할 수 없다고 주장하고,7) 천도를 통해 북위의 정치를 군사적 지배 체제 중심의 호족국가에서 황제를 정점으로 한 보편적 중앙집권 국가로 전환을 꾀한 것이었다.

효문제의 개혁 정책 중 주목되는 것은 관제 개혁이다. 북위의 관제(官制)는 성락에 본거지를 두었을 때부터 이미 선비 혹은 유목 부족제의 전통에서 연원한 관직과 함께 위진 시기의 중국계통의 관직도 채용하고 있었다. 그러나 북위의 세력이 확대되고 점차 호족과 한족을 구별 없이 주현의 호적에 편입하는 등 황제의 직접통식 방식으로 전환이 이루어지면서, 관직의 설치와 폐지가 수시로 이루어지는 관제의 변화가 심하였다. 이러한 현상은 효문제 당시까지 지속되어 관제상의 혼란이 가져온 폐단이 적지 않았다.

효문제는 낙양 천도 전후 본격적으로 관제의 정비를 실시하였다. 관제의 개혁은 태화 17년(493), 19년(495) 및 23년(499)의 3차에 걸쳐 시행되었다고 하는데,8) 『위서』「관씨지(官氏志)」에 의하면 태화연간에 소위 직원령(職員令)으로 불리는 두 개의 관품표가 실려 있다. "태화연간(太和中)"으로만 기록된 앞의 직원령은 일반적으로 전직원령(前職員令)으로 뒤

---

7) 『魏書』 卷19中,「任城王傳」, 535쪽.
8) 宮崎市定,『九品官人法の硏究―科擧前史』, 東洋史硏究會, 1956, 391쪽.

의 태화 23년의 것을 후직원령(後職員令)으로 부른다.

북위는 이미 도무제 시기부터 백관을 9품으로 나눈 제도를 수용하고 있었는데, 전직원령에 기록된 새로운 관제는 이 9품을 정(正)·종(從)으로 나누고 다시 정·종마다 상·중·하 3계(階)로 나누어 18품 54계를 이루고 있다. 또 기재된 관직의 명칭을 보면 중국 전통의 것이 대부분이나, 호족 자제들이 처음 임명되는 황제의 시종의 역할을 하는 관직인 시어중산(侍御中散)이나 중산(中散)과 같은 종래 시행된 북위의 관직 명칭도 적지 않게 포함되어 있다.

반면 태화 23년의 후직원령은 효문제가 이 해 갑작스럽게 병사하여 그의 뒤를 이은 선무제(宣武帝)에 의해 반포되었다. 이때 반포된 관제는 1품부터 3품까지는 단지 정·종만으로 구분하고, 4품 이하 9품까지는 정·종으로 나누고 이를 다시 각각 상·하 2계로 구분하였다. 전직원령과 비교해 보면 관직과 관품의 관계를 다시 조정하였고, 북위 전통의 관직 명칭들은 모두 소멸되고 중국적 관직만으로 이루어져 있다.

후직원영에서 주목되는 것은 관직을 청관(淸官)과 탁관(濁官), 그리고 유내관(流內官)과 유외관(流外官)으로 구별한 점이다. 같은 관위(官位)에서 청탁의 구별은 위진에서 남조에 걸쳐 문벌귀족제의 발달과 함께 시행되었는데, 이 제도가 채용되었다는 것은 효문제가 국가체제 속에 이를 의식적으로 받아들이고 있음을 보여준다. 또 이와 더불어 9품으로 나눈 유외관 외에 그 아래에 다시 유외훈품(流外勳品)의 관을 두고 마찬가지로 9품으로 나누고 있다. 유외관은 가격(家格)이 낮은 서인(庶人)들이 훈공에 의해 관계로 진출하는 당시의 현실에서 이들에게 주어지는 관이다. 즉 유내와 유외의 구별은 사인과 서인의 구별하여 사인들의 특권적 지위를 확보하기 위함이었다.

관제의 개혁과 더불어 주목되는 것이 작제(爵制)의 개혁이다. 북위는 도무제 시기부터 이미 공(公)·후(侯)·백(伯)·자(子)·남(男) 등 5등 작제를 도입하였다. 북위의 관료체제 상에서 작은 봉토의 소유, 관직의 취임과 면죄 및 과역 면제 등과 관계된다는 점에서 중요한 요소이다. 본래 건국 초 작은 군공이나 내항(來降)이라고 하는 국가에 대한 공에 대한 대가로 주어졌으나, 시간이 흐름에 따라 황제의 자의적인 작의 사여가 많이 이루어지는 등 무분별하게 내려져 폐단이 심하였다.

따라서 태화 16년(492)에 본격적인 작제의 개혁이 이루어졌는데, 1차적 목적은 종래 작의 사여가 남발되는 등의 폐단을 시정하여 그 기준을 건국 초와 같이 국가를 위해 세운 공훈에 따라 주어지는 것으로 되돌리는 것이었다. 그런데 효문제는 작의 사여 기준을 정비하는 데 그치지 않았다. 왕작(王爵)의 경우 그 대상을 도무제의 자손만으로 한정하고, 도무제의 자손이 아니거나 이성(異姓)으로 왕작을 보유한 자는 공으로 강등하며 그 아래의 공·후·백의 작을 보유한 자들도 순차적으로 작을 내리고 자·남만 예전대로 두었다. 이 조치 가운데 왕작을 도무제의 자손으로 한정한 것은 같은 해 도무제를 열조(烈祖)에서 태조(太祖)로 묘호(廟號)를 변경한 것과 더불어 종실(宗室)의 범위를 한정하려는 의도에서 시행된 것이며, 나아가 북위의 상층부의 일체감 혹은 유목적 종족주의의 타파를 목적으로 한 정책이다.9)

작제 개혁의 다른 내용은 봉토(封土)의 유무와 관련된 조치들이다. 이 조치는 개국(開國) 호(號)가 덧붙여진 봉작의 경우 봉토가 따르는 실봉(實封)으로 식읍(食邑)~호(戶)로 병기된 반면, 개국의 호가 붙지 않은 봉작은 봉토를 가지지 않는 허봉(虛封)으로 구분한 것이다. 즉 봉작에 개국호를 사용하여 봉토의 유무를 명확히 하고, 봉토에 호(戶)의 수를 표기한 식읍제(食邑制)를 도입하였다. 이러한 제도들의 실시는 북위 전기와 달리 작위와 봉토를 각각 다른 기준에 따라 수여하도록 한 것이었고, 특히

---

9) 川本芳昭, 『魏晉南北朝時代の民族問題』, 汲古書院, 1998, 271~273쪽.

식읍의 다소를 표시하는 호수(戶數)의 경우 종종 효문제 자신이 직접 결정하여 봉작이 황제와의 친소와 거리를 표시하는 수단으로 기능하도록 만들었다.[10]

이상의 효문제의 작제 개혁은 관제 개혁과 더불어 북위의 호족 상층부 중심의 정치공동체 해체와 함께 황제를 정점으로 하는 호족 내부의 재서열화를 촉진하고, 국가권력의 강화 및 정치의 중앙집권화를 목적으로 하고 있음이 분명해 보인다.

2) 호어 사용의 금지

낙양으로 천도한 후 효문제는 태화 19년(495) 6월 조정(朝廷)에서 '북속(北俗)의 언어'를 사용하는 것을 금지하게 하고, 이를 어기는 자는 관직에서 관(官)에서 물러나도록 명령한 조서(詔書)를 내렸다.[11] 이 조서에서 '북속의 언어'는 북인(北人)이 사용하는 언어로, '북인'은 북위시기에 따라 지칭하는 대상에 얼마간의 차이가 있으나 대체로 탁발선비를 중심으로 하는 호족을 가리킨다.[12] 태화 19년의 호어 사용 금지 조치는 대개 효문제가 낙양 천도를 의도하며 한 말 가운데 '풍속을 바꾸기(移風易俗)'의 조치 중 하나로 이해되어 왔다.

그런데 효문제가 호어 사용의 금지를 다시 언명한 다른 기록에 의하면 나이 30세 이상은 습성이 오래되어 갑자기 바꾸기 어려우므로 호어의 사용을 허용하지만, 조정에 있는 자로 30세 이하는 호어의 사용을 금지하고 고의로 사용하는 자는 작을 강등하고 관에서 내쫓겠다고 하였다.[13]

---

10) 大知聖子, 「北魏後期の爵制とその特質－孝文帝の爵制改革を中心に」, 『東洋文化研究』 16, 2014, 35~42쪽.
11) 『魏書』 권7下, 「高祖紀下」, 210쪽.
12) 川本芳昭, 앞의 책, 347~348쪽.

여기에서도 효문제의 호어 사용 금지 조치는 조정으로 한정되어 있다. '조정'은 황제가 신하의 알현을 받고 정무를 처리하는 장소인 조당(朝堂)이나 중앙정부를 의미한다. 만약 조정을 조당으로 본다면, 호어 사용의 금지 범위는 조당에 모이는 황제와 일부 관인들로 한정된다. 이것은 낙양의 중앙관인들은 황제와 정사를 의논할 수 있는 30세 이하의 고위 관인을 제외하면 모두 호어를 자유롭게 사용할 수 있다. 이 경우 사실상 호어 금지는 의미가 없다. 반면 조정을 중앙정부로 해석한다면 중앙의 30세 이하 관인들은 모두 호어를 사용할 수 없게 된다. 이 경우 중앙조정의 관인이 아닌 낙양의 성민(城民)이나 지방의 변진(邊鎭)과 주현(州縣)의 관민(官民)들은 호어를 자유롭게 사용할 있다.

태화 19년의 호어 사용의 금지 조치는 중앙정부의 관인들에게만 적용되며, 그것도 조정이라고 하는 공적 영역에 한정되고 있다고 볼 수 있다. 그렇다면 효문제가 조정에서 호어의 사용을 금지하게 된 원인은 무엇일까?

중국 고대 제국의 통치체제는 황제를 중심으로 중앙과 지방의 행정조직 및 군사조직이 중층적 구조를 이루고 있으며, 그 구조의 운용에서 명령의 전달과 보고 등은 모두 문서에 의해 이루어지는 문서행정에 기반하고 있었다. 즉 황제 지배체제는 지방의 통치를 담당하는 지방행정기구가 문서를 매개로 중앙 관료기구와 하나의 정보전달 체계를 이루게 되면서, 지방의 향리사회에까지 실질적인 지배를 관철할 수 있게 되었던 것이다. 이러한 상황은 북위 역시 마찬가지였다.

그러므로 북위의 관인들 역시 문서행정 능력을 갖추어야 하였을 것인데, 당시 문서는 한문으로 작성되었던 것으로 보인다.[14] 그렇다면 북위

---

13) 『魏書』 권21上, 「咸陽王傳」, 608쪽.
14) 북위는 고유의 문자를 가지지 못하였고, 한자를 이용하여 기록하였던 것으로 보인다. 북위의 경우 도무제가 천흥 4년(401) 박사와 유생을 모아 4만여 자를 만들었고, 태무제가 시광(始光) 원년(424) 1,000여 자의 새로운 글자를 만들었다고 한다. 도무

정권의 중핵을 이루는 선비족을 포함한 호인의 한어 구사능력은 어떠하였는가? 태화 9년(485) 문명태후가 저술한 『황고(皇誥)』를 이충(李沖)이 한어로 주해하고 여문조(呂文祖)가 구어, 곧 호어로 번역하고 주해하였다.15) 『황고』는 현재 전해지지 않지만, 한족이었던 문명태후가 저술하고 이충이 주해하였으며 여문조가 호어로 번역과 주해를 하였다는 것을 보면 한문으로 쓴 것이 분명하다. 즉 호인인 여문조는 적어도 한문을 읽고 호어로 번역할 수 있을 뿐 아니라 주해할 정도의 능력을 갖추고 있었던 것으로 보인다. 그러나 30세 이상의 호인에게 호어 사용을 허락한 호어 금지령의 예외 조치에서 보듯이 효문제 당시에도 한어를 사용하는 호인들은 많지 않았던 것으로 여겨지기 때문에, 여문조의 사례는 상당히 예외적인 것으로 보인다. 게다가 『위서』 등의 문헌에서도 낙양 천도 이전 호인 가운데 한어의 사용이나 한문 독해 능력이 뛰어나다고 기록된 자는 찾아보기 힘들다.

이러한 상황은 낙양 천도 이후에도 여전하였던 것 같다. 비록 원순(元順), 우문충지(宇文忠之), 원수흥(元壽興) 등 경사(經史)에 능통하고 한어 구사 능력이 뛰어난 이들도 보이기는 하지만, 임성왕(任城王) 원징(元澄), 광양왕 원연(元淵), 원차(元叉) 등은 문서 작성을 한족 관인들에게 맡겼다는 기록을 보면 여전히 호족 관인의 한문 능력은 좋지 못하였던 것으로 보인다. 게다가 유가의 경전이나 역사 및 문학을 학습한 호인이더라도 한문과 문서 행정에 능했던 것은 아니었고, 개인마다 편차가 심했다.16)

한편 한족 관인들의 경우는 어떠하였는가? 한족 사인이 북위정권에

제와 태무제 때 만든 글자를 선비어를 표기하기 위해 한자를 모방하여 만든 것으로 보기도 하지만, 이러한 문자들은 『위서』 등 문헌사료에서 사용되었다는 기록이 보이지 않고 또 각종 금석문이나 출토 문서에서도 현재까지는 발견되지 않는다.
15) 『魏書』 권30, 「呂洛拔傳」, 814쪽; 『南齊書』 권57, 1096쪽.
16) 최진열, 『효문제의 '한화'정책과 낙양 호인사회』, 한울아카데미, 2016, 54~56쪽.

참여하는 모습은 북위 건국 이전 성락 시기부터 이미 보이고 있었으나, 본격적으로 참여하게 된 것은 후연을 멸망시키고 중원지역으로 진출한 후였다. 예컨대 태무제는 신가(神䴥) 4년 9월에 조(詔)를 내려 산동 각지의 명사들을 초빙하여 관직에 임명하기도 하였다.17) 그렇지만 북위정권에 참여한 한족 사인들이 모두 호어를 구사할 수 있었던 것은 아니었다. 물론 예컨대 도무제 시기 호어에 능숙하였던 장곤(張袞)·장순(張恂) 형제와 조의(晁懿), 효문제 시기 맹위(孟威)와 같이 호어를 능숙하게 구사하는 이들도 있었으나,18) 상당수의 한족 사인들은 호어를 할 수 없었다.

언어가 서로 통하지 않는 상황에서 호족 관인들은 한족 관인들과 어떻게 정사(政事)의 논의와 문서를 작성하였을까? 이와 관련하여 도무제 천흥 4년(401)에 상서(尚書) 36조(曹)를 다시 설치하고 각 조마다 대인령사(代人令史) 1인, 역령사(譯令史) 1인, 서령사(書令史) 2인을 두었다는19) 기록이 있다. 상서 36조마다 두어진 대인령사와 역령사는 명칭에서 볼 때 호어와 한어를 통역하거나 번역하는 일을 담당하였을 것이다. 그 중 대인령사는 '대인(代人)'이라는 명칭에서 볼 때 한어를 구사할 수 있는 능력을 갖춘 선비족이었을 것으로 짐작된다.20) 이는 북위 전기의 각 조와 군부(軍府)는 모두 호어와 한어를 아는 관원의 통역을 통해 의사를 전하고 있다는21) 남제의 기록에서도 확인된다.

효문제는 낙양천도 후 갑자기 조정 내에서 호어 사용을 금지하였다. 그런데 사서에는 도무제가 상서 36조에 대인령사 등을 설치한 이후 약 100여 년 동안 호족과 한족 관인이 통역과 번역을 통해야 하는 번거로움

---

17) 『魏書』 권4上, 「世祖紀上」, 92~93쪽.
18) 『魏書』 권24, 「張袞傳」, 686~687쪽; 『魏書』 권88, 「張恂傳」, 2056쪽; 『魏書』 권91, 「晁崇傳」, 2106쪽; 『魏書』 권44, 「孟威傳」, 1108쪽.
19) 『魏書』 권113, 「官氏志」, 3233쪽.
20) 鄭欽仁, 「譯人與官僚機構」, 『北魏官僚機構研究續篇』, 稻禾出版社, 1995, 223쪽.
21) 『南齊書』 권57, 「魏虜傳」, 1091쪽; 『建康實錄』 권16, 「魏虜」, 中華書局, 1986, 646쪽.

이 있었을지라도 특별히 문제가 있었다고 지적하지 않았다. 게다가 호어 사용 금지령은 모든 호인 혹은 지방의 관인들에게까지 내려진 조치가 아니라 조정의 30세 이하의 관인들을 대상으로 한 제한적 조치였다. 즉 단순히 호인들의 한문 해독 혹은 한어 구사 능력 때문에 내려진 조치로 보기는 어렵다.

효문제는 낙양 천도를 언명할 때 평성은 용무(用武)의 땅이라 문치(文治)를 행할 수 없으며 풍속을 바꾸기 어려운 땅이라고 하였다. 낙양으로의 천도는 국가의 체질을 호족적 '무(武)'의 정치에서 한족적 '문(文)'의 정치로 변화시키기 위한 첫걸음이었고, 호어 사용 금지 조치는 그 연장선에 놓여 있었던 것이다. 더욱이 효문제는 3개월 뒤인 9월에 성족분정을 단행하였다. 효문제가 제정한 성족분정은 단순히 호족을 한족을 위주로 하는 문벌귀족제에 대응하게 만드는 것에서 그치지 않고, 관료제의 관품체계를 기준으로 가격의 서열화하는 것이었다. 따라서 호족 역시 문서행정을 직접 다루기 위한 한문 독해, 문서 작성 등의 실무 능력을 배양할 필요가 있었다. 특히 조정의 관인들만을 대상으로 호어 사용을 금지시켜 한문과 한어를 사용하도록 강제한 것은 한족 문화에 동화하기 위한 정책이라기보다 문벌귀족제로 이행하기 위해 시행한 것으로 볼 수 있다.

3) 문벌주의 정책의 시행

앞서 본 후직원령과 작제 개혁은 유목민족의 특유의 종족주의와 요소들을 탈피하여 위진 이래의 문벌주의를 지향하고 있음이 분명하다. 문벌주의는 출신지역이나 종족에 따른 차별을 두지 않는다는 점에서 종족주의에 비해 보다 보편적 성격을 지니고 있다.[22] 그런데 문벌귀족제가 성

---

22) 문벌주의의 원리는 인격적 자질에 가치의 기준을 두는 것이며, 그 자질은 대대로 학문적 교양을 전수받아 우수한 가풍을 유지해 온 가문에서 생겨난다는 것이다. 물론

행한 남조에서는 가문이 가지는 사회적 등급[가격(家格)]이 정치권력의 바깥에서 독립적으로 성장하여 관계(官界)에서 차지하는 지위의 고하와 서로 대응하는 형식으로 고착화되어 있었다. 게다가 가문 간의 통혼 범위도 각 계층 내부로 한정되는 경향이 두드러져 있었다.

그러나 북위의 경우는 이 기준이 불분명하였다. 한족사회의 경우 범양(范陽) 노씨(盧氏), 청하(淸河) 최씨(崔氏), 태원(太原) 왕씨(王氏) 등 구래의 대성(大姓)인 명망가와 그에 못 미치는 지방의 명망가라는 식의 사회적 등급으로 구분되고는 있었으나, 호족의 지배 하에서 그들의 정치적·사회적 지위는 그다지 안정적이지 못했다. 혼인 관계의 경우도 대부분 어울리는 가문 사이에 이루지는 경향이 있었으나 반드시 그러한 것은 아니었다. 즉 북위에서는 사회적 지위가 정치적 지위와 대응하지 않는 등 남조와 달리 문벌주의적 신분질서가 완전히 확립되어 있지 않았다.

한편 호족사회 역시 부족제 시대부터 지배층과 피지배층 사이의 신분적 차이가 있었고, 부락 해산 이후 훈공과 황실과의 통혼 등으로 신분이 고정화되는 경향이 나타나기도 하였다. 그렇지만 호족사회에서는 지배층 출신이면서도 여전히 낮은 관직에 종사하거나 천민을 아내로 맞이하는 것을 아무렇지 않게 생각하는 풍조가 남아 있었다. 따라서 문벌귀족제 안으로 호족출신자들을 편입하기 위해서는 그들을 신분질서에 의해 조정된 계층으로 구분하여야 하는 문제가 발생한다. 즉 종족주의에서 탈피하여 황제 중심의 보편적 국가 건설을 위해 호족과 한족 두 사회에 아직 확립되지 못한 문벌주의적 계층을 구분할 기준을 국가가 정비할 필요

서인 가운데에서 예외적으로 뛰어난 인물이 나오기는 하지만, 그와 같은 자질은 일반적으로 하루아침에 만들어지는 것이 아니라는 인식에 의해 부정된다. 따라서 종족의 차이를 뛰어넘는 인격주의적 문벌주의 원리는 당시 호족국가의 체질을 극복하기 위한 보다 보편적 원리로 인식될 수 있다. 川勝義雄, 임대희 역, 『중국의 역사: 위진남북조』, 혜안, 2004, 378쪽.

가 있었던 것이다. 이 기준을 명확하게 제시한 것이 495년에 실행된 '성족분정(姓族分定)'이다.

성족분정이란 명족의 가격을 계층화하여 서열을 매긴 것이다. 본래 문벌귀족제는 앞서 언급하였듯이 향촌사회에서의 성망에 기초하여 정해진 각 가문의 서열에 따라 건립된 체계이다. 그러나 성족분정은 북위 사회에서 아직 문벌주의의 미성숙으로 인해 효문제가 관작(官爵)을 기준으로 그 높낮이에 따라 호족과 한족에 걸친 성족의 서열화를 단행한 시책이었다. 그 내용을 대략적으로 살펴보면, 우선 한족의 범양 노씨, 청하 최씨, 형양(滎陽) 정씨(鄭氏), 태원 왕씨 등을 '4성'으로 하고, 여기에 농서의 이씨와 조군의 이씨를 포함한 '5성'을 북위 황실과 통혼할 수 있는 최고 가문으로 간주하였다. 그 밖의 가문에 대해서는 선조로부터 3대에 걸쳐 차지한 관위의 고하에 따라 갑성(甲姓)·을성(乙姓)·병성(丙姓)·정성(丁姓) 4등급으로 구분하였다.

호족의 경우 목[穆: 구목릉(丘穆陵)]·육[陸: 보육고(步六孤)]·하[賀: 하뢰(賀賴)]·유[劉: 독고(獨孤)]·누[樓: 하루(賀樓)]·우[于: 물뉴어(勿忸於)]·위[尉: 위지(尉遲)]·혜[嵇: 결해(紇奚)] 8성은 도무제 이래 특별한 훈공으로 최고의 관작을 수여받아 왔으므로 한족의 4성과 동격으로 취급하고 탁관에 임용하지 않았다. 그리고 그 밖의 호족의 각 씨에 대해서는 부락대인의 후손 여부, 북위 건국 이래 3대 이상에 걸쳐 차지한 관작의 고하에 따라 높은 것을 성(姓)으로 하고 낮은 것을 족(族)으로 하였다. 즉 호족은 8성, 성, 족 및 성·족의 방계 등 4등급으로 나누었다.

성족분정의 시행 목적은 한족의 문벌귀족제를 국가 주도로 북위 사회에 채용하려고 한 것이다. 따라서 엄격하였던 남조와 달리 북위의 문벌주의는 부족 시기의 지위와 더불어 황제와의 친밀도와 帝室에 대한 충성심이 고려되어 황제의 정치적 힘에 의해 만들어졌다는 특징을 지닌다. 즉 효문제는 성족분정에 의거하여 호한의 통혼을 장려하는 등 문벌귀족제의 원리로 호한 양자를 통합함으로써 보편적 통치 원리에 기초한 국가의 황제가 되고자 하였던 것이다.

4. 신분질서의 확립과 황제 지배체제의 구축

1) 낙양성의 방리제와 신분질서 확립

효문제가 낙양으로 천도하기 이전 낙양의 인구나 거주 방식 등에 대한 기록은 사서에 구체적으로 기록된 바가 없다. 다만 명원제(재위: 409-423) 시기 낙양은 들에 밥 짓는 연기가 없을 정도로 황폐한 지역이었다거나 태무제 때 북위군이 호뢰(虎牢)·활대(滑臺) 및 낙양 세 성의 500가를 하내(河內)로 옮겼다는 기록을 보건대 천도 이전의 낙양의 인구는 그리 많지 않았던 것으로 보인다. 따라서 천도 직후의 낙양 인구는 효문제에 의해 평성에서 이주한 사람들이 대부분을 차지하였을 것으로 보아도 무방할 것이다.

낙양 천도 직후 이와 같은 사람들이 낙양에 어떠한 방식으로 거주하였는가에 대해서는 기록이 남아 있지 않지만, 선무제 영명(永明) 2년(501) 323개의 방(坊)을 세웠다는 기록이 있다.[23] 평성의 경우『수경주』와『남제서』의 기록에 의하면 사방이 담장으로 둘러쳐 있고 거리로 문이 나 있는 방(坊)으로 구획되어 있었고, 방 가운데 큰 것은 400~500가(家), 작은 것은 60~70가가 살았다고 한다. 이를 통해 보면 낙양의 거주민 역시 규모의 차이는 있을지라도 방으로 구획된 곳에 살고 있었던 것으로 짐작된다.

---

23)『魏書』권8,「世宗紀」, 232쪽.

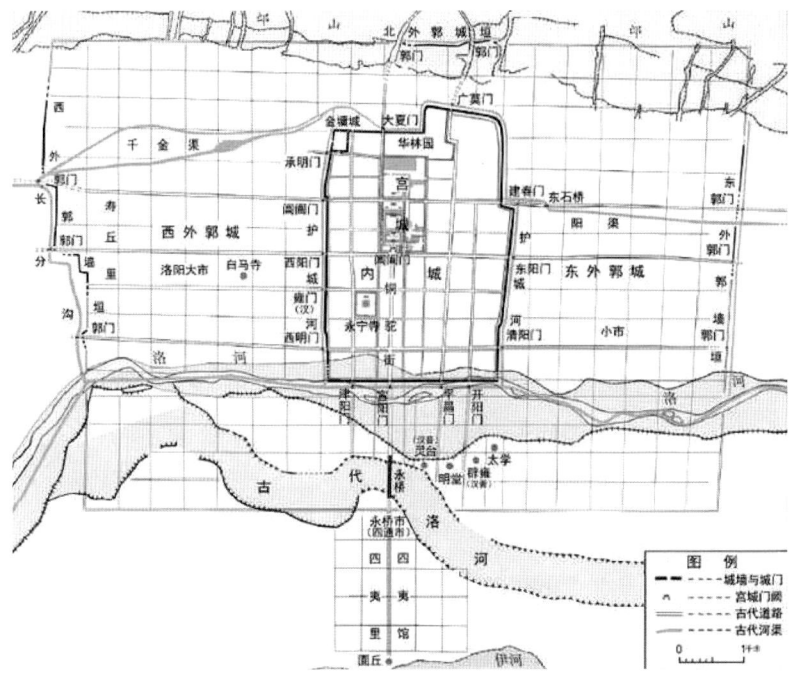

〈그림 2〉錢國祥,「漢魏洛陽城城門與宮院門的考察研究」(『華夏考古』 2018-6)

천도 이후 낙양에 거주하였던 사람들과 거주지에 대한 기록은 『낙양가람기(洛陽伽藍記)』에 비교적 자세하게 나와 있다. 기록된 내용의 구체적인 시점은 알 수 없으나 대략 북위 후기이며, 당시 낙양에 거주한 인구는 대략 11만 호라고 한다.[24] 『낙양가람기』에 의하면 낙양의 거주민들은 이(里)에 거주하고 있었는데, 1리는 곧 1방이다. 이는 사방을 막은 담장에 각각 문이 나 있으며, 방을 관리하는 이정(里正) 2인, 이(吏) 4인, 문사(門士) 8인이 있었다.

『낙양가람기』에 따르면 낙양의 거주민들은 신분이나 직업에 따라 거주하는 지역이 달랐다. 예컨대 성내에는 연년리(延年里), 영강리(永康里),

---

24) 『洛陽伽藍記』 권5, 「城北」, 349쪽.

능음리(凌陰里), 보광리(步廣里), 치속리(治粟里), 의정리(義井里), 의수리(宜壽里), 영화리(永和里), 의관리(衣冠里) 등 9개가 있는데, 이 지역들은 모두 관인과 사인 계층의 거주지로 추정된다. 이 중 연년리·영강리·의수리·의정리·영화리 등은 상층 고위 관인과 사인들이 사는 거주 지역이고, 능음리·치속리·의관리는 명치에서 보듯이 비교적 중간 및 하급 계층의 관인들이 사는 지역이었다.25) 낙양성 바깥에도 사인 및 관인 계층의 거주지역이 있었다. 예컨대 성서(城西)의 수구리(壽丘里)는 북위 종실들의 거주지였으며, 성동(城東)의 휘문리(暉文里)는 태보(太保) 최광(崔光), 태부(太傅) 이연실(李延實), 비서감(秘書監) 정도소(鄭道昭) 등 고문(高門)들이 거주하고 있었다.

낙양에는 관인 등 지배계층만이 아니라 서민들도 거주하고 있었는데, 성서에 위치한 대시(大市)의 동쪽의 통상리(通商里)와 달화리(達貨里)에는 공교(公交)와 도판(屠販)을 생업으로 하는 사람들이 거주하였고, 서쪽의 조음리(調音里)와 악률리(樂律里)에는 악기 연주와 노래 등 음악에 종사하는 사람들이 살았다. 남쪽의 퇴고리(退酤里)와 치상리(治觴里)에 사는 양조업에 종사했으며 북쪽의 자효리(慈孝里)와 봉종리(奉終里)에는 관곽 판매를 생업으로 하는 사람들이 거주하였다. 이 외에 성남(城南)의 사통시(四通市), 성동(城東)의 소시(小市) 부근에도 각종 경제활동에 종사하는 상인이나 수공업자 등이 거주하고 있었다.

이상에서 보듯이 『낙양가람기』의 기록에 따르면 낙양의 거주민의 분포는 대체로 신분과 직업군에 따라 구분되어 있고, 호족과 한족 등 종족에 따라 거주지역이 나누어진 것으로 보이지 않는다. 이와 관련하여 낙양 천도가 정해진 후 효문제에게 올린 한현종(韓顯宗)의 글에 의하면,26)

---

25) 박한제, 「북위 낙양사회와 호한체제: 도성구획과 주민분포를 중심으로」, 『泰東古典研究』 6, 1990, 166~167쪽.
26) 『魏書』 권60, 「韓麒麟傳」, 1460~1461·1463쪽.

태조 도무제 시기부터 평성은 사서(士庶)가 거처를 달리하는 원칙을 표방해 왔으나 금령(禁令)이 없고 시간이 지남에 따라 사서가 뒤섞여 살게 되었다고 하였다. 따라서 낙양의 경우도 평성과 같은 상황이 전개될 가능성이 있는 만큼 사민이 거처를 달리하는 원칙을 철저하게 세워야 할 것을 강조하였고, 효문제는 이를 기꺼이 받아들였다.

이것은 낙양의 거주 지역 배분을 종족의 구분이 아닌 사서의 구분에 의거하였음을 반영한다. 앞서 본 『낙양가람기』의 기록에 따르면 사인과 관인 및 서민들의 거주 지역이 구분되어 있음을 볼 수 있다. 게다가 성내의 영화리에는 호족인 태부(太傅)·녹상서(錄尙書) 장손추(長孫稚), 양주자사(梁州刺史) 위성흥(尉成興), 연위경(廷尉卿) 원홍초(元洪超)와 한족인 상서우복야(尙書右僕射) 곽조(郭祚), 이부상서(吏部尙書) 형란(邢鸞), 위위경(衛尉卿) 허백도(許伯桃)의 저택이 있었다. 이처럼 상층 지배층 내의 호족과 한족이 같은 지역에 함께 거주하고 있는 사례들이 보이고 있다. 그러나 피지배층인 호족과 한족의 경우는 같은 지역에 거주하였다는 기록이 보이지 않지만, 거주 지역을 달리하였다는 기록도 없다. 다만 성동에 위치한 소시 동쪽의 식화리(殖貨里)에 살았던 유호(劉胡) 형제 4인이 도축업에 종사하였다는 기록을 보면 낙양 내에 육식을 기호로 하는 호족들이 한족들과 뒤섞여 살고 있었던 것으로 보인다.

그런데 한현종이 효문제에게 올린 글에서 특히 주목되는 것은 당시 낙양의 거주 제도가 관위에 따르고 족류(族類)에 의거하지 않고 있으며, 관위는 항상적인 것이 아닐뿐더러 서민들이 벼슬길에 올라 명망 있는 집안과 나란히 하는 것을 경계해야 한다고 주장하였다. 앞서 살펴보았듯이 효문제는 위진 이래의 문벌주의의 원리를 수용하여 호한 양자를 통합함으로써 황제 중심의 국가지배체제를 구축하고자 하였다. 한현종이 말한 '족류'는 효문제가 추진한 문벌주의의 입장을 대변하는 것이다. 그러나 한현종은 이충, 이표 등과 함께 효문제의 문벌주의 정책의 반대에 서 있던 현재주의(賢才主義)의 입장에 섰던 인물의 한 사람이었다.

그렇다면 한현종이 말한 '족류'에 의거한 사서의 구분은 어떠한 의미인가? 한현종과 이충 등은 북위왕조에 투신하여 자신의 능력으로 가문의 번영을 도모하거나 그러하였던 인물들의 후손들이었다. 효문제가 수용하고자 하였던 위진 이래의 문벌귀족제는 그 동안 축적되어 온 가문의 등급에 따라 계층적으로 서열화하려는 것이었다. 따라서 한현종과 같이 북위 정권과 함께 성장한 신진 사인 혹은 가문들은 구래의 문벌을 위주로 재편하려는 문벌귀족제로의 움직임에 반대할 수밖에 없었던 것이다. 그렇지만 현재주의자들 역시 북위에서 획득한 기득권을 확실히 인식하고 있었고, 사서가 뒤섞여 사는 상태를 방치하는 것은 자신들의 기득권을 상실할 위험을 내포하고 있었기 때문에 소위 '족류'라는 사서의 구별을 강조한 것이다. 또한 효문제가 한현종이 '족류'에 의거하여 사서를 구별하자는 건의를 받아들인 것은 그것이 자신의 추진하는 문벌귀족제에 부합하기 때문이었을 것이다.

2) 예제 개혁과 유가 건축

유가 사상의 수용은 중국 문화를 얼마만큼 받아들였는가를 가늠하는 척도가 될 수 있다. 통설에는 효문제가 유가 사상과 예제를 전면적으로 채용하여 낙양 천도 이후 유가의 예악제도와 의례공간을 만들었고, 이는 북위의 호족 지배층의 한화로 이어졌다고도 한다. 그런데 실제 효문제는 예악제도를 통해 풍속을 변경하고자 하였으나, 서진의 붕괴 이후 예와 악이 제대로 전해지지 않는 등의 한계로 유가의 예와 음악을 호족 지배층에게까지 널리 보급하지 못하였던 것으로 보인다.

효문제는 493년 남제에서 망명한 왕숙(王肅)의 도움을 받아 예악제도를 도입하고자 하였다.[27] 그러나 『위서』 「예지(禮志)」에 의하면 효문제

〈그림 3〉 평성 복원 명당

는 중국 전통의 예제를 일으켰으나, 499년 33세의 이른 나이에 병사하여 뒤를 이은 선무제(宣武帝)와 효명제(孝明帝) 때 다시 쇠락하고 있음을 기록하고 있다.28) 또 효문제는 구전(舊典), 유가의 경전이나 의례서 등을 참조하여 고례(古禮)에 근거한 관복을 제정하였으나, 역시 일찍 사망하여 두루 퍼지지 못하고 효명제 때에 이르러서야 대략이나마 재정비되었다.29)

의례와 관련하여 효문제는 왕숙 등 남조 망명자들의 도움으로 예제 개혁을 추진하였지만, 일찍 사망하는 바람에 효문제 당대에는 예제가 제대로 제정되거나 실현되지는 못하였던 듯하다. 예제 공간과 관련해서 본다면 낙양 천도 후 효문제가 낙양에 명당을 세울 것을 명령하는가에 대한 기록은 보이지 않으나, 선무제 때 낙양에 명당(明堂)과 벽옹(辟雍)의 건설이 추진된 것을 볼 수 있다. 그렇지만 낙양에서 명당의 건설은 선무

---

27) 『北史』 권42, 「王肅傳」, 1540쪽.
28) 『魏書』 권108之1, 「禮志1」, 2985~2986쪽.
29) 『魏書』 권108之4, 「禮志4」, 3069쪽.

제와 그 뒤를 이은 효명제의 황후인 호태후(胡太后)의 불사(佛寺) 등의 건설에 밀리거나 5실(室)설과 9실설 주장의 대립으로 미처 완성되지 못하고 북위가 멸망하고 말았다.30)

그런데 『위서』에는 낙양 천도 전 태화 15년(491)에 효문제가 평성 남교에 명당을 건설하고, 그 이듬해에 태화전(太華殿)을 헐어버리고 태극전(太極殿)을 세웠다는 기록이 있다.31) 낙양으로 천도하기에 앞서 조영한 명당과 태극전은 예제에 기초한 건축물의 상징으로 호족의 특색을 농후하게 가지고 있던 북위가 중원왕조에 어울리는 격식을 갖추게 된 것을 의미할 것이다. 특히 명당은 『예기(禮記)』에 의하면 왕이 제후의 조회를 받는 곳이며, 동시에 제후들의 존비를 밝히는 장소이다.32) 즉 명당은 왕이 제후를 조현하는 의례가 펼쳐지는 장소이자 유가적 신분질서의 확립에 상당한 의미를 갖는 공간이다.33)

효문제의 명령으로 평성의 명당과 태극전의 건설을 담당한 것은 이충(李沖)과 장소유(蔣少游)이다. 이 중 장소유는 『위서』와 『남제서』에 의하면 효문제에 의해 낙양에서 위진의 옛 터를 측량하도록 하였으며, 또 남제로 파견하여 건강(建康)의 궁전 양식을 시찰하게 하였다고 한다.34) 그러나 평성에 건설된 명당은 당시 장소유가 남제의 건강을 시찰하기도 하였으나, 남조의 건축양식을 그대로 모방하는 것이 아니었던 듯하다. 평성의 명당에 관하여 『수경주』에는 효문제가 평성에 건설한 명당은 '윗부분은 둥글고 아랫부분은 네모진[上圓下方]' 구조로 영대(靈臺)를 그 위에

---

30) 『魏書』 권108之2, 「禮志2」, 3019쪽; 『資治通鑑』 권149, 「梁紀5」, 4647쪽; 『通典』 권44, 「禮·沿革4」, 1221~1222쪽.
31) 『魏書』 권7下, 「高祖紀下」, 191·200쪽; 『魏書』 권7下, 「高祖紀下」, 203쪽.
32) 『禮記正義』 권31, 「明堂位」, 931~934쪽.
33) 홍승현, 『禮儀之國: 고대 중국의 예제와 예학』, 혜안, 2014, 58쪽.
34) 『魏書(修訂本)』 권91, 「蔣少游傳」, 2136쪽; 『南齊書(修訂本)』 권57, 「魏虜傳」, 1096쪽.

올리고 아래는 물을 끌어들여 벽옹(辟雍)을 만들었다고 한다.35) 발굴 보고서에 의하면 평성의 명당은 중앙에 방형의 기단이 두어져 있고 주위에 원형의 수로가 휘감고 있으며 수로 안쪽으로 사방에 4개의 문이 세워져 있는 구조로36)『수경주』의 설명과 유사하다. 즉 평성의 명당은 한대 장안성의 남쪽에서 발견된 예제 건축물과 유사한 형태37)로 유가의 경전에 근거한 예제를 기준으로 삼아 건설된 것이 분명하다.

이에 반해 남조의 명당의 경우 유송(劉宋) 대명(大明) 5년(461)에 태묘의 제도에 따라 12칸의 명을 세웠다.38) 남제는 유송의 제도를 따랐으나, 양(梁)의 무제는 오히려 유송의 태극전을 헐어내고 12칸의 명당을 건설하였다.39) 이를 보면 남조의 명당은 고전적 명당의 건축양식을 따른 것이 아니라, 조당(朝堂)의 건축양식을 답습한 것으로 북위의 명당 구조와는 큰 차이가 있다. 즉 평성에 세워진 이 의례 건축물은 남조의 문화를 베낀 것이 아니라 옛 제도를 근거로 새롭게 만들어 낸 것이다.

3) 복제 개혁과 호속의 유지

『위서』「고조기」에는 태화 18년(494) 12월 임인일에 효문제가 의복의 제도를 바꾸었다는 간략한 기록이 있다. 또『자치통감(資治通鑑)』「제기(齊紀)」에는 명제(明帝) 건무(建武) 원년(494) 12월 효문제가 구풍(舊風)을 바꾸고자 하여 임인일에 사민(士民)에게 호복의 착용을 금지하는 조

---

35)『水經注疏』권13,「瀁水」, 1150~1151쪽.
36) 劉俊喜・張志忠,「北魏明堂辟雍遺址南門發掘簡報」, 山西省考古學會 編,『山西省考古學論文集3』, 山西古籍出版社, 2006; 王銀田・曹臣明・韓生存,「山西大同市北魏明堂遺址一九九五年的發掘」,『考古』2001-3.
37) 中國社會科學院考古研究所,『西漢禮制建築遺址』, 文物出版社, 2003.
38)『宋書』권16,「禮志3」, 472쪽.
39)『隋書』권6,「禮儀志1」, 121쪽.

서를 내렸다는 보다 구체적인 내용이 보인다. 이것이 호어 사용 금지와 더불어 호풍을 한풍으로 전환하는 정책으로 자주 언급되는 이른바 호복 착용 금지 명령이다.

그런데『자치통감』의 내용 끝에는 국인(國人), 곧 선비인들이 의복 제도의 변경을 대부분 좋아하지 않았다고 하고 있다. 즉 호족들이 효문제의 호복 착용 금지 조치에 대해 불만을 가졌음을 짐작케 한다. 이러한 불만을 가진 자 중 당시 황태자였던 원순(元恂)은 호복 착용 금지 조치에 대해 직접적으로 반발하였다.『남제서』와『자치통감』에 따르면 그는 하남의 더위를 견디지 못하여 북의 평성으로 돌아갈 생각만 하였고, 아버지 효문제가 의관을 하사하였음에도 항상 호복을 입었다.40) 원순 외에도 낙양으로의 천도와 효문제의 여러 개혁 정책에 반대한 인물들이 있는데, 종실의 원로였던 원비(元丕)는 효문제의 낙양 천도와 개혁 정책들에 대해 반대하였을 뿐만 아니라 뭇 신하들이 모두 의관을 바꾸고 붉은 옷을 입어도 홀로 호복의 착용을 고수하기도 하였다. 효문제 역시 그러한 사정을 알고 있음에도 원비가 종실의 원로이며 덕이 높아 강제하지 못하였다.41)

원순과 원비의 사례에서 의관과 호복이 대비되는 것을 보면 의관은 중국식 관복(冠服)이거나 조복(朝服)일 가능성이 높다. 그렇다면 495년의 호복 착용 금지령은 관인의 복제(服制)와 관계된 것인가? 복제 개혁과 관련하여 효문제는 태화 10년(486) 정월 계해일 조회에 처음으로 곤룡포와 면류관을 착용하고 참석하였고, 같은 해 4월 신유일에는 처음으로 주색, 자색, 비색, 녹색, 청색의 다섯 등급의 공복(公服)을 제정하였으며, 또 같

---

40)『南齊書』권57,「魏虜傳」, 1102쪽;『資治通鑑』권140,「齊紀6」, 明帝 建武 3年(496) 秋7月條, 4400쪽.
41)『魏書』권14,「神元平文諸帝子孫傳」, 419쪽;『資治通鑑』권141,「齊紀7」, 明帝 建武 4年(497) 2月條, 4400쪽.

은 달 갑자일에는 법복(法服)을 입고 남교에 제사를 지냈다고 하였다.[42] 그리고 태화 19년(495) 12월 갑자일 효문제는 여러 신하들을 광극당(光極堂)에서 접견하고 관복(冠服)을 내려 나누어 주었다.[43]

위 기사들에 따르면 효문제는 486년 한 차례 관인들의 복식을 바꾸었다가 495년 재차 변경한 것이 된다. 호삼성은 486년의 기사에 중국의 제도로 만이(蠻夷)의 제도를 바꾸고자 한 것이라 해석하였고, 495년 신하들에게 하사한 관복에 대해 호복을 바꾸려 하였다고 하였다. 이러한 호삼성의 해석에 따르면 495년까지 북위 조정의 관복은 호복이다. 그렇다면 486년에 제정된 관인들의 공복은 호복이었는가? 491년 11월 병술일에 폐지한 선비족 의례인 소세(小歲) 및 492년에 거행된 서교(西郊) 제천 의례 기록 등을 통해 효문제와 북위의 관인들이 여전히 호복을 착용한 사례들이 보인다. 그러나 당시 공복에 대한 자세한 기록이 없으나 491년의 소세 폐지와 492년부터 494년 사이 서교 제천의 단계적 폐지, 그리고 486년의 일련의 기록들을 볼 때 당시 제정된 관인들의 공복을 호복으로 단정할 수만은 없을 듯하다.

태화 연간의 복제 개혁에 대해 『위서』 「예지」에는 효문제가 옛 전적을 참고해 관복을 제정하여 관인들과 육궁(六宮)마다 각각 차등을 두었다고 하였지만, 젊은 나이에 사망하여 널리 퍼지지 못하였다고 기록하고 있다. 『위서』 「장소유전」에 의하면 관복 제정에 상서 이충과 풍탄(馮誕), 유명근(游明根), 고여(高閭) 등과 함께 유송 출신인 장소유와 유창(劉昶)도 참여하여 6년에 걸쳐 완성하였다고 한다. 이 기록 뒤에 장소유가 평성에 태묘와 태극전의 조영을 하였다고 한 것을 보면 장소유와 유창이 참여하여 제정한 관복 제도는 486년의 일임이 분명하다.

---

42) 『資治通鑑』 권142, 「齊紀8」, 武帝 永明 4年(486) 4月 辛酉朔條, 4277~4272쪽.
43) 『魏書』 권7下, 「高祖紀下」, 212쪽; 『北史』 권3, 「魏本紀3」 115쪽; 『資治通鑑』 권140, 「齊紀6」, 明帝 建武 2年(495) 12月條, 4329쪽.

495년의 기사는 486년 이후 재차 관복 제도를 개정하였기 때문에 그에 따라 효문제가 다시 신하들에게 관복을 나누어 준 것으로 볼 가능성도 있다. 즉 494년 효문제가 의복 제도를 바꾸었다고 한 결과일 수도 있다. 특히 486년 관복을 제정할 때 장소유와 유창은 의관에 대한 견해가 달라 논쟁이 있었다고 하였는데, 비록 두 사람은 유송 출신이나 남조의 의관에 정통하지는 않았던 것으로 보인다. 당시 제정한 관복이 완전치 않았던 것은 아닐까? 493년 남제에서 왕숙(王肅)이 망명하였다. 『북사』 「왕숙전」에는 효문제가 제도와 풍속을 바꾸고자 하였으나 성공하지 못하였고 옛 제도에 밝은 왕숙이 제도의 개정을 담당하였다고 한다. 이를 통해 보면 494년 의복 제도를 고쳤고, 효문제는 이듬해 495년에 개정된 제도에 따라 관복을 신하들에게 하사하였던 것으로 보인다.

494년의 기사를 보다 구체적으로 기술한 『자치통감』에 의하면, 호복 착용 금지령은 단순히 관복에 그친 것이 아니라 사민(士民)에게까지 호복의 착용을 금지하게 한 것이다. 즉 494년의 의복 제도의 개혁은 관복에만 한정된 것이 아니라 서민에 이르기까지 광범위하게 적용한 것이다. 그러나 일반적으로 494년의 호복 착용 금지령은 관인과 백성들의 저항으로 인해 실패한 것으로 이해되고 있다. 앞서 본 원순과 원비의 직접적인 반발 외에도 사민들이 여전히 호복을 고수하는 사례가 보이고 있다. 특히 효문제는 낙양에서 부녀들이 호복을 착용한 것을 보고 관인들을 책망한 일이 495년과 499년에 있었다.[44] 당시 효문제가 본 낙양의 부녀들이 착용한 협령소수(夾領小袖), 모(帽) 및 소오(小襖)들은 모두 선비족의 복식이었다.

499년 효문제가 임성왕 원징과 낙양 유수관들을 책망하게 된 것은 남

---

44) 『資治通鑑』 권140, 「齊紀6」, 建武 2年(495) 5月 甲午條, 4387쪽; 『資治通鑑』 권142, 「齊紀8」, 東昏侯 永元 元年(499) 春正月 戊戌條, 4434쪽.

〈그림 4〉 용문석굴 빈양중동 효문제 예불도

제 친정에서 돌아와 낙양성으로 들어오던 길에 호복을 착용한 부녀자들을 보았기 때문이다. 선행 연구에 의하면 효문제는 평성을 떠난 태화 17년(493)부터 사망한 태화 23년(499)까지 낙양에 머무른 기간은 약 2년여 가량에 불과하다.45) 효문제는 잦은 순행과 장기간의 친정으로 지방을 돌아다닌 기간이 더 많았다. 효문제가 낙양을 자주 비우게 되면서 소위 '한화정책'이 제대로 지켜질 수 없었다고도 볼 수 있다. 그런데 호복 착용 금지령이 지켜지지 않는다는 효문제의 지적은 낙양에서 부녀들에 한정하여 언급되고 있다. 호복 금지령이 일반 서민들에게까지 광범위하게 적용된 것이라면 효문제가 순행과 친정으로 지방을 돌아다닌 기간이 더 많았음에도 불구하고 지방에서의 호복 착용 문제가 언급되지 않다는 것은 의문이다.

문헌에서는 거의 언급되지 않으나 당시 사람들의 복식은 도용, 벽화 등을 통해서 확인해 볼 수 있다. 낙양시 남쪽으로 13km정도 떨어진 곳에 위치한 용문석굴은 낙양 천도 이후부터 시작하여 수당시대까지 약 400

---

45) 최진열, 『효문제의 '한화'정책과 낙양 호인사회』, 한울아카데미, 2016, 268~270쪽.

〈그림 5〉
용문석굴
빈양중동
문소황후
예불도

여 년에 걸쳐 조영되었다. 예컨대 빈양중동의 효문제와 효무소황후의 예불도 및 효명제 효창 3년의 황보공굴의 남북 두 벽의 대형 예불도에 새겨진 인물들의 복식은 모두 중국식 복식이다. 또 태화 22년(498)의 〈북해왕원상조상〉, 경명 4년(503년)의 〈비구법생조상〉 등에 새겨진 공양인상의 복식 역시 중국식이다. 도용의 경우 낙양 부근 언사현(偃師縣) 행원촌(杏園村)에서 발견된 원예묘(元睿墓)에서 출토된 나인(女侍) 도용은 미성년 여성의 일반적인 머리형태에 포의박대(褒衣博帶) 형식의 중국식 복장을 하고 있다.46) 이를 통해 보면 호복 금지 조치가 낙양 부근 석굴상 및 도용의 제작에까지 어느 정도 영향을 주었던 것을 보인다.

반면 용문석굴 내에 조영되었더라도 호복 금지령의 영향을 받지 않은 것도 많이 보인다. 예컨대 고양동 북벽에 새겨진 태화 19년의 〈장락왕부인위지씨조상〉 태화 22년의 〈시평공조상〉 등에 새겨진 공양인상은 호족 복식인 모, 화(靴), 협령소수 등을 착용하고 있다. 낙양을 벗어난 다른 지

---

46) 小林仁, 「洛陽北魏陶俑の成立とその展開」, 『美學美術史論集』 14, 2002-3, 227~228쪽.

역의 경우 석굴상이나 조상(造像)에 새겨진 공양인상 혹은 도용의 복식은 호복인 경우가 많다.47) 불교 도상의 공양인상이나 도용 등에 나타나는 복식으로만 단정할 수는 없겠지만, 낙양 이외의 지역에서는 한족의 복식보다 호족의 복식이 더 일반적이었거나 호한의 복식이 융합하는 새로운 경향도 나타나고 있었던 것으로 보인다. 그렇다면 효문제는 호복 착용 금지를 어긴 것을 왜 낙양의

〈그림 6〉
대동 북위묘
호복 여성 도용

〈그림 7〉
대동 북위묘
호복 남성 도용

경우만 지적을 하였을까? 어쩌면 호어 사용의 금지와 유사하게 호복 착용 금지 조치는 낙양에 거주하는 호족들, 특히 선비 상층부를 겨누었던 것은 아닐까?

5. 결론

효문제의 개혁 정책은 북위라는 국가의 성격 자체를 변화시키려 한 점에서 이전과 차이를 보이지만, 북위 건국 이후 중국식 중앙집권적 국가체제를 지향한 통치 방향의 연장선 위에 있었다. 즉 효문제는 호족 중심의 유목적 국가체제에서 벗어나 황제 중심의 중앙집권국가로 전환을

---

47) 김용문, 「北魏시대의 胡服연구」, 『한복문화』 12-3, 2009, 10~18쪽.

꾀한 것이다. 효문제의 친정 시기는 북위가 화북을 통일한 이후 정치 및 지방 통치체제가 점차 안정화되어 가던 시기였다. 그러므로 북위는 화북의 통치의 안정화를 위해서든 혹은 남북통일을 위해서든 호족국가에서 중원을 차지한 보편적 국가로 이행이 불가피하였고, 효문제의 개혁 정책은 바로 이를 해결하기 위한 시의에 합당한 것이었다.

효문제의 개혁 정책의 핵심은 성족분정을 통해 추진하고자 한 문벌귀족체제였다. 효문제가 도입하고자 한 문벌주의는 당시 북위에 여전히 강고하게 남아 있던 종족주의에 비해 보다 보편적이라고 할 수 있고, 황제 중심의 보편적 국가 건설 혹은 지배체제의 완성을 위한 발판이었다. 즉 효문제는 호족과 한족의 구분이 아닌 사서의 구별을 통한 문벌주의체제 위에서 황제를 정점으로 한 지배구조를 가진 보편적 통일국가를 지향한 것이다.

그러나 493년 효문제가 낙양 천도를 천명하였을 때 찬성한 이들은 이충을 비롯한 한족 관인과 임성왕 원징, 상산왕 원준, 남안왕 원정 등 효문제의 측근들인 반면, 낙양 천도를 반대한 이들은 대부분 구인(舊人)으로 불린 호족들로, 대부분 호족 지배층의 상층부였다. 그러므로 북위 지배층의 상층부를 구성하고 있던 호족들을 비롯해 여러 집단의 반발을 초래할 수밖에 없었다. 특히 효문제의 정책 시행은 낙양 천도 이후라면 약 6년, 혹은 문명태후 사망 이후 친정에 나선 시기부터라도 약 10여년에 걸친 짧은 기간에 이루어졌기 때문에, 그 추진 속도가 매우 빨랐을 뿐만 아니라 제대로 시행되기도 어려웠을 것이다. 이것은 곧 낙양 천도 후 목태·육예의 난이 일어났고, 효문제가 사망한 후 30년이 되지 않아 급기야 북위를 멸망으로 이끈 육진(六鎭)의 난을 초래하였다.

참고문헌

1. 사료

[梁] 沈約 撰, 『宋書(修訂本)』, 中華書局, 2018.
[北齊] 魏收 撰, 『魏書(修訂本)』, 中華書局, 2018.
[梁] 蕭子顯 撰, 『南齊書(修訂本)』, 中華書局, 2017.
[唐] 李延壽 撰, 『北史』, 中華書局, 1974.
[北魏] 酈道元 注, 楊守敬・熊會貞 疏, 『水經注疏』, 江蘇古籍出版社, 1989.
[唐] 許嵩 撰, 張忱石 點校, 『建康實錄』, 中華書局, 1986.
[宋] 司馬光 編著, [元] 胡三省 音注, 『資治通鑑』, 中華書局, 1956.

2. 논문

박한제, 「북위 낙양사회와 호한체제: 도성구획과 주민분포를 중심으로」, 『泰東古典研究』 6, 1990.
古賀昭岑, 「北魏の部族解散について」, 『東方學』 59, 1980.
內蒙古文物研究所, 「內蒙古和林格爾縣土城子古城發掘報告」, 『考古學集刊』 第6集, 1989.
內蒙古文物研究所, 「和林格爾縣土城子古城發掘主要收穫」, 『內蒙古文物考古』 2006-1.
大知聖子, 「北魏前期の爵制とその特質―仮爵の檢討を手掛かりに」, 『東洋學報』 94-2, 2012.
大知聖子, 「北魏後期の爵制とその特質―孝文帝の爵制改革を中心に」, 『東洋文化研究』 16, 2014.
劉俊喜・張志忠, 「北魏明堂辟雍遺址南門發掘簡報」, 山西省考古學會 編, 『山西省考古學會論文集』 3, 山西古籍出版社, 2000.
王銀田 外, 「山西大同市北魏明堂遺址一九九五年的發掘」, 『考古』 2001-3.
湯奪先, 「北魏孝文帝改革鮮卑民族生活方式」, 『民族教育研究』 2001-2.
向井佑介, 「北魏の考古資料と鮮卑の漢化」, 『東洋史研究』 68, 2009.

3. 저서

최진열, 『효문제의 '한화'정책과 낙양 호인사회』, 한울아카데미, 2016.
홍승현, 『禮儀之國: 고대 중국의 예제와 예학』, 혜안, 2014.
駒井和愛, 『曲阜魯城の遺蹟』(考古學硏究 第2册), 東京大學文學部考古學硏究室, 1951.
宮崎市定, 『九品官人法の硏究―科擧前史』, 東洋史硏究會, 1956.
唐長孺, 『魏晉南北朝史論叢續編』, 三聯書店, 1959.
劉錫濤, 「南北朝時期中原地區的生活胡風現像」, 『新疆大學學報』 2001-1.
孫同勛, 『拓拔氏的漢化及其他: 北魏史論文集』, 稻鄕出版社, 2006.
呂一飛, 『胡族習俗與隋唐風韻』, 書目文獻出版社, 1994.
中國社會科學院考古硏究所, 『西漢禮制建築遺址』, 文物出版社, 2003.
川本芳昭, 『魏晉南北朝時代の民族問題』, 汲古書院, 1998.

6장 당(唐) 전기(前期) 예제(禮制)의 정비와 국가의례서(國家儀禮書)의 편찬

김 정 식

1. 들어가며

중국역사에서 예는 매우 중요한 요소이다. 예는 사회질서의 준거로서 의례행사, 사회관습, 도덕규범 등을 두루 포괄한다. 삼례(三禮)는 이러한 예의 내용을 담고 있는 유가사상의 중요한 경서이다. 삼례 중 하나인 『주례(周禮)』는 육전제도(六典制度)를 비롯한 국가의 각종 전장제도를 포함하고 있다. 또한 『의례(儀禮)』는 의례의 진행과 여기에 필요한 세칙을 집중적으로 서술하고 있다. 한편 『예기(禮記)』는 예의 의미에 대한 해석과 예의 기능·제도·사상 등을 두루 포괄하고 있다.

후한(後漢)의 멸망 이후 남조(南朝)와 북조(北朝)의 대립으로 귀결된 남북조시대는 예제해석의 근원이 되는 경학(經學)에서도 남학(南學)과 북학(北學)으로 나뉘었다. 북학은 유가 경전에 대한 일관된 해석을 시도한 정현(鄭玄: 127~200)이 주를 단 『상서(尙書)』, 『주역(周易)』, 『모시(毛詩)』를 비롯하여 삼례를 중시하였다. 특히 그의 삼례에 대한 주석은 『주례』를 기준으로 하여 삼례 간의 긴밀한 관계 속에서 기술되었다. 이러한 작업은 어떠한 상황에서도 변함없는 예경의 고정적이며 항구적인 해석을 위해서였다.

반면에 남학은 정현에 대해 비판적인 입장을 보인 왕숙(王肅: 195~256) 등의 주석에 관심을 보였다. 왕숙은 정현과는 달리 예경(禮經)의 해석에서 현실에 대한 반영(시의: 時宜)을 중시하였다. 여기에 왕필(王弼: 226~249) 등에 의해 해석된 새로운 도교 사상이 더해져 남학은 다소 복잡한 형태의 학문을 추구하였다. 이처럼 북학과 남학으로 나뉜 경학에 대한 해석은 남조·북조 예제의 제정과 시행에서 많은 차이를 낳았다. 나아가 이러한 차이는 남북조를 통일한 수나라와 그 뒤를 이은 통일제국 당제국의 예제 제정에서도 중요한 문제가 되었다.

당 전기의 통치자들은 남학과 북학으로 갈리어 의견이 분분하였던 예제(禮制)의 통일에 많은 노력을 기울였다. 특히 현종시기에 편찬된 『대당개원례(大唐開元禮)』는 이러한 노력의 결과물이다. 『대당개원례』는 『의례』를 당시의 시대상황에 맞게 재구성한 것으로 법체계 유지를 위한 보조수단으로서의 역할과 왕권에 높은 권위를 부여하여 그 지위를 보호하려는 목적을 가지고 편찬되었다.

본고에서는 당 현종조(玄宗朝)에 편찬되어진 『대당개원례』를 집중적으로 고찰하고자 한다. 이를 위해 먼저 당 전기의 예제를 둘러싼 논쟁과 이 시기에 편찬된 국가의례서의 특징에 대해 살펴보고자 한다. 다음으로 『대당개원례』가 편찬되었던 현종조의 시대 상황을 살펴보는 한편 『대당개원례』의 편찬과정과 이 책의 구성에 대해 고찰하고자 한다. 마지막으로 『대당개원례』의 내용과 그 특징을 소개하고 그 역사적 의의를 규명해 보고자 한다.

2. 당초(唐初) 예제논쟁과 국가의례서의 편찬

1) 태종(太宗)시기 『정관례(貞觀禮)』의 편찬

남북조시기 예제는 왕숙의 남학과 정현의 북학으로 나뉘어 수나라의 통일까지 논쟁이 되어 왔다. 수나라를 이어 정치적·군사적 통일제국을 이룬 당나라의 통치자들은 통일제국의 사상적 통합, 국가 권력의 정당성과 권위의 확보 등을 위해 예제를 정비하려 했다. 그러나 당 고조(高祖) 시기는 정치·경제·대외관계 등 여러 방면에서 불안정하여 예제를 정비할 여력이 없었다. 따라서 이시기는 수나라의 『개황례(開皇禮)』를 그대로 받아들여 시행하고 있었다.

당초(唐初) 예제 해석에 대한 논쟁은 태종 정관 3년(629) 적전의례(籍田儀禮)에서부터 나타나기 시작한다. 공영달(孔穎達)은 이 의례를 『예기』에 따라 남교(南郊)에서 시행해야 하며, 성 동쪽에 단(壇)을 설치하는 것은 "고례(古禮)"에 어긋난다고 하였다. 이에 대해 태종(太宗)은 "예제는 인정에서 연유(禮緣人情)"하므로 현실상황(시의: 時宜)에만 맞으면 된다고 하며, 동교(東郊)에서 행하도록 명하였다. 공영달은 정현의 주장을 따라 영구적이며 항상적인 예제를 만들고자 하였다. 반면에 태종은 변화하는 현실을 잘 반영하는 것을 더욱 중시하고 있었던 것이다.

정관 5년(631) 공영달과 위징(魏徵)의 명당(明堂) 건축에 대한 논의에서 예제에 대한 의견대립이 다시 보인다. 태종은 상원하방(上圓下方: 위는 둥글고 아래는 사각형)·오실중옥(五室重屋: 다섯 개의 室과 중첩된 屋)으로 만들고 포정(布政)·제천(祭天)의 장소를 구분해야 한다는 노관

(盧寬)과 유백장(劉伯莊) 등의 견해를 채택하였다. 이에 대해 공영달은 유가 경전에 관련 내용이 없고 "고문(古文)"과도 다르다며 강력하게 반대하였다. 그는 예경에 따라 명당을 건축할 것을 주장하고 있는 것이다. 그러나 위징은 드러낼 수 없는 인정(人情)을 형상화한 것이 예제이고, 명당을 짓는 행위 자체가 내면의 성(誠)·경(敬)을 발현하는 것이므로 그 형식을 고정할 필요는 없고 현실에 맞으면 문제없다는 입장이었다. 결국 이러한 의견대립으로 명당건축은 중지된다.

예제에 대한 논쟁은 정관 9년(635)의 묘제(廟制)의 제정에서도 보인다. 이때 묘제는 주자사(朱子奢)와 그의 견해를 계승한 잠문본(岑文本)의 주장에 따라 칠묘(七廟)로 결정되었다. 잠문본은 『예기』의 「왕제(王制)」·「예기(禮器)」·「제법(祭法)」, 『춘추곡량전(春秋穀梁傳)』, 『공자가어(孔子家語)』 등에 근거하여 고조(高祖)의 부(父)·조(祖)를 이조(二祧)로 하고 시조묘(始祖廟)·친묘사(親廟四)를 주장한 왕숙설을 따르고 있다. 한편 그는 주조(周朝)의 묘제(廟制)를 문(文)·무(武) 이조(二祧), 시조묘(始祖廟), 친묘사(親廟四)라 하고 시기마다 묘제가 달라진다고 한 정현설에 대해, 진나라의 분서갱유 이후 이미 그 전통이 끊긴 예경에 기초한 이단설(異端說) 가운데 하나라 평가하였다. 결국 그는 예제를 만들 때 중요한 것은 "인정(人情)"이며 "천(天)으로부터 내려오는 고정불변의 것은 존재하지 않"고, 다만 시의(時宜)에 맞게 예경에서 찾아내는 것이 중요함을 밝히고 있는 것이다. 그는 예제를 만들 때 중요한 것은 현실이며 고정불변의 내용은 존재하지 않음을 거듭 강조하고 있는 것이다. 이에 대해 공영달은 이들이 근거로 삼은 책인 왕숙의 위작(僞作)인 『공자가어(孔子家語)』를 경서라 할 수는 없음을 주장하였다. 나아가 정현의 후학인 후한(後漢)시기의 마소(馬昭)·마융(馬融) 등의 설을 들어 왕숙설을 반박하였다.

그러면 잠문본과 공영달이 각각 받아들인 왕숙설과 정현설은 어떤 점에서 차이가 있을까? 정현은 고정불변의 항상적인 예제를 만들려 하였다. 그가 주장한 육천설(六天說)은 예제에 참위(讖緯)가 가진 신비적인 해석을 더하여 그 권위를 높이려는 의도에서 나왔고, 이를 위해서는 황제권조차도 상대적으로 부차적인 것이 될 수밖에 없는 것이다. 그러나 왕숙은 천자(天子) 칠묘(七廟), 제후(諸侯) 오묘(五廟), 대부(大夫) 삼묘(三廟)로 차등을 두어 천자가 제후와 같은 오묘임을 주장한 정현설을 비판하고 있다. 그는 예제는 귀천의 차등을 명확히 해야 한다는 점에서, 즉 천자와 제후의 존비에 대한 구별을 분명히 해야 한다는 현실적인 측면에서 칠묘설을 주장하였던 것이다.

이러한 왕숙의 견해는 육천설에 반대해 천은 오직 자연천(自然天) 하나만 존재한다고 주장한 일천설(一天說)에서도 뚜렷이 드러난다. 특히 호천상제(昊天上帝)를 전지전능한 존재로 받들고 있는 왕숙설은 황제가 지상에서 하나뿐인 최고 권력자라는 사상을 강화해주고 나아가 전제군주의 유일무이한 절대권을 정당화해 주는 이론인 것이다.

〈표 1〉 천(天)과 묘제(廟制)에 대한 정현과 왕숙의 견해

천(天)	정현 (鄭玄)	육천설 (六天說)	삼례(三禮)에 참위(讖緯)가 가진 신비적인 해석을 추가하여 예경(禮經)으로서의 권위를 높이려는 의도가 있었고, 여기에 황제권은 상대적으로 부차적인 것임
	왕숙 (王肅)	일천설 (一天說)	- 천(天)은 하나라는 자연관에서 비롯, 그 근원은 후한의 장형(張衡)·마융(馬融) 등 천체관측에 근거한 우주구성론 - 황제가 지상에서 하나뿐인 최고 권력자라는 사상 강화, 전제군주의 유일무이한 절대권 이론적으로 정당화 하는 논리
묘제 (廟制)	정현 (鄭玄)	시대에 따라 다름	『주례』·『예기』의 관련 속에서 예제의 고정성·항상성 강조
	왕숙 (王肅)	칠묘설 (七廟說)	천자와 제후의 존비·구별 분명해야 한다는 현실적인 측면에서 주장

태종은 정관 7년(633) 『정관례』를 편찬하여 이러한 문제를 해결하고자 하였다. 『정관례』에는 『개황례』에 천자(天子) 상릉(上陵)·조묘(朝

廟)·양노(養老)·대사(大射)·강무(講武)·독시령(讀時令)등 수조(隋朝)에 없던 29개조(條)의 예제를 추가하고 길례(吉禮)·빈례(賓禮)·군례(軍禮)·가례(嘉禮)·흉례(凶禮)·국휼(國恤)로 구분하였다. 『정관례』에 29개조의 새로운 예제가 포함된 것은 『정관례』가 편찬되기 전 예제에 대한 충분한 논의가 이루어졌음을 의미한다. 그 내용 중 일부만이 남아있으므로 정확히 확인할 수는 없지만, 국가의 가장 중요한 제사인 교사(郊祀)에서 정현설을 채택하였다는 점에서 『정관례』는 이 설을 따랐을 가능성이 크다. 요컨대 예제의 시의성(時宜性)을 강조한 태종·위징조차도 국가의례에서는 정현설을 채택할 수밖에 없었고, 이는 예경이 지닌 권위를 경시할 수 없었던 당시의 상황을 잘 보여 주고 있는 것이다.

2) 고종(高宗)시기 『현경례(顯慶禮)』의 편찬

『정관례』의 편찬 이후 정관 15년(641) 위징은 50편 총 20권으로 이루어진 『유례(類禮)』를 편찬하였다. 이 책은 『예기』의 순서를 당시의 현실에 맞게 재편하고 있다. 이것은 예경에 문제가 있음을 소극적으로 제기하고 있는 것이다. 이에 대해 공영달은 경서의 일부가 사라지기는 하였지만 그 근본정신은 그대로 남아있고, 삼례도 고례(古禮)를 바르게 계승하고 있음을 강조하였다. 결국 그는 함부로 경서의 내용을 바꿀 수 없고 나아가 여기에 근거한 예제도 마음대로 변형할 수 없음을 밝히고 있는 것이다.

또한 고종 영휘(永徽) 4년(654)에는 『오경정의(五經正義)』가 편찬되었다. 이 책은 예경에 대한 다양한 논의를 통합하기 위해서 편찬되었다. 한편 『정관례』 편찬을 전후해서 나타난 예제에 대한 논쟁을 확정하려는 의도도 있었던 것으로 보인다. 이는 공영달이 『예기정의(禮記正義)』의 주(注)로 정현설을 채택하고 있다는 점에서 잘 드러난다.

비슷한 시기에 명당의 배사와 관련하여 흥미로운 논의가 이루어진다. 먼저, 현경원년(656) 장손무기(長孫無忌)는 고조(高祖)와 태종(太宗)을 함께 명당(明堂)에 배사(配祀)할 수 없다는 입장을 밝혔다. 그는 문왕(文王)·무왕(武王)을 명당(明堂)에 동사(同祀)해야 한다는 정현의 견해에 반대하며, 왕숙설에 따라 시조(始祖)인 고조를 원구(圜丘)에서 호천상제(昊天上帝)에 배사(配祀)하고, 태종(太宗)을 명당에서 상제(上帝)에 배사할 것을 건의하였으며, 高宗은 이를 받아들였다.

한편 현경 2년(657) 허경종(許敬宗)은 "천·지(天·地)는 각각 하나인데 하늘이 어찌 여섯일 수 있겠는가?"라며 성관(星官)의 성격을 지닌 태미(太微五帝)는 제사의 대상이 될 수 없고, 나아가 정현의 육천설을 위서(緯書)에 근거한 문제가 있는 이론이라며 비판하였다. 또한 정월상신(正月上辛)일 감생제(感生帝)에 대한 제사를 기곡사(祈穀祀)로 바꾸어야 한다는 주장이나, 남교(南郊)·명당(明堂) 모두 호천상제(昊天上帝)만을 제사해야 한다는 입장 등은 모두 왕숙설을 따르고 있는 것이다. 뿐만 아니라 허경종은 후직(后稷)에 대한 교사(郊祀)를 원구(圜丘)와 남교(南郊)의 제사로 나눈 정현설을 비판하며, 두 곳을 같은 제사의 장소(祭場)으로 본 왕숙설이 『효경(孝經)』에 부합하므로 원구(圜丘)의 제사를 남교(南郊)에 통합할 것을 제안하였다.

이상의 상술한 내용과 같이, 『정관례』가 편찬되기는 하였지만 예제에 대한 논쟁은 계속되고 있었고 이를 해결하기 위해 현경 3년(658) 고종은 『현경례』를 편찬한다. 그런데 『현경례』에는 전술한 허경종의 주장이 대폭 반영되어 있다. 『정관례』와 『현경례』의 교사를 비교해 보면, 전자에서는 호천상제·태미감제(太微感帝)를 모두 제사하였으나, 후자에서는 먼저 호천상제만을 제사하고 감생제에 대한 제사는 폐지하였다. 다음으로 원구와 남교 두 곳에서 지내던 제사를 남교로 통합하였다. 마지막으로 정월상신일의 제사도 감생제에 지내던 것을 기곡사(祈穀祀)로 바꾸었다. 이러한 일련의 사실들은 정현설을 왕숙설로 대폭 바꾼 것이고 여기에는 현경 2년 허경종의 주장이 그대로 반영되어 있는 것이다.

하지만 건봉 원년(666) 학처준(郝處俊)은 기곡사를 감생제의 제사로 복원시켜 세조(世祖)를 배사하였다. 또한 원구와 황지기(皇地祇)의 제사에는 고조를 배사하였는데, 이것은 정현설로 다시 복귀한 것이다. 이후 상원 3년(676) 『정관례』로 변경되었다가, 의봉 2년(677) 『주례』에 따라 시행할 것을 명하였다. 또한 대사(大事)가 있을 때에는 고금(古今)의 예문(禮文)을 토대로 임시로 예제를 만들어 사용하는 한편 『정관례』·『현경례』도 병용하고 폐지하지는 않았다. 당초(唐初) 두 차례 국가의례서의 편찬에도 예제는 여전히 확정되지 않고 있었고 내용이 다른 두 예제의 병용으로 인해 의례 절차에서의 혼란은 계속되고 있었던 것이다.

이상과 같은 당초(唐初) 예제에 대한 논의에서 주목할 점은, 첫째 예제에 대해 다른 견해를 보인 두 집단의 존재이다. 위징과 장손무기·허경종 등은 당시 실권을 장악한 현실감각이 뛰어난 대신으로 황제의 측근이 있고 잠문본은 당시 비서감을 맡고 있던 위징의 속관이었다. 때문에 이들은 예제의 시행이나 제정에 대해서도 현실적·실용적인 태도를 취하고 있었다. 한편 예제와 관련하여 태종과 고종 등 황제들도 그 시행이나 제정에 개입하고 있었는데, 이는 예제가 황제의 정통성과 권위를 강화할 수 있는 중요한 수단이기 때문이었다. 특히 이들이 왕숙설을 받아들였던 이유는 황제의 전제권을 강화시켜 주는 주장이 여기에 포함되어 있었기 때문이다. 반면에 공영달·가공언·학처준 등은 정현설을 따라 예경에 연원을 둔 고정적이며 항구적인 예제를 제정하려 한 것이다.

둘째 당초(唐初) 예제와 관련된 논란은 예제가 어떻게 변화하는 현실에 대응해서 그 내용을 담을까라는 문제였다. 정현은 예경에 기초한 예제를 실제생활에서 안정적·항구적으로 지속시키고자 하였다. 예제의 근거를 『주례』·『의례』·『예기』의 예경에서 구하는 한 정현설은 계속 유지되고 그 해석이 권위를 갖게 되는 것이다.

반면에 왕숙은 예제에서 시의성(時宜性)을 중시했기 때문에 참위의 신비적인 내용을 받아들인 정현설을 비판하면서 현실성·실용성을 강조하였다. 요컨대 태종과 위징·허경종 등은 시의를 중시하였고 이에 따라 생활에 편리한 현실적이며 실용적인 예제를 만들 수 있을 것이다. 당시 삼례에 대한 정현주는 현실에 맞지 않는 부분이 계속 나타나고 있었으며 이러한 가운데 왕숙의 주장은 계속 힘을 얻을 수 있었던 것이다.

그러나 예제에 대해 시의가 반영되더라도 그 연원을 예경에서 찾는 한 문제는 계속 생길 수밖에 없다. 예경은 당조(唐朝)와 상황이 많이 달랐던 시기에 만들어졌기 때문에 당시의 상황을 전면적으로 반영하기에는 한계가 있었다. 결국 이 시기 예제 논쟁의 본질은 시의에 맞지 않는 예경의 문제에서 생겨났다고 볼 수 있으며 이런 점에서 왕숙설은 한계를 가지고 있었다.

사실 예제 해석에서 문제가 되는 것은 당조(唐朝)보다 훨씬 이전에 만들어져 당시의 상황과 많은 부분 달랐던 예경에 있었다. 정현의 해석 방법을 비판하며 왕숙설을 따랐던 측도 그 권위와 상징성 때문에 함부로 비판을 가할 수는 없었다. 그러나 계속해서 그 연원을 예경에서 찾는 한, 정현설은 한계를 드러낼 수밖에 없었다. 이러한 점에서 위징의 『유례』는 시사하는 바가 크다. 그는 예제에서 생긴 문제의 원인이 예경에 있다고 생각하였고, 예경에 시의를 반영하면 이러한 한계를 극복할 수 있다는 생각을 가지고 있었던 것이다.

이상의 내용을 종합해 정리하면 당초(唐初) 예제에 대한 논쟁은 아래의 [표 2]에서 볼 수 있는 것처럼, 정관년간(627~649) 태종·위징·잠문본 등 시의를 중시한 입장과 공영달·가공언·학처준 등 고정성·항상성을 중시한 상이한 견해의 대립이었다. 『정관례』에서는 정현설이 반영되었고 이는 예제의 고정성·항상성이 중시된 결과였다. 그러나 현경년간

(656~660)의 『현경례』 편찬에 이르면 상황은 반전되어 왕숙설이 채택되고 이는 예제에서 시의를 중시한 주장이 점차 설득력을 얻고 있었던 것이다.

〈표 2〉 당(唐) 전반기(前半期) 예제 해석에 대한 두 견해

	정현설(鄭玄說)	왕숙설(王肅說)	전거(典據)
정관 3년(629) 적전의례(籍田儀禮)에 대한 논쟁	공영달	태종	『구당서(舊唐書)』 권24, 「예의사(禮儀四)」, 912쪽.
정관 5년(631) 명당건축(明堂建築)에 대한 논쟁	공영달	노관·유백장	『구당서』 권22, 「예의이」, 849~850쪽.
정관 9년(635) 묘제(廟制)에 대한 논쟁	공영달	잠문본·주자사	『당회요(唐會要)』 권12, 「묘제도(廟制度)」, 292~293쪽.
영휘 4년(654) 『오경정의』 편찬	공영달·가공언		
현경 원년(656) 고조와 태종의 명당배사(明堂配祀)		장손무기	『통전(通典)』 권44, 「대향명당(大享明堂)」, 1221~1223쪽.
현경 2년(657) 허경종의 육천설 비판		허경종	『구당서』 권21, 「예의일」, 824~827쪽.
현경 3년(658) 『현경례』의 편찬		두정윤	『구당서』 권21, 「예의일」, 818쪽.
건봉 원년(666) 학처준의 주장	학처준		『구당서』 권21, 「예의일」, 825쪽.
개원 14년(726) 『예기의소』의 편찬	장열	원행충	『당회요』 권77, 「논경의(論經義)」, 1410쪽.
개원14년(726) 왕암(王嵒)의 상소(上疏)	장열	왕암	『구당서』 권21, 「례의일」, 818쪽.

3. 현종조(玄宗朝) 『대당개원례』의 편찬

1) 현종조의 시대상황

중국 역사에서 유일한 여황제인 측천무후(則天武后) 정권은 정통성과 권위라는 측면에서 많은 문제를 가지고 있었다. 이러한 한계를 극복하고 통치의 정당성과 권위를 확보하기 위해 그녀는 의례와 상징적인 행위를 빈번히 이용하였다. 그러나 무후는 여성으로서 직접 제사를 주관하였다는 점, 명당 건설과 주로 국호를 바꾸는 등 예제의 제정이나 시행에서 많은 혼란을 일으켰다.

선천(先天) 2년(713) 7월 태평공주(太平公主) 세력을 성공적으로 제거한 현종은 새로운 예제의 제정을 통해 자신의 권위와 정통성을 확보하려 하였다. 그러나 이것은 정치·경제·사회·군사적 안정의 바탕 아래에서 이루어질 수 있었다. 이런 측면에서 당시 현종의 여러 정책들을 살펴보면, 경제면에서 요숭(姚崇)과 송경(宋璟)이라는 탁월한 재상의 보좌 아래 사치와 낭비를 금지하고, 승려와 비구니들을 도태시켜 국가 재정을 확보하였다. 또 봉가(封家)의 실봉호수(實封戶數)와 장정수를 삭감하고, 아울러 봉가가 직접 봉호(封戶)에게 부세를 징수할 수 없게 하였으므로 호구수가 급격히 증가하였다. 나아가 개원 9년(721) 실시된 우문융(宇文融)의 괄호정책(括戶政策)으로 국가재정수입을 호전시킬 수 있었다.

행정면에서 현종은 노회신(盧懷愼) 등에게 격(格)·식(式)·령(令)을 개정하게 한 뒤, 이를 요숭 등에게 재정비하도록 하여 개원 7년(719) 『개원후격(開元後格)』을 편찬하였다. 이러한 법률의 정비는 강력한 중앙집권국가를 구성하는 필수적인 요소였다. 또한 장열(張說)의 건의로 실시된 부병제에서 모병제로의 전환은 광대한 군대를 갖출 수 있도록 하는 한편, 농민의 부담을 경감시켰고 이는 자연히 생산력의 발전으로 이어졌다.

군사 면에서도 현종은 전대의 주변 방어시설의 기초 위에, 천보(天寶) 원년(742) 절도사(節度使)를 설치하여 변방의 방위체제를 완성하였다. 또한 그는 지속적으로 둔전(屯田)사업을 추진하여 날로 늘어가는 군량 공급 문제를 해결하려 하였다. 이와 함께 마정(馬政)도 부흥시켜 군대에 대량의 정선된 말을 공급하고 이에 따라 강대한 군사력을 갖출 수 있었다. 이 시기는 주변세력들이 약화된 상황에서 측천무후과 中宗 시기에 이루어진 변경방어의 기반위에 회유적인 대외 정책과 혼인동맹을 추구하였기 때문에 비교적 평화로운 시기였다.

이상과 같은 성공적인 정책 수행으로 현종 개원년간은 당나라 최고의 전성기로 일컬어진다. 이러한 국가의 안정은 문화의 번영을 가져왔고 이 시기의 문인학사들은 도서의 정리와 전적의 편찬에 힘썼다. 이러한 과정에서 예제의 정비는 중요한 문제였고, 이에 따라 예제에 대한 논의도 활발하게 일어났다.

2) 『대당개원례』의 편찬과 특징

이 시기에 문제가 되었던 예경은 『예기』였다. 원행충(元行沖)은 개원 14년(726) 『유례』에 소(疏)를 단 『예기의소(禮記義疏)』를 편찬하여 현종에게 바쳤다. 장열은 이에 대해, 『예기』는 이미 경전의 지위를 가졌지만 『유례』는 문제가 있어 사용되지 못하였는데 여기에 소를 단 『예기의소』도 당연히 사용할 수 없다고 주장하자 현종은 이 견해를 받아들였다.

같은 해 왕암(王喦)은 예제의 혼란을 예경 때문이라 주장하고, 이 문제를 해결하려면 경서인 『예기』를 개정해야 한다는 상소를 올렸다. 이에 대해 장열은 거듭 경서를 개정할 수 없다는 입장을 밝혔으나, 『정관례』·『현경례』에서 생기는 의례절차의 혼란을 해결하는 것에는 찬성하였다. 결국 현종은 장열의 견해를 받아들여 두 국가의례서 내용을 종합한

『대당개원례』를 편찬하였다.

당 현종 개원년간에 편찬된『대당개원례』는 국가 주도로 편찬된 현존하는 중요한 국가의례서 가운데 하나이다.『대당개원례』는 〈표 3〉과 같이 모두 150권으로 구성되어 있다.

〈표 3〉『대당개원례』의 구성

내용	서례 (序例)	길례 (吉禮)	빈례 (賓禮)	군례 (軍禮)	가례 (嘉禮)	흉례 (凶禮)	총계
권	1-3	4-78	79-80	81-90	91-130	131-150	
권수	3	75	2	10	40	20	150

『대당개원례』는 "길·빈·군·가·흉"례 오례(五禮)로 구성되어 있다. 오례는『주례』에서 보이는데, 후한시기의 정중(정사농)은 "길·흉·빈·군·가"례의 순으로 배열하여 흉례를 오례 가운데 두 번째에 위치시켰다. 한나라부터 수나라까지 국가가 편찬한 예서에서 오례의 순서는 기본적으로 이를 따랐다. 그런데 정관년간에 편찬된『정관례』에서는 흉례를 오례의 가장 뒤에 놓고 여기에 황실의 상례(喪禮)인 국휼례(國恤禮)를 흉례에서 분리하였다. 이는 황제의 상례를 중시하였던 당시 상황을 잘 보여주고 있다.

한편『현경례』는『정관례』에서 채택한 오례의 체례를 따랐고『정관례』에서 별도로 분리되었던 국휼례는 빠져있다. 이는 신하는 황제의 흉사(凶事)에 간여해서는 안된다는 이의부(李義府)·허경종(許敬宗)의 건의 때문이었다. 현종시기에 편찬된『대당개원례』도『정관례』·『현경례』의 오례 순서를 따르고 있는데『정관례』에 있던 황제의 상례절차인 국휼례는 빠져 있다.

『대당개원례』에서 예를 행하는 주체는 황제·황후·황태자 등의 황실 성원과 관인과 그 가정 구성원 그리고 관학학생까지 다양하지만 황제와 황실에 관련된 의례가 가장 많고 다음이 관인들의 것이다. 관인의 경우 삼품이상(三品以上)·사품오품(四品五品)·육품이하(六品以下) 세 등급으로 나누어 기술하고 있다. 당나라의 관인 직사관 삼품이상은 "귀(貴)"로 불리고 각종 감형의 혜택을 누릴 뿐만 아니라 의례에서도 아래 품계의 관원에 비해 특별대우를 받았다. 오품이상 관인 또한 "통귀(通貴)"라 불리며 형벌상의 혜택을 받았는데, 오품과 육품은 당나라 관제에서 관인 지위의 경계점이라 할 수 있다. 이처럼 관인은 관품에 따라 그들이 누릴 수 있는 의례에서의 혜택도 달랐다.

세 권으로 이루어진 「서례(序例)」는 『대당개원례』의 총칙에 해당하는 부분이다. 여기에서는 택일(擇日)·재계(齋戒) 등 의례를 행할 때 준비되어야 할 내용과 사용되는 기물(器物)·신위(神位)·조두(俎豆)·의복(衣服)·로부(鹵簿) 등에 대해 언급하고 있다.

4. 『대당개원례』의 구성 : 오례(五禮)체제

1) 『대당개원례』 「길례(吉禮)」

『대당개원례』의 본문 가운데 가장 중요한 부분은 150권 가운데 75권을 차지하고 있는 「길례」이다. 「길례」의 대부분은 국가제사이고 일부 주(州)·현(縣)과 관인들의 의례도 있다. 또한 국가제사의 경우 황제가 직접 주관하는 제사와, 황제가 주관하여야 할 제사를 관인이 대신 주관하는 유사섭사(有司攝事)로 나누고 있다. 『대당개원례』의 「길례」는 그 중요도에 따라 아래의 〈표 4〉와 같이 대사·중사·소사로 구분된다.

〈표 4〉『대당개원례』 대사(大祀)·중사(中祀)·소사(小祀)

대사(大祀)	중사(中祀)	소사(小祀)
호천상제(昊天上帝), 오방제(五方帝), 황지기(皇地祇), 신주(神州) 및 종묘(宗廟)	사직(社稷), 일월성진(日月星辰), 선대제왕(先代帝王), 악진해독(岳鎭海瀆), 제사(帝社), 선잠(先蠶), 석전(釋奠), 공선부(孔宣父), 제태공(齊太公), 제태자묘(諸太子廟)	사중(司中), 사명(司命), 풍백(風伯), 우사(雨師), 제성(諸星), 산림천택(山林川澤) 등

「길례」의 중요한 국가제사에는 사시(四時) 교사(郊祀)를 들 수 있다. 사실『대당개원례』편찬의 목적 가운데 하나도 혼란스럽던 교사를 정비하는 것이었다. 당시 행해지고 있던「길례」사시 교사의 특징은『정관례』의 정현설과『현경례』의 왕숙설을 병용하고 있다는 점이다. 그러나『대당개원례』사시 교사는 정현의 육천설을 완전히 부정하였던『현경례』와는 달리 오방제(五方帝)의 존재는 인정한다는 점에서 일부『정관례』를 수용하고 있다. 그러나 오방제를 종사(從祀)의 대상으로 호천상제의 아래에 두고 있는 것은 결국 왕숙설을 우위에 두고 있는 것이다.

한편『대당개원례』에서는 원구 기곡사를 확정하여 제사의 장소로 원구를 택하여 남교 보다 중시하고 있는데 이 역시 왕숙설을 반영한 것이다. 이처럼『대당개원례』는『현경례』와『정관례』를 절충하고는 있지만『현경례』의 왕숙설을 주로 삼고 일부『정관례』의 정현설를 받아들이고 있음을 알 수 있다.

〈표 5〉『대당개원례』「길례」

대사(大祀)	중사(中祀)	소사(小祀)	비고
①동지사원구(冬至祀圜丘: 권4·5)	①춘분조일어동교(春分朝日於東郊: 권24·25)	①납일자백신어남교(臘日祫百神於南郊: 권22·23)	①삼품이상시향기묘(三品以上時享其廟: 권75)
②정월상신기곡우원구(正月上辛祈穀于圜丘: 권6·7)	②추분석월어남교(秋分夕月於南郊: 권26·27)	②사풍사, 사영성, 사우사, 사중·사명·사인·사록(祀風師, 祀靈星, 祀雨師, 司中·司命·司人·司祿: 권28)	②삼품이상협향기묘·삼품이상체향기묘(三品以上祫享其廟·三品以上禘享其廟: 권76)
③맹하우사우원구(孟夏雩祀于圜丘: 권8·9)	③중춘중추상무제태사(仲春仲秋上戊祭太社: 권33·34)	③천신우태묘·계하제중류우태묘·맹동제사한·흥경궁제(薦新于太廟·季夏祭中霤于太廟·孟冬祭司寒·興慶宮祭五龍壇: 권51)	③사품오품시향기묘(四品五品時享其廟: 권77)
④계추대향어명당(季秋大享於明堂: 권10·11)	④제오악사진(祭五嶽四鎭: 권35)	④황제황태자시학(皇帝皇太子視學: 권52)	④육품이하시사, 왕공이하배소(六品以下時祠, 王公以下拜掃: 권78)
⑤립춘사청제우동교(立春祀青帝于東郊: 권12·13)	⑤제사해사독(祭四海四瀆: 권36)	⑤황제순수(皇帝巡狩: 권62)	
⑥입하사적제우남교(立夏祀赤帝于南郊: 권14·15)	⑥시향우태묘(時享于太廟: 권37·38)	⑥제주(諸州)관련 제사(권68-70)	
⑦계하토왕일사황제어남교(季夏土王日祀黃帝於南郊: 권16·17)	⑦숙명황후묘시향유사섭사(肅明皇后廟時享有司攝事: 권43)	⑦제현(諸縣)관련 제사(권71-73)	
⑧입추사백제어서교(立秋祀白帝於西郊: 권18·19)	⑧효경황제묘시향유사섭사(孝敬皇帝廟時享有司攝事: 권44)		
⑨립동사흑제어북교(立冬祀黑帝於北郊: 권20·21)	⑨황제배오릉·황후배오릉·태상경행제릉(皇帝拜五陵·皇后拜五陵·太常卿行諸陵: 권45)		
⑩하지제어방구(夏至祭於方丘: 권29·30)	⑩계춘길사향선잠(季春吉巳享先蠶: 권48·49)		
⑪맹동제신주어북교(孟冬祭新州於北郊: 권31·32)	⑪유사향선대제왕(有司享先代帝王: 권50)		
⑫맹춘길해향선농(孟春吉亥享先農: 권46·47)	⑫황태자석전우공선부(皇太子釋奠于孔宣父: 권53)		
⑬협향우태묘(祫享于太廟: 권39·40: 3년1번)	⑬국자석전우공선부·황자속수·국학생속수(國子釋奠于孔宣父·皇子束脩·國學生束脩)		
⑭체향우태묘(禘享于太廟: 권41·42: 5년1번)			

⑮황제순수고우원구 (皇帝巡狩告于圜丘: 권56·57) ⑯황제봉사우태산 (皇帝封祀于泰山: 권63) ⑰황제선우사수산 (皇帝禪于社首山: 권64)	권54) ⑭중춘중추석전우제태공(仲春仲秋釋奠于齊太公: 권55) ⑮황제순수고우태사 (皇帝巡狩告于太社: 권59·60) ⑯시한기우태사·시한기우태묘 (時旱祈于太社·時旱祈于太廟: 권65) ⑰시한기악진우북교 (時旱祈嶽鎭于北郊: 권66) ⑱시한취기악진해독, 구우영국문(時旱就祈嶽鎭海瀆, 久雨禜國門: 권67) ⑲제주제사직(諸州祭社稷: 권68) ⑳제태자묘시향(諸太子廟時享: 권74)		

2) 『대당개원례』「빈례(賓禮)」·「군례(軍禮)」·「가례(嘉禮)」

「빈례」는 권79Ⓐ번국왕래조이속백영노(蕃國王來朝以束帛迎勞)·Ⓑ견사계번왕견일(遣使戒蕃王見日)·Ⓒ번왕봉견(蕃王奉見)·Ⓓ수번국사표급폐(受蕃國使表及弊)와 권80Ⓔ황제연번국왕(皇帝燕蕃國王)·Ⓕ황제연번국사(皇帝燕蕃國使) 여기에 권129 견사제번선노(遣使諸蕃宣勞)도 「빈례」에 포함된다. 「빈례」는 당나라의 황제가 내조(來朝)하는 번국왕이나 번국사(외국이나 번국왕이 보낸 관리)를 영접하는 의례로 권79 Ⓐ·Ⓑ·Ⓒ·권80Ⓔ는 번국주를 권79Ⓓ·권80Ⓕ·권129Ⓖ는 번국사를 맞이하는 의례이다. 의례의 순서는 번국왕과 번국사는 모두 당의 황제가 사자(使者)를 보내 행하는 영노(迎勞) 의식(Ⓐ), 황제가 사자를 보내 알현일(謁見日)을 알리는 의식(Ⓑ)을 거친 후, 번국왕과 번국사는 각각 황제알현례(봉견례 Ⓒ)와 황제가 표와 폐를 받는 의식(Ⓔ)에 참여한다. 이 후 황제 알현이 끝나면 번국왕과 번국사는 각각 사연례(Ⓔ·Ⓕ)에 참여한다. 「빈례」는 이상의 내용에서 알 수 있듯이 황제가 번국왕과 번국사를 영접하는 의례이고 『의례』「근례(覲禮)」를 기초로 하고 있다.

「군례」는 권81-90까지 모두 10권으로 구성되어 있는데, 이를 분류해 보면 아래의 〈표 6〉과 같다.

〈표 6〉 『대당개원례』「군례」

구분	행례자(行禮者)	
	황제	관인
전쟁관련 의례	권81 황제친정류우상제 (皇帝親征類于上帝) 권82 황제친정의우태사 (皇帝親征宜于太社) 권83 황제친정조우태묘 (皇帝親征造于太廟) 권84 황제친정마우소정지지 (皇帝親征禡于所征之地) 권84 (황제)친정급순수고소과산천 ((皇帝)親征及巡狩告所過山川)	권84 친정급순수교사유사발우국문 (親征及巡狩郊祀有司軷于國門) 권84 평탕적구선노포,견사노군장 (平蕩賊寇宣露布,遣使勞軍將) 권87 제견대장출정유사의우태사 (諸遣大將出征有司宜于太社) 권88 제견대장출정유사고우태묘 제견대장출정유사고우제태공묘 (諸遣大將出征有司告于太廟) 諸遣大將出征有司告于齊太公廟)
군사훈련 관련의례	권8 황제강무·황제전수 (皇帝講武·皇帝田狩) 권86 황제사우사궁·황제관사우사궁 (皇帝射于射宮·皇帝觀射于射宮)	
양마관련 의례		권89 사마조, 향선목, 제마사, 제마보 (祀馬祖, 享先牧, 祭馬社, 祭馬步)
기타의례	권90 합삭벌고(合朔伐鼓) 권90 대나(大儺)	권90 합삭제주벌고, 제주현나 (合朔諸州伐鼓, 諸州縣儺)

「군례」는 〈표 6〉과 같이 전쟁 관련 의례·군사훈련 관련 의례·양마 관련 의례·기타 의례로 나뉜다. 또한 행례자(行禮者: 예를 행하는 주체)에 따라 황제·관인으로 구분된다. 먼저 권81-84는 황제가 행하는 전쟁과 관련된 의례로 권81-83은 황제가 출정할 때 각각 상제·태사·태묘

에 승리를 기원하는 제사이다. 권84는 황제가 친정한 곳에서 지내는 제사・친정하거나 순수를 할 때 지나가는 산천에 고하는 의례이다. 다음으로 권85-86은 군사훈련과 관련된 의례로 권85 강무와 전수는 농한기에 군사훈련을 목적으로 행하는 의례이다. 권86은 황제가 친히 사궁(활쏘는 장소)에서 활을 쏘는 의례와 황제가 활을 쏘는 의례를 참관하는 의례로 나뉜다. 마지막은 기타의례로 권90의 의례는 일식(합삭)에 고(鼓)를 치는 의례이다. 황제와 백관은 모두 소복을 입고 참여하고 일식이 끝나면 멈추는데 자연의 재이(災異)인 일식이 빨리 지나가기를 기원하는 의례이다. 또한 권90의 "대나(大儺)"는 궁중에 있는 악귀를 몰아내는 의례이다.

다음으로 관인이 행하는 의례로 전쟁에 관련된 의례는 권84, 권87-89가 있고, 이 가운데 권84는 친정・순수・교사를 행할 때에 국문에서 행하는 발제, 적이나 반역세력을 평정하고 로포를 선포하는 의례, 사신을 파견하여 장병을 위로하는 의례이다. 권87-88은 전쟁에 출정하는 대장이 태사・태묘・제태공묘에 승전을 기원하는 제사이다. 권89는 마조・선목・마사・마보 등 말의 말과 관련된 제사로 군마를 기르는 것과 관련된 의례이다. 권90 "합삭제주벌고(合朔諸州伐鼓)"는 여러 주에서 관인이 시행하는 의례로 자사(刺史)・주관(州官)・구품이상(九品以上)관인이 소복을 입고 주관한다. 또한 권90 "제주현나(諸州縣儺)"는 주와 현에서 지내는 나제사이다. 이들 의례를 「군례」에 포함시킨 것은 고를 치는 것과 방상씨가 역귀와 싸우는 형상을 군대와 관련된 것으로 보았기 때문으로 보인다.

「가례」는 권91-130까지 모두 40권으로 구성되어 있고 표 7과 같이 분류할 수 있다. 표 7을 분석해 보면,『대당개원례』「가례」는 행례자에 따라 황실과 관인의 예로 나눌 수 있고 관례(冠禮)・혼례(婚禮)・조하(朝賀)・독시령(讀時令)・기타 의례로 분류할 수 있다. 먼저 황실의 가례에 대해 살펴보면 첫째 관례의 경우 남자가 성년이 되었을 때, 대인(大人:

성인)의 의관(衣冠)을 입는 의식인 황제의 원복 의례(권91, 92)·황태자자의 원복의례(권110)·친왕의 관례(권114)로 나뉜다.

〈표 7〉『대당개원례』「가례」

	행례자(行禮者)		
	황제	황후·황태자·기타황족	관인
관례 (冠禮)	권91,92 황제가원복상·하 (皇帝加元服上·下)	권110 황태자가원복 (皇太子加元服) 권114 친왕관(親王冠)	권117, 118 삼품이상적· 서자관(三品以上嫡· 庶子冠) 권119, 120 사품이상적· 서자관(四品以上嫡· 庶子冠) 권121, 122 육품이상적· 서자관(六品以上嫡· 庶子冠)
혼례 (婚禮)	권93, 94 납후상·하 (納后上·下)	권111 皇太子納妃 권115 親王納后 권116 公主降嫁	권123 삼품이상혼 (三品以上婚) 권124 사품오품혼 (四品五品婚) 권125 육품이하혼 (六品以下婚)
조하 (朝賀)	권95 황제원정동지수황태자조하(皇帝元正冬至受皇太子朝賀) 권96 황제원정동지수황태자비조하(皇帝元正冬至受皇太子妃朝賀) 권97 황제원정동지수군신조하, 황제천추절수군신조하(皇帝元正冬至受群臣朝賀, 皇帝千秋節受群臣朝賀)	권95 황후원정동지수황태자조하(皇后元正冬至受皇太子朝賀) 권96 황후원정동지수황태자비조하(皇后元正冬至受皇太子妃朝賀) 권98 황후정지수군신조하, 황후정지수외명부조하(皇后正至受群臣朝賀, 皇后正至受外命婦朝賀) 권112 황태자원정동지수군신하(皇太子元正冬至受群臣賀) 권113 황태자원정동지수궁신조하·황태자여사부보상견·황태자수조집사참사(皇太子元正冬至受宮臣朝	

		賀·皇太子與師傅保相見·皇太子受朝集使參辭)	
독시령(讀時令)	권99-102 황제어명당독시령(皇帝於明堂讀時令) 권103 황제어명당급태극전독오시령(皇帝於明堂及太極殿讀五時令)		
기타	권104 황제양노어태학(皇帝養老於太學) 권105 임헌책명황후·임헌책명황태자(臨軒册命皇后·臨軒册命皇太子) 권107 내책황태자(內册皇太子) 권109 견사책수관작·조일수조·조집사인견(遣使册授官爵·朝日受朝·朝集使引見)		권126 조집사어상서성예견·임관초상상견·경조하남목초상·만년장안하남낙양령초상(朝集使於尚書省禮見·任官初上相見·京兆河南牧初上·萬年長安河南洛陽令初上) 권127 향음주(鄕飮酒) 권128정 치위(正齒位) 권129 선사서·군신제궐상표·군신제궐상표·군신봉참기거·견사제번선노(宣赦書·群臣諸闕上表·群臣諸闕上表·群臣奉參起居·遣使諸蕃宣勞) 권130황제견사선무제주·황제견사제주선제노회·황제견사제주선사서·제주상표(皇帝遣使宣撫諸州·皇帝遣使諸州宣制勞會·皇帝遣使諸州宣赦書·諸州上表)

둘째 혼례의 경우 황제가 황후를 맞이하는 의례(권93, 94), 황태자가 황태자비를 맞이하는 의례(권11), 친왕의 납비의례(권115), 공주를 시집보내는 의례(권116)가 있다.

셋째 조하(朝賀)는 황제의 의례로는 원정·동지에 황태자의 조하를 받는 의례(권95), 황제가 원정·동지에 황태자비의 조하를 받는 의례(권96), 황제가 원정·동지에 군신의 조하를 받는 의례(권97), 황제가 황제의 탄생일인 천추절에 군신의 조하를 받는 의례(권98)가 있다. 황후의 의례로는 황후가 원정·동지에 황태자의 조하를 받는 의례(권95), 원정·동지에 황태자비의 조하를 받는 의례(권96), 원정·동지에 군신의 조하를 받는 의례(권98), 외명부의 조하를 받는 의례(권98)가 있다. 황태자의 의례는 원정·동지에 군신의 하례를 받는 의례, 궁신의 하례를 받는 의례, 태자태사·태자태부·태자태보와 상견하는 의례, 조집사의 참례·사례를 받는 의례(권113)가 있다.

넷째 독시령은 황제가 주관하는 의례이다. 독시령의례는 권99에서 권103까지이고 권99는 황제어명당독맹춘령(皇帝於明堂讀孟春令)·황제어명당독중춘령(皇帝於明堂讀仲春令)·황제어명당독계춘령(皇帝於明堂讀季春令)이며 권100-102까지는 나머지 세 계절 매달마다 그 달의 월령(月令)을 낭독(讀)하는 의례이다. 권103은 황제어명당급태극전독오시령(皇帝於明堂及太極殿讀五時令)으로 명당과 태극전(太極殿)에서 실시되고 토령(土令)을 포함한 사계절의 시령(時令)을 낭독(讀)하는 의례이다. 『대당개원례』에서의 독시령의례는 먼저 명당에서의 독월령(讀月令), 다음으로 명당에서의 독오시령(讀五時令), 마지막으로 태극전에서의 독오시령 세 종류로 나눌 수 있다.

마지막으로 기타 의례에는 첫째 양노의례가 있는데 황제가 태학에서 삼노(三老)·오경(五更)을 직접 봉양하는 의례로 삼사(三師)·삼공(三公)의 치사자(致仕者: 관직퇴직자) 가운데 덕행과 나이가 많은 자 한 사람을 삼노라 하고 그 다음인 자를 오경이라 하였다. 5품 이상 치사자를 국노(國老), 6품이하 치사자를 서(庶)라고 하여 국가에서 봉양하였다.(권104) 둘째 임헌하여 황후·황태자를 책명하는 의례(권105)와 황태자를 내책하는 의례(권107)이다. 셋째, 사신을 파견하여 관작을 책수하는 의례, 삭일에 (신하의)조하를 받는 의례, 조집사를 맞이하여 만나는 의례(권109)가 있다.

관인의 「가례」로는, 첫째 삼품이상·사오품·육품이하 적자(嫡子)·서자(庶子 : 권117-122)의 관례가 있다. 둘째 혼례는 삼품이상·사오품·육품이하 혼례(권123-125)로 구분된다. 마지막 기타 의례로는 임관초상상견(任官初上相見)의 의례, 경조·하남목초상(京兆·河南牧初上), 만년·장안·하남·낙양령초상(萬年·長安·河南·洛陽令初上)의 의례(권126)가 있다. 셋째 향음주례이다. 지방관이 때에 맞춰 거행하는 경노 의식을 지칭하는데 자사가 주인이 되어 거행되었다. 개원 18년 배요경이 상소를 올려 향음주례를 적극적으로 시행할 것을 주장하였다는 점에서 이 의례가 보편적으로 행해지고 있지 않았음을 알 수 있다. 넷째 치위를 바로 하는 의례이다.(권128) 다섯째 사서(赦書)를 선포하는 의례, 군신이 궐에 나가 상표(上表)하는 의례, 군신들이 봉참·기거하는 의례, (황제가) 사신을 제번에 파견하여 위로하는 의례(권126)이다. 여섯째 (황제가) 사신을 제주에 파견하여 선무하는 의례, (皇帝가) 사신을 제주에 파견하여 조서(詔書)를 선포하는 의례, (황제가) 사신을 제주에 파견하여 사서(赦書)를 선포하는 의례, 제주에서 상표하는 의례(권130)이다.

3) 『대당개원례』 「흉례(凶禮)」

「흉례」는 총20권으로 구성되어 있는데 권131-권137과 권150의 황실흉례와 권138-권149의 관인 흉례로 나누어진다. 먼저 황실 「흉례」는 아래의 〈표 8〉과 같다.

<표 8> 『대당개원례』 황실 「흉례」

권	의례		행례자(行禮者)	비고
131	흉년진무(凶年振撫)		황제가 파견한 사신	상사(喪事)와 무관한 흉례(凶禮)
	노문질고(勞問疾苦)		황실 구성원이 파견한 사신	
133	부주(訃奏)·임상(臨喪)·제상(除喪)		황제	
134	칙사조(敕使弔)·회상(會喪)·책증(策贈)·회장(會葬)·치전(致奠)		황제가 파견한 사신	회상(會喪)·회장(會葬) 의례에는 왕공 이하의 상(喪)·장(葬)에 백료를 파견
135	중궁(中宮)·태황태후(太皇太后)·황태후(皇太后)·황후복(皇后服)	거애(擧哀)·성복(成服)·분상(奔喪)·임상(臨喪)·제복(除服)	중궁(中宮)·태황태후(太皇太后)·황태후(皇太后)·황후(皇后)	
		견사조(遣使弔)	중궁이하에서 파견한 사신	
136	동궁복 (東宮服)	거애(擧哀)·임상(臨喪)	동궁	
		견사조(遣使弔)·치전(致奠)	동궁이 파견한 사신	
137	동궁비복 (東宮妃服)	문상(聞喪)·분상(奔喪)·임상(臨喪)·제복(除服)	동궁비	
132	오복제도(五服制度)		황실·관인	황실·관인이 모두 행하는 의례
150	왕공이하상통의 (王公以下喪通儀)	문애(聞哀)·삼상(三殤)·제거상절제(諸居喪節制)	왕공·관인	왕공·관인이 모두 행하는 의례

〈표 8〉을 근거로 『대당개원례』 황실 「흉례」를 분석해 보면 권131 흉년진무(凶年振撫)·노문질고(勞問疾苦)는 『대당개원례』 「흉례」 가운데 유일하게 죽음과 관계없는 흉사에 관한 의례이다. 흉년진무는 여러 주(州)나 번국(蕃國)에 홍수나 가뭄·병충해 등으로 흉년이 들었을 때 황제가 사신(使臣)을 파견하여 제서(制書)를 내려 이를 극복하도록 진무(賑

撫)하는 의례이다. 한편 노문질고(勞問疾苦)는 황제나 황실의 주요 구성원이 황실의 가족이나 대신(大臣)·도독(都督)·자사(刺史) 등의 질병에 사신을 파견하여 노문(勞問)하는 의례이다. 또한 권133부터 권137까지는 황제와 황실의 주요 구성원들이 상사(喪事)를 접했을 때 행하는 의례들이다. 권133-권134는 황제와 관련된 의례이고 권135-권137은 주요 황실 구성원들과 관계있는 의례이다.

권132와 권150은 황실과 관인을 모두 포함하는 의례이다. 권132 오복제도(五服制度)는 『의례』「상복」을 근거로 가족관계의 친(親)·소(疎)에 따라 구분하여 복상대상과 복상기간을 규정하고 있고 『의례』「상복」을 근거로 하여 태종·무측천 시기의 바뀐 상복도 반영하고 있다.

권150 왕공이하상통의(王公以下喪通儀)는 왕공이하 관인에게 모두 통용되는 상례로 그 내용은 아래의 〈표 9〉과 같다.

〈표 9〉『대당개원례』 권150 「왕공이하상통의(王公以下喪通儀)」

의례	문애(聞哀)	삼상(三殤)	제거상절제(諸居喪節制)
세부 항목	거애(擧哀)·분상(奔喪)	상상(殤喪)	초상취주(初喪聚主)·식음절(食飮節)·곡절(哭節)·거상절(居常節)·불급기장(不及期葬)·외상(外喪)·휘명(諱名)·추복(追服)·상관가취(喪冠嫁娶)·락금(樂禁)·주제상(主諸喪)·혼우상(婚遇喪)·실차절(室次節)·거중문경(居重聞輕)

〈표 9〉에 따르면 왕공이하상통의는 문애(聞哀)·삼상(三殤)·제거상절제(諸居喪節制) 세 종류의 의례로 나뉜다. 먼저 문애에는 거애(擧哀)·분상(奔喪)이 있다. 거애는 상사(喪事)를 듣고 곡을 하며 슬픔을 다하며 머무르는 장소에서 행하는 의례절차이다. 다음으로 분상(奔喪)은 외지에서 부모의 상사를 듣고 상가(喪家)에 도착해서 행하는 의례절차이다. 삼상(三殤)에는 상상(殤喪)이 있는데 상상은 장상(長殤)·중상(中殤)·하상(下殤)에 따라 성인(成人)의 상례(喪禮)와 달라지는 의례절차·기물 수에 대

한 예이다. 제거상절제는 거상(居喪) 과정에서 지켜야할 각종 예로 초상취주(初喪聚主)·식음절(食飮節)·곡절(哭節)·거상절(居常節)·불급기장(不及期葬)·외상(外喪)·휘명(諱名)·추복(追服)·상관가취(喪冠嫁娶)·악금(樂禁)·주제상(主諸喪)·혼우상(婚遇喪)·실차절(室次節)·거중문경(居重聞輕)이 있다.

 이상을 종합해서 정리해 보면『대당개원례』황실「흉례」는 죽음과 관계없는 흉사에 대한 의례(권131)와 죽음과 관계된 의례(권132-137)로 나눌 수 있다. 죽음과 관계된「흉례」가운데 권132 오복제도는 황실성원과 관인을 모두 포함하고 권150 왕공이하상통의는 왕공이하의 관인에 해당되는 의례이다. 그 나머지는(권133-권137) 죽음과 관계된 황실「흉례」이다.

 죽음과 관계된 황실「흉례」는 다시 황제의 의례(권133-134)와 황실 주요 구성원의 의례(권135-권137)로 나뉜다. 황제의「흉례」는 다시 황제가 직접 행하는 의례(권133)와 황제가 임무를 맡긴 관인이 행하는 의례(권134)로 나뉜다. 중궁·태황태후·황태후와 동궁의「흉례」(권135-권136)도 이들이 직접 참여하는 의례와 이들이 파견한 관인이 행하는 의례로 나뉜다. 권137의 동궁비가 행하는「흉례」는 모두 자신이 직접 참여하는 의례이다. 사실 황제 본인의 사후(死後) 행해야 하는 상례 절차가 흉례에서 빠져있는 것이『대당개원례』「흉례」의 중요한 특징 가운데 하나인데 이는『현경례』편찬 시 "국휼례"가 빠진 것이 영향을 미치고 있는 것으로 보인다.

 다음으로『대당개원례』관인「흉례」는 전체 20권 가운데 절반 이상인 12권을 차지하고 있는데 그 내용은 아래의 〈표 10〉과 같다.

〈표 10〉『대당개원례』 관인 「흉례」

권	내용		비고
권138 삼품이상 상지일 (三品以上 喪之一)	초종(初終) 복(復) 설상(設床) 전(奠) 목욕(沐浴) 습(襲) 함(含) 부궐(赴闕) 칙사조(敕使弔) 명(銘) 중(重) 진소렴의(陳小斂衣) 전(奠) 소렴(小斂) 렴발(斂髮) 전(奠) 진대렴의(陳大斂衣) 전(奠) 대렴(大斂) 전(奠) 려차(廬次) 성복(成服) 조석곡전(朝夕哭奠) 빈조(친고동)(賓弔(親故同)) 친고곡(親故哭) 자사곡(현령동)(刺史哭(縣令同)) 자사견사조(刺史遣使弔) 친고견사치부(親故遣使致賻) 은전(殷奠) 복택조(卜宅兆) 복장일(卜葬日) 계빈(启殯) 증시(贈諡) 친빈치전(親賓致奠)		
권139 삼품이상 상지이 (三品以上 喪之二)	장장 (將葬)	진거위(陳車位) 진기용(陳器用) 진인(進引) 인순(引輴) 순재정위(輴在庭位) 조전(祖奠) 순출승차(輴出升車) 견전(遣奠) 견거(遣車) 기행서(器行序) 제효종구차서(諸孝從柩車序) 곽문외친빈귀(郭門外親賓歸) 제효승차(諸孝乘車) 숙지(宿止) 숙처곡위(宿處哭位) 행차전(行次奠) 친빈치봉(親賓致贈)	
	묘상진지 (幕上 進止)	영차(營次) 도묘(到墓) 진명기(陳明器) 하구곡서(下柩哭序) 입묘(入墓) 묘중치기서(墓中置器序) 엄광(掩壙) 제후토(祭后土) 반곡(反哭) 우제(虞祭)	
권140 삼품이상 상지삼 (三品以上 喪之三)	졸곡제(卒哭祭) 소상제(小祥祭) 대상제(大祥祭) 담제(禫祭) 부묘(祔廟)		
권141 삼품이상 상지사 (三品以上 喪之四)	개장 (改葬)	복택(卜宅) 계청(启請) 개분(開坟) 거구(舉柩) 전(奠) 승구거(升柩車) 렴(斂) 전(奠) 설영연(設靈筵) 진인(進引) 고천(告遷) 곡구거위(哭柩車位) 설견전(設遣奠) 이거발(輀車发) 숙지(宿止) 도묘(到墓) 우제(虞祭)	
권142 四品五品 喪之一 (四品五品 喪之一)	자사곡(현령동)(刺史哭(縣令同))이 주현관장조(州縣官長弔)로 바뀜 나머지는 권138과 동일		

6장 당 전기 예제의 정비와 국가의례서의 편찬 211

권143 사품오품 상지이 (四品五品 喪之二)	장장 (將葬)	진거위(陈车位) 진기용(陈器用) 진인(进引) 거구(擧柩) 구재정위(柩在庭位) 조전(祖奠) 구출승거(柩出升车) 견전(遣奠) 견거(遣车) 기행서(器行序) 제효종구차서(诸孝从柩车序) 곽문외친빈귀(郭门外亲宾归) 제효승거(诸孝乘车) 숙지(宿止) 숙처곡위(宿処哭位) 행차전(行次奠) 친빈치봉(亲宾致赗)	▶거구(擧柩)·구재정위(柩在庭位)·구출승거(柩出升车)는 권139의 인순(引輴)·순재정위(輴在庭位)·순출승거(輴出升车)와 같은 의례임
		묘상진짐(幕上进止) 권139와 동일	
권144 사품오품 상지삼 (四品五品 喪之三)		권140과 동일	
권145 사품오품 상지사 (四品五品 喪之四)		권141과 동일	
권146 륙품이하 상지일 (六品以下 喪之一)		초종(初终) 복(復) 설상(设床) 목욕(沐浴) 습(袭) 함(含) 전(奠) 명(铭) 중(重) 소렴(小敛) 전(奠) 소렴(小敛) 전(奠) 대렴(大敛) 려차(庐次) 성복(成服) 조석곡전(朝夕哭奠) 빈조(亲故同)(宾吊(亲故同)) 친고곡(亲故哭) 주현조(州县吊) 주현사조(州县使吊) 서댁조(筮宅兆) 서장일(筮葬日) 계빈(启殡)	▶6품이하는 함(含) 뒤에 전(奠)이 있으나 5품이상은 설상(设床)뒤에 전(奠)이 있음 ▶6품이하는 3품이상 중(重) 뒤의 진소렴의(陈小敛衣)·전(奠)·렴발(敛髮)은 소렴(小敛)에서 시행하고 진대렴의(陈大敛衣)·전(奠)은 대렴(大敛)에서 시행함 ▶6품이하는 3품이상 含 뒤의 부궐(赴厥)·칙사조(敕使吊), 친고곡(亲故哭) 뒤의 친고견사치부(亲故遣使致赗) 은전(殷奠) 증시(赠谥) 친빈치전(亲宾致奠)이 없음 ▶주현조(州县吊)는 3품이상은 자사곡(현령동)(刺史哭(縣令同)) 4품·5품은 주현관장조(州县官长吊), 주현사조(州县使吊)는 5품이상은 자사견사조(刺史遣使吊), 서택조(筮宅兆)·서택일(筮葬日)은 5품이상은 복택조(卜宅兆)·복택일(卜葬日)임

권147 륙품이하 상지이 (六品以下 喪之二)	장장(將葬)은 권143과 동일	
	묘상진지(墓上進止) 권139와 동일	
권148 륙품이하 상지삼 (六品以下 喪之三)	권140과 동일	
권149 륙품이하 상지사 (六品以下 喪之四)	개장(改葬)은 권141과 동일	

〈표 10〉을 종합해 정리해 보면,『대당개원례』관인「흉례」는 권138부터 권149까지 총 12권으로 이루어져 있고 이 가운데 권138부터 권141까지는 3품 이상, 권142부터 권145까지는 4품·5품, 권146부터 권149까지는 6품 이하 관인의 상례이다. 곧『대당개원례』에서는 3품 이상, 4품·5품, 6품 이하 세 등급으로 나누어 관인 상례를 기술하고 있는 것이다.

관인「흉례」를 위에서 구분한 상례(喪禮)·장례(葬禮)·장후제(葬後祭)·개장(改葬) 부분으로 나누어 살펴보면, 장후제·개장 부분은 세 등급 모두 내용이 같다. 상례 부분은 3품 이상의 자사곡(刺史哭)이 4품·5품은 주현관장조(州縣官長弔)로 바뀐 것을 빼면 모두 같다. 다만 6품 이하의 상례와는 일부 다른 점이 보이는데 먼저 6품 이하에는 없지만 5품 이상에는 있는 의례는 부궐(赴厥)·칙사조(敕使弔)·친고견사치부(親故遣使致賻)·은전(殷奠)·증시(贈諡)·친빈치전(親賓致奠)이다.

한편 명칭이 달라지는 의례도 있는데 6품 이하의 주현조(州縣弔)는 3품 이상은 자사곡(刺史哭)으로 4품·5품은 주현관장조(州縣官長弔)로, 6품 이하의 주현사조(州縣使弔)는 5품 이상은 자사견사조(刺史遣使弔)로, 6품 이하의 서택조(筮宅兆)·서장일(筮葬日)은 5품 이상은 복택조(卜宅兆)·복장일(卜葬

日)로 칭한다. 장례(葬禮)는 대부분 같은데 3품 이상의 인순(引輴)·순재정위(輴在庭位)·순출승거(輴出升車)는 5품 이하에서는 거구(擧柩)·구재정위(柩在庭位)·구출승거(柩出升車)로 명칭만 바뀌고 의례의 내용은 거의 같다.

5. 『대당개원례』의 의의와 영향

당초(唐初)는 예제에 대한 논쟁이 활발했던 시기로 당시 상이한 두 입장이 있었다. 태종·허경종 등은 "예제는 인정에 연유한다."는 생각을 가졌고 이는 예제에 대한 현실적·실용적 해석을 의미한다. 그런데 이들은 예제를 시의에 맞게 바꿀 수는 있더라도 반드시 예경적 근거를 필요로 하였고, 이에 따라 왕숙설을 받아들이고 있다. 후한(後漢)·조위시기(曹魏時期)의 경학자 왕숙은 예제에서 시의의 반영을 강조하여 그 현실성과 실용성을 중시하였기 때문이다.

그러나 공영달·장열 등은 예제는 예경에 근본 한다는 생각을 가졌고 이들은 예제의 고정성·항구성을 중시함에 따라 정현설을 받아들였다. 정현은 삼례와 이에 근거한 예제의 고정성·항구성을 강조한 경학자였던 것이다. 그러므로 당초(唐初)에는 이러한 두 상이한 견해의 대립에 무후조(武后朝)의 혼란이 더해지면서 현종조(玄宗朝) 이전까지 예제(禮制)의 혼란은 매우 심하였다.

현실 생활과 밀접한 관계가 있었던 예제의 제정에서 위의 두 세력 간에 치열한 논쟁이 진행되었다. 태종조에는 『정관례』를 고종조에는 『현경례』를 각각 만들어 예제를 확정하려 하였지만 현종조까지 예제를 둘러싼 논란은 계속되었다. 당나라의 최전성기를 구가했던 현종조에는 사회적 안정을 바탕으로 논쟁을 거쳐 예제에 대한 정비가 행해졌고, 개원 20년(732) 장열·소숭 등 집현원학사(集賢院學士)들이 참여하여 150권으로 구성된 『대당개원례』를 편찬하였다. 이 국가의례서는 왕숙설을 우위에 두고 정현설을 부분적으로 받아들이고 있으며 이는 예제의 고정성보다 시의성이 중시되고 있었던 당시의 상황을 보여주고 있다. 현종조 『대당개원례』의 편찬은 예제의 시의성을 우위에 두고 예제의 고정성을 적절히 조화시키려 한 새로운 예제에 대한 모색이라 할 수 있다.

『대당개원례』는 「서례」, 「길례」, 「빈례」, 「군례」, 「가례」, 「흉례」로 나뉘는데, 첫째 「서례」는 『대당개원례』의 총칙에 해당하는 부분으로 의례를 행할 때 준비되어야 할 내용 · 의례물품 등에 대해 언급하고 있다. 둘째 「길례」는 『대당개원례』의 가장 중요한 부분 가운데 하나로 황제 또는 황제를 대신한 관인이 주관하는 제사로 구성되어 있다. 셋째 「빈례」는 당나라의 황제가 래조(來朝)하는 번국왕이나 번국왕이 파견한 사절단을 영접하는 의례이다. 넷째 「군례」는 전쟁을 행할 때에 행하는 의례 · 군사훈련에 관한 의례 · 양마 의례 등으로 나뉘는데 모두 전쟁과 관련이 있는 의례이다. 다섯째 「가례」는 황실과 관인의 관례 · 혼례 · 조하 · 독시령 등의 의례이다. 마지막으로 「흉례」는 죽음과 관련된 의례로 오복제도(五服制度) · 상례(喪禮) · 장례(葬禮) 등으로 구성되어 있다. 『대당개원례』의 의례들은 대부분 황실 구성원들을 대상으로 행해지는데, 「흉례」만은 절반 이상이 관인에 대한 상장례(喪葬禮)라는 점에서 흥미롭다.

『대당개원례』의 편찬은 당 이전 남조 · 북조에서 제각기 행해지고 있었던 국가의례를 통일하였다는 점에서, 당 이후에는 각 왕조 국가의례의 전범 역할을 하였다는 점에서 의의가 있다. 한편 이 의례서는 당나라 후기부터 활발하게 편찬되고 있었던 사인의 예인 서의와 이를 계승한 남송 주희의 가례에도 영향을 끼쳤다. 나아가 조선 초에 편찬된 국가의례서인 『국조오례의』도 『대당개원례』의 형식을 따르고 있다. 요컨대 『대당개원례』는 당 이후 중국왕조와 사인의 의례, 이웃 국가인 한국의 국가의례에까지 영향력을 발휘하고 있었던 것이다.

▌참고문헌

1. 사료

『舊唐書』([後晉] 劉昫等 撰, 北京 中華書局 標點校勘本)
『新唐書』([宋] 歐陽修·宋祁 撰, 北京 中華書局 標點校勘本)
『唐會要』([宋] 王溥 撰, 北京 中華書局)
『唐六典』([唐] 玄宗 撰, 北京, 中華書局 標點校勘本)
『大唐開元禮』([唐] 蕭崇 撰, 日本 汲古書院本)
『文獻通考』([宋] 馬端臨 撰, 武英殿聚珍版本)
『禮記正義』([漢] 鄭玄 注, [唐] 孔穎達 等 正義 十三經注疏整理本, 北京 北京大學 出版社)
『周禮注疏』([漢]鄭玄 注, [唐]賈公彦 疏 北京 中華書局標點校勘本)
『通典』([唐] 杜佑 撰, 北京 中華書局 標點校勘本)

2. 논문

김선민, 「貞觀時期 服紀 改定의 理念的 바탕과 政治的 意義」, 『중국사연구』 18, 2002.
김성규, 「中國王朝에서 賓禮의 沿革」, 『중국사연구』 23, 2004.
김성규, 「『大唐開元禮』 所載 外國使 관련 諸儀禮의 재검토」, 『중국고중세사연구』 27, 2012.
김정식, 「唐 前期 官人 父母喪의 확립과 그 성격」, 『중국고중세사연구』 28, 2012.
김정식, 「『大唐開元禮』 官人 「凶禮」에 대한 小考」, 『중국고중세사연구』 32, 2014.
피석서, 이홍진 외 역, 『中國經學史』, 서울 동화출판공사, 1984.
高明士, 「論武德到貞觀禮的成立—唐朝立國政策研究之一」, 『第2屆 國際唐代學術會議論文集』 下冊, 臺北 文津出版社, 1993.
雷慶, 「貞觀時期的禮制改革」, 『松遼學刊』, 1993-2.
楊天宇, 「論鄭玄"三禮注"」, 『文史』 21, 1983.
楊華, 「論『開元禮』對鄭玄和王肅禮學的擇從」, 『中國史研究』, 2003-1.
張文昌, 「唐代禮典的編纂與傳承 — 以『大唐開元禮』爲中心」, 國立臺灣大學歷史學研究所碩士論文, 1997.

張寅成, 「鄭玄六天說之硏究」, 『史原』 15, 1986.

鄭顯文, 「唐代禮學的社會變革」, 『人文雜誌』, 1995-2.

齊東方, 「唐代的喪葬觀念習俗與禮儀制度」, 『考古學報』, 2006-1.

趙瀾, 「『大唐開元禮』初探: 論唐代禮制的演化歷程」, 『復旦學報』, 1994-5.

金子修一, 「唐代皇帝祭祀の二つの事例―太宗貞觀17年の場合と玄宗開元11年の場合」, 『中國古代の法と社會』, 東京: 汲古書院, 1988.

金子修一, 「唐代の大祀・中祀・小祀について」, 『高知大學學術硏究報告』 25(人文科學2), 1976.

金子修一, 「國家と祭祀:中國―郊祀と宗廟と明堂及び封禪」, 『東アジア世界における日本古代史講座』 9, 東京: 學生社, 1982.

金子修一, 「則天武后の明堂について―その政治的性格の檢討」, 『律令製―中國朝鮮の法と國家』, 東京: 汲古書院, 1986.

金子修一, 「唐太宗・叡宗の郊廟親祭について」, 唐代史硏究會 編, 『中國の都市と農村』, 東京: 汲古書院, 1992.

金子修一, 「唐の太極殿と大明宮―卽位儀禮におけるその役割について」, 『山梨大學敎育學部硏究報告』 44, 1994.

金子修一, 「略論則天武后在政治上對祭祀儀禮的利用」, 『武則天硏究論文集』, 山西古籍齣版社, 1998.

金子修一, 「玄宗朝の皇帝親祭について」, 池田溫 編, 『中國禮法と日本律令製』, 東方書店, 1992.

島一, 『貞觀年間の禮の修定と『禮記正義』(上)』 『學林』 26, 1997.

島一, 『貞觀年間の禮の修定と『禮記正義』(下)』, 『立命館文學』 545, 1997.

妹尾達彦, 「唐長安城の官人居住地」, 『東洋史硏究』 55-2, 1996.

妹尾達彦, 「唐長安城の儀禮空間―皇帝儀禮の舞臺を中心に」, 『東洋文化』 72, 1992.

福永光司, 「昊天上帝と天皇大帝と元始天尊―儒敎の最高神と道敎の最高神」, 『道敎思想史硏究』, 東京: 岩波書店, 1987.

石見淸裕, 「唐代凶禮の構造: 『大唐開元禮』官僚喪葬儀禮を中心に」, 福井文雅博士古稀紀念論集 『アジア文化の思想と儀禮』, 春秋社, 2005.

石見淸裕, 「唐代の官僚喪葬儀禮と開元25年喪葬令」, 東アジアの儀禮と宗敎』, 東京: 雄松堂出版, 2008.

池田溫,「大唐開元禮解說」,『大唐開元禮』, 東京: 汲古書院, 1972.

3. 저서

吳丽娱,『終極之典: 中古喪葬制度研究』上・下, 北京 : 中華書局, 2012.
加賀榮治,『中國古典解釋史-魏晉篇』, 東京: 勁草書房, 1964.
野間文史,『五經正義の研究-その成立と展開』, 東京: 研文出版, 1998.
Howard J. Wechsler, *Offerings of Jade and Silk-Ritual and Symbol in the Legitimation of the T'ang Dynsty*, Yale, 1985.

7장 중세 동아시아의 왜구 침략과 외교

한윤희

1. 서론

14세기 말 한·중·일 동아시아 삼국의 외교 현안의 공통점은 바로 '왜구(倭寇)'라 할 수 있다. 바로 이 왜구는 경인년(1350) 이후부터 한반도를 본격적으로 침구하였으며, 연안지방에서 내륙으로, 그리고 고려의 수도인 개경까지 위협할 정도였다. 이에 고려정부는 공민왕 15년(1366)에 왜구 금압을 요청하는 사절인 금왜사절(禁倭使節)을 일본으로 파견한다. 이 금왜사절 파견은 13세기 여몽연합군(麗蒙聯合軍)의 일본침공[1] 이

---

1) 1274년과 1281년 두 차례에 걸친 고려·몽고(원)의 일본 침공을 말한다. 일본에서는 원구(元寇) 또는 몽고습래(蒙古襲來)라고도 하며, 1차 침공을 분에이노에키(文永の役), 2차 침공을 고안노에키(弘安の役)라고도 한다. 몽고의 쿠빌라이 칸에 의해 실행된 침공이나, 두 번의 침공 모두 태풍으로 인해 실패하였다. 이후 원은 3차 침공도 준비하였으나, 1294년 쿠빌라이 칸의 죽음으로 일본 정벌은 중지되었다.

후에 끊겼던 고려와 일본의 관계가 다시 재개되는 사건이기도 하였다.

이러한 왜구는 동시기 중국으로 대규모 침구하였는데, 중국 조정은 고려·조선은 물론 일본에 대해 왜구를 막지 않으면 쳐들어갈 것이라는 위협을 수차례 할 정도였다. 중국의 위협에 일본 정부는 13세기 여몽연합군의 침공의 공포가 되살아나 적극적인 조치를 취하고, 고려·조선도 왜구 금압에 적극 나섰다. 이처럼 왜구는 중세 동아시아의 외교에 있어서 핵심적인 키워드라고 할 수 있다.

본고에서는 이러한 왜구를 둘러싼 한중일 삼국의 외교적인 양상을 개괄적으로 살펴보고자 하는데, 그 침구가 가장 극심했던 시기인 고려 말을 범위로 삼고자 한다. 이에 앞서 왜구가 고려 말에 얼마나 자주, 어떤 규모로 침구하였는지 살펴보고, 이러한 침구가 시기별로 어떻게 변화하는지 그 양상에 대해 살펴본다. 그리고 이 침구 양상이 일본 규슈(九州) 지역의 군사정세와 어떤 관계가 있는지 서술한다. 마지막으로 왜구 문제를 둘러싼 고려·일본간의 외교 문제에 있어서 일본측의 핵심 인물이라 할 수 있는 규슈탄다이(九州探題)2) 이마가와 료슌(今川了俊)3)의 왜구 금압과 피로인 송환에 대해 살펴본다. 본고에서 살펴보고자 하는 내용들과 관련한 많은 글이 존재하지만 본고는 최근의 연구 성과를 적극적으로 반영하여 글을 전개해나가고자 한다.

---

2) 무로마치 막부(室町幕府)의 규슈 군사 지휘 기관. 남북조시기에 설치되어 남조세력에 대항하였다. 이마가와 료슌 대에 규슈를 영국화(領國化)하는 독립성 강한 광역권력이 된다. 료슌 이후, 시부가와씨(澁川氏)가 취임하여 조선통교 등에 임했으나 그 권력은 쇠퇴해갔다.

3) 이마가와 사다요(今川貞世): 생몰년 미상. 남북조시기의 무장. 토오토미(遠江) 슈고(守護). 이요노카미(伊子守). 료슌(了俊)은 법명(法名). 막부의 히키쓰게토닌(引付頭人)을 거쳐 1371년 규슈탄다이가 되어 규슈 각국의 슈고를 겸하여 남조를 제압, 규슈에 막부권력을 확립하였으나, 1395년 아시카가 요시미쓰(足利義滿)에게 파면당하였다. 와카(和歌)·렌카(連歌)에 뛰어났으며, 『난태평기(難太平記)』·『이마가와오조시(今川大双紙)』 등의 저서가 있다.

2. 고려 말 왜구의 침구와 일본 규슈의 정세

1) 왜구 침구의 양상

고려 고종 10년(1223) "왜가 금주(金州)를 침구하다."라는 짧은 문장으로 왜구는 역사에 처음으로 모습을 드러냈다. 이후 왜구는 1265년까지 약 40여 년 간 고려를 11회 침구하였는데, 이 시기의 왜구를 '13세기의 왜구'라 한다.[4] 이 시기의 왜구는 규모는 선박 2척, 인원은 수십 명 정도, 행동 범위도 경상도 연안 일대 정도였으며, 약탈이 끝나면 곧바로 물러갔다.

그러나 경인년(1350) 이후, 왜구의 침구 횟수·규모·범위 등은 폭발적으로 증가한다. 규모를 보면 왜구의 선단이 최소 20척에서 최다 500척에 이르렀으며, 빈도는 고려가 멸망하는 1391년까지 약 40년 간 591회나 침구하여 13세기 왜구와는 비교가 되지 않을 정도였다. 이 시기의 왜구를 '경인(년) 이후의 왜구'라 하며 이는 곧 '왜구의 전성기(全盛期)'였다. 이 경인년 이후의 왜구는 그 행동 양식에서도 그 이전과 비교하여 큰 차이가 있었다. 즉, 약탈이 끝나고 곧바로 철수하지 않았으며 심지어 고려의 지방관청에 방화까지 행하고 있는 점이 특징이라 할 수 있다. 또한 경인 이후의 왜구가 13세기 왜구와 비교했을 때 가장 큰 차이는 바로 사람을 납치해 갔다는 점이다. 이러한 왜구의 빈번한 침구는 백성의 유랑과 기근 등 심각한 사회 문제를 파생시켰다.

---

4) 왜구를 분류할 때 일본 학계에서는 '전기왜구(前期倭寇)'와 '후기왜구(後期倭寇)'로 분류하고 있다. 전기왜구란 시기적으로 14·15세기의 왜구를, 후기왜구란 16세기의 왜구를 가리킨다. 왜구의 주체를 전기왜구는 일본인, 후기왜구는 중국인을 가리켰으나, 1980년대 후반부터는 '고려·조선인 주체'설·'고려·조선인 연합'설·'다민족 복합적 해적'설·'경계인'설 등 반드시 고려(조선)인을 포함한 주장이 나오고 있다. 한편 한국 학계에서는 '13세기의 왜구'·'경인년 이후의 왜구'·'조선시대의 왜구'로 분류하고 있다. 일본학계의 왜구 분류에 대해서는 왜구 발생의 원인 및 주체에 관해 계속해서 문제점이 지적되고 있으므로, 본고에서는 한국학계의 의견에 따르기로 한다.

<표 1> 경인년 이후의 왜구 침구표

	연도(년)	지역	횟수	집단		연도(년)	지역	횟수	집단
1	1350	8	6	5	22	1371	4	4	3
2	1351	5	4	3	23	1372	12	11	5
3	1352	13	10	7	24	1373	10	6	4
4	1353	1	1	1	25	1374	15	13	7
5	1354	1	1	1	26	1375	13	5	3
6	1355	2	2	1	27	1376	50	15	6
7	1356	0	0	0	28	1377	58	32	7
8	1357	3	3	2	29	1378	51	23	7
9	1358	12	10	2	30	1379	31	22	5
10	1359	4	4	2	31	1380	40	14	5
11	1360	19	5	1	32	1381	33	14	6
12	1361	11	4	2	33	1382	25	8	5
13	1362	2	2	1	34	1383	55	13	6
14	1363	2	1	1	35	1384	19	12	8
15	1364	12	8	5	36	1385	17	11	5
16	1365	6	3	1	37	1386	0	0	0
17	1366	3	3	2	38	1387	7	4	3
18	1367	1	1	1	39	1388	23	9	4
19	1368	0	0	0	40	1389	9	5	3
20	1369	5	2	3	41	1390	7	3	3
21	1370	2	2	1	42	1391	1	1	1

경인년 이후의 왜구의 활동 범위는 고려의 전 해역(海域)뿐만 아니라, 러시아의 연해주와 중국에까지 미치고 있다. 중국에서의 왜구 활동으로 중국 조정은 고려에 대하여 왜구 진압을 요구하는 등 고려와 중국 간의 외교 문제로까지 발전해갔다.

또 이 시기 왜구의 빈번한 침구로 인해 창고를 내륙으로 옮기고, 조세의 운반을 일시적이나마 해로가 아닌 육로로 운송하기도 하였다. 관료들에게 봉급을 지불하지 못하게 되고, 겨우 도착한 조세의 배분을 둘러싸고 살인까지 벌어지는 등 경인년 이후의 왜구는 고려의 국가재정을 궁핍하게 해 국가행정을 포함한 여러 기능을 약화시켜 갔다.

고려의 국가적 기능의 전반에 걸쳐 중대한 타격을 입힌 경인 이후의 왜구는 단순한 약탈을 목적으로 하는 해적의 수준을 넘어 고려의 정규군

과도 대적할 수 있는 전력이었다. 실제로 1377년 왜구는 수도 개성을 공격하려고 해 고려 조정은 철원으로 천도를 꾀할 정도였다.

1392년 조선 건국 이후 1555년 을묘왜변에 이르기까지 발생한 왜구를 '조선시대의 왜구'라 한다. 약 160년 동안 발생한 왜구의 침구 횟수는 약 165회 정도로, 40년 동안 591회를 침구한 경인 이후의 왜구에 비하면 크게 줄어들었다 볼 수 있다. 규모면에서도 경인 이후의 왜구에 비해 크게 축소되어 갔다.

2) 일본 규슈의 정세와 왜구의 침구

근래의 연구에 따르면 고려 말 왜구의 침구 양상은 시기에 따라 다양한 변화를 보이며, 이는 일본 규슈 지역의 군사정세와 밀접한 연관이 있다고 한다. 당시 규슈 지역의 정세에 관해 간략히 설명하고, 이와 왜구 침구와의 관련성에 대해 서술한다.

당시 일본은 남북조시대(南北朝內時代, 1336~1392), 즉 일본의 천황가가 두 개의 파로 나누어져있던 시기로, 지명원(持明院) 계통의 천황은 교토(京都, 북조)에, 대각사(大覺寺) 계통의 천황은 요시노(吉野, 남조) 산 속에 각각 조정을 두고 이후 60여 년 간 항쟁을 거듭하였다.

우선 규슈의 정세 및 왜구 침구와 관련하여 꼭 알아두어야 할 인물들이 있다. 그것은 바로 쓰시마(對馬)의 슈고(守護)[5] 쇼니씨(少弐氏)와 슈고다이(守護代)[6] 소씨(宗氏)이다. 이 두 가문은 가마쿠라시대(鎌倉時代)

---

[5] 구니(國) 단위로 설치된 가마쿠라(鎌倉)·무로마치 막부의 직명(職名). 슈고의 권한을 대범삼개조(大犯三個條)라 하였는데, 첫째, 오반사이소쿠(大番催促)라 하여 관할하는 구니 내의 고케닌(御家人)들을 지휘하고 교토(京都)·가마쿠라를 경호하게 하였다. 둘째, 모반인, 셋째, 살해범의 체포를 담당하였다. 후에 구니 내의 무사들 간의 분쟁에 개입할 권리와 사법 집행의 권리까지 얻게 되었다. 그리고 점차 세금 징수와 전쟁에 패한 자나 범죄자의 토지·관직 등을 몰수하여 영국지배를 강화, 슈고 다이묘(守護大名)로 변질되어 갔다.

부터 전국시대(戰國時代)까지 주종(主從) 관계를 이루어왔다. 소씨는 쇼니씨의 부하로, 남북조 내란기에는 쇼니씨와 함께 행동하며 규슈 본토에 여러 차례에 걸쳐 출병하고 있다. 특히, 쇼니씨는 규슈에서의 전투에서 패할 때마다 쓰시마로 도주하여 재기를 도모하는 등, 쓰시마를 최후의 보루로 삼았다.

왜구가 고려에 침구하기 시작한 경인년에 남조 세력은 규슈에서만 그 위세를 유지하고 있었다. 1350년부터 1361년은 쇼니 요리히사가 규슈의 다자이후(大宰府)7) 현지에서 정치·군사적으로 활발하게 활동하던 시기로, 〈표 1〉을 보면 이 시기에 왜구가 지속적으로 고려를 침구하고 있는 것을 알 수 있다.

한편, 1361년 7월 남조의 수장인 정서부(征西府)가 규슈의 다자이후를 장악하여, 쇼니 요리히사는 일선에서 은퇴해 교토에서 은거하고 있다. 이 시기(1362년~1371년)의 왜구 침구 상황을 보면 1364년을 제외한다면 침구는 소강국면에 있다고 할 수 있다.

정서부가 다자이후를 점령한 이후 9년여간 막부는 규슈탄다이를 파견하여 규슈를 평정하려고 하였으나, 모두 실패하고 만다. 막부는 고심 끝에 관령(管領)8) 호소카와 노리유키(細川頼之)의 추천으로 이마가와 료슌을 규슈탄다이직에 임명하였다. 료슌은 1371년 2월 교토(京都)를 출발하여 1372년 8월 마침내 다자이후를 장악하였고 이후 남조의 세력은 점차 약화되었다. 료슌이 다자이후를 점령한 이후부터 규슈에서 본격적으로 전투가 재개되는데, 〈표 1〉에서 보이듯이 이 시기(1372~1375년) 고려 말 왜구의 침구가 증가하고 있다.

---

6) 슈고의 대관(代官).
7) 다자이후는 7세기 말에 기타규슈(北九州)에 설치되어 규슈 전역과 쓰시마(對馬)·이키(壱岐)섬을 관할하는 정치·군사·외교의 기능을 가진 지방 최대의 행정관청이다.
8) 쇼군을 보좌하며 정무의 만반을 총괄하는 무로마치 막부의 관직.

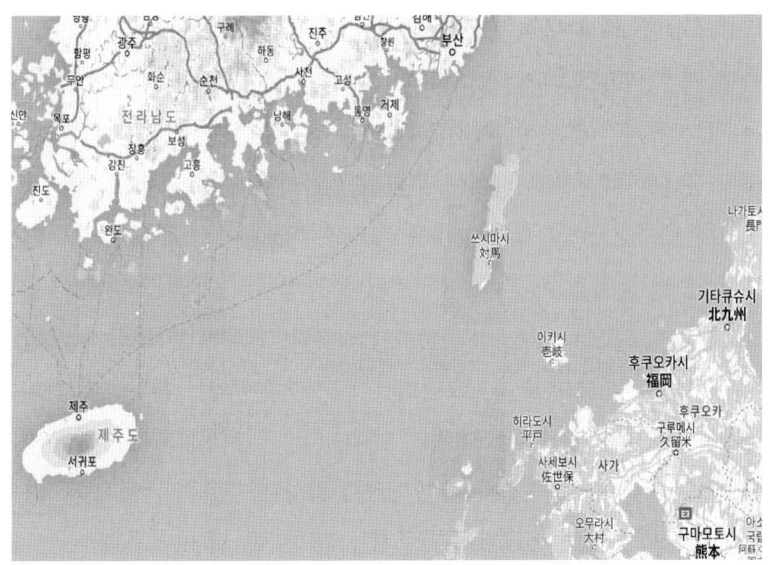

〈그림 1〉 쓰시마의 위치

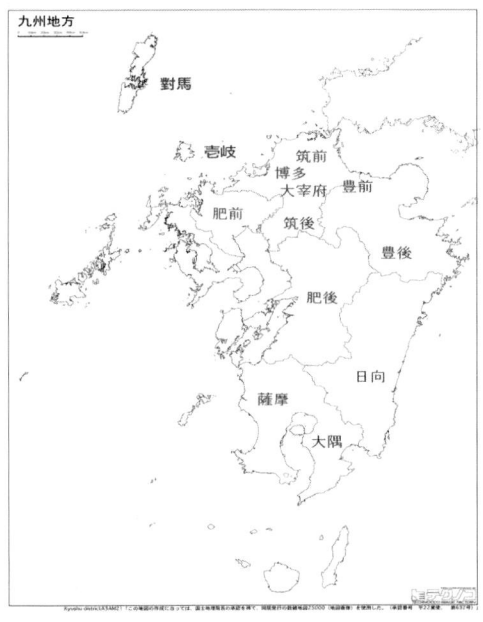

〈그림 2〉 규슈지방의 11개의 구니(國)와 다자이후(大宰府)·하카타(博多)의 위치

1375년 8월 규슈에서는 소위 '미즈시마(水嶋)의 변(變)'이 일어난다. 료슌이 적진 바로 앞에서 쇼니씨의 가독(家督)인 쇼니 후유스케(少弐冬資)를 살해한 사건이다. 이 사건을 계기로 정서부를 궁지에 몰아넣었던 북조의 군대는 내분으로 일거에 무너지고 후퇴한다. 그리고 이 사건 이후 쓰시마 내부도 료슌 측과 정서부 측으로 분열되어 대립하게 되었다. 이 기간 중에 남북조 양군은 일전일퇴의 공방을 주고받은 결과, 마침내 1381년 9월 료슌은 기쿠치(菊地)를 함락한다. 그러나 1383년 9월 료슌은 마시키(益城, 현재의 구마모토현)에서 포진(布陣)하는 등 남조의 쇠퇴 속에서도 양자 간의 군사적 대치는 이어진다. 이 시기(1376~1383년)의 왜구 침구 상황을 보면 침구가 가장 극심하다는 것을 알 수 있다.

1381년 정서부가 본거지인 기쿠치를 함락당한 뒤 거점을 옮겨 저항을 계속하지만 이미 대세는 돌이킬 수 없었다. 이후 규슈의 남조 세력은 1391년 9월 야쓰시로(八代)의 후루후모토(古麓)에서 정전(停戰)하고 다음 해인 1392년 마침내 남북 양조의 합일이 이루어짐으로써 60여 년 동안 지속되었던 남북조 내란은 그 막을 내리게 된다. 이 시기(1384~1391년)의 왜구 침구는 이전 시기보다 확연히 줄어들고 있다.

이상과 같이 규슈의 군사정세와 왜구의 침구 상황을 간단히 살펴보았는데, 이를 정리하자면 다음과 같다. 여기부터는 이영의 「왜구의 단계별 침구 양상과 고려의 대응」(『동북아문화연구』 31, 2012)을 중심으로 설명한다.

〈표 1〉에서 시기별로 왜구 침구의 양상을 살펴보면 1350~1352년, 1358~1361년, 1372~1375년, 1376~1385년, 1388~1389년은 왜구가 빈번하게 침구한 시기이다. 특히 1376~1383년은 왜구의 최극성기(最極盛期)이고, 1353~1357년, 1362~1363년, 1366~1371년, 1386~1387년, 1390~1391년은 왜구의 침구가 적었던 시기이다. 즉, 고려 말 왜구는 '①활발하게 침구→②소강상태→③다시 활발하게 침구→④소강상태→⑤또다시 활발

하게 침구→⑥최극성기→⑦소강상태'로 그 침구 양상이 시기에 따라 다양한 변화를 보인다. 이 왜구 침구를 규슈의 정세와 관련지으면 〈표 2〉와 같다.

〈표 2〉 경인(년) 이후 각 시기별 규슈 정세와 왜구의 침구

	시기(년)	규슈 지역의 군사 정세	왜구의 침구 정도	침구 주체
A	1350~1352	쇼니 요리히사가 규슈에서 군사활동을 활발하게 전개	활발함	요리히사 휘하 쓰시마 세력
B	1353~1357	쇼니 요리히사의 군사활동이 휴지기에 들어감	A시기에 비해 현저히 감소	상동
C	1358~1361	오호바루 전투를 전후해 쇼니 요리히사의 군사활동이 다시 활발해짐	B시기에 비해 왜구의 침구 빈도가 현저히 증가	상동
D	1362~1371	요리히사가 다자이후를 떠나 교토에서 은거	소강상태 (1364년은 예외)	쓰시마 세력
E	1372~1375	1372년에 규슈탄다이와 정서부가 전투 개시. 쇼니씨 참전.	D에 비해 대폭 증가	쓰시마 및 정서부 세력
F	1376~1383	미즈시마(水嶋)의 변(變) 이후 쓰시마의 소씨가 분열 대립	최극성기	상동
G	1384~1391	정서부의 본거지 점령당함(1381). 세력이 크게 약화	F에 비해 급감	상동

〈표 2〉를 통해 규슈의 군사정세와 왜구의 침구 양상 사이에는 다음과 같은 일정한 상관관계가 있음을 알 수 있다.

첫째, 쓰시마의 슈고 쇼니씨가 규슈 본토에서 군사활동을 활발하게 전개할 때에는 왜구의 침구가 증가하지만, 반대의 경우에는 대폭 감소하거나 단 한 차례도 침구하지 않는다.

둘째, 설사 쇼니씨가 군사활동의 주역이 아닌 경우라도, 규슈 지역에 장기간에 걸쳐 격렬한 전투가 이어질 때에는 왜구가 대폭 증가한다. 그러나 전쟁이 소강상태에 들어가면 왜구의 침구도 이에 비례해 대폭 감소한다.

셋째, 규슈 지역의 전쟁 상태에 더해 쓰시마 내부 사회가 분열·대립 상태가 되면 왜구의 침구는 최고조로 증가한다.

이처럼 고려 말 왜구의 침략 목적은 나카무라 히데다카(中村榮孝), 다나케 다케오(田中健夫) 등 기존 연구자들이 말하는 쓰시마, 이키 등지의 해민(海民)들이 단순히 기근으로 인해 식량을 약탈하기 위한 것이 아니라, 전쟁 수행에 필요한 병량(兵糧) 및 재화와 노동력의 확보였음을 알 수 있다. 또한 침구 주체는 쓰시마 등지의 일본의 변경 도서(島嶼)의 해민, 고려의 재인(才人)·화척(禾尺)과 같은 천민 집단이 아닌, 남북조내란에 있어 직접적으로 그 내란의 선봉에 서 있던 규슈의 유력 호족인 것으로 보인다.

3. 고려 정부의 외교적 대책과 일본의 대응

본장에서는 고려 조정이 위와 같은 왜구 침구에 대해 어떠한 대책을 취했는지 살펴보고자 한다. 이 대책에 대해서는 크게 대내적인 것과 대외적인 것으로 나눌 수 있다. 대내적인 대책이란 관리들에게 무기를 갖추게 하고 점검을 하고, 장정을 징발하여 병사로 임명하거나, 창고에 성을 쌓고, 전함 건조를 명하고, 화전(火箭)과 화통(火筒)과 같은 신무기를 시험, 포왜만호(捕倭萬戶)를 임명하는 등의 대책을 말하는데 이에 대해서는 이미 기존 연구에 잘 나타나 있기 때문에 여기에서는 생략하기로 한다. 여기에서는 대외적인 대책, 즉 외교적으로 고려가 어떠한 대책을 취했는지 보고자 한다. 여기에서 외교적인 대책이라 함은 곧 고려가 일본에 왜구 금압을 요구하는 '금왜사절(禁倭使節)'을 파견한 것을 말한다.

고려가 처음으로 일본에 금왜사절을 파견한 것은 고려 공민왕 15년(1366)이었다. 이후 고려 말기까지 고려 정부는 아래의 〈표 3〉과 같이 총 10회에 걸쳐 일본에 사절을 파견하였는데, 그 중에서 특기할 만한 사절 파견들에 대해 설명하고자 한다.

〈표 3〉 고려·일본 간 사절 왕래 일람표

고려			일본			
No.	연월	사절	No.	연월	사절	비고
1	공민15(1366).8	김용				
2	공민15(1366).11	김일				
3	공민17(1368).7	이하생	1	공민17(1368).1	범탕류	답례사
			2	공민17(1368).7	使	
			3	공민17(1368).7	使	대마도 만호가 파견
			4	공민17(1368).11	使	대마도 만호 崇宗慶이 파견
4	우1(1375).2	나흥유	5	우2(1376).10	양유	도쿠소 슈사의 서간 전달
5	우3(1377).6	안길상	6	우3(1377).8	신홍	
6	우3(1377).9	정몽주				
7	우4(1378).10	이자용 한국주	7	우4(1378).6	신홍	료슌이 군사 69명 파견
			8	우4(1378).7	주맹인	료슌이 피로인 수백 명 송환
			9	우4(1378).11	使	패가대 왜인이 파견
8	우5(1379).윤5	윤사충	10	우5(1379).2	법인	조빙하고 선물 바침
			11	우5(1379).5	박거사	大內義弘가 군사 186명 파견
9	不明	방지용	12	우5(1379).7	不明	료슌이 피로인 230여명 송환
			13	우6(1380).11	使	탐제장군·오랑병위 등이 파견
			14	우8(1382).윤2	不明	피로인 150여명 송환
			15	우9(1383).9	不明	피로인 112명 송환
			16	우10(1384).8	使	피로인 92명 송환
			17	우12(1386).7	不明	료슌이 피로인 150명 송환
			18	우14(1388).7	묘파, 人	료슌이 피로인 250여명 송환
10	공양3(1391).10	송문중	19	공양2(1390).5	주능	료슌이 토산물 바침
			20	공양3(1391).8	使	료슌이 피로인 68명 송환
			21	공양3(1391).10	도본 등	승려 현교가 파견
			22	공양3(1391).11	使	료슌이 방물을 바침
			23	공양4(1392).6	使	불교 경전을 청구

1) 김용·김일 사절의 파견

고려 공민왕 15년(1366) 8월, 김용(金龍)을 사자로 한 파견이 금왜사절의 첫 파견이다. 선행 연구에서는 이 사절 파견의 의의에 대해 고려의 일본에 대한 최초의 파견이라는 점, 이후 양국 사이에 전개된 통호 무역의 계기가 되었다는 점, 막부로 하여금 규슈 평정을 진지하게 생각하게 하는 계기가 되었다는 점, 이후의 왜구 금지에 다소 효과가 있었던 것 같다는 등의 의견을 보이고 있다. 그런데 특이한 것이 고려 정부가 김용 사절을 파견한 이후 3개월만인 같은 해 11월에 김일(金逸)을 사자로 한 사행을 연이어 파견한 것이었다. 고려가 연달아 일본에 사절을 파견한 연유에 대해 살펴보자.

당시 김용이 일본에 건넨 첩장(牒狀)은 고려가 금왜를 요구하는 것이 아닌, 원(元)나라 황제가 금왜를 요구하는 것이었다. 이어서 김일은 고려 국왕이 금왜를 요구하는 첩장을 전달하였다. 연달아 원나라와 고려가 금왜를 요구하는 사절을 파견하자, 일본은 약 1세기 전의 몽고와 고려 연합국의 두 차례에 걸친 침공9)의 기억이 되살아나 엄청난 충격을 받게 된

---

9) 일본역사에 있어 전례가 없던 이 외세의 침입은 일본의 정치·경제·문화 등 모든 방면에 엄청난 영향을 가져왔다. 일본은 무사의 전투의 승패는 신(神)에 의해 결정된다고 여겼기 때문에 신에게 '기도(祈禱)'를 올리는 것을 중시하였다. 따라서 막부는 몽골의 1차 침공 이후부터 일본전국의 각 구니(國)에 일제히 이국항복(異國降伏)의 기도를 하게하고, 기도를 올리기 위해 사용되는 산길을 재정비하였으며, 목판(木版)을 다시 만들게 하는 등 전쟁에서 이기기 위한 '기도 정책'을 실시하였다. 또한 일본의 전통 시인 와카(和歌), 음악과 같은 예능이 가진 주술적인 호국(護國) 기능이 비대화(肥大化)되어 이국정벌(異國征伐)의 의례(儀禮)로 사용되었다.
유례없는 외세의 침공에 대비하여 막부는 국방과 재정적인 측면에서도 여러 가지 정책을 실시하였다. 막부로 하여금 국방을 지켜야하는 의무가 재인식되어 모든 권력이 막부에 집중될 수 있도록 하는 조안들이 발포되었다.
또한 1차 침공 이후 몽골의 재침공에 대비하여 하카타(博多) 주변의 경비를 강화할 필요가 있었다. 히젠(肥前)·치쿠젠(筑前)의 요소(要所)를 규슈의 고케닌(御家人)으로 하여금 교대로 경비하게 하는 '이국경고번역(異國警固番役)' 제도를 더욱 강화하고,

다. 이에 일본은 국내의 해적들이 외침의 명분을 조성하고 있음을 알게 되었고, 무로마치 막부(室町幕府)는 적극적으로 해적(=왜구)의 금압에 나서게 되었다.

그런데 최근의 연구에 따르면 사실 8월에 파견된 김용 일행이 가져간 첩장은 원나라 황제가 보낸 것이 아니라, 고려가 원나라 황제가 보낸 것처럼 꾸민 것이었다. 고려는 왜 이렇게까지 해야 했을까?

금왜사절 파견은 왜구가 본격적으로 침구한 1350년 이후 17년이나 지난 1366년에 이루어진 것이었다. 그리고 그것은 바로 원의 쇠망이 확실해진 뒤 추진된 것이었다. 원의 쇠퇴와 새로운 제국 명(明)의 건국이라고 하는 소위 원명교체기에 일시적으로 나타난 고려 북방 국경지대의 소강 시기에 추진된 사절 파견이었다. 따라서 이러한 사신 파견은 무엇보다도 단번에 효과의 극대화를 기해야 했던 것이고, 그래서 고려 단독의 금왜 요구보다는 원을 이용하여 무게를 더하고자 했던 것이다. 실제로 고려 정부의 이러한 대책은 일본 측의 왜구 금압에 대한 태도를 진지하게 생각하는 계기가 되었는데 이에 대해서는 4장에서 자세히 살펴본다.

2) 나흥유 사절의 파견

우왕 원년(1375) 2월 판전객사사(判典客寺事) 나흥유(羅興儒)가 일본에

하카타만 연안에 석벽(石壁)을 쌓게 하였다. 가마쿠라시대의 유명한 승려 니치렌(日蓮)이 이국경고에 종사하는 무사들의 한탄을 남긴 기록에 따르면 '노인, 어린아이, 젊은 아내는 사는 곳을 버리고 어쩔 수 없이 바다를 지키고 (중략) 낚싯배만 보이면 병선인가 해서 간담이 서늘해지고, 하루에 한두 번 산에 올라가고 밤에는 세 네 번 말에 안장을 올려둔다.'라고 되어 있는데, 이를 통해 당시 사람들에게 몽골 침공이 어느 정도로 두려운 것이었는지를 알 수 있다.

재정 정책으로는 전국에 걸쳐 토지조사서를 제출하도록 명령하였다. 조사 대상은 지토(地頭)·고케닌의 소령(所領)에 한하지 않고, 사사령(社寺領)이나 그 밖에 장원(莊園)·공령(公領)에까지 방위비를 부과시키는 기본방침이 세워졌다. 그 후 물자 징발에서 인원 징집까지 무사들의 부담은 확대되어 갔다.

사절로 파견되었다. 나흥유는 하카타(博多)에 도착했을 때 첩자로 의심받아 구금되었으나, 고려의 귀화 승려인 양유(良柔)의 도움으로 감금에서 풀려나 교토에 도착하게 된다. 그리고 이듬해 10월 나흥유가 고려로 돌아올 때 일본은 양유를 보내 고려에 답례하고, 일본 덴류지(天龍寺)의 승려 도쿠소 슈사(德叟周佐)의 서간을 가져온다. 서간의 내용은 다음과 같다.

> 서해도 일로(一路)의 구주(九州)에는 난신(亂臣)들이 할거하고 있으면서 공납을 바치지 않은지 이미 20여 년이 지났다. 서쪽 해도의 완고한 백성들이 이 틈을 타고 (귀국을) 침구하고 있는데, 이것은 우리의 소행이 아니다. 그러므로 조정에서 장수를 보내 토벌하는데 그 지방에 깊이 들어가서 날마다 서로 싸우고 있다. 이제 구주만 평정하면 해적들은 금할 수 있음을 하늘에 맹세하고 약속하는 바이다.(『고려사』 권제33, 열전제46, 우왕 2년 10월조)

일본은 위와 같이 국내가 내란 중인 상황임을 고려 조정에 알리고 있는데, 나흥유의 일본 사행이 앞의 사행들과 달리 평가되는 것이 바로 이 일본의 승려 양유를 데려 온 것으로, 양유가 고려에 온 뒤에 비로소 일본의 위와 같은 국내 사정이 상세히 알려지는 계기가 된 것이다. 그런데 나흥유 사행에 대한 외교적인 성과에 대해 기존 연구들은 부정적으로 평가하고 있다. 나카무라 히데다카·아오야마 고료(靑山公亮)를 비롯하여 한국의 연구자들도 나흥유 사행은 규슈탄다이 이마가와 료슌과 아무런 교섭을 하지 않았고, 또한 별다른 성과가 없었으며, 결과적으로 고려의 외교적 노력이 실패한 것으로 평가하고 있다.

그러나 근래의 연구는 당시 규슈는 규슈탄다이 이마가와 료슌의 통제 하에 있었기 때문에, 나흥유가 감금에서 풀려나 교토로 가기까지 이마가와 료슌의 도움 없이는 불가능 했을 것이라는 점을 지적했다. 또한 나흥유 사행이 아무런 성과 없이 돌아온 것이 아니라, 『愚管記』 북조(北朝)

에이와(永和) 2년 5월 3일조(條)에 따르면 나흥유 사행은 교토까지 가서 막부와 일본 조정에 대해 '해적(왜구) 금제 요구'라는 고려 조정의 의사를 확실히 전달했으며, 이에 대응해 일본 조정에서 중신회의를 소집해 신중하게 논의하고 있음을 알 수 있다. 즉, 나흥유는 사절로서의 소임을 충분히 완수했던 것이다.

그리고 고려 정부가 이러한 사절을 파견했음에도 왜구 침구가 줄어들기는커녕 오히려 극심해지는 상황으로 인해 기존 연구는 고려의 외교적 대책이 실패했다고 평가하고 있다. 그러나 10년 이상이나 규슈의 정치적 구심점이었던 다자이후 일대를 장악하고 있던 정서부 세력을 물리치고 치안을 확보하는 데에는 일정한 세월이 필요했다. 위의 사료에 "난신(亂臣)들이 할거하고 있으면서 공납을 바치지 않은지 이미 20여년이 지났다."고 나타나있듯이, '20여년'이라는 구체적인 기간을 밝힌 것은 그만큼 이들 반란 세력을 진압하는 일이 쉽지 않다는 것임을 밝히고 있는 것이다. 따라서 금왜 사절을 파견하고 그 효과가 곧바로 나타나지 않았다고 해서 외교적 대응이 성과가 없다고 단언할 수는 없다. 또한 막부는 "조정에서 장수를 파견하여 날마다 싸우고 있다"고 하는 것이야말로 근본적인 왜구 대책으로 여기고 있었던 것이다. 어쨌든 고려 측에서 본다면 일본이 왜구 발생의 배경에 관해 성의 있는 해명을 하였으며 또 왜구 문제 해결에 대한 적극적인 의지를 표명했다고 하는 것은 큰 외교적인 성과라고 할 수 있다.

3) 정몽주 사절의 파견

우왕 3년(1377) 9월, 고려는 전(前) 대사성(大司成) 정몽주(鄭夢周)를 보빙사(報聘使)로 하카타에 파견한다. 이 정몽주의 일본 사행은 고려 말기의 사행 중에서 가장 긍정적으로 평가되고 있는데, 정몽주가 고려로 돌아오면서 왜구에 붙잡혀 갔던 고려 피로인(被虜人)을 데리고 돌아왔기 때문일 것이다. 이 정몽주 사행은 조선시대의 일본통신사 관련 기록에서 거의 빠짐없이 등장하여 후대 통신사들의 기준이자 비교대상이 되었으며, 그들은 정몽주와 비교대상이 되는 것을 큰 영광으로 받아들였다.

위에서 말했듯이 정몽주 사행이 가장 긍정적으로 평가받는 이유는 바로 피로인 송환때문이라고 하였다. 이 피로인 송환은 어떻게 이루어진 것일까?

정몽주가 하카타에 왔다는 소식을 듣고 규슈탄다이 이마가와 료슌은 히고(肥後, 현재 규슈의 구마모토현)의 진영에서 급거 하카타로 돌아온다. 당시 정몽주는 료슌과 대면하고 피로인 송환을 요청한다. 정몽주가 피로인을 데려오기 위해 얼마나 노력했는지를 보면, 피로인 쇄환을 위해 돈을 다 썼다는 기록이 있고 또한 도일(渡日) 전 여러 정승들에게 사재 약간씩을 거두기도 하였다. 따라서 당시 료슌을 만났을 때 정몽주가 피로인 송환을 요청했을 가능성은 충분히 높다고 할 수 있다.

정몽주 사행은 이듬해인 우왕 4년(1378) 7월 고려로 돌아왔는데, 이때 료슌이 파견한 주맹인(周孟仁)과 함께 왔으며 료슌은 포로되었던 윤명(尹明), 안우세(安遇世) 등 수백 명을 돌려보냈다. 정몽주의 사행 이후, 〈표 3〉과 같이 일본에서는 지속적으로 군사를 파견해 왜구 금압에 힘썼으며, 특히 규슈탄다이 이마가와 료슌은 피로인 송환자 중 가장 많은 피로인을 송환하기도 하였다. 이에 대해서는 다음 절에서 자세히 서술한다.

4. 고려 말 피로인 송환과 이마가와 료슌

고려 말 왜구 금압와 관련하여 일본 측에서 가장 주목되는 인물이 바로 규슈탄다이 이마가와 료슌이라고 할 수 있다. 앞에서도 언급되었듯이 나흥유 사행이 무사히 구금에서 풀려나 교토 조정에 왜구 금압에 대한 고려 정부의 요청을 전달하고 무사히 귀국하기까지 이마가와 료슌의 도움 없이는 불가능 했을 것이다. 또한 정몽주가 귀국할 당시 수백명의 피로인을 데리고 올 수 있었던 데에는 규슈를 통괄하는 이마가와 료슌이 피로인을 돈을 주고 샀던 아니면 왜구를 퇴치하고 얻었던 간에 그의 협조가 필수 불가결했을 것이다. 그렇다면 이마가와 료슌은 왜 이토록 고려 조정에 협조적이었을까? 그것은 바로 앞에서 말했듯이 고려 공민왕 15년(1366) 김용·김일 사절의 파견과 관련이 있다. 이어서 살펴보자.

1) 이마가와 료슌의 왜구 금압

일본은 위의 사절 파견을 계기로 규슈 평정을 진지하게 생각하게 되었으며, 1370년 6월 막부의 특급 인물이라 할 수 있는 이마가와 료슌을 규슈탄다이직에 임명하였다.

한편 1372년 5월 명(明) 태조 주원장(朱元璋)이 보낸 사절단이 하카타에 도착한다. 이 사건으로 인해 쇼군(將軍)인 아시카가 요시미쓰(足利義滿)는 정적인 가네요시 친왕(懷良親王, =정서부)이 '일본국왕'으로서 홍무제의 책봉을 받은 사실을 알게 되었고, 이는 곧 자신은 일본국왕으로 인정받지 못하고 있다는 사실을 알게 된 것이었다. 또한 정서부가 막부와의 싸움에서 이기기 위해 외세(명)를 끌어들일 가능성도 배제할 수 없었다.

이처럼 남조의 가네요시가 명의 책봉을 받아 언제든 명을 내전(內戰)에 끌어들일 수도 있는 상황이었기 때문에 막부는 고려와 양호한 관계를 유지해야 했다. 고려와 일본 모두 명으로부터 왜구 금압의 위협을 받고 있었으며, 남조가 고려를 침구하여 병력을 회복했기 때문에, 막부는 고려의 협조를 얻어 남조 세력의 뿌리를 뽑아야 했다. 이런 점에서 양국은 이해관계가 일치하였고, 규슈탄다이 이마가와 료슌은 고려에 군사들을 파견해 고려 군대와 함께 왜구를 퇴치하였으며, 여러 차례에 걸쳐 고려에 피로인을 송환한다.

이와 같이 규슈탄다이 이마가와 료슌이 고려에 피로인을 송환한 것에 대해, 기존 연구는 료슌이 막부를 제치고 사적(私的)으로 고려 정부와 통교하였으며, 경제적 이익을 얻기 위해 피로인을 송환하였다고 주장하였다. 그러나 료슌이 고려에 피로인을 송환하고 받았다는 경제적 이익이라는 것은 사료상에서 전혀 찾아볼 수 없으며, 막부를 제외하고 사적으로 고려와 통교하려고 했다는 것은 당시 막부가 처한 국내외적 상황, 그리고 이마가와 료슌이 규슈탄다이직에 임명된 배경에 대해 이해하지 못한 주장이라 할 수 있을 것이다.

2) 이마가와 료슌의 피로인 송환

(1) 피로인 송환의 특징

여몽연합군(麗蒙聯合軍)의 일본 침공 이후 약 1세기만에 여일 양국의 통교가 재개됨으로써 왜구에게 붙잡혀갔던 고려의 피로인이 본국으로 송환되기 시작하였다. 이는 조선 초기까지 계속되었는데, 이러한 피로인 송환의 선구자라 할 수 있는 것이 바로 이마가와 료슌이었다.

피로인은 고려 공민왕 12년(1363)부터 조선 세종 16년(1434)까지 71년간 총 87회에 걸쳐 약 3,566명이 송환되었다. 일본에서 피로인을 송환한 송환주체는 〈그림 3〉과 같이 대략 49명인데, 한 눈에 보아도 이 중에서 이마가와 료슌이 2,147명이라는 가장 많은 피로인을 송환하였음을 알 수 있다.

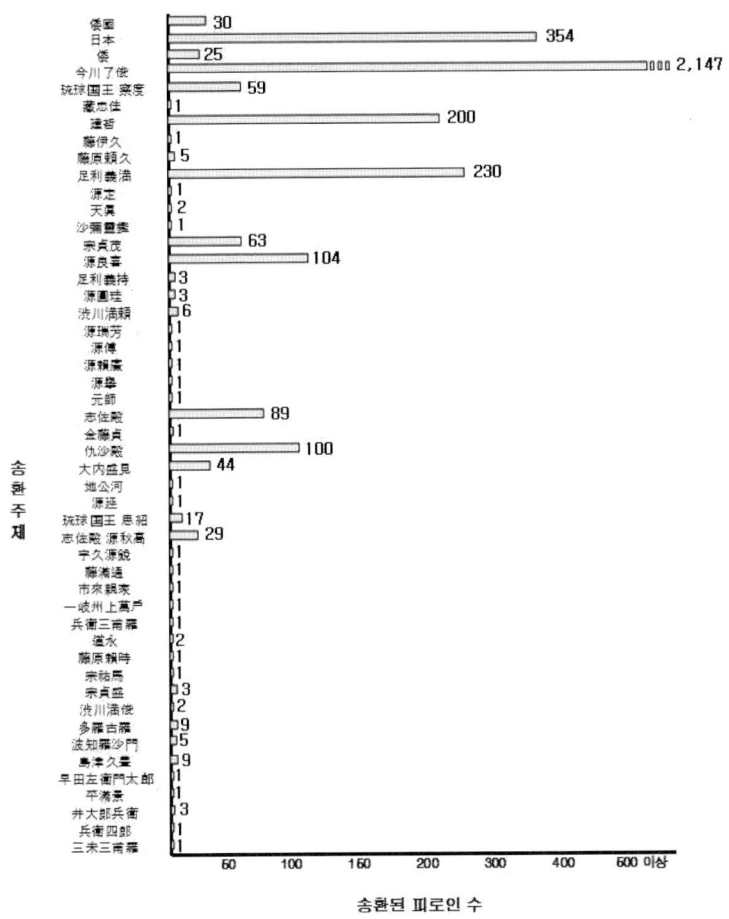

〈그림 3〉 송환주체와 송환된 피로인 수

또한 〈그림 4〉와 같이 이마가와 료슌이 규슈 현지에 부임된 기간(㉠ 1372~1395)과 그 이후(㉡1396~1434년)를 비교하면 차이가 확연히 드러난다. 전술했듯이 피로인은 71년 간 총 3,566명이 송환되었는데, 그 중 료슌의 규슈 현지 부임 기간에 송환된 것은 전체 피로인 숫자의 약 78%(2,787명)로, 이는 전체 기간(71년)의 약 34%의 기간(24년) 동안에 송환된 것에 해당한다. 반면에 료슌이 해임된 1395년 이후부터 1434년까지 38년간 749명의 피로인이 송환되었다. 이는 전체 피로인 숫자의 약 21%에 해당되는 것이며, 료슌의 규슈 현지 부임 기간과 비교하면 약 4분의 1 정도의 숫자이다.

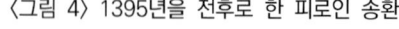

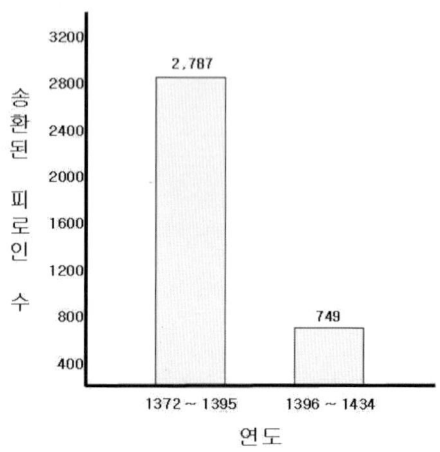

〈그림 4〉 1395년을 전후로 한 피로인 송환

조선조에 들어오면 피로인 송환 지역도 규슈탄다이가 있던 치쿠젠(筑前) 한 지역에서, 이키·쓰시마·사쓰마(薩摩)·스오(周防) 등 다양해지며, 송환주체도 폭발적으로 늘어난다. 특히 료슌의 규슈탄다이 해임 이후부터 증가하게 된다. 그러나 송환주체가 증가되었다고 해서 송환된 피로인 숫자가 늘어난 것은 아니다. ㉠의 기간동안 8명의 송환주체가 2,817명을 송환하였지만, 앞에서 살펴보았듯이 1395년까지는 료슌이 혼자 거의 대부분의 피로인을 송환한 것이나 다름없다. 따라서 ㉠의 기간 동안 료슌을 제외한 나머지 송환주체의 경우 1명당 약 45명의 피로인을 송환한 셈이 된다. 반면 ㉡의 기간에는 42명의 송환주체가 피로인 749명을 송환하였다. 이것은 송환주체 1명당 약 18명의 피로인을 송환한 것으로, 료슌(2,501명)과 비교한다면 대략 0.7%의 숫자로써 현격한 차이를 나타내고 있다.

이처럼 이마가와 료슌이 송환자 중 제일 많은 피로인을 송환하였고, 이후 그를 모방한 것처럼 조선시대에 들어와 피로인을 송환하는 왜인들이 대거 나타나게 된다.

(2) 이마가와 료슌과 정몽주의 만남

전술하였듯이 우왕 3년(1377) 9월 정몽주는 보빙사로 하카타에 파견된다. 정몽주가 하카타에 왔다는 소식을 듣고 료슌은 히고의 진영에서 급거 하카타로 돌아왔다. 그런데 이 히고라는 지역은 정서부의 핵심 무장 세력인 기쿠치씨(菊地氏)의 근거지이며, 료슌은 이때 한창 남조 세력과 공방전을 벌이고 있던 것이다. 이처럼 남조의 핵심세력과 대치중인 상황에서 료슌은 정몽주를 만나기 위해 급히 하카타로 간 것이었다.

료슌은 왜 이렇게 간절히 정몽주를 만나려고 했을까? 이에 대해서는 위에서 언급했던 도쿠소 슈사의 서간에 잘 나타나 있다. 도쿠소 슈사는 일본 막부의 승려로 그가 보낸 서간은 막부 쇼군의 견해를 나타내는 것이다. 그러나 그 서간의 내용은 규슈 현지의 사정을 잘 알고 있는 규슈탄다이 이마가와 료슌의 정보를 바탕으로 쓰여진 것으로, 료슌의 의견이 반영된 것으로 봐야 할 것이다. 료슌은 현재 규슈에 난신(亂臣)들이 할거하고 있는데 규슈만 평정하면 왜구는 금할 수 있음을 맹세하고 있다. 이는 곧 현재 일본은 내란 중인 상황이라는 것으로, 국가기밀에 해당되는 정보라 할 수 있다. 료슌은 국가기밀을 누설하면서까지 고려 정부에 왜구 금지의 어려움을 토로하고 있다. 왜일까? 그것은 바로 앞에서 서술하였듯이 1372년 명 태조가 가네요시 친왕을 책봉하는 사실을 알게 되어, 언제 외세가 남조와 손잡고 일본을 침입할지 모르는 위험한 상황이었기 때문이다.

위의 서간을 보내고 나서 10개월 후에는 자신의 부하인 신홍(信弘)을 고려에 파견하여 왜구 금압의 어려움을 다시 한번 토로한다. 이후 고려가 정몽주를 일본에 파견하자 료슌은 이를 양국의 관계를 회복하기 위한 좋은 기회라 여겨 남조와의 대치 상황 중에 급거 하카타로 간 것이었다. 료슌과 정몽주의 회담 이후 정몽주가 료슌이 보낸 피로인을 데리고 돌아온 것을 보면 분명 료슌은 '왜구를 당장에는 모두 금압할 수 없지만 열심히 노력하고 있다'는 성의의 표시이자, 노력의 결과물로서 피로인을 송환한 것으로 생각된다.

정몽주의 귀국 이후 양국 간에 사자 왕래가 빈번하게 전개된다(〈표 3〉). 1383년까지 왜구 침구가 극심했지만 고려는 1380년경 이후 약 10년간 일본에 금왜사절을 파견하지 않는다. 그 이유는 무엇일까? 북조의 장수들이 막부의 명으로 규슈에서 왜구와 계속 싸우고 있기는 하나, 실제로 1377~1383년까지 왜구 침구는 최고조에 달하고 있다. 이는 일본의 "날마다 서로 싸우고 있다."는 말을 고려가 충분히 의심할 만한 상황이라 할 수 있다. 따라서 료슌은 막부가 왜구 금압을 위해 최선을 다하고 있다는 사실을 고려 정부에 신뢰시키기 위해 1378년부터 계속해서 피로인을 송환하고 있다(〈표 3〉). 피로인을 송환하고 있는 10여 년 동안 고려는 금왜사절을 파견하지 않게 된 것이었다.

이상과 같이 왜구 침구로 고조되었던 여일(麗日) 간의 군사·외교적 긴장 관계가 피로인 송환을 통해 완화되고 있음을 알 수 있다. 나아가, 정몽주와 이마가와 료슌이 하카타에서 회담한 것이 이러한 계기를 마련해준 결정적 순간이었던 것이다.

5. 결론

본고에서는 중세 시기 왜구를 둘러싼 한중일 삼국의 외교 관계를 살펴보았다. 특히 14세기 말 왜구 침구가 극심하였던 고려를 중심으로, 가해자인 일본과 어떠한 외교적 양상이 나타났는지에 대해 서술하였다. 이에 앞서 우선 왜구의 침구 규모, 횟수, 범위 등이 시기에 따라 어떻게 나타났는지 살펴보고, 이어서 왜구 침구의 양상이 일본 규슈의 군사 정세와 어떠한 연관이 있는지 살펴보았다. 규슈에서 쇼니 요리히사를 위시한 휘하 세력이 전쟁을 벌이면, 고려의 왜구 침구가 증가하고, 쇼니씨가 전쟁 휴지기에 들어가면 왜구 침구는 줄어든다. 즉, 고려 말 왜구의 침구는 쇼니씨를 비롯한 그 휘하 세력의 전쟁 준비(병량 등)로 기인한 것으로 보인다. 이로써 근래의 연구 성과를 통해 약 1세기 간 일본측에서 주장해 온 왜구 침구의 원인이나 목적(기근으로 인한 곡식 약탈) 및 왜구 주체(재인·화척 등 고려의 천민 집단과 지배에 저항하는 고려 백성들)에 대해 충분히 재고될 여지가 있다는 것을 알 수 있으며, 따라서 조선 초기의 왜구 침구도 역시 규슈의 군사·정치적 정세와 충분히 연관이 있음을 짐작할 수 있다.

이어서 왜구 침구에 대해 고려 조정이 어떠한 외교적 대책을 취하였는지 살펴보았다. 고려는 1366년부터 고려 말까지 금왜사절을 10회 파견하였는데, 기존 연구에서는 이러한 사절 파견에 대한 외교적 성과에 대해 부정적으로 평가하였다. 그러나 고려의 금왜사절 파견 이후 막부가 이마가와 료슌을 규슈탄다이직에 임명하고, 료슌이 고려에 군사를 파견하여 왜구를 퇴치, 지속적으로 고려에 피로인을 송환한 것을 보았을 때 고려의 사절 파견에 대한 외교적 성과는 충분히 있었다고 할 수 있을 것이다. 특히, 정몽주와 이마가와 료슌의 회담 이후, 일본에서 빈번하게 사절을 파견하였고 고려 정부에서는 더 이상 사절을 파견하지 않았다. 이로써 왜구 문제로 위기감이 고조되었던 한중일 삼국의 군사·외교적 긴장관계가 완화된 것이었다. 이후 조선시대에 들어와서도 여전히 왜구 문제는 동아시아에서 중요한 외교 문제가 되었다.

참고문헌

1. 사료
『高麗史』
『愚管記』

2. 논문
김기섭, 「14세기 왜구의 동향과 고려의 대응」, 『한국민족문화』 9, 1997.
이영, 「14세기의 동아시아 국제정세와 왜구-공민왕 15년(1366) 禁倭使節의 파견을 중심으로」, 『한일관계사연구』 26, 2007(후에 이영, 『황국사관과 고려 말 왜구』에피스테메, 2015에 수록).
이영, 「고려 말 왜구의 허상과 실상」, 『대구사학』 91, 2008.
이영, 「왜구의 단계별 침구 양상과 고려의 대응」, 『동북아문화연구』 31, 2012 (후에 이영, 『황국사관과 고려 말 왜구』에피스테메, 2015에 수록).
이영, 「동 아시아 삼국간 연쇄관계 속의 고려 말 왜구와 대마도」, 『동북아문화연구』 34, 2013.
이영, 「고려 우왕 원년(1375)의 나흥유(羅興儒) 일본 사행(使行)의 외교적 성과」, 『한국중세사연구』 47, 2016.
한윤희, 「여말선초 피로인 송환에 관한 한 고찰-〈今川了俊의 송환 배경='경제적 수익 목적'설〉에 대한 비판적 검토」, 『일본연구』 36, 2014.
川添昭二, 「今川了俊の對外交涉」, 『九州史學』 75, 1982.
海津一朗, 「元寇, 倭寇, 日本國王」, 『日本史講座 4』, 東京大學出版会, 2004.
中村榮孝, 「太平記に見えた高麗人来朝の記事に就いて」, 『日鮮關係史の研究』上, 吉川弘文館, 1965.
田中健夫, 「十四, 五世紀の倭寇と武家外交の成立」, 『日本歷史大系2 中世』山川出版社, 1985.
秋山謙藏, 「「倭寇」による朝鮮・支那人奴隷の掠奪とその送還及び売買」, 『社会経済史学』 2(8), 1932.

3. 저서

박용운, 『고려시대사』, 일지사, 1985.
이영, 『잊혀진 전쟁 왜구』, 에피스테메, 2007.
川添昭二, 『今川了俊』, 吉川弘文館, 1964.
中村榮孝, 『室町時代の日鮮關係』, 岩波書店, 1934.
田中健夫, 『倭寇と勘合貿易』, 至文堂, 1962.
青山公亮, 『日麗交涉史の硏究』, 明治大學文學部硏究所, 1955.

동아시아사의 순간들

3부_ 근세편

8장 16~19세기 동아시아 국제질서의 성립과 변용

홍성화

1. 서론

본고에서는 중국사를 중심으로 명 말부터 청 말에 이르기까지 동아시아 국제질서가 어떻게 새로이 정립되고 변화되어 갔는가를 살펴보고자 한다. 좀 더 구체적으로는 명 중기의 국제질서부터 포르투갈의 등장을 거쳐서 임진왜란과 1644년 명청교체, 그 뒤 동아시아 각국에서 자국의식의 강화, 그리고 아편전쟁 이래 영국 등 서구 제국주의의 등장, 양무운동과 메이지 유신의 전개, 그리고 그 최종결과인 청일전쟁 종결 후 시모노세키 조약까지라는 길고 긴 역사를 그려 보고자 한다.

주지하다시피 1648년 베스트팔렌 조약으로 대표되는 유럽의 조약관계는 각국의 국가주권(sovereignty)을 전제로 한 상호 평등체제[1]이고 유럽

---

1) 이세희, 『서양근대사 강의』, 삼영사, 2013, 73쪽.

에 있어서 근세의 개막이지만,[2] 같은 근세인 지구 반대편에서는 화이질서에 입각한 조공·책봉질서를 기본질서로 하고 있었다. 근대 이전에 세계는 중화 문명, 이슬람 문명, 기독교 문명으로 나뉘어져 있었고, 각각은 자신들이 세계 그 자체라고 생각하던 '세계-제국(월러스틴)'이었다. 중화 문명의 중심에는 신에게 유일하게 통치를 위임받은 덕으로 충만한 황제가 있고, 그 황제의 덕이 세계로 퍼져나간다고 간주되고 있었다. 그 덕의 한계는 없었기 때문에 경계도 마찬가지로 존재하지 않았다. 덕의 중심에 화(華)가 거주하고 있었고, 변방에는 화(華)를 사모하는 이(夷)가 찾아온다고 믿고 있었다. 이(夷)는 이 문명에 참여한다는 의미로서 예(禮)를 화(華)에게 표해야만 했던 것이다. 즉 조공질서는 문화 중심 지역인 화(華)의 수장인 천자에게 이(夷)의 수장이 토산물을 바침으로서 예를 표하며, 천자 역시 답례품(=回賜)을 보내고 이(夷)의 수장을 군주로서 인정하는 상호적인 국제질서였다. 조공이란 중화(천자)와 이적(夷狄)과의 사이의 지배 종속관계를 물질적으로 표현한 정치적인 행위였다. 이러한 국제질서는 비(非)중국 국가에서도 자신보다 하위의 국가를 조공국을 두어 지배하는 형태로서, 중국이 아닌 지역에서도 되풀이 되어 재생산되었다.

보통 한대에 성립하였다고 하는 화이질서에 입각한 조공·책봉질서는 중국을 중심으로 운영되어 왔지만, 본고에서 그 서술대상으로 하는 17세기부터 커다란 변화에 직면하게 되었다. 그리고 그러한 변화가 어떻게 진행되었는가를 다루고자 한다.

우선 지적하고 싶은 것은 중국 이외의 국가들이 그토록 중국과 조공무역을 하고자 하였던 것은 어찌된 이유에서였을까라는 점이다. 이 점은 기존의 연구에서는 그다지 주목받지 않았다고 생각된다. 만약 통설대로 문화적인 차이만으로 화이질서가 성립된다면 조공을 통한 교환품은 주

---

2) 近藤和彦 編, 『西洋世界の歷史』, 山川出版社, 1999, 125쪽.

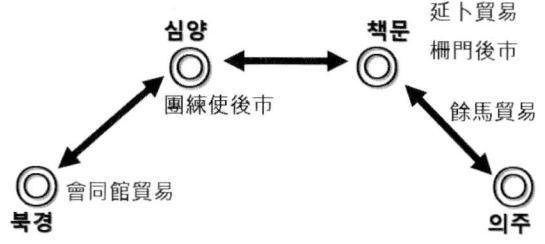

〈그림 1〉 조선후기 사행무역 개념도
출전: 張存武, 2001, 81쪽에서 변형.

로 서적에 집중되어야 할 것이지만, 조공관계를 통한 교역품은 주로 견직물과 도자기 등의 사치품에 집중된 것이 특징이다. 우선 중국으로부터 수입된 물품은 중국만이 가지고 있던 기술로 만들어진 것이며, 외국으로서는 흉내 내기 어려운 귀중품이었다. 다시 말해서 이러한 사치품에 대한 생산을 독점할 수 있을 때 중국의 조공무역체제가 성립할 수 있었다.

보통 조공품은 시장에서 유통되지 않고, 국왕 주변의 지배층에게 한정적으로 하사되는 것이 상례였다. 조공품은 단순한 상품이 아니라, 이를 가지고 있음으로서, 지배층의 사회적 권위를 높일 수 있는 위신재(威信財, prestige goods)였다.3) 사회 계급 역시 인정투쟁(Recognition Struggle)4)의 한 표현이라고 한다면, 내부 질서를 유지하기 위하여 위신재는 필수불가결한 요소였다. 조공품의 주요 거래품목이 위신재라는 점은 역시 단순한 교역활동이 아니라, 각국에서 통치 질서의 강화 차원에서 이루어졌다는 점을 알 수 있다. 따라서 중국이든 외국이든 각국의 통치자들의 입장에서는 가급적이면 자신이 통제할 수 없는 사무역을 배제(=海禁)하고 자신이 주도권을 쥐고 있는 조공무역으로만 일원화하고자 하는 동기는 언제

---

3) 榎本淳一, 2008, 130~133쪽.
4) 악렉상드르 꼬제브, 1981, 제2장.

나 잠재해 있었다고 할 수 있다.

16세기 이후, 동아시아 국가 간에 물적 교류가 예전보다 훨씬 더 활발해짐에 따라서 낮은 위치에 위치해 있어서 이제까지 낮은 위치에 있는 국가(=夷)가 높은 위치에 있는 국가(=華)를 따라 잡으려고 하는 "캐치업(catch-up)', 이른바 '화이변태(華夷變態)'"도 가능하게 되었던 것이다. 본고에서는 이러한 점에 주목하여 16~19세기의 동아시아 국제질서의 성립과 변용에 대해서 서술하고자 한다.

2. 14-17세기 초 '명조적 화이질서'

명대(1368~1644) 동아시아 국제질서의 특징을 단순화시켜서 말하자면, 중국 중심주의에 입각한 엄격한 상하 위계질서이며, 주변부의 여러 나라도 대체로 이를 인정하였다고 할 수 있다. 아마도 근세 시기 조공·책봉질서의 전형적인 사례라고 할 수 있을 것이다. 이와 아울러서 각국을 왕래하는 외교 문서 역시 각국 간의 엄격한 상하 위계질서에 입각하여 작성되었다.

이러한 '명조 화이질서'가 가능했던 것은 중국의 압도적인 경제력을 바탕으로 하였는데,5) 구체적으로는 견직물, 생사, 도자기 등을 중국이 독점적으로 생산할 수 있었다는 것을 의미한다. 중국은 이러한 상품들을 조공무역을 통하여 수입하여 한정된 상류층에 유통시켰고, 이러한 중국 상품을 통하여 자신들의 위세를 하층에게 보여 줄 수 있었다. 즉 견직물, 생사, 도자기, 서적 등은 중국 내에서는 일반 상품이었으나, 외국에서는 이들 상품이 그 내부에서는 권력 유지와 관련된 위신재(威信財)로서 기

---

5) 하마시타 다케시, 2018, 78쪽.

능하였다. 따라서 외국으로서는 이러한 상품을 구하는 것이 자국 내 사회질서의 유지를 위하여 필요하였기 때문에,6) 외국에서 먼저 자발적으로 중국과 적극적으로 무역을 추진하는 경우가 많았다. 심지어는 "농사꾼이 풍년을 바라는 것만큼이나 이(夷)는 (중국에 대한) 조공을 바라고 있다"(鄭舜功, 『日本一鑑』「窮河話海」「貢期」)고 할 정도였다. 조선의 경우 역시 마찬가지였는데, "야인(=女眞)이나 일본이나, 삼도(三島)나 류큐 같은 사이(四夷)가 모두 조정에 찾아오고 있다"(『세조실록』권45 세조14년(1468)3월25일)고 내심 자부하고 있었다.

명조의 대외정책은 흔히 두 가지로 구성되었다고 하는데, ① 해금 정책, 명은 건국 초부터 민간인이 국외로 건너가 무역하는 것을 금지, ② 조공 무역, 명은 정규 조공 사절단에게만 감합을 발급하여 무역 허가, 이 두 가지를 한데 합쳐서 '조공=해금 시스템'7)이라고 한다. 이러한 '조공=해금 시스템'은 외국과의 무역으로 인해 중국 연해 지방에 치안 문제가 발생하거나 연해 세력이 이익을 획득하여 독자적으로 성장하는 것을 막고, 각 국가의 수장들이 이익을 독점하기 위한 좋은 수단이 되었다. 이러한 수장층 간의 교역에서 위신재가 그 주요 거래품이었다는 점은 매우 시사적이다. 조공에 수반되는 무역(=조공무역)의 종류에는 두 가지가 있다. ① 사절단을 통한 조공과 회사의 형식인 공무역, ② 사절단의 수행원들이 개인적인 차원에서 행했던 사무역(ex 회동관 무역)이 그것이다(〈그림 1〉 참조).

조공은 단순히 종주국이 조공국에 대해서 일방적으로 공납의 의무를 부여하는 것이 아니라 예물과 의례를 상호 교환하는 것을 모범으로 하고 있었다. 따라서 원칙적으로 회사(回賜)로 인하여 중국 측으로서는 많은

---

6) Woodside, A., 1988, p.267.
7) 檀上寬, 2013, 70쪽.

부담이 지워졌고, 조공국은 도리어 더 많은 더욱 빈번하게 조공을 하길 원하였다. 이러한 상황에서 종주국의 입장에서 조공 관행을 계속 유지하기 위해서 막대한 재정을 필요로 하였다. 명대의 동아시아 국제질서는 대체로 외국의 자발적인 참여에 의해서 형성되었다는 점에서 '동의에 의한 국제질서'라고 할 수 있지 않을까 생각된다.

한편 위계질서는 화이(華夷) 사이에서만 성립된 것이 아니라, 이(夷)들 사이에도 존재하였다. 일례로 만력『대명회전』卷111「외이(外夷)」항목에서 조공국은 조선, 일본, 류큐, 타이의 순으로 되어 있었다. 한편 건륭4년(1739)에 완성된 『명사』「외국전」에서는 조선, 안남, 일본, 류큐 등의 순서로 되어 있어서 공통적으로 일본보다 조선이 중국의 조공 책봉질서에서 더 우위에 있었다는 점을 알 수 있다.[8] 월러스틴식으로 말하자면 명대 중화질서의 중심=명조, 반(半)주변부=조선·류큐, 주변부=일본이라고 할 수 있을 것이다.

이러한 '명조적 화이질서'하에서의 대표적인 조공 무역 형태가 바로 중국과 일본간에 이루어진 감합무역이라고 할 수 있다. 감합무역은 단순히 일본만을 대상으로 시행된 것은 아니고, 주변 15개국에 감합이 발급되었다. 다만 조선과 류큐는 중국에 표문을 바치는 것으로 번거로운 감합 관행은 면제되었다. 『황명외이조공고(皇明外夷朝貢考)』「조공(朝貢)」「외국사이부칙감합연혁사례(外國四夷符勅勘合事例)」를 보면 다음과 서술되어 있다.

> 무릇 각국 사이(四夷)가 조공하러 오는데 오직 조선이 본래부터 예를 따르는 것에 이름나서 류큐국과 더불어 하례하러 오고 사은하며 사신이 왕래하는데 문이(文移)가 줄곧 서로 통하니 부칙(符勅)·감합(勘合)을 신표로 할 필요가 없다.

---

8) 홍성화, 2018.

이처럼 명대 국제질서는 '예적(禮的) 질서'에 기초하여 서열이 이루어져 조선과 류큐가 가장 우선 순위에 있었다. 이 점은 청대에도 마찬가지였다.9) 그러나 이러한 명조의 해금=조공시스템을 근본적으로 동요시키는 일련의 사건들이 일어났는데, 그 원인은 애초부터 명조 '해금=조공 시스템'의 내부에 잠재해 있었다. 즉 엄격한 사무역 금지는 도리어 밀수나 폭력 등을 수반한 비합법적 방법이 등장하도록 만들었던 것이다.

> 바다는 복건사람들로서는 경작지나 마찬가지이다. 연해의 백성들은 마땅한 생계 방법이 없고 아울러서 기근이 자주 닥치기 때문에 (원래부터) 가난한 백성들은 자주 바다에 들어가서 도적을 따라 서로서로 모여들어서 망명의 무리들이 되기도 하였다. (명대에 들어서) 해금(海禁)이 한번 엄격해지자 식량을 얻을 수 있는 방법이 없어서 연해를 약탈하게 되었다. 연해의 백성들은 속수무책으로 강탈을 당하였으며, 자녀들과 은과 재산들이 모두 약탈을 당하게 되었으니 피해가 더욱 심해졌다. (고염무(顧炎武), 『천하군국리병서(天下郡國利病書)』 第12冊 「절강(浙江)」)

이러한 상황에서 해금=조공시스템에 도전하는 세력들이 차례로 나타났는데 연대순으로 보면 각각 ① 포르투갈 ② 왜구 ③ 몽골의 알탄 칸 등이었다. 이러한 세력들의 추이에 대해 설명하자면 아래와 같다.

① 1513년 포르투갈 세력이 광주에 도착하여 명에 교역을 요구하였지만, 이는 물론 거절당하였다. 이에 1521년 둔문해전(屯門海戰)이 벌어졌고, 광주에서 쫓겨난 포르투갈 세력은 왜구와 중국 연해를 약탈하였다. 결국 명정부는 1557년(嘉靖36年) 포르투갈인들의 마카오 거주를 허가하였다. 명조는 마카오 주변에 세관을 설치하고 포르투갈인들이 자유롭게

---

9) 張存武, 2001, 55쪽.

광주로 통행하는 것을 제한하기도 하였다.10)

② 명조는 왜구를 탄압하기 위하여 1548년 왜구의 근거지인 절강성 앞바다에 위치한 쌍서항을 파괴하고, 나아가 투항한 왜구의 수령인 왕직을 1560년 처형하는 강경책을 취하는 한편, 복건지역을 중심으로 연해지역 신사층들의 해외 교역 재개 희망을 일부분 허용하는 유화책을 쓰기도 하였다. 이러한 차원에서 1567년(隆慶元年) 복건순무 도택민(塗澤民)의 건의를 계기로 복건성 장주부 월항을 개항하였고, 허가증을 소지한 상선들에 대해서 해외 도항을 허락하였다. 이들 상선은 일본으로의 도항은 여전히 엄격히 금지되었으나, 도항이 허락된 동남아시아 등지에서 일본 상선과 교역을 진행하였다. 마닐라를 중심으로 한 갈레온 무역 역시 이러한 해금 정책의 부분적인 해제로 인하여 가능하게 되었다.11)

③ 알탄 칸(1507~1582, 재위 1551~1582)은 타타르부의 칸으로서 아직 정식으로 칸에 취임하지 않은 상태에서도 군사적으로 두각을 드러내어 1550년 명의 수도 북경을 포위하여 이른바 '경술의 변'을 일으켰다. 1551년 정식으로 칸에 즉위한 뒤에, 명에 호시(互市)를 요구하였으나, 명은 이를 거절하였고, 알탄 칸은 국경지대를 대대적으로 약탈하였다. 1571년 명은 알탄 칸을 순의왕으로 책봉하였고, 알탄 칸은 이를 대가로 명에 조공을 하는 이른바 '융경화의(隆慶和議)'가 성립하였다.12)

이처럼 명조는 융경년간과 만력년간 초기를 거치면서 여러 가지 측면에서 체제의 변화를 도모하였다.13) '해금=조공시스템'을 나름대로 다시 정비하여, 연해의 지방세력들(예를 들어 林希元)이 자립화하려는 힘, 즉 연해 지역의 원심력을 억누르고 체제를 다시 정비하는 데 어느 정도 성

---

10) 홍성화, 2017a; 홍성화, 2017b.
11) 홍성화, 2017a.
12) 홍성구, 2011.
13) 鄭振滿, 1998.

공하였다.14) 1571년 이후 갈레온 무역으로 신대륙의 은이 유입되어 중국 상품과 교환되었다15). 즉 아카풀코(Acapulco)와 마닐라 사이에 이루어진 갈레온 무역을 통하여 아메리카 대륙의 사카테카스(Zacatecas)와 포토시(Potosi)에서 채굴된 막대한 양의 은이 마닐라로 운송되었다. 마닐라에 머물던 복건상인들은 이곳에서 중국산 견직물·도자기와 아메리카 대륙 은을 교환한 뒤 은을 중국 대륙으로 반입하였다(〈그림 2〉 참조).16)

이와 같은 갈레온 무역에 대해서 고염무의 『천하군국리병서』에서는 다음과 같이 묘사되고 있다.

> 대개 해외의 이(夷)에는 대서양이 있고 동양이 있다. 대서양은 타이, 캄보디아인데, 그 나라에서는 소목과 후추, 물소 뿔이나 상아 등의 물건이 나며 모두 중국이 필요로 하는 바이다. 동양은 루손(=마닐라)인데 그 나라에는 포르투갈의 땅이다. 그 나라에는 은산(銀山)이 있어서 포르투갈인들은 은화를 만드는 데 홀로 능하다. 중국인들이 만약 대서양으로 가면 (그곳의) 특산품으로서 서로 교환하지만 루손 섬에 가면 오로지 그 은화만 얻어올 뿐이다. (동양과 서양의) 오랑캐들은 모두 중국의 견직물을 좋아하는데, 그 땅에서는 잠상을 하지 않아서 오로지 중국산 생사(生絲)가 도착한 것을 기다려서 이를 정교하게 잘 짜서 입고 화려하다고 좋아한다. 중국 호주산(湖州産) 생사 100근의 가격이 100량인데, 그 땅에 가면 두 배가 된다. (그 밖에) 강서의 자기나 복건의 식량이나 과일들도 모두 좋아하는 것이다.

그리고 이보다 조금 앞서서 16세기 초 일본 시마네현의 이와미 은광(石見銀山)이 개발되었다. 이 은광은 1526년 하카타(博多)의 상인인 카미

---

14) 최다솜, 2019, 60쪽.
15) 서성철, 2017.
16) 岸本美緒 編, 2019.

야 쥬테이(神谷壽禎)에 의해서 발견되어 채굴이 시작되었다.17) 그렇지만 마땅히 은을 정련할 방법이 없었던 차에, 1533년 하카타(博多)에서 종단(宗丹)과 계수(桂壽)라는 두 기술자를 데리고 와서 조선에서 전래된 회취법이라고 하는 정련법을 도입하여 그 생산량이 비약적으로 증가하게 되었다. 그렇지만 여기에서 생산된 은에 대한 일본 내부의 수요는 매우 적었고, 중국의 은 가격이 일본보다 훨씬 비쌌으므로 대부분 중국으로 수출되었다. 이러한 일본 은과 아메리카 대륙의 대량 은 유입을 바탕으로 만력 초기 내각대학사 장거정은 일조편법을 전국적으로 확대 시행할 수 있었다.18)

1557년에 명나라 관헌으로부터 마카오 거주 허가를 얻은 포르투갈 세력은 1570년에는 나가사키까지 정기적으로 항해하여 중일교역을 독점하였다. 일본을 경계한 명조는 일본인의 중국 내항과 중국인의 일본 도항을 금지하고 있었기 때문에, 포르투갈은 손쉽게 그 틈을 파고들어 일본의 은과 중국의 생사 무역을 독점하면서 막대한 이익을 올릴 수 있었

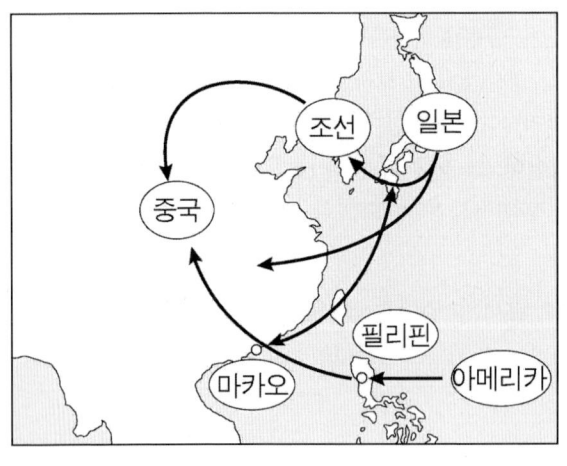

〈그림 2〉
16세기 동아시아 은 유통의 흐름

---

17) 小葉田淳, 1968, 109~110쪽.
18) 傅衣凌, 1957, 4~5쪽; 鄭振滿, 1998.

다.[19] 이러한 무역구조가 가능하였던 것은 중국과 일본, 양국이 각각 서로에게 필요한 것이 있었기 때문이었다. 중국은 영역이 광대하여 조세를 식량으로 수송하면 그 운송비를 감당할 수 없었기 때문에, 조세를 화폐로 납부하게 하여 운송 비용을 절약하려 하였다. 이러한 연유로 중국은 진시황의 반량전(半兩錢) 이래 언제나 막대한 양의 화폐를 주조해야 하였지만, 화폐 주조 재료인 은과 구리의 매장량이 부족한 편이었다. 반면 일본은 귀족 사회의 상징으로서 견직물에 대한 수요가 높았으나 당시까지는 자국에서 견직물을 제대로 생산할 수 없었다. 따라서 중국산 견직물과 일본산 은의 교환이 정상적으로 이루어진다면 양자 간에 모두 혜택을 가져 올 수 있었다. 그러나 이러한 교역은 중국의 '해금=조공시스템'으로 인해 중국 본토 내에서는 합법적으로 중국인도, 일본인도 모두 중일 무역에 참여할 수 없었다.

이와미 은광이 발견되기 이전인 16세기 초반에 오히려 은(銀)은 조선에서 일본으로 수출되었다. 그렇지만 이와미 은광이 발견된 지 2년 뒤부터 일본 은이 조선에 유입되기 시작하였다. 회취법이 정착된 1533년을 거쳐 1538년이 되면 일본이 조선에 수출하는 품목 대부분을 은이 차지하게 되었다. 이러한 일본 은을 대가로 조선이 수출한 것은 면포였다.[20] 이와미 은광의 개발은 조선에도 은가 하락과 사치 풍속의 유행, 그리고 명과의 사무역 범람 등의 현상을 초래하였다.[21]

일본 은이 중국으로 유입되는 루트는 ① 한반도를 경유해서 가는 경우, ② 직접 중국으로 유입되는 경우로서 2가지였다고 한다. 이 가운데 실제 그 유입량은 ② 중국으로 직접 유입되는 양이 더 많았을 것이라고 추측하고 있다. '명→조선·류큐→일본'이라는 중국 중심주의는 전적으

---

19) 홍성화, 2017b.
20) 무라이 쇼스케, 2003, 177쪽.
21) 구도영, 2018, 제4장.

로 중국이 견직물과 도자기 등의 교역품을 독점하고 있다는 데 기인한 것이었다. 그 뒤 포르투갈에 의해서 중일 교역이 활발해지면서 비로소 일본은 비단과 도자기에 필적할 만한 수출품(=은)을 갖게 되었던 것이다.

일본의 이와미 은광 발견은 동아시아 국제질서에 어떠한 영향을 주었던 것일까? 조선 전기, 특히 이와미 은광이 발견되기 전에는 항상 조선과 일본과의 관계에서 조선 쪽이 우위에 있었다. 예를 들어 1443년(세종 25년) 조선 통신사 변효문(卞孝文)을 맞이하였을 때, 오우치 노리히로(大內敎弘)는 "툇마루에 엎드려서 머리를 조아리며 맞이하고 신당에 올라서 머리가 마루에 닿도록 절을 했다"는 기사에서 알 수 있듯이 조선통신사에 대한 대접은 매우 깍듯했다. 그러나 『중종실록』 102권, 중종39년(1544) 4월 24일 임백령(林百齡)의 상주를 보면 다음과 같다.

> 왜인들이 중국에 말하기를 '조선(朝鮮)은 우리에게 복종하여 섬기고 있으니 우리가 마땅히 조선 위에 서야 한다.'고 했다는 것입니다. … 모욕이 이보다 클 수 없습니다.

위의 발언은 1540년 오우치 요시다카(大內義隆)가 보낸 견명사(遣明使) 코신 세키테이(湖心碩鼎)가 명 조정에서 한 발언이라고 추측된다.[22] 여기에서는 예전과 달리 일본의 국제적인 지위가 조선보다 우위에 서야 한다고 주장하고 있는 것이다. 이와미 은광의 발견이 가져온 자신감이 여기에서도 잘 나타나 있다.

동아시아의 질서 변동이라는 측면에서 조선 역시 예외는 아니었다. 1574년 북경에 파견된 조천사 조헌(趙憲, 1544~1592)은 당시 명(明)의 풍속에 대해서 "사설(邪說)이 멋대로 유행하고 금수가 사람을 위협하며, 사

---

22) 무라이 쇼스케, 2003, 225쪽.

람으로서 윤리가 절멸하기에 이르러 국가는 참으로 혼란과 멸망으로 나아가고 있다"고 신랄하게 비판한 바 있다.[23] 조선 후기에 나타난 '조선중화주의' 역시 이 시기부터 그 맹아가 싹트고 있었다.

명 말이 되면서 중일관계에서도 다음과 같은 두 가지 현상이 나타났다. ① 이와미 은광의 발견으로 인한 막대한 부의 축적, ② 후기 왜구의 등장. 이와미 은광의 발견을 계기로 원래대로라면 중일 교역이 활발해져야 할 것이지만, 명조의 굳건한 조공=해금시스템으로 이것이 어렵게 되자 중·일 해상세력은 약탈세력으로 돌변하였고 중국 동남연해를 침탈하였다. 손쉽게 동남 연해 지역을 약탈할 수 있게 되자 명조에 대한 존숭감이 사라지고 일본의 해상세력은 점차 자신감이 붙기 시작하였다. 결국 이와미 은광의 개발은 1592년 임진왜란의 보이지 않는 도화선이라고 할 수 있다. 바꾸어 말하자면, 16세기 후반 동아시아 '교역의 붐'은 역내 군사적 충돌의 가능성을 높였던 것이다.

『선조수정실록』 25권, 선조24년(1591) 5월 1일조에서는 다음과 같은 구절을 찾을 수 있다.

> 그전에 왕직(汪五峰=王直)의 패거리였던 자들을 불러다가 물었는데 왕직은 중국 사람으로 왜인을 인도하여 강절(江浙)을 침범케 했던 자입니다. 그들이 답하기를 "우리는 처음에 3백여 명으로 남경(南京) 지방에서부터 겁탈과 노략질을 일삼으면서 복건으로 내려왔었는데 그 후 1년 만에 병력의 손실이 없이 고스란히 그대로 돌아왔다. 중국이 일본을 마치 호랑이처럼 두려워하고 있으니, 중국을 쳐부수기는 아주 쉬울 것이다." 하자, 관백(關白, 도요토미 히데요시)이 "나의 지혜로 나의 병사를 이끌고 가게 되면 마치 거센 물결이 모래톱을 무너뜨리듯 예리한 칼로 대나무를 쪼개듯 할 터이니 어느 성인들 무너뜨리지

---

23) 후마 스스무, 2019, 제5장.

못하겠으며, 어느 나라인들 멸망시키지 못하겠는가. 나는 중국의 황제가 되고 말 것이다." 하였습니다.

오다 노부나가의 뒤를 이은 도요토미 히데요시는 대륙 침략을 즈음하여 절강성 영파(寧波)를 자신의 수도로 삼을 것을 밝히기도 하였다. 왕직 등의 후기 왜구 활동이 훗날 임진왜란의 계기가 되었다고 할 수 있다. 이러한 의미에서 도요토미 히데요시는 왜구왕 왕직(王直)의 후계자이자 '왜구적 세력'을 집대성하였다고 할 수 있다.[24]

이러한 '일본형 화이질서'의 배경에는 임진왜란 당시 명군으로 하여금 일본군의 위력에 대해서 "동이 가운데 병기가 날카로우며 목숨을 가볍게 여겨 전쟁이 능숙"[25]하다고 절감할 정도의 무력을 지니고 있다는 점도 커다란 작용을 하였다. 이렇게 본다면, 1609년 사쓰마번이 명조의 책봉국인 류큐를 침공한 사건의 배후에는 무력에 대한 에도 막부의 자신감이 있었다고 할 수 있다. 결국 다극화된 '17세기 동아시아 체제'의 성립 배경에는 1644년 명조 멸망 이전에 앞서서 1592~1598년의 임진왜란이 훨씬 더 근본적인 계기로 작용했다고 할 수 있다.

어떤 의미에서 보면 ① 1592년 임진왜란, ② 1619년 사르후 전투, ③ 1636-37년 병자호란, ④ 1644년 '명청교체'라는 일련의 사태는 16세기 후반, 동아시아 교역 네트워크의 변동에 따른 새로운 질서 형성의 군사적 표현이라고 할 수 있다.

한편, 『선조실록』 189권 「선조38년(1605) 7월 6일 무인」조를 보면, 도쿠가와 이에야스가 조선과 수교를 회복한 뒤 명에게 조공을 바칠 계획이 있었다는 사실을 발견할 수 있다. 에도 막부는 1610년 류큐를 매개로 명에 감합무역의 재개를 타진하였다. 그러나 이와 같은 계획은 1615년 명

---

24) 무라이 쇼스케, 2003, 227쪽.
25) 한명기, 1999, 45쪽.

조정의 거절로 아무런 수확이 없이 끝나고 말았다.[26] 이렇게 되자 에도 막부는 설령 감합무역이 성공했다고 하더라도 막부의 정당성을 강화하기 위하여 중국의 권위를 빌린다면 끝내 막부의 권위가 손상될 위험도 있다는 데 생각이 미치게 되었다.[27] 이에 명조와의 감합무역을 무리하게 재개하는 대신에 조선과 류큐 사절을 화려하게 맞이함으로써, 에도 막부의 정당성을 과시하는 수단으로 삼았다.[28] 이러한 가운데 에도 막부는 스스로를 '중화'라 간주하는 '일본형 화이시스템' 체제를 만들어냈고, 1644년 만주족 청이 명을 멸망시켜 중국을 지배하자 '만주=북적(北狄)'이라는 의식이 이러한 일본 독자적인 화이질서를 더욱 강화하는 계기가 되었다.[29]

이처럼 명조를 중심으로 하는 중심부와 여타 국가를 주변부로 하였던 기존의 위계질서는 조금씩 동요하였고, 그리고 주변부(누르하치, 도요토미 히데요시)는 점점 독자적으로 발전하고 있었다. 그리고 이들 주변부는 공통적으로 중심부(=명조)에 대하여 군사적 지향을 뚜렷이 하고 있었다. 화이질서라는 위계질서를 기본 전제로 하여 주변부에서 중심부를 지향하는 전형적인 캐치업(catch-up) 현상을 여기에서도 찾아 볼 수 있다.

이러한 국제질서의 변화는 국제 교역 형태에서도 변화를 가져왔다. 조공 무역 이외에도 이른바 '호시 교역'의 증대가 현저해졌다. 정약증(鄭若曾) 『주해도편(籌海圖編)』 권12에서는 "관에서 아행을 설치하여 (외국과) 민간이 무역하는 것을 '호시(互市)'라고 한다. 공박(貢舶)이 있을 때, 호시가 이루어지는 것으로 조공이 아니라면 그 호시를 허락하지 않는 것이 분명하다."라고 하고 있다. 여기에서는 조공과 호시가 일체화되어 있는

---

26) 紙屋敦之, 1990, 27~28쪽.
27) 손승철, 2006, 222쪽.
28) 로널드 토비, 2013, 72쪽.
29) 위의 책, 127쪽; 眞壁仁, 2012.

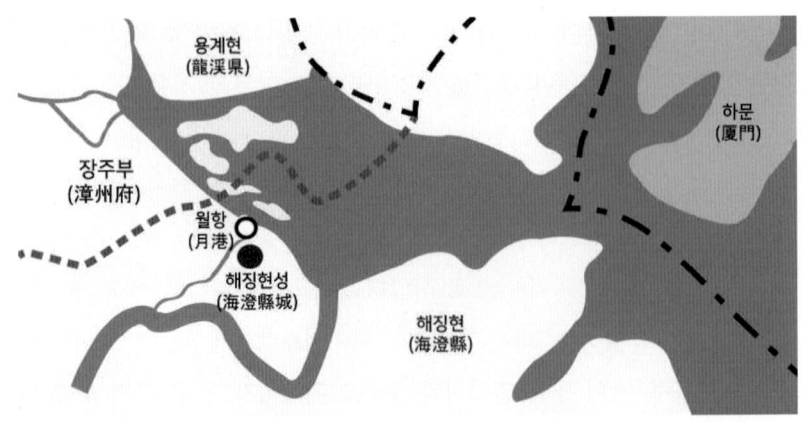

〈그림 3〉 복건성 장주부 월항의 위치

것으로 이것이 명조의 본래 이념이었다고 생각된다. 다만 1567년(隆慶元年)의 월항 개항 이래 조공을 수반하지 않는 호시의 영역('非朝貢互市')이 점점 비중이 커지게 되었다. 이는 명조 역시 전세계적인 은교역권(銀交易圈)에 편입되었기 때문일 것이다.

어떤 연구자는 이러한 호시를 기존의 조공체제에서 완전히 벗어난 것으로 파악하기도 한다. 그 근거로서 우선 월항에서의 교역은 조공을 관할하는 예부의 통제를 받지 않았으며, 또한 조공과는 달리 공기(貢期)의 규정이 없고, 일본을 제외한 어떤 나라의 선박도 입항할 수 있으며, 상선이 가져온 화물은 모두 상품으로 취급하며 수향(水餉)과 육향(陸餉)이라고 불리는 관세를 은으로 지불하게 하였던 점 등을 지적하고 있다. 또한 이러한 세금을 지불하는 대가로 교역허가증인 호표(號票)나 문인(文引)이 발급되었는데, 이를 조공 매커니즘과는 다른 호시 시스템이라고 명명하였다. 또한 16세기의 호시 시스템의 도입이 조공 그 자체를 변질시키는 계기가 되었고, 이 시스템은 18세기가 되면 동유라시아 세계의 전역을 커버하는 교역시스템으로서 발전하였다고 주장하고 있다.[30]

그러나 월항의 개항 이후 명조는 연안 방어체계를 재정비하여 다른 지역에서 발생하는 사무역 및 해적 행위를 철저하게 봉쇄하려고 하였다는 점, 융경 연간 해금을 어긴 죄에 해당하는 처벌 단계가 강화된 점 등은 대외무역에 대한 명조정의 통제 의지를 여전히 웅변하는 것이라고 할 수 있다.[31]

3. 17세기 초 새로운 화이질서의 태동

본래 은을 내부화폐로 사용하지 않았던 조선에서는 일본에서 은을 유입하여 이를 국제 결제 화폐로 사용하였고 그 결과 일본 은은 조선을 거쳐 중국 본토나 당시 변경지역인 요동으로까지 유출되었다. 유입된 은으로 인해 요동 지역은 조선을 능가하는 경제적 활황이 나타났다. 이 과정에서 이익을 독점하는 실력자들이 나타났는데, 그들이 이성량(李成梁), 모문룡(毛文龍), 그리고 훗날 1616년 후금을 세웠던 누르하치였다. 이처럼 이들이 역사의 무대에 등장하게 된 배경에는 변경으로 흘러들어갔던 은(銀)이 커다란 역할을 하였다.[32] 이러한 동아시아에서 은 유통의 확대

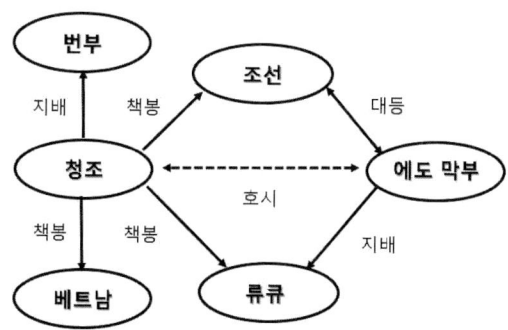

〈그림 4〉 7세기-19세기 중엽까지 동아시아 대외관계

---

30) 上田信, 2005, 252~253쪽.
31) 홍성화, 2017b.
32) 和田正廣, 1984·1985.

를 계기로 상업적이면서도 고도의 군사력 집중에 의한 새로운 국가 형성이 이루어졌다.33) 이것이 두 가지 방향으로 나타나는데 첫 번째가 도요토미 히데요시 정권 이후, 1603년에 성립한 에도 막부이고, 두 번째가 1616년 건국된 누르하치의 후금 세력이었다. 동아시아의 주변부에서 자립적으로 나타난 것이고 모두 중심(=명)을 군사적인 정복대상으로 하고 있다는 점에서도 공통점을 지니고 있었다.

그들은 변경교역을 주요 재원으로 성장한 상업 집단 내지 '상업자본가'적인 재능을 지닌 사람들로서 변경 시장의 엄격한 경쟁을 통해 단련되었다. 친(親)시장경제적, 집단적인 일체감 등 누르하치 집단이 지닌 특징은 오다 노부나가(織田信長) 집단과 어느 정도 공통적인 면을 지니고 있었다. 한편 에도 막부의 경우, 청조와는 달리 견고한 신분제도를 중층적으로 쌓아 올리는 구조를 통해 사회 안정을 도모했다는 점에서 개방적인 신분질서를 지향한 청조와는 다른 점이 있다.34) 그러나 양자 모두 명조와 전쟁을 벌였던 군사 정권의 경험을 공유하고 있다는 점에서는 공통점을 지니고 있었다. 나아가 임진왜란, 정묘·병자호란 등을 거치면서 이들은 각각 '청조형 화이질서'와 '일본형 화이질서'를 구축하여 명조와는 독자적인 천하질서를 구축해 나갔다.

'청조적 화이질서'의 형성과정에 대해서 살펴보기로 하자. 구체적으로는 1627년 정묘호란 시기에도 후금은 이미 명조를 남조(南朝)로 파악하고 자신들을 북조(北朝)로 하여 명조를 상대화하였고 이를 조선에 강요하려 한 바 있다(『인조실록』 권15, 인조5년(1627) 21일 戊午 조). 이러한 독자적인 국가의식을 발전시켜, 안으로는 1635년 민족명을 여진에서 만주로 고치고, 1636년 황제 즉위를 전후하여 팔기제를 팔기만주·팔기몽

---

33) 무라이 쇼스케, 2003, 223쪽.
34) 기시모토 미오, 2014, 302쪽.

고·팔기한기의 형태로 정비하여 만·몽·한의 다민족으로 국가 체제를 확립하였다. 밖으로는 1638년 몽골아문을 이번원(理藩院)으로 개칭하였다. 이번원은 글자 그대로 번부(藩部)에 관련된 사무를 담당한 곳으로 여기에서도 만주족을 중심으로, 그리고 몽골 세력을 주변부로 간주하고 있다는 것을 알 수 있다.35) 이들 번부는 일정한 자치권을 가지고 있어서, 청조로서는 간접 통치지역에 해당하였다.36) 이 후 조공국인 조선에 관련된 사무는 예부에서 담당하게 되어, 직접통치 지역, 번부, 조공국이라는 트롤로지는 이미 1644년 입관 이전에 이미 성립하고 있었다.37) 그리고 1636년 병자호란을 통하여 조선을 청조형 천하질서에 편입시켰다는 점은 잘 알려져 있다.38)

16세기 후반이 되면서 조공 무역뿐만 아니라, 호시 형태가 중국의 주변 국경에 점점 분명히 모습을 드러내기 시작하였다. 융경화의 이후 몽골과의 국경 무역이 그것이다. 호시는 국경 부근의 특정 관소(關所)나 항구에 설치된 무역장에서 호시감(互市監) 등 관인의 감독하에 행해진 무역형태를 말한다. 시박사나 해관에서의 대외교역 역시 여기에 포함된다.39)

1616년 후금의 건국 이전부터 누르하치는 명과의 교역을 통하여 호시에 대한 풍부한 경험을 축적하고 있었다. 누르하치는 통상과 교역은 국가 재정의 근원이라는 유연한 생각을 가지고 있었다(『淸朝文獻通考』卷26「徵榷」「徵商」「關市」). 이러한 후금 시기의 경험이 훗날 입관 이후 청조가 계속해서 호시에 대해서 비교적 유연한 정책을 펼치게 된 역사적 배경이 아닐까 생각된다. 청조의 사회통치에 대해서 '유연한 전제(專制)'40)

---

35) 張永江, 2001, 112~131쪽.
36) 위의 책, 167쪽.
37) 이시바시 다카오, 2009, 135쪽.
38) 구범진, 2019.
39) 岩井茂樹, 2010.
40) 기시모토 미오, 2015, 140쪽.

라는 표현이 종종 사용되는데, 이러한 특성은 대외관계에 대한 청조의 태도 속에서도 마찬가지로 찾아 볼 수 있다.

한편 조선에서도 호시 교역이 이루어졌다. 그 대표적인 것이 중강 개시와 중강 호시였다. 의주 앞에 흐르는 압록강 가운데에 위치한 중강도는 교통의 요충지로서 임진왜란 중에 군량과 말을 조달할 목적으로 명조에 요청하여 호시가 처음 개설되었는데,[41] 임진왜란이 끝난 뒤인 1601년 폐지되었다. 다시 명의 요구로 재개되었다가 1609년에 다시 폐지되었다. 그 뒤 인조24년(1646)에 청나라의 요청으로 매년 2월 15일과 8월 15일에 2회 개시되어 조청 두 나라 관원의 감시하에 무역이 이루어졌다. 이를 중강 개시라고 한다.

원래 중강 개시는 상인들의 개인적 거래는 엄격하게 금지되었으나, 점차 사무역의 비중이 증가하여 이를 중강후시(中江後市)라고 하였다. 조청 국경무역에서 공무역에서 벗어나서 사무역의 비중이 점점 높아졌고, 조선의 국내 시장이 외국 시장과 직접 연결되는 효과를 가져와서, 대청(對淸) 무역의 중심지인 의주와 한성을 잇는 루트가 조선 후기 최대의 상업로라고 평가될 정도였다.[42]

위신재의 교역을 위주로 하였던 회동관 무역과는 달리, 국경지역에서 이루어진 호시 무역에서는 일상필수품을 위주로 하였다는 차이가 있다. 중강 이외에도 함경도 회령과 경원, 동래의 왜관에도 개시가 열렸다. 전체적으로 조청무역 가운데 회동관 무역과 책문후시 등은 사행무역(=조공무역)이고[43], 중강 개시, 회령 개시, 동래 개시 등의 호시(互市)에는 공무역과 사무역(=후시)이 혼재되어 있었다.[44] 이처럼 조선의 경우를 보아

---

41) 이철성, 2000, 30~32쪽.
42) 이헌창, 2016, 155쪽.
43) 張存武, 2001, 78~81쪽.
44) 張存武, 2001, 255쪽.

도 국경 지역의 호시는 조공 무역과는 서로 별개의 루트로 이루어지는 것으로서 청조는 조공국과의 교류 가운데 조공과 국경지역의 호시는 서로 별개의 계통으로 각각 관리하였다. 여기에서는 이를 '조공·호시체제'라고 부르고자 한다.

한편, 바다 건너 일본에서는 체제를 위협한다고 간주된 크리스트교에 대한 탄압을 위하여 크리스트교 탄압을 계기로 신자가 아니라는 것을 증명하는 '종문인별개(宗門人別改)'라고 하는 일종의 호적 제도를 만들어 내부 단속을 강화하였고, 밖으로는 1612~1641년 사이에 일련의 쇄국령을 시행하고 있었다. 쇄국으로 가는 일련의 과정을 연도순으로 보면 다음과 같다.45)

① 막령(幕領)을 대상으로 그리스도교 금지(1612)
② 그리스도교 금지를 전국적으로 확대(1613)
③ 중국 외의 외국 선박 입항을 나가사키·히라도로 제한(1616)
④ 영국의 히라도 상관 폐쇄(1623)
⑤ 스페인과 단교(1624)
⑥ 봉서선(奉書船) 제도를 개시하고 해외 도항 제한(1631)
⑦ 해외 거주 5년 이상 일본인 귀국 금지(1633)
⑧ 일본인의 해외 도항과 해외로부터의 귀국 금지, 중국 선박 입항을 나가사키로 한정(1635)
⑨ 포르투갈인을 나가사키 데지마에 수용(1636). 시마바라·아마쿠사 반란(1637~1638)
⑩ 포르투갈 선박의 내항 금지(1639)
⑪ 통상 재개를 위해 내항한 포르투갈 선박 습격(1640)
⑫ 네덜란드 상관을 히라도에서 데지마로 이전(1641)

---

45) 로널드 토비, 2013, 126쪽.

앞서 서술하였듯이 무로마치 막부 시대, 1402년 아시카가 요시미쓰는 명조로부터 '일본국왕'으로 책봉을 받았다.46) 이는 무로마치 막부가 중화질서 속에서 종속관계에 놓여 있다는 것을 의미한다. 한편 이 시기 무로마치 막부는 조선과의 외교관계에서도 '일본국왕'이라는 호칭을 사용하였는데, 이는 조선과 무로마치 막부 모두 중화질서 내부에서 그리고 중화질서의 논리에 따라서 외교관계를 맺었다는 것을 의미한다.

한편, 임진왜란으로 단절된 국교를 회복하는 과정에서 순조로운 교섭을 진행하기 위하여 쓰시마 번주 소우씨(宗氏)는 조선과 에도 막부의 국서를 계속 위조하였는데, 결국 이것이 막부에 발각되었다. 이 사건을 이른바 '국서 위조사건' 혹은 '야나가와 잇켄(柳川一件)'이라고 한다.47) 이 사건을 수습하는 과정에서 에도 막부는 1636년부터 조선과의 외교문서에 대해서 쇼군을 '대군(大君)'이라는 호칭하고 일본의 연호를 명기하기 시작하였다. 이를 이른바 '대군 외교체제(大君外交體制)'라고 한다.48) '대군(大君)'이라는 호칭은 전통적인 중화질서 속에서는 사용되지 않던 호칭이며, 일본 독자적으로 이를 정한 것이라는 의미에서, '대군 외교체제'는 기존의 중화질서인 조공·책봉체제에서 벗어나서 일본 독자적인 외교체제를 구축하려 했던 시도라고 볼 수 있다. 한편으로는 이러한 대군외교체제는 카운트 파트너인 조선의 허용이 없었다면 성립하기 어려웠기 때문에, 일본의 독자적인 외교체제는 궁극적으로 조선과의 외교관계 속에서 가능했던 것으로 평가할 수 있다.49)

17세기 초 동아시아에는 명조형 화이질서, 청조형 화이질서, 일본형 화이질서 등이 병존하고 있었다. 일본형 화이질서는 여타 다른 화이질서

---

46) 무라이 쇼스케, 2008, 157쪽.
47) 다시로 가즈이, 1988.
48) 荒野泰典, 1988, 제2부 1장; 로널드 토비, 2013, 64쪽.
49) 손승철, 2006, 227쪽, 233~235쪽.

와 충돌은 적었지만, 결국 명조형 화이질서와 청조형 화이질서는 대립할 수밖에 없었고, 결국 1644년 명조형 화이질서는 청조형 화이질서에 의해서 대체되었다.

1609년 조선과 일본의 국교 재개에 관한 기유약조가 체결되었다. 에도 막부는 원래부터 류큐를 침공할 의사가 있었으나, 류큐 침공이 조선과의 외교 교섭에 악영향을 줄까 하여 삼가던 중이었다. 막부는 기유약조가 성립되자 같은 해인 1609년 사쓰마 번으로 하여금 류큐 왕국을 침공하게 하였다.50) 여기에 대해서 주목할 것은 류큐 침공에 대한 명조의 대응 자세였다. 이듬해인 1610년 명조정은 이 사건에 관해서 정식으로 보고 받았음에도 불구하고 이에 대한 아무런 조치를 하지 않았다.51) 약 100년 전인 1511년 동남아시아의 말래카 왕국이 포르투갈의 침략을 받았을 때 명조정이 온통 비분강개했던 것과는 완전히 다른 양상이었다. 아마도 일본과의 마찰을 의도적으로 회피하였던 것이 아닐까 생각된다. 그 뒤 류큐는 사쓰마번의 지배를 받고 일본의 막부체제에 편입되는 한편, 중국에 대한 조공도 계속한다는 이른바 '양속관계(兩屬關係)'는 1871년까지 유지되었다.

17세기 초에 자국을 중심으로 놓고 다른 국가와 지역을 자신의 아래에 놓고 이해하려는 경향이 강화된 것은 단지 청조와 에도 막부뿐만이 아니라, 조선이나 베트남에서도 마찬가지였다.52) 조선에서는 현실적으로 청에 사대하면서도 관념적으로는 조선 자신이 중화를 계승하였다고 간주하는 이른바 '조선 중화주의'가 발전하였다.53) 베트남의 사례를 살펴보면 즉 리(李)왕조 시대부터 베트남 국왕은 중국으로부터 '안남국왕(安

---

50) 紙屋敦之, 1990, 24쪽.
51) 후마 스스무, 2019, 제4장.
52) 기시모토 미오, 2014.
53) 정옥자, 1998.

南國王)'으로 책봉되었으나, 국내적으로는 '대월(大越)'이라고 하고 황제를 칭하였다. 베트남은 자신을 '남국(南國)'이며 중국을 '북국(北國)'으로 칭하여 대등하다고 인식하였고, 국내에서는 중국과 마찬가지로 '천자' 내지 '황제'를 칭하였다.54) 중국 이외의 나라 사신을 만날 때는 '대남국 대황제(大南國 大皇帝)'로 칭하고, 샴, 참파, 캄보디아 등의 주변 나라들을 신하로 인식하였다.55) 응우옌 왕조가 성립된 이후, 1815년 당시 13국의 조공국이 있었으며, 제2대 황제인 민망제(明命) 시기에 이른바 '대남제국질서(大南帝國秩序)'가 성립되었다.56) 베트남 역시 청조와 에도 막부에 못지않은 천하질서가 성립하고 있었다. 17세기 이후부터 아편전쟁까지의 동아시아에서는 '경합하는 복수의 화이질서'라는 키워드로 파악할 수 있다고 생각된다. 다만 조선과 베트남의 경우 어디까지나 중화주의 내부에서 자국을 상위에 놓으려고 하였던 것이라면 에도 막부의 경우, 중화질서로부터 점차 거리를 두고 독자적인 화이질서를 만들어가려고 했던 점은 분명한 차이점이었다.

이처럼 1644년 명청교체 이후에 동아시아에서는 자국을 중심으로 놓고 다른 국가와 지역을 자신의 아래에 놓고 이해하려는 경향이 강화되었다. 이는 16세기까지 명조를 중심으로 이루어졌던 명조 천하질서가 이제는 붕괴되었고, 복수의 화이질서가 병존하는 다원화의 시대로 접어들게 되었다는 것을 의미한다. 이는 1648년 베스트팔렌 조약 이후 서유럽에서 진전되었던 자국 중심주의의 강화와 상당히 유사한 현상이 아닐까 생각된다. 명대 동아시아의 경우, 어디까지나 명조 중국을 중심으로 교역이 이루어졌지만, 포르투갈이나 훗날 네덜란드 등의 서양 세력의 동아시아 진출로 인해 교역로가 다양화된 것이 가장 중요한 원인이었다고 생각된다.

---

54) 유장근, 2004, 410쪽.
55) 후루타 모토오, 2008, 33쪽.
56) 유인선, 2012, 277쪽.

17세기 이러한 강화된 자국 중심의 천하질서는 대외관에도 영향을 끼쳐 에도 막부 뿐만 아니라, 조선과 청조 역시 해금 정책은 크게 강화되었다 (ex, 천계령). 16세기처럼 동아시아 해상을 넘나들던 왜구와 같은 중앙정권으로부터 독립적인 세력은 이제 존재하기 어렵게 되었다.

이러한 가운데 각국의 화이질서가 서로 병존할 수 있었던 중요한 요인 가운데 하나는 1644년 이후 청조가 다른 국가의 질서에 대해서 적극적 개입을 대체로 자제하였다는 점을 들 수 있다. 청조는 책봉을 통하여 내정간섭을 하거나 하지 않고, 건륭제의 베트남 침입과 같은 소수의 예외를 제외하면 조공국에 대한 군사적 개입을 최소화하는 소극적이고 방임적인 전략을 구사하였다. 그리고 류큐의 경우처럼 서로 다른 국제질서의 완충지대로서 류큐를 암묵적으로 인정하는 전략을 취하였다.

명조 화이질서의 특징 가운데 하나는 각국에 대한 무력 개입이나 동화정책57)을 펼쳤고, 특정 시기 적극적인 내정 개입을 하였다는 특징을 가지고 있었다.58) 반면 청조는 조공국에 대해서 봉전(封典) 등의 의례적 관계는 계속 유지되었지만, 책봉 문제에 대해서는 적극적인 간섭을 한 적이 없다는 점이 특징이었다. 종주국인 청이 조선의 내정을 간섭한 경우는 거의 없었다.59) 심지어 청조는 베트남 응우옌 왕조에서 제왕을 칭한다는 것도 알고 있으면서도 힐문하거나 한 적은 없었다.60)

청조의 '중국 중심형 책봉질서'와 '일본형 화이질서' 그리고 베트남의 '대남질서' 등의 대외이념에는 '질서'라는 이름을 붙일 수 있는데, 그것은 대타적인 개념이기 때문이다. 반면 조선은 전기에는 여진과 쓰시마 왜인을 거느렸지만,61) 후기에는 모두 이로부터 이탈하여 독자적인 질서를 형

---

57) 예를 들면 베트남의 경우, 유인선, 2012, 179~193쪽 참조.
58) 한명기, 1999, 187~197쪽.
59) 전해종, 1971, 238~242쪽.
60) 홍성화, 2019.

성하지 못한 상태라고 할 수 있다.

　반면 청조의 경우는 좀 더 복잡하였다. 다른 국가들의 경우 점점 더 국가의식이 일원화되어 가는 과정이었다면, 청조 중국의 경우 도리어 다원화되는 과정을 거쳤다. 그 이유는 청조가 만주족 정권이었다는 점을 들 수 있다. 그리고 청조가 차하르부와 준가르부 등의 몽골을 정복해 나가면서 이러한 다원성은 점점 더 심화되었다.[62] 여기에서 아이덴티티를 확립하기 위한 청조의 노력은 당연히 화이론에 대해서 혈통적으로 접근하는 것이 아니라 기능적, 즉 중화의 문명성을 갖춘다면 이(夷) 역시 화(華)가 될 수 있다는 논리를 내세웠다. 옹정제의 『대의각미록』[63]과 연암 박지원[64]이 대표적 사례라고 할 수 있다. 어쨌든 청대에는 다른 시대와는 달리 다원적이고 개방적인 천하관이 등장하였다.[65] 청조의 화이관은 여러 연구자들이 이미 지적하듯이 왕부지(王夫之) 등과 같은 인종적 화이관이 아니라 어디까지나 기능적 화이관이었다. 국민국가로의 지향이나 뚜렷한 영토관념은 20세기에 들어와서 비로소 나타날 수 있었는데,[66] 이는 청조가 자신의 정통성을 기능적 화이론에 두었기 때문은 아니었을까 생각된다.

　청의 지배체제는 애초부터 만주족과 한족이라는 구분으로 인하여 황제와 왕공(王公)의 개인적 관계로 매개된 인적 구조인 칸(Han) 체제와 중앙과 지방으로 이어지는 지역적 구조인 중화왕조체제의 두 가지가 중첩되어 있었다. 즉 청의 지배체제는 칸 체제와 중화 왕조 체제의 이중 동심원 구조로 이루어졌고, 청의 황제는 그 이중원의 중심[67]에 있으면서

---

61) 한문종, 2005.
62) 피터 퍼듀, 2012, 559쪽.
63) 민두기, 1973, 「청조의 황제통치와 사상통제의 실제」.
64) 조성산, 2009.
65) 安部健夫, 1971.
66) 요시자와 세이치로, 2006; 岡本隆司, 2017, 340쪽.
67) 片岡一忠, 1998.

각 부분을 연결하는 중심축의 역할을 하고 있었다.

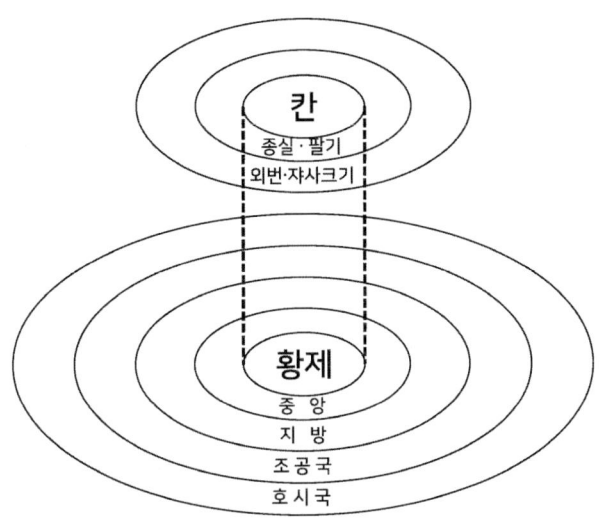

〈그림 5〉 청 초기의 이원적 지배구조
출처: 片岡一忠, 1998.

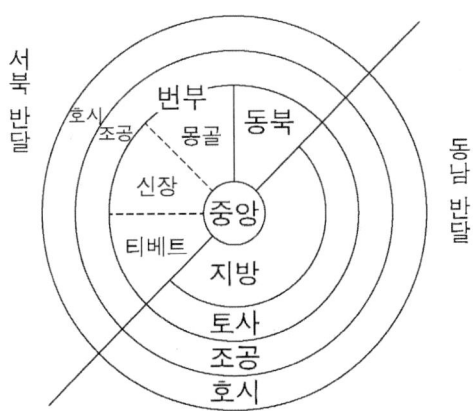

〈그림 6〉 청 후기 중국형 화이질서

이처럼 중층적인 인적 구조와 지역적 구조가 병립하던 제국의 지배체제가 무너진 것은 외번지역에 성이 건설되기 시작한 19세기 말이었다. 과거에 제국과 외번을 매개하던 황제와 외번 왕공의 개인적 관계를 대신하여 중앙에서 파견된 관리가 지역을 통치하면서 칸 체제가 붕괴하게 되었다고 한다. 한편으로 18세기 중엽 이후, 천조(天朝) 의식이 점차 전면에 드러나게 되면서 대외관계에 대해서도 점점 강경한 태도를 취하게 되었다.

이러한 과정을 거쳐서 최종적으로 건륭년간 확립된 청조의 영토는 다음 몇 가지로 분류할 수 있다. ① 만주(봉금지역), ② 18개의 직성(直省)이 설치된 직접 통치 지역, ③ 토사(土司) 지역, ④ 번부(藩部), ⑤ 조공국과 호시국으로 각각 이루어졌다. 여기에서 ⑤에 대해서 짧게 언급하자면 조공국은 크게 조선이나 류큐처럼 정기적으로 사신을 파견하는 지역, 베트남이나 타이처럼 국내에서 분쟁이 일어나서 청조의 보증을 필요로 할 때만 조공을 하는 지역으로 크게 나눌 수 있고, 유럽이나 일본처럼 조공이 아니라 무역만을 행하는 호시국들 역시 청조의 시각에서 보자면 천자의 덕을 흠모하여 오는 것이기 때문에, 어디까지나 조공 질서 속에서 파악되었다.[68]

그렇다면 17세기 이후 '중국형 화이질서'와 '일본형 화이질서' 사이에는 어떠한 관계를 맺고 있었던 것일까? 최근 여러 연구자들이 이 시기를 중국형 조공·책봉질서의 쇠퇴 내지 형해화라고 부르는 경우가 최근 많아졌는데,[69] 실은 각 화이질서의 다극화 현상에만 주목하고 있을 뿐이고, 이들 화이질서들 사이에 역시 암묵적인 균형을 이루고 있었다는 것은 주목하지 못하고 있다. 청조의 책봉국은 조선, 류큐, 베트남, 타이, 미

---

[68] 坂野正高, 1973, 80쪽.
[69] 岩井茂樹, 2004, 2007, 2009, 2010; 구범진, 2010; 윤욱, 2018.

얀마, 라오스 등 6개국을 들 수 있다.

청조는 베트남 응우옌 왕조에 대해서 2년마다 1회의 조공을 4년마다 1회로 공기(貢期)를 축소하였는데[70] 아마도 청조측의 회사(回賜)에 대한 부담 때문으로 생각된다. 반면 화상(華商)을 통한 양국간의 교역은 꾸준히 증대하고 있었기 때문에 조공무역의 축소가 반드시 조공질서의 쇠퇴로 파악하기에는 무리가 있다고 생각된다.

만약 중국형 조공·책봉질서가 쇠퇴하였다면 청조의 베트남이나 타이에 대한 책봉은 어떻게 설명할 수 있었을까. 18세기 말부터 19세기 초에는 오늘날 동남아시아 대륙 지역 각 국가의 영역에 대체로 중요한 형태로 국가의 틀이 정해져갔다. 새로운 왕조가 건국될 때, 이들 왕조 모두 청나라의 책봉을 받아 그 정당성을 뒷받침하려고 했던 것은 주목할 만한 사실이다.[71] 즉 조선과 동남아시아에 있어서 청조의 책봉질서는 여전히 유효했다고 보아야 할 것이다. 그렇다면 일본에 대한 중국적 화이질서가 지닌 우위는 사라지게 된 것일까? 물론 그렇지 않다. 일본 역시 청조 중국으로부터 다수의 서적을 수입하고 청조에 관한 정보를 수집하는 것을 여전히 게을리 하지 않았다.[72] 반면, 1870년대까지 중국은 일본에 대해서 같은 문화적 동질성을 지녔다고는 인정했지만, 자신들보다는 문명의 정도에서 일본은 여전히 하위에 위치하고 있었다고 간주하고 있었다.[73]

'17세기 동아시아 체제'가 지닌 가장 커다란 특징은 청조=중국을 제외한 여타의 나라들이 자국 중심의 화이질서를 구축하였음에도 불구하고 청조=중국의 우위를 인정하고 청조=중국의 화이질서 속에 다시 자신을 편입하고자 하거나(조선, 베트남, 류큐), 자신만의 화이질서를 유지한 채

---

70) 홍성화, 2019.
71) 위와 같음.
72) 大庭脩, 1984.
73) D.Howland, 1996, p.198.

중국과의 교역을 계속 유지하고자 하였다는 점이다(에도 막부). 즉 아직까지는 자신의 화이질서를 대내적으로는 현실화하고자 하였으나, 청조=중국과의 마찰 속에서 이를 대외적으로 관철시킬 의지나 현실적인 힘은 아직까지 축적되어 있지 않았다. 그렇기 때문에 응우옌 왕조의 경우처럼 '외왕내제(外王內帝)'라는 형식으로 중국과의 마찰을 회피하였던 것이다. 이런 의미에서 17세기 중엽 이후부터 아편전쟁까지의 동아시아 세계 속에서는 청조=중국의 우위 속에서 다른 각국의 화이질서가 공존하고 있는 상태라고 할 수 있을 것이다. 청 말 변법파의 지도자인 강유위(康有爲)는 당시의 국제질서 변동을 천하 중심의 국가관을 토대로 한 '일통수상지세(一統垂裳之勢)'에서 '열국병립지세(列國並立之勢)'로의 변화라고 파악한 바 있으나, 19세기에 갑작스럽게 나타난 것은 아니고 이미 17세기부터 출현하고 있었다고 할 수 있다.

17세기에도 동아시아 여러 나라에서는 각각 중국과 직접적인 조공·책봉관계나 무역을 통하여 중국과의 교류를 계속 유지해 나가고 있었다. 조선, 베트남, 류큐 역시 자국에서는 자국 중심주의가 성숙해 나가고 있었음에도 불구하고 청조=중국에 대한 조공·책봉질서를 유지하고 있었고, 심지어는 베트남 응우옌 왕조 역시 정통성을 강화하기 위하여 청조에 대한 조공·책봉을 먼저 요청하기도 하였다.

또한 '다원적인 화이질서 체제'를 잘 보여주는 사례 가운데 하나로서 국서 왕래라고 할 수 있다. 명대와는 달리 다극화되고 다양한 국제질서가 등장하였고, 그 맹아를 싹틔우고 있었음에도 불구하고 기존의 조공·책봉체제가 유지되었던 까닭은 아직까지는 서구의 '조약체제'와 같은 공통적인 언어를 가지고 있지 못했고, 무엇보다도 동아시아 국제질서의 중심인 청조가 조공·책봉질서를 통한 국제질서를 유지하고자 했기 때문에, 여타의 다른 국가들 역시 이 언어표상을 바탕으로 청조와 통상·외교 관계를 맺을 수밖에 없었기 때문이다.

쌍방 간 입장과 이해의 차이가 있었지만, 통역을 통한 상호 접촉과 통신 과정에서 그것이 은폐되었었는데, 중화주의적 입장을 견지한 중국 측의 윤색된 기록에 주로 의거한 결과, 그간의 연구에서는 주변의 입장이 제대로 반영되지 못한 경향이 있었다. 결과로서 의례적인 조공·책봉관계가 이뤄진 것으로 보이지만 사실은 대등한 무역인 경우가 많았다. 17세기 네덜란드 동인도회사에서 중국에 사신을 파견하여 통상관계 수립을 요구하였을 때, 표문(表文)에는 조공에 대한 언급이 없음에도 중국은 칙유를 통해 네덜란드인이 불원천리 북경에 온 것은 중화를 앙모하여 진공코자 한 것이라 인정하고 가상하다 하였으며, 그 외에 미얀마와 말래카의 대(對)중국관계에서도 유사하게 상호 간 큰 입장의 차이가 확인된다.74) 그밖에도 타이 자크리(Chakri) 왕조의 건국자 라마1세75)와 청조의 외교 문서 속에서도 이런 일은 되풀이 되어 나타났다. 라마 1세가 청에게 보낸 외교문서는 양국의 관계를 대등하게 작성되어 있었지만, 이를 받은 청조에서는 이를 상하관계로 바꾸어서 번역하였다.76) 또한 미얀마의 꼰바웅(Konbaung) 왕조는 청조에 대해서 대등한 '우방(友邦)'77)이라고 여겼고, 베트남 응우옌 왕조 역시 청조와의 외교관계를 서로 대등한 '방교(邦交)'라고 불렀지만, 청조는 두 나라를 함께 조공국으로 간주하였다.78)

하지만 조공질서는 원래 종주국과 조공국 사이에 서로 다른 견해를 하나로 통합하려고 하지 않는 경향이 강했기 때문에, 위와 같은 사례는 이례적인 것이 아니라 오히려 조공질서의 본질과도 관련된 것이었다. 조

---

74) 莊國土, 2005.
75) 조흥국, 2015, 23쪽.
76) 增田えりか, 1995.
77) 石川和雅, 2017.
78) 鈴木中正, 1975, 496쪽; 유인선, 2012, 260쪽.

공·책봉체제는 본질적으로 상대국에 대한 내정에 대한 개입을 하거나 직접적인 통치를 하는 제국주의 시대 종주국과 식민지와는 다른 국제질서였다. 조공·책봉관계는 조공국이 종주국에 대해서 예를 표시하고 국내에서 정삭을 받들면 되는 것으로서 그 각각의 내부에서 이 관계를 어떻게 생각하는지에 대해서는 서로 간여를 하지 않는 경향이 강했다. 다시 말하자면 '부동의에 대한 동의(agree to disagree)'야 말로 조공·책봉관계의 근본 원리였다고 할 수 있다. 명대보다는 청대에 들어와서 자국 중심주의가 강해졌기 때문에 '부동의에 대한 동의' 현상은 더욱 두드러졌다.

그렇지만 이런 '부동의에 대한 동의'에 기반한 국제질서는 조공국과 책봉국이 서로 예적 질서를 주고받음을 통해서 각각의 국내 정치에서 정당성을 강화하는 작용을 하였기 때문에, '명목적'인 것은 결코 아니었다. 그리고 이러한 조공질서를 기반으로 호시 역시 가능했다는 점을 잊어서는 안 될 것이다. 허나 이러한 '부동의에 대한 동의'라는 관행은 아편전쟁 이후 어느 한 편의 동의를 다른 상대방에게 일방적으로 관철하고자 하는 조약체제에 의해서 변용을 거칠 수밖에 없었다.

4. 18-19세기 초 조공과 호시의 사이에서

청조의 대외 정책 가운데, 우선 해금에 대해서 살펴보면 다음과 같다. 청조가 해금을 취하게 된 첫 번째 계기는 타이완의 반청(反淸) 세력에 대한 진압이었다. 정성공은 1661년 네덜란드가 점령하고 있던 타이완을 점령하고 이를 반청 운동의 근거지로 삼았다. 강희제는 타이완과 중국 연해의 교류를 단절하기 위하여 천계령(遷界令=海禁)을 1684년까지 실시하였다. 원래 정씨가 해상을 의지하여 청조에 반항할 수 있었던 것은 일본 및 남양 각지와의 무역의 이익이 있었기 때문이다. 특히 타이완은 중국 본토에서 밀수입된 물자에 크게 의존하고 있었다. 중국 본토로부터의 물자 공급을 단절시킬 수 있다면, 정씨 세력이 지닌 경제적 기반을 약체화시킬 수 있는 가장 유효한 수단이 될 것임에 틀림없기 때문이다. 천계령으로 인하여 정씨 세력은 점점 쇠약해져서, 결국 1683년 정성공의 후계자인 정극상 역시 청조에 투항함으로써 타이완의 반청세력은 일소되었다.

이 천계령으로 인하여 중국의 대외 교역은 커다란 타격을 받게 되었다. 그러나 완전히 끊긴 것은 아니어서 복건에 있던 정남왕 정계무나 광동에 봉해진 평남왕 상가희 등은 군사비 조달을 위해서 몰래 해외무역에 참여하기도 하였다. 어쨌든 천계령으로 인하여 중국과의 교역이 어려워지자, 일본은 조선을 통하여 중국산 비단을 수입하려 하였다. 중국의 해금 정책으로 인하여 중국(淸) ⇔ 조선 ⇔ 일본이라는 삼각 무역체제가 일시적으로나마 성립하였다.[79] 이 기회를 활용하여 조선은 중국산 비단을 수입하여 이를 왜관에서 일본인에게 판매하여 많은 이익을 거두었다. 그 판매 대가로 일본 은과 구리('倭銅')가 조선에 유입되었다. 이 일본 은은 조선 국내에서 체류하기보다는 주로 중국으로부터 견직물을 구입하는 데 사용되었으며, 왜동은 조선 내부에서 상평통보의 재료로 사용되었다. 이 천계령 시기에 조선은 동아시아 삼각무역을 통하여 밖으로는 중개 이익을 흡수하였고, 안으로는 화폐 유통의 확대와 장시의 전국적 확대 현상에 힘입어서 호황 단계에 진입하였다.[80] 일본에서 조선으로의 은 유출은 조선 숙종기인 1684~1707년에 그 절정을 이루었다.[81]

한편, 동시대 유럽에서는 차를 마시는 풍습이 유행하였고 그에 필요한 다기에 대한 수요가 점점 높아졌다. 네덜란드 동인도회사는 중국의 경덕진에서 자기를 수입하여 이를 유럽에 수출하였다. 허나 1644년 명청교체

---

79) 김종원, 1999, Ⅳ. 「東亞 三國貿易의 전개과정」.
80) 유승주, 1991; 유승주, 1994.
81) 田代和生, 1976, 233쪽.

로 시작하여 도자기 생산지인 경덕진은 파괴되었고, 이 파괴는 1674~1678년 사이에 일어난 '삼번의 난'으로 지속되었다. 경덕진의 도자기 수출을 기다리고 있던 네덜란드 동인도회사는 결국 새로운 도자기 수출 산지를 일본의 나가사키에서 찾아냈다. 1659년 동인도회사는 일본에 도자기를 주문하였고 이것이 수출된 항구의 이름을 따서 '이마리 자기'라는 이름으로 유럽에 수출되어 커다란 호평을 받았다. 중국의 정세가 안정을 찾아서 도자기 수출이 다시 재개되긴 하였지만 이미 '이마리 자기'의 평가가 높았기 때문에 이를 모방하기도 하였다. 이를 '차이니즈 이마리'라고 부르게 되었다. 즉 1644년 명청교체를 계기로 도자기 산업에서는 중국과 일본의 지위에 커다란 변화가 있었다.[82]

한편, 청조의 천계령은 정씨 세력이 쇠퇴함에 발맞추어 점진적으로 해제되었다. 1680년에는 타이완에서 멀리 떨어진 직예, 산동, 강소의 각성에서 연안 항해가 허가되었고, 1684년 해금령이 해제되어 그 다음 해부터 외국 상선의 중국 내항도 허가되었다. 일본은 이에 발맞추어 나가사키로 중국 선박의 내항지로 한정시키고 1688년 중국인의 집단 거주지인 '도진야시키(唐人屋敷)'를 건설하였고 다음 해 완성하였다.[83] 에도 막부는 데지마의 네덜란드인들에 대해서는 엄중한 감시를 시행하였지만, 이곳의 중국인들은 좀 더 자유롭게 나가사키를 출입할 수 있었다.[84]

이로 인하여 중국 선박의 나가사키 내항은 급증하였지만, 이와는 반대로 일본의 은 생산과 구리 생산은 점점 하향 추세에 접어들고 있었다. 그렇기 때문에 중국 선박을 통제할 필요가 생겼는데, 이것이 바로 아라이 하쿠세키(新井白石)가 정한 「해박호시신례(海舶互市新例, 이른바 '長崎新令)」였다. 1603년부터 겐로쿠년간(元禄, 1688~1704)까지 나가사키 무

---

82) 미스기 다카토시, 2001.
83) 류쉬평(劉序楓), 2018.
84) 山脇悌二郎, 1995; 彭浩, 2015.

역의 결제를 위하여 금화의 1/4, 은화는 3/4이 유출되었다고 하는 나가사키 부교(奉行) 오오카 키요스케(大岡清相)의 의견서를 참고 하여 아라이 하쿠세키는 법령을 제안하였다.[85] 그 요지는 수입규제와 상품의 국산화 추진이고 나가사키에 입항하는 이국선의 숫자와 무역액에 제한을 가하는 것이었다. 중국의 선박은 연간 3척, 교역액은 은 6,000관(貫)으로 제한하고, 네덜란드 배는 연간 2척, 무역액은 3,000관으로 각각 제한하였다. 그리고 종래의 수입품이었던 면포, 생사, 사탕, 견직물 등의 국산화 작업에 착수하였다.

이와 아울러서 유출량에 대한 제한을 확실히 하기 위하여 중국 배들에게 일본의 명령을 어기지 않는다고 서약한 사람들에게만 한정적으로 신패(信牌)를 발행하였고, 이 신패를 가져온 중국 배들은 나가사키에 와서 장부('割符留帳')와 대조하여 신패의 진위를 확인하였다. 신패에는 일

〈그림 7〉 에도시대 발급된 신패(信牌)

---

85) 木宮泰彦, 1965, 664쪽.

본 연호가 적혀 있으며, 이를 소지하고 있어야만 일본에서 교역을 할 수 있다는 점에서는 본질적으로 명대 감합(勘合)과 같은 성격이라고 할 수 있다.

다만 예전에는 중국(명조) 측이 발행하였다면, 이제는 일본이 발행하였다는 점에서 18세기 초 동아시아 국제질서의 커다란 변동을 일본의 신패 관행을 통하여 확인할 수 있다. 그런데 이러한 일본의 신패 발행에 대해서 당시 청조의 황제인 강희제는 어떻게 인식하고 있었던 것일까? 강희제가 이 신패 발행에 대해서 알게 된 경위는 다음과 같다. 신패를 얻지 못한 중국 상인이 신패를 발급받은 중국 상인을 청조에 반역자로 고변하였다. 반면 강희제는 신패는 무역을 위한 표지일 뿐이라고 문제를 애써 축소하였는데,[86] 여기에서도 대외관계에 대한 청조 황제가 지녔던 유연한 사고를 확인할 수 있다. 어쨌든 이처럼 청조 역시 일본에 비단을 수출하고, 그 대가로 일본으로부터 구리나 은(銀)을 수입하여 동전을 주조하는데 사용할 수 있었다.

에도시대를 통하여 일본은 해외교역의 지불 수단인 은의 해외유출을 막기 위하여 수입품의 수입대체화, 즉 국산화에 매진하였다. 이 과정을 품목별로 보면 다음과 같다.

① 면직물: 일본은 줄곧 조선에서 수입하였으나, 15세기 말~16세기 중엽에 일본은 면작/면업이 개시되었다. 이러한 과정을 통하여 에도시대에는 서민 생활에도 면업이 침투하였다.[87]

② 도자기: 임진왜란 당시 일본으로 넘어온 이삼평이 1616년 규슈 아리타(有田) 이즈미산에서 양질의 고령토를 발견하여, 일본 최초로 도자기 생산이 이루어졌다. 여기에 명대 도자 양식을 수용하고 일본의 전통

---

86) 『康熙起居注』 康熙55년 丙申9月 初2日 戊午.
87) 永原慶二, 1990.

문양을 넣은 새로운 양식인 가키에몬(柿右衛門) 양식이 성립할 수 있었다. 이렇게 생산된 도자기는 나가사키에 출입이 허가된 네덜란드 동인도회사를 통하여 유럽에 수출되어 크게 인기를 얻기도 하였다.[88]

③ 견직물: 중국산 생사(生絲)를 줄곧 수입하여 교토 니시진(西陣)에서 이를 직조하였으나, 17세기 중반 간에이(寛永, 1624~1645)년간부터 이를 국산화하는데 성공하였다. 에도시대 중기에는 중국산에 뒤지지 않는 양질의 생사를 생산할 수 있었고 이로 인해 중국으로부터의 생사 수입은 크게 감소하였다.

④ 인삼: 조선으로부터 인삼을 수입하였으나, 18세기 초 8대 쇼군 도쿠가와 요시무네 시기에 왜관으로부터 인삼 생근(生根)을 입수하여 재배에 성공하였고, 그 결과 조선으로부터의 인삼 수입 역시 감소하였다.[89]

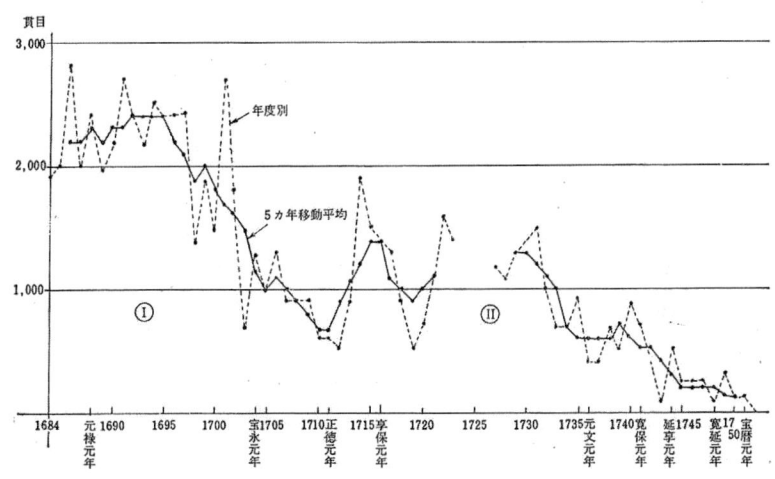

〈그림 8〉 에도시대 일본은의 유출량
출전: 田代和生, 1981.

---

88) 미스기 다카토시, 2001.
89) 田代和生, 1981.

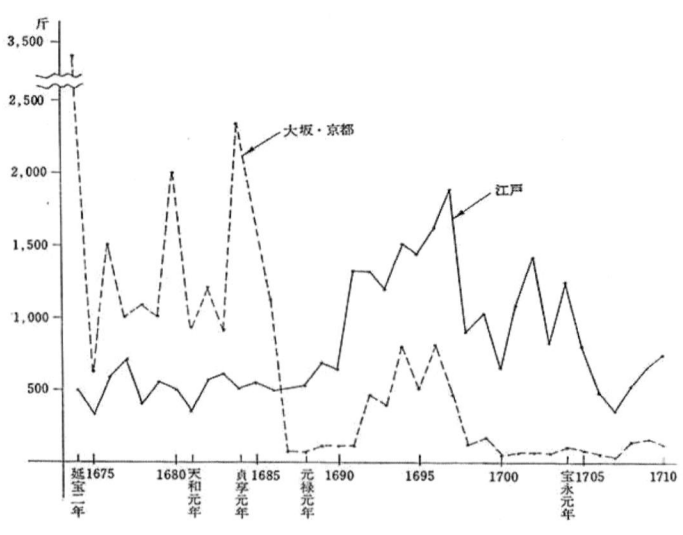

〈그림 9〉 일본 내 조선 인삼의 유통량
출전: 田代和生, 1981.

이처럼 에도시대 일본은 동아시아 교역권으로부터 스스로 고립 내지 자립해 나갔다. 내부적으로 완결된 생산-소비구조를 형성해 나갔다는 측면에서 자립이라고 할 수 있다. 이처럼 중국을 중심으로 한 동아시아 역내 교역권으로부터 에도 일본의 자립은 비단 대외관계나 호시체제에서만 일어났던 것은 아니었다.

사상적인 방면에서도 이러한 측면은 일찍부터 지적되어 왔다. 후지와라 세이카와 하야시 라잔 등을 통한 주자학 수용에서 시작하여 야마가 소코를 비롯한 이토 진사이, 오규 소라이 등에 의한 고학의 성립, 나아가 유교나 불교 등의 외래 사상('漢意')을 배격하고 일본 고유의 정신이나 감각('物の哀れ')으로 돌아가자는 모토오리 노리나가로의 발전은 초보적('前期的') 내셔널리즘의 맹아로 연결되었다.90) 또한 1770년대 『해체신서』의

---

90) 마루야마 마사오, 1995, 제3장.

발간은 기존의 중화적인 사상과 거리를 두게끔 하는 계기가 되기도 하였다.[91] 그리고 네덜란드에 관한 학문은 1850년대 서양학문 전체에 대해서 연구하는 양학이 성립하는 계기가 되기도 하였다.[92] 즉 이러한 초보적인 내셔널리즘의 형성과 서구 사상(난학)에 대한 수용은 메이지 유신 시기에 천황제 중심의 국민국가 형성과 아울러 서구적인 체제를 수용하는데 이미 토대를 마련하였다는 점은 잘 알려진 사실이다. 성리학의 영향하에 존왕양이 운동이 일어났으며,[93] 이는 초보적인 내셔널리즘 형성의 과정이라고 할 수 있다. 반면 청조 치하의 중국에서 중국과 서구와의 교류는 명대와 비교하면 크게 증대하였으나, 도리어 서학에 대한 관심은 명 말에 비교하면 상당히 옅어져서 사회적 영향력은 이미 사라진 상태였다.[94]

어쨌든 일본 은(銀) 생산의 축소와 1684년 이후 중일 교역의 재개는 천계령으로 반사 이익을 보고 있던 조선으로서는 매우 불리하게 작용하였다. 1758년(영조34년)의 기록에 따르면 예전에 일본이 중국과 통상하지 않아서 중국 상품을 모두 동래부에서 구입하였기 때문에, 연간 30~40만 냥의 일본 은이 들어왔으나, 옹정년간(1723~1735)에 중국이 일본의 나가사키와 통상하면서 조선에 들어오는 왜은(倭銀)이 적어졌다고 하고 있고,[95] 그에 따라 조선의 중개무역 역시 쇠퇴하였다.[96] 일본으로부터 은 유입량의 축소는 대(對)중국 무역에서 결제수단이 줄어드는 것을 의미하기 때문에 연쇄적으로 조선 경제 전체에 활력을 잃게 만드는 결과를 초래하였다. 그리고 에도 막부의 경우와는 달리 대청무역을 통해서 인삼 재배는 크게 확대되었으나, 끝내 조선 후기 내내 비단의 수입 대체는 이

---

91) 이종찬, 2014.
92) 구태훈, 2016, 465쪽.
93) 박훈, 2014.
94) 岡本さえ, 1993.
95) 張存武, 2001, 97쪽.
96) 이철성, 2000, 59쪽.

록되지 못하였다.97) 이런 의미에서 볼 때, '조선 중화주의'라는 사상을 뒷받침할 경제적인 독립은 결국 이룩하지 못한 셈이라고 할 수 있다.

한편 청조 중국으로서도 일본 은의 유입이 축소되었기 때문에 결국 서양 상인과의 교역을 통해서 은을 구하는 방식으로 점차 변화하였고, 일본산 구리를 대신하여 운남(雲南)에서 생산된 구리에 의존하게 되었다. 즉 18세기 중엽, 동아시아 3국을 연결해 주었던 역내 은 교역은 일본의 은 생산 감소로 인하여 교역액이 감소하였다. 즉 이 시기를 경계로 동아시아 역내의 교류 역시 차츰 차츰 줄어들고 있었다. 우연의 일치겠지만, 18세기 중기 이후 각국의 화이질서 성립과 함께 경제적으로도 동아시아 3국 간의 교류는 확연히 감소하고 있었다. 이념적으로도, 경제적인 교류로서도 기존의 동아시아의 일체성은 차츰 차츰 희박해지고 있었다.

청조의 주요 무역 상대국 역시 18세기 초를 경계로 조선과 일본 등의 동아시아 세계에서 점차 영국과 러시아 등의 서양 세력으로 바뀌고 있었다.98) 1684년 천계령 해제 이후, 청조의 해외교역에 대한 정책은 호시를 장려하면서도 이에 대한 확실한 통제를 가하려는 것에 주안점이 놓여 있었다. 청조는 기존의 시박사를 해관(海關)으로 개칭하여, 출항하는 중국인 해상이나 내항하는 외국상선으로부터 관세를 징수하였다. 당초에는 광주, 하문, 영파, 상해 등의 4개 항구였으나, 건륭제는 1757년 서양과의 무역항을 광주 한 곳으로 제한하였다. 이를 통상 '광동체제(canton system)' 혹은 '일구통상체제'라고 한다.99)

청조는 해금을 해제하였지만, 전면적으로 민간인의 해상 진출을 인정한 것은 아니었다. 선박의 건조에는 사전 신고가 필요하였고, 출항시에는 선박의 크기에 따라서 선원 숫자의 상한선이 정해졌고 선원명부를 제

---

97) 이헌창, 2016, 164쪽.
98) 岸本美緒, 1997, 190쪽.
99) 박기수, 1998.

출하여 출항 허가를 받아야만 하였다. 허가를 얻은 항로를 벗어나서 항해하는 것도 금지되었고, 금제품(禁制品)의 해상 출하도 제한을 받았다. 반출 금지 품목은 금, 은, 동, 무기, 군수물자 등이었는데 여기에 미곡 역시 포함되었다. 해금 해제 후 청조는 미가 상승의 원인을 해외로의 쌀 유출 때문이라고 판단하여 1708년 미곡 유출 금지 조치('米禁')를 취하였던 것이다.

명대 후반, 미곡의 품종개량이나 옥수수, 감자 등의 신대륙 작물의 도입에 의해서 인구가 급증하여 인구 압력이 높아졌다. 이로 인해 중국인의 해외진출은 급증하였다. 청조는 외국이나 타이완으로의 이주를 인정하지 않았음에도 불구하고 실질적인 통제는 이루어지지 못했다. 청조는 자국민의 해외 이주를 막기 위하여 강희56년(1717) 남양 도항을 금지하였으나, 이는 마닐라 등에 한정된 것이었고, 외국 선박의 내항, 그리고 자국 선박의 일본, 류큐, 베트남으로의 도항은 계속 인정하였다. 이 남양 해금은 복건인들의 생활에 위협이 되었기 때문에, 1727년 복건 지역의 요청으로 회항 기한에 대한 제약을 붙이는 조건으로 해금이 해제되었다.[100] 원래는 2년의 회항기간을 넘겨서 귀국하면 두 번 다시 출항할 수 없었지만, 1742년 기한은 3년으로 완화되었고 1754년에는 이것 역시 폐지되었다.

청조는 앞서 명조가 중시한 조공무역 이외에도 호시(互市)를 장려하였다. 『청조문헌통고(淸朝文獻通考)』 권33 「시적(市糴)」 2 「시박호시(市舶互市)」에 따르면 호시의 종류는 ① '관시(關市)', ② '해박(海舶)' ③ '재관교역(在館交易)'의 3종으로 나누고 있고, 역시 원인(遠人), 즉 화외(化外)에서 온 사람을 위무하기 위한 것이라고 하고 있다.

청조의 대외무역 사례 가운데 대표적인 사례인 광동 무역에 대해서

---

100) 홍성구, 2007; 柳澤明, 1999.

〈표 1〉 청대 광동 상인의 구성

명 칭	담 당
外洋行 (=광동13행)	對유럽교역
本港行	漳州・汕頭와 동남아시아와의 교역
福潮行	福州・潮州・福建과 화북 사이의 연해 무역

살펴보도록 하자. 청대 건륭년간 이 상인집단은 외양행(外洋行, 이른바 '광동13행')・본항행(本港行)・복주행(福潮行)이라는 3개의 특허 상인 집단으로 정리되고, 외양행이 광저우를 중심으로 한 유럽교역, 본항행은 장주(漳州)와 산두(汕頭)와 동남아시아와의 교역, 복조행은 복주(福州), 조주(潮州) 간의 교역과 복건(福建)과 화북 사이의 연해 무역을 독점하였다.101)

광동체제하에서는 수출품(생사) 등에는 양적으로 제한을 두었고, 수출 금지 품목(최고급 생사, 쌀, 소금, 아연 등)도 정해 놓았고, 외국 측과의 분쟁이 발생하였을 때에는 그 나라와의 무역이 일시적으로 정지되었다. 이러한 일방적인 제한이 이루어진 것은 이러한 청조는 어디까지나 호시를 조공 무역의 일종으로 간주하였기 때문이다.102) 유럽 상인들은 1759년 제정한 「방범이민장정(防範夷人章程)」이라는 규칙에 따라서 생활과 행동에 엄격한 제한을 받았다. 이는 전형적인 호시에서의 교역 형태라고 할 수 있다. 이는 일본의 에도 막부가 네덜란드 동인도 회사에 대해서 무역항을 나가사키 데지마(出島) 한 곳으로 정하고 행동을 제한하는 관리무역을 행하였던 '데지마 체제'와 비교해 볼 때, 가톨릭 선교사의 배제라는 공통점이 엿보인다. 그리고 나아가 조선에서의 '근세 왜관'에서도 같은 형태를 찾아 볼 수 있다.103)

이러한 외국과의 호시는 동남 연해지역에서만 이루어진 것은 아니고, 북방의 강적인 러시아와도 행해졌다. 러시아는 16세기 후반 모피를 구하

---

101) 박기수, 2017.
102) 廖敏淑, 2009; 나미키 요리히사 외, 2017, 40쪽.
103) 다시로 가즈이, 2005.

기 위해 시베리아로 진출하기 시작하여, 17세기 전반에 태평양 연안에 이르고 결국 흑룡강 연안에 닿았다. 1650년대부터 흑룡강 연안에서 청과 러시아의 소규모 전투가 시작되었다. 양국은 1689년 네르친스크 조약을 체결하였다. 이 조약은 중국이 처음으로 외국과 대등한 입장에서 맺은 조약이지만, 청조 내부에서는 이 조약을 어디까지나 조공 관계로서 파악하였다.104)

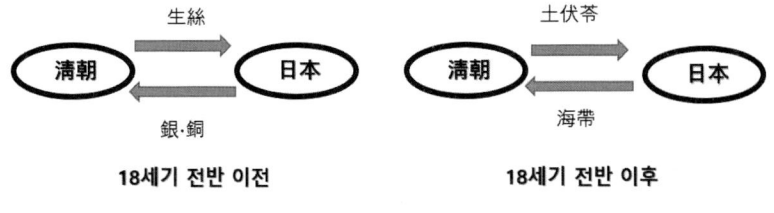

〈그림 10〉 근세 중일무역 구조의 변환

러시아와는 1689년 네르친스크 조약 체결 이후, 러시아에서 파견한 관영 대상에 의한 교역 이외에도 개별 상인에 의한 무역도 시행되었다. 1727년 캬흐타 조약이 체결되자 몽골·러시아 국경에 있는 캬흐타가 국경무역의 중심지가 되었다.105) 양국 사이의 서신 교환은 의례상 내지 서식상의 마찰을 피하기 위해 황제가 아닌 실무 담당자 사이에 이루어졌고, 상인들은 당국이 발급한 통행증을 지니게 되었다. 이렇게 의례 문제가 발생하지 않도록 국가 간 교섭의 형태를 취하지 않고 지정된 장소에서 교역·징세만을 시행했다는 점에서도 내륙에서도 호시 시스템과 비슷한 형태가 성립되었음을 알 수 있다.

이러한 호시의 번성함에 따라서 교역품 역시 크게 변모하였다. 중일

---

104) 홍성화, 2018.
105) 張維華·孫西, 1997, 290~291쪽.

〈표 2〉 근세 동아시아의 호시 무역

조선 ↔ 청	중강 개시, 책문후시 등
조선 ↔ 일본	倭館 개시
청 ↔ 러시아	캬흐타
청 ↔ 서양	廣州
청 ↔ 베트남	平而·水口
청 ↔ 일본	나가사키 唐人屋敷
일본 ↔ 네덜란드	나가사키 데지마(出島)

교역의 경우, 18세기 이전까지는 생사와 은·구리의 교환이었지만, 그 이후로는 토복령이라는 약재와 海帶(미역)라는 해산물의 교역으로 바뀌었다.106) 즉 18세기 중엽을 경계로 생사라는 위신재의 교환에서 생활필수품으로 교역의 중심이 이동하였던 것이다. 이는 중국과 서양의 교역에서도 마찬가지였다. 원래는 생사와 도자기를 중심으로 한 교역에서 차의 비중이 크게 높아졌던 것이다.107) 이러한 과정을 거치면서 중국을 중심으로 한 국제교역은 기존의 조공무역의 특징인 위신재의 배분이라는 측면은 크게 약화되어, 근대적인 의미에서의 통상(trade)에 상당 부분 접근한 것이 사실이다. 그러나 호시를 바라보는 청조의 시각은 여전히 바뀌지 않고 여전히 화이질서를 내세웠다는 의미에서 절차 면에서 근대적인 통상과는 여전히 다른 속성을 지니고 있었다. 근대적인 '통상'이 조약체제를 통하여 해외시장을 확대하려고 하는 자유무역주의에 입각한 거래 행위였다면, 호시무역은 경제적 이익을 최우선으로 고려하지 않고 거래 상대자를 상하 위계질서로 파악하여 하위에 위치한 집단일수록 거래를 엄격히 통제하려는 속성을 지니고 있었다. 이 점은 조선의 경우 역시 마찬가지여서 『성종실록』권175 성종16년(1485) 2월15일조에는 "역대 호시의 법('互市之法')은 다만 이적을 견제하기 위한 계책일 뿐, 그들에게서 이익을 취하려 한 것은 아니었다"라고 하고 있는데, 이는 호시의 배후에는 엄격한 화이질서가 작동하고 있다는 것을 보여주고 있다.

---

106) 민경준·김동철, 2017.
107) 吳建雍, 1999.

이러한 화이질서에 입각하여 대외교역을 처리하려고 하는 자세는 동아시아 각국에서 공통적으로 찾아 볼 수 있다. 임진왜란 종결 이후, 재개된 왜관 무역 역시 조선정부에서는 조공무역의 일환으로 간주하고 있었고,108) 일본을 길러준다는 무육(撫育)의 의미를 담고 있었다.109) 반면 거꾸로 일본 측에서는 조선통신사를 입공(入貢)으로 간주하고 있었다.110) 조일 간의 외교 사절 역시 화이질서 속에서 파악하고 있었고, 교역 역시 화이질서 속에서 파악되고 있었던 것이다. 이렇게 호시를 포함하여 외국과의 교역을 어디까지나 화이관에서 파악하고 있었던 것은 청조 역시 마찬가지였다. 일례로 광동 상인들이 영국 동인도회사에 빚을 지고 파산하는 경우, 천조(天朝)의 위신이 깎일 것을 우려하여 그 채무를 중국 측에서 모두 갚도록 하였다.111) 그리고 영국 상인들이 중국 관원에게 문서를 올릴 때는 반드시 상행문인 '품(稟)'의 형식을 취하도록 하였다.112) 이런 의미에서 청대 호시는 단순히 무역이 아니라 엄연히 화이질서에 입각한 교역 행위였다. 더 나아가서 화이질서라는 이념은 명백하게 외국과의 교역 방법에도 현실적인 영향을 끼치고 있었다. 그것은 결코 '명목적인 질서'가 아니었다.

베트남의 응우옌 왕조 역시 적극적으로 중국문화를 수용하였고, 그 일환으로 19세기 초까지 청조나 조선처럼 엄격한 해금정책을 시행하고 있었다.113) 다만 청조는 제한적이기는 하나 광주를 통해서 서양과 접촉을 유지하고 있었지만, 반면 조선114)과 베트남은 서양과의 교역을 단절하려

---

108) 손승철, 2006.
109) 荒野泰典, 1988, 7쪽.
110) 荒野泰典, 1988, 16쪽; 로널드 토비, 2013, 69쪽.
111) 박기수, 2011.
112) 郭衛東, 2000.
113) 유인선, 2012, 265쪽; 竹田龍兒, 1975, 532쪽.
114) 우인수, 2007.

는 경향이 중국보다 더 강했다는 의미에서 더욱 엄격한 해금 정책을 시행했다고 생각된다. 그리고 양국 모두 청조를 대신하여 자신이 중화의 정통이라고 자부했던 반면, 프랑스와 일본의 위협에 대해서 과소평가하였다. 양국이 청조보다 좀 더 일찍 제국주의하의 지배에 놓인 것은 단순히 우연한 일은 아닐 것이다.

5. 근대 시기 동아시아 국제질서의 변동

앞서 서술하였던 '조공·호시체제'가 커다란 변화를 맞게 된 것은 1841~1842년까지의 제1차 아편전쟁에서 패배한 뒤에 체결된 남경조약을 통해서였다. 통상 중국 근대사의 시작이라고 알려진 대사건이지만, 반드시 청조 중국 측에서도 오늘날 우리가 이해하는 대로 남경조약을 인식한 것은 아니었다. 청조에서는 1842년 남경조약 가운데 오늘날에는 불평등조약으로 간주되는 일방적인(片務的, unilateral) 최혜국 대우는 어디까지나 멀리서 찾아온 외이(外夷)에게 은혜를 베푸는 조치로 간주되었다. 그리고 영사재판권 역시 중국 백성과 서양인 사이의 분쟁을 회피하는 수단으로 간주되었다.[115] 즉 호시장(互市場)에서 중국인으로부터 영국인을 격리했던 것과 같은 사고방식의 소산이었다.

그리고 남경조약 역시 과거의 호시 체제하에서의 교역과 크게 달라졌다고는 보기 어려웠다. 예를 들면 광동 이외에 하문, 영파, 상해 등은 모두 1757년 광동체제 이전에는 서양인들에게도 원래 개방된 것으로, 이제 남경조약으로 인해 다시 개방된 것에 지나지 않았다. 즉 청조 자신은 1842년 남경조약과 1843년 호문조약을 계기로 영국 등의 서구 열강과 조

---

115) 모테기 도시오, 2018, 59쪽.

약을 체결하면서 서구적 국제질서에 편입되었다고는 전혀 생각하지 않았고, 서구와의 통상을 조공체제의 일환인 호시체제의 변용이라고 간주하고 있었다. 호시에 커다란 변화가 없는 이상, 서구와의 통상을 '이무(夷務)'로 파악하는 청조의 인식이나 태도도 역시 변화가 있기는 어려웠다. 실로 남경 조약은 어디까지나 이무의 한 수단일 뿐이었다.116)

그 뒤 청조를 근대외교의 장으로 소환한 것은 제2차 아편전쟁의 결과인 1858·1860년 천진·북경조약이었다. 특히 1860년 북경조약 이후에 이르러서야 청은 자신이 세계의 중심이라는 명분을 버리고 서구 열강의 위협에 근본적으로 굴복하여 서구의 외교 제도와 이념을 수용하기 시작하였다. 그리고 이러한 서구 외교제도에 적응하기 위하여 청은 그 이듬해 총리각국사무아문(總理各國事務衙門)이라는 외교기구도 설치하였다. 이 과정에서 청조는 '이무(夷務)'에서 '양무(洋務)'로 이행하면서 만국공법을 부분적으로 수용하는 등 근대적인 조약체제로 이행해 갔다. 한 가지 특기할 점은 1858·1860년 천진·북경조약으로 인하여 외국인이 중국에서의 여행과 무역의 자유를 얻었다는 점이고, 1860년 북경조약으로 인하여 이제까지 관철되어 왔던 자국민의 해외이주 금지 정책이 폐지되었다는 점이다. 즉 이제까지 외국인과의 교역을 제한하던 정책이 폐지된 것이고, 자국민의 해외도항을 금지하는 해금 역시 궁극적으로 철폐된 것이다. 그리고 1860년 러시아와 아이훈 조약을 체결하게 되면서 러시아가 연해주를 획득하여 본격적으로 동아시아에 진출117)하게 된 것은 역내 역학구도에 커다란 동요를 가져 왔다.

그러나 청조 중국이 얌전하게 근대적인 조약체제를 그대로 수용한 것은 결코 아니었다. 청조 나름대로 방법을 강구하여 동아시아 내부에서

---

116) 모테기 도시오, 2018, 61~62쪽.
117) 송정환, 1990, 26쪽.

기존의 우위를 필사적으로 유지하려 하였다. 즉 서구 열강과는 조약을 맺고 조약체제를 받아들이는 한편, 동아시아 세계와는 조규 내지 장정을 체결함으로써, 동아시아 역내에서는 조공·책봉질서를 유지하려고 하였다.

한편, 일본은 이미 1854년 미국과 미일화친조약을 맺고 개항을 하였지만, 이에 부족함을 느낀 초대 주일공사 타운센트 해리스(Townsend Harris)가 당시 인도에서 일어난 세포이 반란과 중국에서 일어난 제2차 아편전쟁을 사례로 영국의 침략을 설파한 뒤에, 미국과의 조약을 맺으면 이를 막을 수 있다고 막부를 설득하여, 천황의 재가를 거치지 않은 채 1858년 미일수호통상조약을 맺었다는 것은 잘 알려진 사실이다. 즉 제2차 아편전쟁은 청조뿐만 아니라 일본역시 문호를 확대하는데 결정적인 계기 가운데 하나였다. 그리고 이 조약이 청조로서는 양무운동으로, 일본으로서는 고메이(孝明) 천황의 재가를 얻지 못했기 때문에 존왕양이 운동을 촉발하였고, 나아가 1868년 메이지 유신으로 가는 단초가 되었다는 사실도 잘 알려져 있다.118)

1867년 이른바 대정봉환(大政奉還)과 1868년 도쿄 천도가 단행됨으로써 왕정복고가 성공하였다. 메이지 일본은 이러한 성과에 기반 하여 동아시아 각국과 새로운 관계를 맺으려고 하였다. 1871년 천진에서 청일수호조규가 체결되었는데 동아시아 역사상 최초의 상호 대등한 조약이었다. 이처럼 청조가 결국 일본을 대등한 존재로 받아들이게 된 데에는 그 나름대로의 연유가 있었다. 즉 러시아와 영국 등의 서구 열강에 대항하기 위하여 일본과의 연합 내지 제휴('聯日政策') 차원에서 이러한 조약을 체결하였다.119)

1871년 청일수호조규는 기존의 중국 주도의 조공체제가 무너지고 있

---

118) 고모리 요이치, 2002, 21~22쪽.
119) 陳偉芳, 1959, 9쪽; 오카모토 다카시, 2011.

다는 첫 번째 상징이기도 하였다. 그리고 15세기 초 중국에 조공을 통한 감합무역을 하였던 일본이 4여 세기만에 이제는 상호 대등한 위치에 서게 되었다는 증좌라고 할 수 있다. 또한 동아시아 역내에서도 기존의 조공질서를 대체해서 조약 체계를 통해서 새롭게 역내 질서가 재편되는 계기가 되기도 하였다. 즉 17세기에 성립되었던 동아시아의 다원적 국제질서는 이제 조약질서로 새롭게 재편될 수밖에 없었다. 게임의 법칙이 바뀌게 되었던 셈인데, 이러한 변화의 계기를 마련한 것은 청조였지만 게임의 속성을 가장 빨리 파악하고 신속하게 대처해 나갔던 것은 메이지 일본이었다는 점은 역사의 아이러니라고 할 수 있다.

당시 중국에서 새롭게 등장하여 정권의 한 축을 담당한 양무파 관료들은 대체로 진사시(進士試)의 합격자들(중국번, 이홍장 등)이 많았기 때문에 전통적인 유교적 가치관을 신봉할 수밖에 없었고 서구적 가치와 제도를 전면적으로 받아들이기 힘들었다. 반면 메이지 유신의 경우 그 주도층이 하급 사무라이들이었기 때문에[120] 양무운동보다 더 급진적인 체제 변혁이 가능했던 것이다.

한편 메이지 유신의 과정 속에서 일본은 중국에 대한 관심은 점점 줄어들고 서구에 대한 관심이 높아지게 되었다. 1879년 양강총독(兩江總督) 심보정(沈葆楨, 1820~1879)의 명령으로 일본을 시찰한 왕지춘(王之春, 1842~1906)이 남긴 『담영록(淡瀛錄)』에 따르면 예전에는 중국 책이 출판되면 신속하게 일본으로 전파되었고 일본 사람들은 이를 매우 소중하게 여기고 이를 가지고 있는 것을 자랑하곤 했지만, 최근에는 이를 그다지 중요하게 여기지 않는다고 하고 있다. 이미 일본의 관심은 중국을 떠나 서구로 향해 있었던 것이다.

메이지 일본 역시 서양의 만국공법을 신속히 수용하였다. 다만 청 말

---

120) 河野健二, 1983, 96쪽.

외교관인 증기택이 만국공법에 대해서 "약한 나라가 이를 의지하여 스스로를 보호할 수도 있지만, 강국은 (이에 의지해 약한 나라를) 침범하기도 한다"121)고 갈파하였듯이 제국주의의 근거로도 사용될 수 있는 도구이기도 하였다. 일본은 조공체제하에 있던 조선을 중국과 분리하기 위하여 1876년 강화도조약을 체결할 때에 조선을 독립국으로 한다는 조항을 첫 번째로 집어넣었다. 조공질서를 해체하기 위하여 만국공법은 의외로 꽤나 유용한 도구였다.122) 이러한 방법은 1876년 강화도조약 이전에, 프랑스가 베트남을 지배하기 위하여 제2차 사이공조약을 맺을 때 베트남을 독립국으로 한다는 조항을 넣었던 것과 마찬가지였다.123)

그 뒤 후쿠자와 유키치(福澤諭吉, 1835~1901)가 제시한 탈아입구는 이제까지 중화를 상위로 설정했던 것을 서구로 바꾼다는 것으로서, 국가나 지역들 사이에 상위 포지션과 하위 포지션이 있다는 설정틀 자체는 변화하지 않았다. 결국 하위에서 상위로 상승해야 한다는 캐치업이라는 사고방식은 달라지지 않았다. 이런 의미에서 후쿠자와 유키치가 제시한 '탈아입구'라는 틀은 일본을 중심으로 한 화이질서의 근대적인 변용이라고 할 수 있다.

청일수호조규를 체결하는 과정 속에서, 일본 측은 중국에 대해서 다음과 같은 문의를 한 바 있다.

> (同治)12년(1873) 4월 일본 사신 소에지마 다네오미(副島種臣)가 북경에 와서 조약을 변경하였는데, 그 수행원인 야나기와라 사키미쓰(柳原前光)과 역관 정영녕(鄭永寧)이 총리아문에 와서 3가지 일을 문의하였다. 첫 번째 질문은 마카오는 중국의 관할인가? 아니면 대서양

---

121) 曾紀澤, 『曾紀澤誘集』 卷4 「巴黎致總署總辦」
122) 김용구, 2014, 93쪽.
123) 유인선, 2012, 272쪽.

(=서양)에서 주장하는가? 다음 질문은 조선의 여러 정령(政令)은 조선에서 스스로 自主로 이루어지는가, 중국이 개입한 적은 없는가? 다음 질문은 타이완의 생번(生蕃)이 류큐 인민을 살해하였는데, 인원을 생번 지역에 파견하여 문책한 적이 있는가 등이었다.

그리고 공사 모리 아리노리(森有禮, 1847~1889)는 청조와 협상할 때 다음과 같은 메모를 남겼다.

> 비록 청국정부는 조선을 속국이라고 양언하지만 이미 이달 13일 보고한 대로 같은 달 10일 총리아문(總理衙門)과 담판 중에 조선 땅은 청국령이 아니고 따라서 그 나라의 내정에 간여할 수 없으며, 또한 그 외교에도 그들의 자주에 맡긴다고 분명히 말을 낸 것으로 보면 그 소위 속국의 실상은 더 볼 것이 없다. 무릇 내정외교의 권리를 온전히 가진 나라는 그 정체 세력과는 관계없이 독립자주국이라고 한다. 이는 공법을 말하는 모든 이가 동의하는 바이며 또한 구미 각국이 현재 이 이치를 공인하고 그 외교를 처리(掌理)한다. 즉 '에집트' '세르비아' 등 나라에 대해 처리하는 바의 교제가 이것이다. 조선독립의 실상은 있지만 청국 속관이란 이름을 쓰고 있음으로 말미암아 단지 '세르비아' 등이 투르크국에 대한 관계와 같아서 순연한 다른 모든 독립국과 같이 볼 수는 없다.(『비서류찬(秘書類纂)』22「조선교섭자료(朝鮮交涉資料)」)

위의 대화를 보면, 앞서 본고에서 지적한 대로 청조 측은 서양과는 조약체제를 나름 받아들였지만, 동아시아 역내에서는 어디까지나 조공국, 화외(化外) 등의 전통적인 중화질서의 세계관 속에서 대외관계를 파악하고 있다는 점을 알 수 있다. 반면 메이지 일본은 점차 근대적인 국제질서('만국공법')에 입각하여 대외문제에 접근하고 있었다는 점을 알 수 있다. 나아가 청일수호조규로 인해 청과 대등한 지위를 인정받은 메이지 일본은 국경을 근대적인 조약 체계에 입각하여 확실히 처리해 나갔다. 러시아와의 국경문제는 1875년, 치시마(千島)와 사할린을 서로 교환하는 것으로 타결을 보았고, 1876년 오가사와라 제도의 영유를 선언하였다. 영토 문제가 일단락되자 대외관계 역시 이러한 근대적인 조약체제에 근거하여 재편하려 하였다. 이렇게 되면서 청조의 조공질서와 일본의 조약체제의 대결은 피할 수 없게 되었다. 그 대결 장소는 두 나라의 사이에 있던 중립지대, 즉 타이완, 류큐, 조선이었던 것이다. 그리고 메이지 일본은 청조 지배의 취약한 곳부터 접근해 왔다.

일단 1871년 폐번치현을 계기로 쓰시마번이 해오던 조선과의 외교 업무를 외무성으로 이관하였다. 다음 해 1872년 조선과 새로운 외교관계를 수립하기 위하여 조선에 국서를 보냈으니, 당시 대원군 집권기의 조선은 일본이 '황(皇)'이라든가 '칙(勅)'이라는 표현을 사용했다는 것을 이유로 국서 접수를 거부하였다.[124] 그 뒤 메이지 일본은 목단사 사건을 계기로 1874년 타이완에 출병하였고,[125] 1879년 일본은 류큐를 강제 병합하였다. 통상 1895년 시모노세키 조약을 계기로 동아시아 조공질서가 해체되고, 중일간의 패권 이행이 이루어졌다고 보는 경우가 많지만, 실제로 일본의 류큐 강제 병합이야 말로 실질적인 시발점이라고 할 수 있다.[126] 더욱이 1884·5년 청불전쟁 이후 청조로서 남은 유일한 번속국인 조선에 대해서 통제를 강화하는 결정적인 계기가 되었다.[127]

한편, 1871년 청일수호조규는 1876년 강화도 조약('조일수호조규') 체결의 한 계기가 되었다. 앞서 서술하였듯이 청일수호조규를 맺게 된 중국측의 의도는 일본과 제휴하여 서구 열강과 대항하기 위한 것이었다. 따

---

124) 다보하시 기요시, 2013.
125) 毛利敏彦, 1996.
126) 유장근, 2004, 358쪽.
127) 陳偉芳, 1959, 39쪽.

라서 일본에게 협력을 구하는 입장에서는 청조는 이전과는 달리 일시적으로 조선과 일본의 관계에 대해서 방관자적인 입장에 설 수밖에 없었다. 이를 틈타 일본은 강화도에 군함 6척을 파견하여 조선과의 조약 체결을 강요하였고, 결국 1876년 2월 강화도 조약을 체결하였다. 이 강화도 조약에서 일본은 만국공법을 기준으로 하여 조선을 주권국가라고 명시함으로써, 청과의 관계를 단절하고자 하였다. 나아가 1883년 조선과 일본은 조일통상장정을 체결하였다. 이는 협정관세 등의 불평등한 내용을 담고 있지만 결과적으로 세계자본주의 체제로 편입되는 계기가 되었다.[128] 즉 이제는 일본 나아가 영국 등과 통상이 가능하게 되면서, 기존에 중국을 중심으로 한 조공무역과 호시무역은 그 중요성을 잃게 되었다.

반면, 일시에 수세에 몰리게 된 청조로서는 일본의 타이완 출병을 계기로 이를 만회하기 위하여 기존의 대만부(臺灣府)를 대만성(臺灣省)으로 승격시키고 해방(海防)을 강화하였다.[129] 일본과 제휴하여 서구 열강의 침입을 막겠다는 생각을 바꾸어서 일본에 대해서 경계하기 시작하였다('防日政策').[130] 이러한 나름의 준비에도 불구하고 바다로부터의 침략을 모두 막을 수 있었던 것은 아니었다. 특히 조공 질서에 편입되었던 베트남의 경우가 그러하였다. 1860년대 이래 베트남에 진출하였던 프랑스 세력과 베트남의 종주권을 주장하는 청조가 맞붙은 것이 바로 1884~1885년 청불전쟁이다.

청불전쟁의 개전으로 1882년 임오군란 이후 계속 주둔하고 있던 조선 주재 청군의 일부가 베트남으로 이동하였는데 이를 틈타 1884년 12월 김옥균을 비롯한 개화파가 갑신정변을 일으켰다. 이로 인하여 조선에서 청군과 일본군이 격돌할지 모르는 긴장감이 고조되었다. 갑신정변의 소식

---

128) 하원호, 1997.
129) 이화승·홍성화, 2012, 55~56쪽.
130) 陳偉芳, 1959, 33쪽.

을 접한 실질적인 대외정책의 담당자였던 이홍장은 프랑스와 싸우고 있는 와중에서 일본의 군사적 대두에 대해서 매우 우려하고 있었고, 그리고 결국 프랑스와 일본이 손을 잡고 청조를 상대할까 매우 염려하였다. 이로 인하여 실질적으로 청불전쟁 시기 외교 책임자였던 이홍장은 청불전쟁을 종결시켜야겠다고 결심하였고, 파견된 장군들의 반대 의견을 묵살하고 강화조약에 대한 협의를 시작하였다. 결국 여러 가지 우여곡절 끝에 1885년 천진조약이 체결되었다. 결국 여기에서 베트남에 대한 종주권은 방기되었고 베트남에 대한 프랑스의 보호국화가 확정되었다. 이런 의미에서 청불전쟁은 갑신정변의 계기이고, 다시 갑신정변은 청불전쟁 종결의 계기가 되는 셈이다.[131]

청불전쟁으로 인하여 베트남마저 프랑스의 지배하에 놓이게 되자, 중국의 속방으로는 오로지 조선만이 남아 있게 되었다. 중국으로서 조선은 가장 인접한 국가였으며, 조공질서하에서도 류큐나 베트남보다 상위에 있던 국가였다.[132] 따라서 조선을 속방으로서 유지할 수 있느냐의 문제는 청조로서 국가의 안위에 매우 중요한 문제였을 뿐만 아니라, 조공질서의 마지막 교두보로서 이념의 생명선이었다. 이런 면에서 볼 때, 제2차 아편전쟁 이전의 조공질서는 대체로 동의에 의해서 종주국과의 관계가 이루어진다고 이념화되었다면, 이제는 다양한 화이질서가 병존하는 상황, 즉 병렬적인 종주국이 제후국을 서로 확보하려는 상황으로 바뀌었던 것이다. 이전의 조공질서가 조공국의 자발적인 동의에 의해서 유지되었다면, 이제는 복수의 중심세력이 양자 사이에 놓인 약소세력을 강압적으로 편입시키는 쪽으로 변모해 갔다.[133]

다만 여전히 중국은 문명의 위계질서에 입각한 천조를 중심으로 한

---

131) 홍성화, 2019.
132) 和田博德, 1975, 553쪽.
133) 陳偉芳, 1959, 67쪽.

세계관은 버리지 않고 있었다. 통상 국민국가에서 제국주의로 발전한다는 일반적인 서양사의 경험에서 비추어 본다면, 청조의 경우는 국민국가가 아닌 여전히 '제국'이며, 국민국가 이후의 '제국주의'와는 구별되어야 한다. 이처럼 당시 조공국들에게 어느 정도 자치를 허용하는 것을 이상으로 삼고 있던 청조의 대외정책은 내부적으로 향리에서 신사층(紳士層)이나 선당(善堂)·선회(善會)에 의한 자치 활동을 폭 넓게 허용하고 있던 청조의 관행과 그 궤를 같이 한다고 할 수 있다.[134]

어쨌든, 이러한 상황에서 청조는 조선의 속방화를 더욱 강화하고자 하였지만 반면 조선이 서양과 외교관계를 맺을 때, 서양과 평등한 관계를 맺는 것을 극력 꺼려하고 있었다. 그렇게 된다면 최종적으로 서양과 조약을 맺고 있는 중국과도 상호 평등한 관계가 성립되는 셈이기 때문이었다. 이홍장은 조선이 서양과의 외교관계에서도 여전히 중국의 속방이라는 위치를 유지해야 한다고 주장하고 있었다. 이런 의미에서 청조의 대(對)조선 정책은 청조와 조선 사이의 관계 속에서 결정되는 것이 아니라, 청조를 둘러싼 국제환경의 변화 속에서 파악해야 된다는 것을 알 수 있다. 즉 청조의 대(對)조선 정책은 청조를 둘러싼 국제 환경, 즉 영국이나 러시아, 그리고 일본 등과의 교섭이나 갈등 속에서 결정되었다.

어쨌든 이홍장은 일본의 조선 진출을 막기 위하여 조선에게 구미 여러 나라와의 수호 통상을 권고하였고, 그 결과 조선은 구미 국가 가운데 최초로 1882년 미국과 수교(「조·미수호통상조약」)를 맺게 되었다.[135] 그리고 청조 나름대로 조선 내부에 대한 통제를 강화하려 하였다. 그 결정적인 계기는 1882년 임오군란이었다.[136]

흔히 1882년 임오군란 이후 청조의 대(對)조선 정책이 기존의 조공·

---

134) 溝口雄三, 2011.
135) 권혁수, 2000, 42쪽.
136) 김용구, 2004.

책봉관계를 넘어서 제국주의적인 단계로 발전한 것이라는 논의들도 다수 있다. 과연 그런 것인가? 1871년 청일수호조규를 맺을 당시에 이홍장의 발언을 보면, 분명히 조선에 대한 강한 지배를 실현하려는 동기가 더욱 뚜렷이 드러난다. 그리고 이러한 인식을 확실히 실천하게 된 계기는 1882년 임오군란이며, 대원군의 납치나 같은 해 「조청상민수륙무역장정」의 체결, 외교 고문의 파견 등을 통한 내정 간섭 등이었다고 할 수 있다. 특히 1879년 이른바 '류큐 처분' 이후 조선에 대한 청조의 정책은 속국에 대해서 자주를 용인하였던 전통적인 중화세계와는 멀리 떨어져서 내정 개입을 서슴지 않는 근대 세계의 지배 구조와 보다 가까워졌다.

특히 원세개가 1885년부터 1894년까지 '주차조선총리교섭통상사의(駐箚朝鮮總理交涉通商事宜)'로서 조선에 파견되어 내정에 직접적으로 개입하였던 사례는 잘 알려져 있다. 그렇지만 여기에 근대 제국주의의 식민지 지배와는 분명히 다른 중국적인 특성도 존재한다는 점을 잊어서는 안 될 것이다. 예를 들어서, 대(對)조선·일본 정책을 결정하였던 이홍장은 1886년 고종에게 서구와 중국의 정책이 지닌 차이를 설명하면서, 행정 및 재정에서부터 군사에 이르기까지 모든 것을 장악해 버리는 서양의 '보호'와 속국의 내정 개입을 최소화하는 중국의 정책을 대비시킨 바 있다. 즉 청조는 이념적으로 전통적인 조공·책봉질서를 부정하는 단계까지 이르지 않았다. 일례로 청 말 대표적인 외교관 중의 한 사람인 증기택(曾紀澤)은 "(서양과는 달리 중국은) 효순한 조공국에 대해서 그 주권을 빼앗은 적이 없다"[137]고 하고 있다.

1880년대 이후 이홍장이 조선에서 추진하였던 것은 기존의 조공·책봉질서라는 틀을 유지하면서 하위의 통상관계만을 조약질서로 유지하는 이원적인 국제질서였다. 즉 조공질서 속에서 조약관계를 하위에 두는 것

---

137) 曾紀澤, 『曾紀澤遺集』 卷4 「倫敦致總署辦」.

이었다. 이를 테면 '중체서용의 천조체제(天朝體制)'라고 할 수 있다. 조선에 대한 지배 강화 역시 조선의 식민지화를 도모했다기보다도 메이지 일본에 대항하기 위한 성격이 좀 더 강하였다. 또한 조선과의 통상관계의 중요성이 점점 커졌던 것은 분명하지만, 청조로서 조선과의 통상관계는 어디까지나 기존 조공·책봉질서의 하위 범주였다. 이 점은 뒤에서 서술할 서술한 미얀마의 사례에서도 뚜렷하게 드러난다. 이는 서구 열강에 대항하기 위하여 제국주의와는 다른 이념 기치를 내세움으로써 중화질서의 가치 우위를 주장하기 위한 청조 중국의 고심 속에서 나온 것이었다.

이홍장은 전통적인 조공관계와 근대적인 조약관계가 양립할 수 있다고 간주하였고, 후자를 새롭게 이용하여 전자를 강화하는 것이 그의 대(對)조선 정책의 기본방침이었다고 할 수 있다. 이러한 사고를 지닌 사람은 비단 이홍장 혼자가 아니었다. 당시 청조 외교관인 유석홍(劉錫鴻, ?~1891)에 따르면 서양에서 만국공법이 '인의'를 실현하는 방법일지는 모르나 그것은 서양의 구체적인 사정에 맞는 '인지제의(因地制宜)'라는 차원에서 옳은 것일 뿐, 중국으로서 반드시 수용해야 하는 것은 아니라고 간주했다. 반면 중국 역대 왕조의 세계질서인 조공체제야 말로 중국 사정에 적합하다고 여겼으며, 이러한 사고방식에 입각하여 조약체제와 조공·책봉체제라는 완전히 이질적인 세계 질서가 무리 없이 양립할 수 있었다고 지적하였다.138)

실제로 미얀마를 둘러싼 청조와 영국과의 갈등에 대한 사례 속에서도 청조의 이러한 사고방식을 확인할 수 있다. 즉 영국은 북경 주재 영국 대리 공사를 통해 1886년 1월 1일부터 미얀마를 인도제국으로 통합시킬 것임을 청조에 통고하였다. 결국 증기택이 나서서 협상을 하여, 광서12년

---

138) 茂木敏夫, 2000.

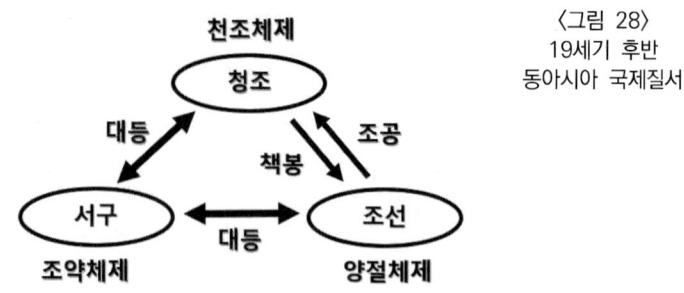

〈그림 28〉
19세기 후반
동아시아 국제질서

(1886) 협정이 체결되었다. 그 내용으로 청조는 미얀마에 대한 영국의 지배를 인정하는 한편, 청조에 대한 미얀마의 조공을 인정하는 상호 모순적인 타협이었다. 이처럼 미얀마 문제는 두 개의 질서가 병존하는 상태로 마무리 되었다. 문제 해결 방식은 전통 체제의 논리와 어긋남이 없었으나 실상 중국은 미얀마를 1886년부터 상실하게 되었다.[139]

어쨌든 '조청상민수륙무역장정'를 계기로 청조는 조선과의 상무(商務)를 조공 업무(貢務)와 분리하여 전자는 서방무역과 마찬가지로 총리아문 소관으로 하고 후자만을 종전대로 예부 소관으로 하였다. 이로써 근대적인 통상관계와 정치관계를 별도 기구가 관리하는 이원적인 조중관계가 형성되었고, 이를 통하여 조선에 대한 개입과 간섭이 강화되었다.[140] 즉 기존의 조공·책봉질서에 관한 사무는 예부에서 담당하였고, 통상조약에 관한 사무는 총리아문으로 각각 이원화되었다. 즉 1882년을 계기로 조중관계는 기존의 일원적인 조공·책봉질서에서 조공·책봉질서와 근대적 조약질서가 양립하는 단계로 이행하였다고 할 수 있다.[141] 반면 조선으로서는 서구와는 대등한 조약을 체결하였지만 청조가 종속 관계를 이유로 조선의 국가 주권에 제약을 가하고 있던 상태가 되었고, 유길준은 이

---

139) 모테기 도시오, 2018, 98~99쪽.
140) 秋月望, 1985.
141) 佐藤眞一, 1977; 김민규, 2002.

를 '양절체제(兩截體制)'라고 하였다(〈그림 11〉 참조).142)

주지하다시피, 이러한 청의 내정간섭은 1884년 갑신정변을 거치면서 더욱 강화되었다. 조선을 행성(行省)으로 삼아 직접 관할하자는 논의까지 나올 정도였다. 이른바 '속국자주'의 원칙143)마저 부정하겠다는 의미였다. 그러나 잊지 말아야 하는 것은 이런 논의가 공식화되거나 실행에 옮겨졌던 것은 아니었다는 점이다. 임오군란 이후 대(對) 조선정책의 주안점은 어디까지나 '종래의 형식적 종주권의 강화'에 있었다. 그리고 그 목적도 식민지로 만들기 위해서가 아니라, 중국 동북 변방의 안전을 위한 하나의 완충지대로 보존하기 위한 것이었다.144) 이 점은 청불전쟁 당시 청조의 대(對)베트남 정책 역시 운남과 귀주 지역을 지키기 위해서 프랑스와의 완충지대를 확보하는 데 주안점이 맞추어져 있다는 사실145)과도 통하는 점이다.

〈표 3〉 근대 중국의 공간 관념의 변화

아편전쟁 이전	아편전쟁 후-19세기 말	20세기 이후
直省(직접지배)	내지(內地)	영토
藩部(간접지배)	'속지'(주권 없음)	
조공국	'속국'(주권 있음)	독립

청조로서는 조선 문제가 점점 중요해질 수밖에 없었던 것은 주변의 조공·책봉국을 하나 하나 잃어가고 있었던 것이다. 이를 순서대로 보면 다음과 같다. (1) 류큐의 상실(1875~1876, 일본 점령, 1879년 폐번치현)

---

142) 原田環, 1997, 제2장 4절.
143) 오카모토 다카시, 2009.
144) 陳偉芳, 1959, 110쪽.
145) 『淸光緖實錄』 卷140 光緖7年(1881) 12月 辛未.

(2) 이리문제(1871년 러시아의 이리점령, 1879년 리바디아 조약, 1881년 (3) 미얀마의 상실(1886년) (4) 베트남 상실(1885년) 청불전쟁. (5) 조선 상실(1895년) 청일전쟁, 시모노세키 조약. (6) 코간드 등의 러시아에 병합. 1840년대에 카자흐 칸국의 入貢이 두절되고 1860년대에는 코간드의 입공이 끊겨서, 아프간만이 독립을 유지하였다. (7) 구르카(네팔)는 1882년까지 입공하였다.146)

이러한 상황에서 1894~1895년 조선을 둘러싼 두 천하질서의 대결, 즉 청일전쟁에서 메이지 일본이 승리를 거두게 되었다. 그리고 1895년 시모노세키 조약에서 결국 조선에 대한 조공·책봉질서가 공식적으로 부정되었고, 조선과는 1899년 한청조약(韓淸條約)을 체결하게 되었다. 청조형 화이질서는 최종적으로 동아시아 내부에서도 메이지 일본의 조약체제에 결국 패배를 인정하지 않을 수 없었다.

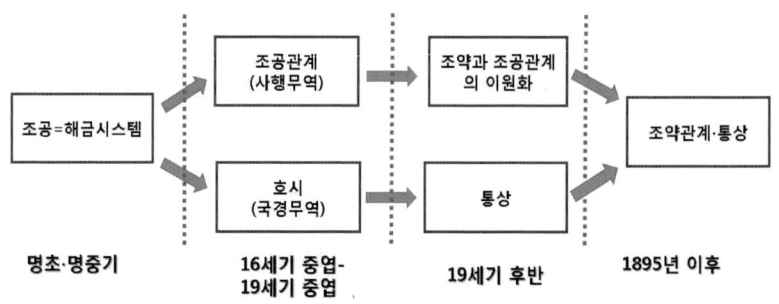

〈그림 12〉 근세·근대 시기 중국의 대외 정책의 변화

고종 역시 1895년 아관파천 단행 이후, 1897년 경운궁으로 환궁한 뒤에 환구단을 짓고 대한제국을 선포하고 같은 해 10월 12일 황제 즉위식을 거행하였다. 이 황제 즉위식에서 의례의 모범이 되었던 것이 바로 명

---

146) 坂野正高, 1973, 319~320쪽.

의 『대명회전』과 『대명집례』였다.147) 즉 대한제국은 자주국이면서 중화문화의 정통성을 계승한 국가이기도 하였다. 조선 후기에 형성되었던 '조선 중화주의'는 마침내 1897년 대한제국 성립으로 이 땅에 실현되었다.

청조 중국 역시 20세기에 들어오면서 점차 근대적인 내셔널리즘을 수용하면서148) 예전의 중화적 세계관은 점차 헤게모니를 잃게 되었다. 그 결과 예전의 번부(藩部)는 새로이 '속지(屬地)', 기존의 조공국은 '속국(屬國)'으로 간주되었다. 전자는 주권이 없으며 중국 영토의 한 부분으로 파악되었고, 후자는 주권을 지닌 존재로 파악되었다.149) 결국 후자인 속국은 앞서 살펴보았던 대로 청불전쟁과 청일전쟁 등을 거쳐서 분리되어 나갔고, 1895년 시모노세키 조약을 통해 중화질서에 입각한 국제질서는 그 종언을 고하였다.

6. 결론

본고에서는 16~19세기라는 비교적 긴 시간 속에서 동아시아 국제질서가 어떻게 변화되었는가에 대해서 살펴보았다. 즉 16세기 이전의 명대 동아시아 화이질서는 명조의 우위 속에서 전개되었던데 비하여, 17세기 이후 제2차 아편전쟁 이전까지는 중국의 우위는 점차 무너지기 시작하였고, 각국에서 독자적인 화이질서를 만들어 내면서 점차 화이질서가 경합을 벌이기 시작하였다고 할 수 있다. 이러한 상황에서 제2차 아편전쟁 이후 유럽 제국주의와 만국공법의 도입 등으로 인하여 균열된 동아시아 세계는 일거에 적자생존의 투쟁장으로 변모하게 되었다. 그 투쟁의 최종

---

147) 김문식, 2006.
148) 김형종, 2013.
149) 岡本隆司, 2017, 제11장.

결과가 1894~1895년의 청일전쟁이었다.

한 가지 부연해 두고 싶은 것은 이러한 국제질서 변동, 즉 ① 중국을 중심으로 한 천하질서 → ② 다원적 천하질서 → ③ 근대적 조약질서라는 변동을 가능하게 한 원동력은 여전히 화이질서 의식이라는 점이다. 이러한 화이관의 배경에는 기질지성(氣質之性)이 맑은 기의 중화(華)와 탁한 기의 오랑캐(夷)라는 인식틀이 자리 잡고 있었다.

탁한 기는 리(理)가 온전히 발현될 수 없는 상태이고, 맑은 기에 의해서 리를 발현하는 중화는 국제질서상에 상위에 위치해야만 한다. 상층은 선이고 하층은 악인 것이다. 그러나 중화와 이적은 영원히 격리된 것이 아니다. 이적 역시 언제고 중화가 될 수 있다. 즉 탁한 기를 지닌 이적도 노력하여 갈고 닦으면 맑게 될 수 있고, 그러면 중화가 될 수 있는 것이다. 이러한 인식틀은 동아시아 속에서 서로 다른 국가, 즉 옹정제이든, 조선의 영조나 정조, 도쿠가와 요시무네, 그리고 민망제(明命帝) 역시 공유하고 있었다. 이처럼 화이질서의 기저에는 강력한 상승지향이 자리 잡고 있고, 상승을 통해서 성공한 이적은 이제 중화로서 위치하고, 예전의 중화를 이적으로 하위에 둘 수 있게 되었다. 즉 상하의 위치를 강조하는 화이질서 자체가 화이질서 변동의 기본 요인이 되는 셈이다.

그렇기 때문에 1850년대 존왕양이 운동은 메이지 유신 이후 서구를 따라잡는 것으로 그 방향을 쉽게 전환할 수 있었다. 예를 들어 존왕양이 운동 시기에는 중국을 모범으로 삼고 서구를 이적시하였다면, 메이지 유신 이후에는 점점 서구를 모범으로 하여 중국과 조선을 이적시하였던 것이다. 그러나 1860년대 이후 근대적인 조약질서에 편입된 이후에도 이러한 화이관은 여전히 각각의 국가를 움직이는 가장 중요한 사고방식이었다. 이 점은 현재도 마찬가지라고 할 수 있다.

1648년 베스트팔렌 조약 이후 서구에서는 각국이 대등한 국제질서를 지향해 나갔지만, 근대 동아시아의 국제관계는 서로 대등하지 않은 종주국·속국들의 경합과 갈등으로 점철되었다. 그리고 각각의 국가와 지역들이 내셔널리즘(=국민주의)을 발전시키는 과정 중에서, 유럽의 경우처럼 아래로부터 점진적으로 형성되지 않고 유럽의 제국주의적 침략에 대한 대항 의식 속에서 발전되었기 때문에, 이는 자신이 상대를 정복하든가 아니면 상대로부터 정복 당하든가라는 양자택일 가운데 하나 밖에는 없는 상황이었다.150) 이러한 가운데 성공한(?) 내셔널리즘은 손쉽게 대외 팽창주의적인 제국주의의 길로 연결되었고, 반면 '국민국가'를 성취하지 못한 나라들은 식민지의 길을 걷게 되었다.

20세기 동아시아 여러 나라들의 경험은 제국주의부터 반(半)식민지, 식민지 등 다양한 경로를 거쳐야 했지만, 모두 성숙된 국민국가의 건설151)이라는 점에서는 공통적이었다. 다만 근대적인 시민의식이 아직 성숙하지 않은 상황에서 위로부터 강제로 국민국가를 건설할 수밖에 없었고,152) 비록 겉으로 내세우는 이념의 형태는 각각 달랐지만 민족주의적(=화이론적) 권위주의 체제를 형성해 나갔던 것은 동아시아의 공통적인 역사적 경험이라고 할 수 있다.

---

150) 마루야마 마사오, 1997, 제5장 「일본에서의 내셔널리즘」.
151) 조경란, 2008, 「량치차오의 '국민만들기'」; 가라타니 고진, 1997.
152) 李澤厚, 1992, 「啓蒙과 救亡의 이중 변수」.

▎참고문헌

1. 논문

구범진, 「동아시아 국제질서의 변동과 조선-청 관계」, 이익주 외, 『동아시아 국제질서 속의 한중관계사: 제언과 모색』, 동북아역사재단, 2010.

기시모토 미오, 홍성화 역, 「동아시아·동남아시아 전통사회의 형성」, 『역사와 세계』 45, 2014.

김문식, 「고종의 황제 등극의에 나타난 상징적 함의」, 『조선시대사학보』 37, 2006.

김민규, 「근대 동아시아 국제질서의 변용과 청일수호조규(1871년)-'조규체제'의 생성」, 『대동문화연구』 41, 2002.

김성규, 「미국 및 일본에서 '전통중국의 세계질서'에 관한 연구사와 그 특징 비교」, 『역사문화연구』 32, 2009.

김형종, 「청말 혁명파의 내셔널리즘 - 우루전과 『옌지변무보고』」, 배경한 편, 『동아시아 역사 속의 신해혁명』 한울, 2013.

류쉬펑(劉序楓), 강병관 역, 「도쿠가와 막부 '쇄국 체제하의 중일 무역 고찰」, 이수열 외 편, 『동아시아해역의 해항도시와 문화교섭 Ⅱ』 선인, 2018.

민경준·김동철, 「청대 후기 일본 다시마 소비」, 『중국사연구』 107, 2017.

박기수, 「갈등·협력·예속-청대 광동대외무역중의 행상과 동인도회사의 관계를 중심으로」, 『명청사연구』 36, 2011.

박기수, 「청대 광동행상 이화행 오병감(1769-1843)의 활동과 그 위상-영국 동인도회사와의 관계를 중심으로」, 『중국사연구』 97, 2015.

박기수, 「紳商으로서의 광동행상 이화행 오병감(1769-1843)」, 『명청사연구』 44, 2015.

박기수, 「18세기 광주에서의 공행의 설립과 해산-광동행상과 동인도회사의 대립, 그리고 광동지방당국의 개입」, 『동양사학연구』 141, 2017.

오카모토 다카시, 「일본의 류큐 병합과 동아시아 질서의 전환-청일수호조규를 중심으로」, 『동북아시아역사논총』 32, 2011.

于晨, 「근대 전환기 청 대외관계의 연구-화이질서의 재조정을 중심으로」, 성균관대 박사학위논문, 2019.

유승주, 「조선후기 조·청무역 소고」, 『국사관논총』 30, 1991.
유승주, 「조선후기 대청부역이 국내산업에 미친 영향」, 『아세아연구』 37-2, 1994.
윤욱, 「청조하 동아시아 국제질서의 변화」, 박경석 편, 『연동하는 동아시아를 보는 눈』, 창비, 2018.
조성산, 「18세기 후반~19세기 전반 對淸認識의 변화와 새로운 중화 관념의 형성」, 『한국사연구』 145, 2009.
주진오·도면회·조재곤, 「총론: 한국 근대정치사와 왕권」, 『역사와 현실』 50, 2003.
최다솜, 「16세기 海上勢力 王直의 국가 구상과 성격」, 부산대학교 역사교육과 석사학위논문, 2019.
홍성구, 「청조 해금정책의 성격」, 이문기 외, 『한·중·일의 해양인식과 해금』, 동북아역사재단, 2007.
홍성구, 「명대 북변의 호시와 조공」, 『중국사연구』 72, 2011.
홍성화, 「전쟁과 사절-둔문해전과 명조의 대외정책변화」, 『사림』 61, 2017a.
홍성화, 「16-17세기 포르투갈의 對동아시아 무역의 성쇠: 마카오를 중심으로」, 『역사와 경계』 105, 2017b.
홍성화, 「『청사고』 편찬사업과 대외인식」, 『역사와 세계』 54, 2018.
홍성화, 「청말 중국의 베트남 사태에 관한 인식과 대응」, 『명청사연구』 52, 2019.
郭衛東, "照會"與中國外交文書近代範式的初構」, 『歷史研究』, 2000-3.
易惠莉, 「淸康熙朝後期政治與中日長崎貿易」, 『社會科學』, 2004-1.
劉序楓, 「淸康熙~乾隆年間洋銅的進口與流通問題」, 『中國海洋發展史論文集』 第7輯, 中央研究院中山人文社會科學研究所, 1999.
莊國土, 「略論朝貢制度的虛幻: 以古代中國與東南亞的朝貢關係爲例」, 『南洋問題研究』 2005-3.
鄭振滿, 「明後期福建地方行政的演變-兼論明中葉的財政改革」 『中國史研究』 1998-1.
宗彩萍, 「阿片戰爭前後英國對淸朝"華夷"體制的衝擊」, 『濮陽職業技術學院學報』 2016-3.
岡本さえ, 「中國とヨーロッパ」, 溝口雄三外 編, 『地域システム』 東京大學出版會, 1993.

溝口雄三,「辛亥革命の歷史性」,『中國思想のエッセンス Ⅱ-東往西來』岩波書店, 2011.

廖敏淑,「淸代の通商秩序と互市-淸初から兩次アヘン戰爭へ」, 岡本隆司 外 編,『中國近代外交の胎動』東京大學出版會, 2009.

茂木敏夫,「中國における近代國際法の受容-「朝貢と条約の並存」の諸相」,『東アジア近代史』3, 2000.

岩井茂樹,「十六世紀中國における交易秩序の摸索-互市の現實とその認識」, 同編,『中國近世社會の秩序形成』, 京都大學人文科學硏究所, 2004.

岩井茂樹,「明代中國の禮制覇權主義と東アジアの秩序」,『東洋文化』85, 2005.

岩井茂樹,「淸代の互市と"沈默外交"」, 夫馬進 編,『中國東アジア外交交流史の硏究』, 京都大學學術出版會, 2007.

岩井茂樹,「帝國と互市-16-18世紀東アジアの通交」, 籠谷直人 外編,『帝國とアジア・ネットワークー長期の19世紀』, 世界思想社, 2009.

岩井茂樹,「朝貢と互市」,『東アジア近現代史』Ⅰ, 岩波書店, 2010.

鈴木中正,「淸・越南(ビェトナム)關係の成立」,『愛知大學文學論叢』33・34, 1966.

鈴木中正,「淸・越南關係の成立」, 山本達郎 編,『ベトナム中國關係史-曲氏の抬頭から淸佛戰爭まで-』, 山川出版社, 1975.

柳澤明,「康熙56年の南洋海禁の背景-淸朝における中國世界と非中國世界の問題に寄せて」,『史觀』140, 1999.

張啓雄,「新中華世界秩序構想の展開と破綻: 李鴻章の再評価に絡めて」,『沖縄文化硏究』16, 1990.

田代和生,「德川時代における銀輸出と貨幣在高」, 梅村又次 編,『日本經濟の発展: 近世から近代へ』日本經濟新聞社, 1976.

竹田龍兒,「阮朝初期の淸との關係」, 山本達郎 編,『ベトナム中國關係史-曲氏の抬頭から淸佛戰爭まで』山川出版社, 1975.

增田えりか,「ラーマー世の對淸外交」,『東南アジアー歷史と文化』24, 1995.

眞壁仁,「德川儒學思想における明淸交替: 江戶儒學界における正統の轉位とその變天」,『北大法學論集』62-2, 2012.

秋月望,「朝中貿易交涉の經緯」,『九州大學東洋史論集』13, 1985.

片岡一忠,「朝賀規定からみた淸朝と外藩朝貢國の關係」,『駒澤史學』52, 1998.

和田博德, 「阮朝中期と淸との關係(1840-1888年) ーアヘン戰爭から淸佛戰爭まで」, 山本達郎 編, 『ベトナム中國關係史－曲氏の抬頭から淸佛戰爭まで』, 山川出版社, 1975.
和田正廣, 「李成梁勢力における財政的基礎」(1)·(2) 『西南學院大學文理論集』 25-1·2, 1984·85.

2. 저서

가라타니 고진, 박유하 역, 『일본 근대문학의 기원』, 민음사, 1997.
고모리 요이치, 송태욱 역, 『포스트 콜로니얼』, 삼인, 2002.
구도영, 『16세기 한중무역 연구』, 태학사, 2018.
구태훈, 『일본근세사』, 재팬리서치21, 2016.
권혁수, 『19세기말 한중관계사연구』, 백산자료원, 2000.
기시모토 미오 외, 정혜중 역, 『동아시아 속의 중국사』, 혜안, 2015.
김용구, 『임오군란과 갑신정변』, 원, 2004.
김용구, 『만국공법』, 소화, 2014.
김종원, 『근세 동아시아관계사연구』, 혜안, 1999.
다보하시 기요시, 김종학 역, 『근대 일선관계의 연구』 상·하, 일조각, 2013·2016.
다시로 가즈이, 손승철 외 역, 『근세한일외교비사』, 강원대학교출판부, 1988.
다시로 가즈이, 정성일 역, 『왜관－조선은 왜 일본 사람들을 가두었을까?』, 논형, 2005.
로널드 토비, 허은주 역, 『일본 근세의 '쇄국'이라는 외교』, 창해, 2013.
리궈룽, 이화승 역, 『제국의 상점』, 소나무, 2008.
리보중, 이화승 역, 『조총과 장부』, 글항아리, 2018.
마루야마 마사오, 김석근 역, 『일본정치사상사연구』, 통나무, 1995.
마루야마 마사오, 김석근 역, 『현대정치의 사상과 행동』, 한길사, 1997.
모테기 도시오, 박준형 역, 『중화세계 붕괴사』, 와이즈플랜, 2018.
무라이 쇼스케, 손승철 외 역, 『동아시아속의 중세 한국과 일본』, 경인문화사, 2008.
무라이 쇼스케, 이영 역, 『중세 왜인의 세계』, 소화, 2003.

미스기 다카토시, 김인규 역, 『동서도자교류사』, 눌와, 2001.
민두기, 『중국근대사연구-신사층의 사상과 행동』, 일조각, 1973.
박진한, 『일본 근세의 서민지배와 검약의 정치』, 혜안, 2010.
박훈, 『메이지 유신은 어떻게 가능했는가』, 민음사, 2014.
서성철, 『마닐라 갤리온 무역』, 산지니, 2017.
손승철, 『조선시대 한일관계사』, 경인문화사, 2006.
송정환, 『러시아의 조선침략사』, 범우사, 1990.
쓰키아시 다쓰히코, 최덕수 역, 『조선의 개화사상과 내셔널리즘』, 열린책들, 2014.
알렉상드르 꼬제브, 설헌영 역, 『역사와 현실 변증법』, 한벗, 1981.
오카모토 다카시, 강진아 역, 『미완의 기획 조선의 독립』, 소와당, 2009.
요시자와 세이치로, 정지호 역, 『애국주의의 형성-내셔널리즘으로 본 근대 중국』, 논형, 2006.
유승주, 『조선후기 중국과의 무역사』, 경인문화사, 2002.
유인선, 『베트남과 그 이웃 중국』, 창비, 2012.
유장근, 『근대중국의 지역사회와 국가권력』, 신서원, 2004.
이시바시 다카오, 홍성구 역, 『대청제국 1616-1799』, 휴머니스트, 2009.
이영옥, 『중국근대사』, 책과함께, 2019.
이종찬, 『난학의 세계사』, 알마, 2014.
이철성, 『조선후기 대청무역사 연구』, 국학자료원, 2000.
李澤厚, 김형종 역, 『중국현대사상사의 굴절』, 지식산업사, 1992.
이화승·홍성화, 『전쟁과 교류의 역사: 타이완과 중국 동남부』, 동북아역사재단, 2012.
이헌창, 『한국경제통사』, 해남, 2016.
張存武, 김택중 외역, 『근대한중무역사』, 교문사, 2001.
정옥자, 『조선 후기 조선 중화사상 연구』, 일지사, 1998.
조경란, 『현대 중국사상과 동아시아』, 태학사, 2008.
조흥국, 『근대 태국의 형성』, 소나무, 2015.
피터 퍼듀, 공원국 역, 『중국의 서진』, 길, 2014.
하마시타 다케시, 서광덕 외 역, 『조공 시스템과 근대 아시아』, 소명출판, 2018.
河野建二, 김현일 역, 『근대혁명사론-프랑스혁명과 명치유신의 비교연구』, 풀빛, 1983.
하원호, 『한국근대경제사연구』, 신서원, 1997.
한명기, 『임진왜란과 한중관계』, 역사비평사, 1999.
한명기, 『정묘·병자호란과 동아시아』, 푸른역사, 2009.
한문종, 『조선전기 향화·수직 왜인 연구』, 국학자료원, 2005.
후루타 모토오, 박홍영 역, 『베트남의 세계사』, 개신, 2008.
후마 스스무, 신로사 외 역, 『조선연행사와 조선통신사』, 성균관대출판부, 2019.
傅衣凌, 『明代江南市民經济試探』, 上海人民出版社, 1957.
吳建雍, 『18世紀的中國與世界-對外關係卷』, 遼海出版社, 1999.
李雲泉, 『朝貢制度史論-中國古代対外關係体制研究』, 新華出版社, 2004.
林仁川, 『明末淸初私人海上貿易』, 華東師範大學出版社, 1987.
王開璽, 『淸代外交禮儀的交涉與論爭』, 人民出版社, 2009.
王宏斌, 『淸代前期海防: 思想與制度』, 社會科學文獻出版社, 2002.
張永江, 『淸代藩部硏究: 以政治變遷爲中心』, 黑龍江教育出版社, 2001.
張維華·孫西, 『淸前期中俄關係』, 山東教育出版社, 1997.
晁中辰, 『明代海禁與海外貿易』, 人民出版社, 2005.
陳偉芳, 『朝鮮問題與甲午戰爭』, 三聯書店, 1959.
陳尙勝, 『閉關與開放-中國封建晚期對外關係研究』, 山東人民出版社, 1993.
陳尙勝, 『「懷夷」與「抑商」-明代海洋力量興衰研究』, 山東人民出版社, 1997.
榎本淳一, 『唐王朝と古代日本』, 吉川弘文館, 2008.
岡本隆司, 『中國の誕生: 東アジアの近代外交と國家形成』, 名古屋大學出版會, 2017.
近藤和彦編, 『西洋世界の歷史』, 山川出版社, 1999.
檀上寬, 『明代海禁＝朝貢システムと華夷秩序』, 京都大學出版會, 2013.
大庭脩, 『江戶時代における中國文化受容の研究』, 同朋舍, 1984.
藤原敬士, 『商人たちの廣州: 1750年代の英淸貿易』, 東京大學出版會, 2017.
毛利敏彦, 『臺灣出兵』, 中公社, 1996.
木宮泰彦, 『日華文化交流史』, 富山房, 1965.
山脇悌二郎, 『長崎の唐人貿易』, 吉川弘文館, 1995.
上田信, 『海と帝國:明淸時代』, 講談社, 2005.

森萬佑子, 『朝鮮外交の近代:宗屬關係から大韓帝國へ』, 名古屋大學出版會, 2017.
小葉田淳, 『日本鑛業史の硏究』, 岩波書店, 1968.
岸本美緒, 『淸代中國の物價と經濟變動』, 硏文出版, 1997.
岸本美緒 編, 『1571年 銀の大流通と國家統合』, 山川出版社, 2019.
安部健夫, 『淸代史の硏究』, 創文社, 1971.
永原慶二, 『新·木綿以前のこと: 苧麻から木綿へ』, 中央公論社, 1990.
原田環, 『朝鮮の開國と近代化』, 溪水社, 1997.
田代和生, 『近世日朝通交貿易史の硏究』, 創文社, 1981.
紙屋敦之, 『幕藩制國家の琉球支配』, 校倉書房, 1990.
坂野正高, 『近代中國政治外交史: ヴァスコ·ダ·ガマから五四運動まで』, 東京大學出版會, 1973.
彭浩, 『近世日淸通商關係史』, 東京大學出版會, 2015.
荒野泰典, 『近世日本と東アジア』, 東京大學出版會, 1988.
Howland, Douglas., *Borders of Chinese Civilization : Geography and History at Empire's End*, Duke University Press, 1996.
Woodside, Alexander., *Vietnam and the Chinese Model : a comparative study of Vietnamese and Chinese Government in the first half of the nineteenth century*, Cambridge, 1988.

9장 근대 조·청 관계사 연구의 회고와 제언

우 신(于 晨)

1. 서론

관계사는 역사 갈등을 해소하고 미래지향적 역사교육을 통해 평화와 번영의 기반을 마련하는 데 일조할 수 있다. 이러한 점에 주목하여 한중 관계를 연구하는 연구자들은 보다 나은 한중 관계의 미래를 위해 기존의 연구를 계속 심화 발전시켜야 한다는 것을 잊지 말아야 한다. 특히 오늘날 우리가 살고 있는 시대와 가장 가깝고 양국 국민의 상호인식에 영향을 미쳤던 근대 조·청 관계에 대해서는 보다 바람직한 연구를 행할 필요가 있다. 다행히 근대 조·청 관계에 관한 연구는 이미 상당한 성과가 축적되어 있다.

학문적으로 근대 조·청 관계에 접근하는 데 빼놓을 수 없는 것이 바로 '조공제도(Tributary System)' 이론이다. 미국학자 페어뱅크에 의하여 제기된 '조공제도설'은 발표된 때부터 많은 비판을 받았지만, 오늘날에도 여전히 전근대 중국의 대외관계를 연구하기 위한 기본적 이론으로 여겨진다. 헤비아(Hevia)도 "만약 우리가 '조공제도'를 빼버린다면 과연 전근대 중국의 대외관계를 인식할 수 있는가?"라고 지적할 정도이다.

조공제도는 전근대 중국 대외관계의 일반적인 방식으로서 다양한 시기에 걸쳐 중국의 대외교섭을 설명할 수 있지만 근대전환기, 즉 19세기 후반의 조청 관계를 설명하기에는 역부족이다. 왜냐하면 동·서양 문명이 격렬하게 충돌한 19세기 후반의 조청 관계는 '전통'만으로는 설명할 수 없는 '근대적인 요소'를 포함하고 있었기 때문이다.

그럼에도 불구하고 대부분의 학자들은 조공제도라는 프레임 하에서 전환기의 조청 관계를 설명하기 위해 페어뱅크의 "충격-반응"설을 도입하였다. 즉 1870년대와 1880년대에 이르러 조청 양국에 대한 서양 열강과 일본의 접근이 강화됨에 따라 외부로부터의 도전으로 인해 전통적인 조공관계를 계속 유지할 수 없게 되었고, 만국공법을 토대로 구성된 조약체제로 이행할 수밖에 없었다. 보다 구체적으로 말하자면, 종주국인 청국은 조공국인 조선의 외교와 내정의 자주를 보장하는 전통적인 조공제도를 넘어서는 예속화 정책을 실행하였다. 청국의 대조선정책의 제정자인 이홍장(李鴻章)은 조청 양국 간 조공관계의 변화를 구법의 변통(變通)라고 하였다. 이에 대해 그 당시 조선의 정치가였던 유길준(俞吉濬)은 '양절체제(兩截體制)'라고 총괄했다.

근대 조청관계에 관한 이홍장과 유길준의 인식은 후세 학자들에게 연구의 프레임을 제공했다. 특히 중국학계의 학자들은 이홍장의 '조공제도 변통'설을 바탕으로 근대 조청관계의 연구를 전개하였고, 심지어 어떤 학자는 한 걸음 더 나아가서 근대 조청 관계를 조공관계의 "기형적 변화(畸變)"으로 간주하였다.

한편, 한국학계의 연구자들은 유길준의 인식을 답습하여 근대조청관계를 '이중외교' 혹은 '이중적 국제질서'라고 하였다. 근대 조청 관계를 연구하는 연구자 중 한·중 양국의 학자들이 다수를 차지하고 있다는 것은 의심의 여지가 없다. 그러나 양국 학자의 연구 중점은 약간의 차이가 있다. 중국학자들은 자국의 안보 문제에 입각하여, 조청 양국 간의 조공관계를 변통할 수밖에 없었던 원인에 주목했던 반면, 한국학자들은 '이중질서'가 조선에 어떠한 영향을 주었는가에 주목하였다.

이러한 학술적인 분위기에서 학문적으로 근대 조청관계를 연구하는 데 가장 경계해야하는 것은 감정적인 태도이다. 이영옥이 지적한 바와 같이, 한국과 중국의 학자들은 조선과 청나라 사이의 조공관계에 대해 가능하면 자국사를 서술하는 데 유리하거나 '국민감정'에 부합하는 시각을 제시하고자 한다.

필자는 한국에서 한중관계사를 연구하는 중국인으로서 올바른 조청관계사를 연구하기 위한 고민을 항상 해왔다. 그러나 "일찍이 하루 종일 생각해보았으나 잠시 동안 배운 것만 못했다.(吾嘗終日而思矣不如須臾之所學也)" 이러한 반성 하에 필자는 지금까지 근대 전환기 조청관계의 변화에 관한 각국의 연구를 다시 정리하고 분석할 것이다. 이와 같은 작업을 위해 필자는 예·법공생체제(禮·法共生體制)라는 가설을 제기하고자 한다. 즉 '예를 바탕으로 구성된 조공체제'와 '법을 바탕으로 구성된 조약체제'는 함께 공존하면서 상호 이익을 얻을 수 있는 체제였다는 것이다.

2. 기존 연구의 틀과 쟁점

지금까지 근대 전환기 조청관계에 관한 연구는 이미 왕성한 모습을 보였고, 우수한 연구성과가 많이 산출되었다. 필자는 본고에서 먼저 기본의 연구들에 대해 정리를 진행하겠다.

왕신중(王信忠)은 1937년 출간한 석사학위논문 「甲午中日戰爭之外交背

류」에서 청·일 관계를 중심으로 청일전쟁 직전의 동북아정세에 대해 연구하였다. 그 중심 내용은 청일 양국의 대조선정책에 관한 것으로 청국의 대조선정책의 변화에 따라 근대 전환기의 조청관계를 3개의 단계로 나누었다. 첫째, 1879년까지 청조정(清廷)은 한편으로는 속국의 내정·외교에 개입하지 않는 대외교섭전통의 제한을 받았고, 다른 한편으로는 일본의 조선에 대한 위협이 서양 열강 특히 러시아의 그것보다 급박하지 않다고 판단하였다. 때문에 청정은 조선에 대한 불간섭정책을 고수하였다. 둘째, 1879년 일본이 유구를 병합한 후 청조조정은 조선에 대한 일본의 위협을 견제하기 위해, 종래의 조선에 대한 불간섭정책을 버리고 적극적으로 조선과 서양 열강과의 수교를 주선하였다. 셋째, 임오군란·갑신정변 직후 조선에 대한 청국의 영향력이 확대됨에 따라 조선에 대한 청국의 종주권이 명의상이었던 것에서 실질적인 것으로 바뀌었다.

왕신중이 근대 전환기 조청관계의 변화를 3개 시기로 구분하는 작업은 후대의 학자들에게 계승되었다. 구체적인 시기와 용어가 어느 정도 차이가 있지만, 이런 3단식 시기구분법이 대부분 학자들의 인정을 받았다. 예를 들어 천웨이팡(陳偉芳)은 1959년의 『朝鮮問題與甲午戰爭』에서 유구병합과 갑신정변을 분계선으로 청국의 대조선정책을 세 단계로 나누었다. 그는 청국이 각 단계에서 시행한 대조선정책의 요지를 '현상유지'-'견제정책'-'간섭정책'으로 정리했다. 린밍더(林明德)은 이홍장의 대조선정책을 다음과 같은 3단계로 나누었다. 첫째는 1879년 이전의 방임시기이고 둘째는 1879~1883의 견제정책시기이고, 셋째는 1884~1894의 간섭정책시기이다.

위에서 언급된 3단식 시기구분법은 근대 전환기 조청관계의 연구를 위해 대강을 제공했다. 학자들은 이런 대강의 범위에서 근대 조청관계의 구체적인 문제에 대한 연구를 전개했다. 그러나 학자의 입장과 연구각도의 다양성 때문에 근대 조·청관계에 대한 인식도 다르고, 심지어 쟁점이 생긴다.

학자들이 근대 전환기 조청관계를 연구할 때 가장 먼저 접한 난제는 용어의 선택문제이다. 즉 종번관계(宗藩关系)과 종속관계(宗属关系)라는 용어는 중 어떤 게 더 근대 전환기 조청관계의 실상을 반영할까? 종번관계는 종속관계와 단 한 글자 차이지만, 조약체제와 조공체제의 충돌이라는 의미를 함축하고 있다.

천웨이팡은 연구에서 전통적인 조공체제에 입각하여 종번관계라는 용어를 사용했다. 천웨이팡은 종번관계에 대해 다음과 같이 설명했다. "중·조 양국 간의 종번관계는 중국과 다른 국가의 '종속'관계와 비슷하고 본질적으로 압박적인 통치관계이다."라고 설명하였다. 또한 그는 군사적인 정복·위협에 의해 건립된 종번관계는 불평등과 압박적인 성격을 가지고 있었고, 종주국이 공개적으로 "속국"의 내정·외교를 간섭하지는 않았지만 완전히 방임했던 것은 아니라고 강조하였다.

쑹후이쫜(宋慧娟)은 2007년의 연구에서 종번관계의 개념에 대해 보다 상세하게 규명했다. 처음 종번관계는 중국과 일부 중국황제의 책봉을 받은 지역정권 혹은 소수민족조직과의 관계를 가리켰다. 그 후 종번관계는 중국과 다른 국가와의 대외교섭에도 적용되었다. 중국고대의 종번관계는 아주 다양하지만 크게 친번식(親藩式)·번부식(藩部式)·번국식(藩國式)으로 나눌 수 있는데, 조청관계는 바로 번국식에 속했다. 소위 번국은 명나라의 속국(屬國)이며, 청나라의 외번속국(外藩屬國)의 약칭이다. 명나라 이전의 사서는 번국을 오랑캐의 국가라고 하였다. 그러나 이런 오랑캐의 국가라고 하는 용어는 멸시의 뜻을 가지고 있을 뿐만 아니라, 중국 내부에 소수민족의 호칭과 헷갈리기 쉽기 때문에 책봉을 받은 나라의 호칭으로 삼기에는 타당하지 않았다. 명나라 때 사용한 속국이라고 하는 용어는 서양 만국공법 중 "속국"과 헷갈리기 쉽기 때문에 중국과 책봉을 받은 국가와의 관계를 정확하게 설명할 수 없었다. 이로 인해 조청관계에 관한 연구에서 '속국'이라는 용어를 사용하는 것은 타당하지 않다. 오히려 번국이라고 하는 용어가 중국의 책봉이론에 부합할 뿐만 아니라 중국의 대외교섭의 성격을 반영한다. 때문에 쑹후이좐은 조청관계를 설명할 때 종번관계라는 용어를 사용했다. 바꾸어 말하면 종번관계라는 용어는 번국인 조선이 청국의 책봉을 받았지만 내정과 외교의 자주를 향유했다는 역사적 사실을 보다 정확하게 반영하고 있는 것이다.

이와 반면에 일부 한국과 일본 학자는 종속관계라고 하는 용어를 사용하여 조청 간의 조공관계를 가리켰다. 이영옥은 이에 대해 다음과 같은 설명을 했다.

> 번속(藩屬)은 원래 중앙왕조와 종번관계를 맺고 있던 이민족 부락 혹은 속국을 의미하였다. 하지만 청나라 때는 부락와 속국을 합하여 부른 용어이고, 번부(藩部)는 청대에 이르러 비로소 등장한 용어이다. 청대 종번관계는 그 이전과 달리 청나라와 번부 사이의 관계를 의미하였고, 청나라와 조선 사이의 관계는 조공관계로 보는 것이 더 타당하다. 또한 '조공제도'라는 것도 청나라에서 규정으로 만들어놓은 것이라는 뜻을 담고 있어서 국가 사이의 상호관계보다는 한쪽의 시각만을 반영하고 있기 때문에, 조선과 청나라 사이에는 '조공관계'가 더 적절한 용어로 보인다. 하지만 일부 중국학자들은 조선과 청나라 사이의 관계를 서술하는 데 조공제도를 바탕으로 한 종번관계를 기본 틀로 삼고 있다. 청나라와 조선의 관계를 '종번관계'로 서술한 것은 잘못이다. 사실 한국인에게는 종속이라는 용어가 주는 어감 때문에 종번관계보다 더 반감을 불러일으킬 수도 있지만, 정확하게는 종속관계로 보는 것이 더 타당하다. 청나라에서 번부와 속국은 분명하게 다른 용어였다. 청대에 번부가 먼 지방이었다면, 속국은 외국을 의미하였으며 정치적으로 더 많은 자율성을 지니고 있었다.

이영옥의 주장에 따르면, 청나라에서 번부와 속국이 분명하게 구분되기 때문에 종속관계가 속국 조선과 종주국 청국의 관계를 보다 정확하게 반영하는 것이다. 바꾸어 말하면 그는 청대 종번관계가 이전의 명나라시기와 달리 청나라와 번부 사이의 관계를 의미하기 때문에 청나라와 조선 사이의 관계가 종속관계로 보는 것이 더 타당하다고 주장했다.

장치시웅(張啟雄)은 종번관계과 종속관계에 관한 분쟁에서 새로운 견해를 제시했다. 그의 연구에 의하면 종번관계는 "중화세계질서원리(中華世界秩序原理)" 하의 조청관계를 가리키고, 종속관계는 "국제법질서원리(國際法秩序原理)" 하의 근대적인 조청관계를 가리켰다. 이로 인해 그는 1882년을 계기로 전통적인 조청관계가 점차 근대적인 조약체제에 편입된 시세 하에 종번관계도 종속관계로 이행한다고 밝혔다. 이런 종번관계가 종속관계로 이행하는 과정은 실질적으로 "중화세계질서원리"가 "국제법질서원리"로 이행하는 과정이었다. 그러나 장치시웅은 종번관계에서 종속관계로 이행하는 과정이 사실상 청정의 본의가 아니고, 청의 국력 부족으로 인한 결과라고 강조했다. 왜냐하면 청정은 처음에 근대적인 종속관계의 형식으로 전통적인 조청 종번관계를 강화하는 것을 통해 중국적인 세계질서를 유지했기 때문이다. 다만 종번관계 하의 조청 양국은 국력의 부족 때문에 결국 국제법질서원리로 중심으로 구성된 근대 조약체제에 편입될 수밖에 없었다. 어쨌든 장치시웅은 1880년대를 분계선으로 이전 시기의 조청관계를 전통적인 종번관계로, 이후 시기의 조청관계를 근대적인 종속관계로 간주해야 한다고 주장했다.

대부분 학자들은 1880년대 이후 청국의 대조선정책을 간섭 혹은 외압으로 간주하였지만 연구의 틀이 양분되었다. 중국학자를 비롯한 일부 학자들은 전통적인 조공체제의 변통에 입각하여 조청관계가 조약체제로 이행하는 측면을 강조했다. 구체적으로 말하자면, 대부분 중국학자의 연구는 청정이 만국공법의 수용과 활용에 입각하여, 전통적인 조청관계를 근대 조약체제 하에 어떻게 유지 혹은 쇠퇴시키는가의 문제에 집중했다.

장춘우(張存武)는 『淸季中韓關係之變通』에서 페어뱅크의 "충격-반응"설에 의하여 근대 전환기 조청관계의 변화 과정을 검토했다. 보다 구체적으로 말하자면, 그는 열강들이 조선의 국문을 열고난 후 청정은 동북 지역의 울타리로 간주했던 조선을 보호하기 위해 "중서합벽(中西合璧)"이라는 방법, 즉 한편으로는 조선을 서양 국가와 수교하게 하였고, 또 한편으로는 조선과의 종번관계를 유지했다고 밝혔다. 종번관계를 유지한 이유에 대해 장춘우는 청정이 구제도에 구애받고, 봉천(奉天)지방 정부의 경제적인 이해관계를 감안했기 때문에 통상(通商)형식을 이용하여 조·청 간 종번관계를 유지할 수밖에 없었다고 주장했다. 그는 서양화보다 서양문명의 현지화가 더 중요하다는 견해에 입각하여 근대 전환기 청국의 "중서합벽"이라는 대조선정책을 긍정적으로 평가했다. 조선에서의 청국의 실패는 대조선정책의 실수가 아니라 청국의 불철저한 국내개혁으로 인한 실력부족으로 인한 것이었다고 밝혔다. 여하튼 장춘우는 근대 전환기의 조·청 종번관계가 중국의 전통적인 이이제이(以夷制夷)와 서양의 균형(Balance of Power)정책이 서로 결합한 산물이었으며 종번관계 하의 조청관계가 초기 영연방의 개념과 유사하다고 생각했다. 때문에 종번제는 지역동맹의 발전에 적합한 것이었다고 평가했다.

한편 린밍더는 조선주재 청국최고장관 위안스카이(袁世凱)의 활동을 둘러싼 근대 전환기의 조청관계사를 밝혔다. 그는 위안스카이의 활동을 연구의 중심으로 삼았지만 실제로 대조선 정책의 변화에 대한 이홍장의 결정적인 역할을 강조하였다. 심지어 청국의 대조선정책을 이홍장의 대조선정책이라고 간주하였다. 그는 이홍장의 대조선정책을 다음과 같은 3단계로 나누었다. 첫째는 1879년 이전의 방임시기이고 둘째는 1879~1883의 견제정책시기이고, 셋째는 1884~1894의 간섭정책시기이다. 이런 시기 구분방법은 앞에서 살펴본 천웨이팡의 연구와 큰 차이가 없지만 1884년 이후 이홍장의 대조선 간섭 정책을 "조선에서는 위안스카이가 이홍장의 대조선정책을 구체적으로 추진했다(袁李內外呼應政策)"이라고 총괄했다는 점이 의미 있다.

쑹후이쥐안의 『清代中朝宗藩關系嬗變研究』는 조청 양국간 종번관계의 변화를 과제로 하여 연구한 최초의 전문적인 저서이다. 쑹후이쥐안은 앞에서 언급된 "방임정책-견제정책-간섭정책"이라는 삼분법을 "변통-기형적 변화"로 재정의하였다. 변통과 기형적 변화의 시기상 분계선은 바로 총리교섭통상사의대신(總理交涉通商事宜大臣) 위안스카이의 부임이었다. 변통의 뜻은 조청관계에 관한 모든 조정은 반드시 종번관계의 틀에서 전개되어야 한다는 것을 의미한다. 그의 연구에 따르면, 조선개항 이후 조청 양국은 모두 종번관계를 변통하는 것을 통해 일본의 조선 진출을 견제하려고 하였다. 이처럼 종번관계를 변통하는 작업은 1882년 「중조상민수륙무역장정(中朝商民水陸貿易章程)」의 성립으로 고조에 달했다. 「중조상민수륙무역장정」은 일부 근대외교의 대등원칙에 따라 작성된 조목이 있기는 하지만 종번체제 하에 청정이 속국을 우대하는 산물이었다. 뿐만 아니라 쑹후이쥐안은 「중조상민수륙무역장정」의 조인이 조청 양국이 이미 서양 만국 공법체제 하의 제국주의적인 종속관계를 맺었다는 것을 증명할 수 없다고 강조했다. 1885년 이후 위안스카이의 조선파견과 복잡한 동북아 정세 등 다양한 요소로 인해 「중조상민수륙무역장정」의 일부 조목이 기형적 변화하는 동시에 조청 간의 종번관계도 기형적 변화의 길로 나아갔다. 그러나 쑹후이쥐안은 종번관계가 기형적 변화되었다 하더라도 여전히 청정의 조선에 대한 간섭정책이 본질적으로 종번관계의 틀에서 벗어나지 않았으며, 조청관계를 제국주의 국가와 식민지의 관계로 간주해서는 안 된다고 지적했다. 그러나 안타깝게도 그는 변통과 기형적 변화의 차이에 대해 상세하게 설명하지 않았다.

성리(盛利)는 박사학위논문 「청조대조선외교체제변통연구(清朝對朝鮮外交體制變通研究)」에서 기존의 연구와 달리 제도사의 시각에서 근대 전환기 조청 종번관계의 변화를 살펴봤다. 그는 대부분 중국학자들이 사용하는 종번관계라는 용어를 사용하지 않고 封貢關係라는 용어를 사용하여 조청관계를 설명했다. 논문에서는 封貢라고 하는 용어에 관한 설명이 없기 때문에 필자는 성리가 청국의 입장에 서서 청국의 조청관계에서의 결정적인 역할을 강조했다고 추정한다. 성리는 연구에서 먼저 대조선교섭체제의 변천을 검토했다. 다음에 청정이 조선에 칙사(敕使)를 파견하는 관행을 변통하여 근대적인 사절성격을 가지고 있는 특사(特使)파견제도를 검토했다. 논문의 마지막 부분에서는 「중조상민수륙무역장정」의 조인과 조선주재 상무위원제도의 성립을 분석했다. 그는 「중조상민수륙무역장정」의 조인과 조선주재 상무위원의 파견은 봉공(封貢)체제 하의 조청관계에 관한 일부 관념과 정책을 뒤집어 엎은 것이라고 지적했다. 구체적으로 말하면 첫째, 조청 양국 간 대등교섭의 단서가 나타났다. 둘째, 청정은 조선과의 교섭과정에서 이권과 민생을 중시하기 시작했다. 셋째, 조선주재 상무위원 제도의 성립과정에서 일부 근대적인 성격을 가지고 있는 제도들이 조청관계에 도입되었다. 넷째, 일부 봉공체제 하의 구제도가 폐지되었다. 뿐만 아니라 성리는 근대적인 요소를 포함하는 조선주재 상무위원제도의 성립이 대조선 교섭 체제의 변통과정에서 획기적인 의미가 있다고 강조했다.

장웨이밍(張衛明)은 기존의 국제공법과 중국 전통외교질서가 서로 대립되었다고 하는 연구의 틀을 벗어나, 청정이 1870년대 이후 어떻게 조청간의 종번관계에 만국공법을 삽입하였는가를 검토했다. 그는 만국공법이 종번관계를 와해했다는 견해와는 반대로 만국공법과 종번체제 간의 상호 작용을 강조했다. 장웨이밍의 연구에 의하여 청정의 국제공법에 대한 인식은 당시 조청관계의 조정을 위한 이론적 근거를 제공하였다는 것을 알 수 있다. 이로 인해 국제공법이 사실상 조청 종번관계를 유지하는 가장 중요한 무기가 되었다.

이와 반면에 한국, 일본, 구미 학자의 주장은 주로 청국의 조선에 대한 지배 혹은 식민화문제에 집중했다. 구체적으로 말하자면, 한국 학자들은 청국의 조선진출이 조선에 대한 압박과 침해의 측면을 보다 강조한다. 일본과 구미 학자들은 청국의 조선진출을 일본과 같은 하나의 제국주의적인 식민정책으로 간주한다.

김한규의 『한중관계사』는 한중관계에 관한 통사적인 연구로서 고조선부터 대한민국시기까지의 한중관계를 설명하였는데 특히 근대 전환기의 조청관계에 대해 많은 지면을 할애했다. 그는 임오군란 전·후를 조청 종속관계의 강화와 변질시기로 간주했다. 왜냐하면 청국이 서양과의 수교과정에서 조선의 외교권을 장악하고, 임오군란을 계기로 조선의 내정과 외교를 직접 통제하는 행동이 자주라는 전통적인 종속관계의 기본원칙을 파괴하였기 때문이었다.

뿐만 아니라 김한규는 갑신정변 이후 조청 양국 간의 전통적인 책봉조공체제(册封朝貢體制)가 붕괴했다고 지적했다. 왜냐하면 청국은 갑신정변 이후 철군으로 야기될 조선에서의 힘의 공백 상태를 보충하기 위해, 적극적으로 조선의 내정과 외교에 간섭함으로써 조선을 사실상 반식민지화(半植民地化)하려는 제국주의적인 정책을 추진했기 때문이다.

구선희는 임오군란 이후 조선에 대한 청의 간섭을 '전통적 종속관계의 강화'로 파악하는 것은 무리가 있다고 생각하였다. 때문에 김한규의 연구를 비판적으로 받아들였다. 그는 김한규와 같이 조선의 식민지배에 입각하여 조선의 내정과 외교에 대한 청국의 간섭을 인식하였지만, 한 걸음 더 나아가 이런 간섭을 조선국내의 초기 개화운동과 연결했다.

구선희의 연구에 의하면 조선정부의 초기 개화정책은 이중적인 성격을 가지고 있다. 한편으로는 조공체제의 틀 내에서 종주국 청의 도움을 요청했다는 것이고, 다른 한편으로는 끊임없이 청국의 외압에서 벗어나고자 했다는 것이다. 바꾸어 말하면, 조선정부는 개화정책을 추진하기 위해 청국 세력을 이용하는 동시에 조선의 내정과 외교에 청국이 간섭할 만한 빌미를 주었다. 임오군란 이후 청일전쟁으로 인해 청이 조선에서 물러날 때까지 청이 가해온 정치·군사적 폭력을 동반한 외압은 조선의 근대사회로의 이행을 저해한 결정적 외적 요인이었던 것이다.

그러나 당시 반식민·반봉건사회였던 청국은 과연 조선에 대해 제국주의적인 식민정책을 추진하려는 의도와 능력을 가지고 있었을까? 이러한 의문에 입각하여 근대 전환기 청국의 조선정책을 연구한 것도 있다. 김정기는 제국주의단계로 아직 나아가지는 못한 청국이 임오군란과 갑신정변을 계기로 조선에서 간섭정책을 추진하는 것을 통해 기존의 조공관계를 새로운 단계로 전환시키는 과정을 '신속방화(新屬邦化)'이라고 명명했다. 반면 구선희는 근대 전환기에서의 청국이 아직 제국주의적 발전 단계로 나아가지 못한 사실을 인정하면서, 여전히 조선에서 제국주의 식민 지배를 추진했다고 주장했다. 왜냐하면 청국은 조선에서 간섭정책을 추진했을 때 서양국가와 같은 정치·군사적 폭력수단을 배제하지 않았기 때문이다.

일본 학자들은 처음에는 근대 전환기 조청관계의 변화를 청일전쟁의 배경으로 연구하기 시작했다. 그런 연구들은 각도가 다르기 때문에 양분되었다. 일부 학자들은 조공질서의 유지라는 관점에 입각하여 임오군란 이후 청국이 조선에 대한 간섭정책을 통해 종주권 혹은 종속관계를 강화했다고 주장했다. 한편 일부 일본학자들은 조공체제가 조약체제로 이행하는 프레임에 입각하여 근대 전환기 조선에서의 청국 진출에 제국주의 원시축적의 성격을 부여했다. 가지무라 히데키(梶村秀樹)가 지적하는 것 같이 청국의 조선에 대한 압박은 경제적 측면보다 주로 군사·정치적 측면을 둘러싸고 전개하기 때문에 제국주의 원시축적의 특유한 폭력성을 가지고 있었다.

서양 학자들도 중국의 대외관계사 혹은 근대 동북아국제관계사를 연구하면서 근대 전환기 조청관계의 변화를 언급했다. 모스(Hosea Ballou Morse)는 그중에서의 선구자라고 말할 수 있었다. 그는 금후의 연구를 위해 방향을 가리켰다고 할 수 있다. 청정이 조선에서 적극적으로 조선사무에 개입하는 것을 통해 기존의 소극적인 정책을 대신하였다는 견해를 제시했는데 이를 지금의 눈으로 다시 살펴보면 아주 단순하고 표면적인 연구일 뿐이다.

라센(KIRK W. LARSEN)은 '비공식제국주의'론에 입각하여 근대 전환기 조·청관계를 설명했다. 그는 최초로 청국이 조선에서 제국주의정책을 추진했다고 주장한 학자가 아니지만, 그의 청국정책에 대한 설명이 가장 상세하다고 말할 수 있었다. 그는 청국이 조선을 동북아 '다국적 제국주의(Multiateral Imperialism)'라는 무대에 몰아넣은 정책이 청국의 조선에 대한 영향력을 강화시켰다고 지적했다. 이런 정책은 비록 전통적인 조청관계를 와해시켰지만, 서양세력들이 조선에서의 경제적 이익을 주장하기 위해 청의 종주국지위를 인정했다. 뿐만 아니라 '다국적 제국주의'라는 국제환경 하에 조선에서의 청국 상업세력은 급속히 팽창하고 일본 상업세력과 경쟁할 수 있는 정도로 성장하였다. 그는 이런 성공을 조선에서의 정책을 직접 추진하는 당사자(men on the spot)인 위안스카이과 천수탕(陳樹棠)에게 돌린다. 그리고 기존의 일본과 러시아의 조선진출을 견제하는 외인을 강조하는 연구와 달리 라센은 조선에 대한 개입정책의 추진을 청국 국내의 자강운동과 연결시켜 살펴봤다. 그는 청국의 조선에 대한 영향력의 강화를 자강운동의 산물이라고 간주했다.

3. 기존 연구의 틀로부터의 변용

청의 대조선정책의 성격을 둘러싼 논쟁이 끊이지 않은 상태 하에 일부 학자들은 이런 논란을 피하여 다양한 연구방법과 시각으로 근대 조청관계의 실상을 살펴 보기도 하였다. 페어뱅크는 조공제도를 무역을 위한 "교묘한 도구(ingenious vehicle for commerce)"로 간주하였지만, 전해종은 조청 조공관계에 대한 분석을 통해 조공제도의 근본적인 의미는 경제적인 면보다는 정치적인 면이 더욱 크고, 관계되는 쌍방의 지배자들이 상호간의 권력 유지를 보장하기 위한 것이었다는 결론을 내렸다. 이로 인해 필자는 본장에서 먼저 정치・외교 측면에서의 연구성과를 검토하겠다.

'조공체제'설과 '충격-반응'설으로 유명한 페어뱅크는 중국제도사의 입장에서 조공제도를 연구하여 근대 전환기 조청관계의 변화를 주목했다. 그는 1880년대 이후 청국의 조선 사무에 대한 적극적인 개입을 조선의 근대화를 적극적으로 지원하는 정책으로 간주했다. 그러나 그는 조선주재 청국최고장관인 위안스카이가 청의 조선에 대한 종주권을 유지하려 했다고 강조했다. 뿐만 아니라 페어뱅크는 조선의 조청 관계의 변화에 대한 인식도 주목했다. 그는 조선이 근대화국가로 나아가기 위해 古來의 문화적・정치적인 영향력으로 조선에서의 至高한 지위에 차지하고 있는 중국에 의지하기 보다는, 강대한 군사력을 가지고 있는 서양세력에 의지하게 되었다고 밝혔다.

모테기 도시오(茂木敏夫)는 청국의 근대화에 입각하여 '근대재편'이라고 하는 학설을 제출함으로써 근대 조청관계의 연구를 위해 새로운 연구틀을 제공했다. 모테기 도시오는 청정이 일련의 개혁을 통해 점차 중화질서를 상징하는 '중화'를 주권국가인 '중국'으로 재편하려 했다고 밝혔다. 이런 재편과정에서 번속국인 조선이 청정의 외압에 의하여 점차 근대적인 청의 속국으로 변하였기 때문에 전통적인 조청관계도는 종속관계로 재편되었다고 한다.

가와시마 신(川島真)은 '근대재편'설을 답습하여 근대 전환기의 조청관계를 속국체제(屬國體制)라고 칭했다. 구체적으로 말하자면, 청국은 "근대재편"의 과정에서 만국공법의 이론에 의하여 전통적인 조청관계를 조절하고 새로운 체제를 만들려고 하였다. 이런 전통과 근대 요소를 모두 포함하는 속국체제는 본질적으로 조공체제 하의 번속국과 조약체제 하의 속국 어느 것으로도 범주화할 수 없었다.

오카모토 다카시(岡本隆司)는 속국체제에 관한 연구를 바탕으로 한 걸음 나아가 '속국자주(屬國自主)'설을 제출했다. 기존의 연구와 달리 오카모토 다카시는 각각 청국·조선·서양의 시각 즉 내·외부의 시각으로 조청간의 '속국자주'관계를 분석했다. 그러나 안타깝게도 그는 일본의 '속국자주'에 대한 인식을 충분히 검토하지 않았다. 오카모토 다카시의 설명에 의하면 '속국자주'는 1880년대 이후 조청 양국이 조약체제에 편입된 후 청정이 제3국에 조청 양국 간의 종속관계를 설명하기 위해 조약체제 하의 속국과 자주의 개념에 따라 만든 것이었다. 이런 전통적인 '속국(藩屬國 Tributary State)자주'에서 근대적인 속국(Vassal State)자주로 이행하는 과정이 일찍부터 일부 학자의 연구에 의하여 제기되었지만, 오카모토 다카시는 이런 이행과정에서의 핵심 즉 조청 양국의 '속국자주'에 대한 인식상의 차이점에 주목하여 분석했다. 그는 처음부터 조청 양국이 '속국자주'에 대해 합의를 이루지 못하였고, 그러나 마젠중(馬建忠)의 주선 하에 조청 양국이 '속국자주'라는 프레임을 통해 조공과 조약의 대립을 일시적으로 감춘다고 지적했다. 이로 인해 기존의 관계사 연구와 비교하여 오카모토 다카시의 연구는 관념사의 시각에 서서 조선·청국·서양의 자아·타자인식을 시좌로 조선의 속국지위에 대한 재해석이라고 말할 수 있었다. 오카모토 다카시는 이런 '속국자주' 관계의 애매함에 대해 이중적인 성격을 부여했다. 한편, '속국자주'의 애매성은 1890년대의 동북아지역에서 상대적으로 안정된 균형을 실현시켰다. 다른 한편, 이런 '속국자주' 관계의 애매함은 많은 불확실한 변수를 감추기 때문에 동북아 지역의 군비 경쟁을 초래했다. 결론적으로 오카모토 다카시는 마졘중에 의하여 정비된 '속국자주'라는 프레이밍이 애매한 모순을 포함하기 때문에 청일전쟁을 초래하였다고 밝혔다.

오오사와 히로아키(大澤博明)는 청의 종속관계재편설에 입각하여 청의 대조선정책을 조선병합으로 간주할 뿐만 아니라 청의 조선진출이 일본의 안보를 위협하였다고 밝혔다. 그 원인은 주로 다음과 같다. 한편 청의 대조선정책은 조선을 일본을 공격할 수 있는 군사 거점으로 설정한다. 다른 한편 청국과 러시아의 군사 충돌이 조선에 파급될 가능성이 존재한다. 조선의 독립국 지위를 인정하지 않은 러시아는 조선을 침략하는 것으로 청국에게 복수를 하기 때문이다. 이것은 강대한 제3국의 조선지배를 다모클레스의 검으로 여기는 일본에게는 결코 참을 없는 일이다.

정치·외교 분야 이외에 통상·무역·사법재판 등 다양한 시각을 통해 근대 전환기의 조청관계를 살펴보는 연구도 있다. 하마시타 다케시(浜下武志)를 비롯한 일부 일본 학자들은 조공무역체제의 유지에 입각하여 근대 전환기 조청관계의 특수성을 분석했다. 하마시타 다케시는 기존의 연구와 달리 조공체제에서 조약체제로 이행하는 연구틀에서 벗어나 보다 조공무역체제 내부의 적응력을 강조했다. 이로 인해 그는 '담판시대(談判時代)'라고 하는 개념을 제시하였다. 하마시타 다케시는 1830~1890년대 동북아지역은 다각적·다층적 협상이 존재하기 때문에 '담판시대'로 나아갔다고 주장했다. 청국 주변의 조공국들이 경제력의 성장에 따라 종주국인 청국과의 조공관계는 더욱 원활해졌다. 다른 한편 서양국가의 동북아 진출 때문에 조약체제 하의 조약과 담판 개념이 동북아지역으로 유입되었다. 이런 상황 하에 청국은 기존의 조공관계를 유지하기 위해 조공국과 다양한 담판을 전개할 수밖에 없었다. 주목할 만한 것은 이런 담판과정에서 일부 전통적인 조공무역체제의 요소가 여전히 보존되었다는 점이다. 근대 전환기의 조청관계는 바로 이런 역사적인 배경에서 성립되고 전개되었다.

조세현은 19세기 후반 조청 양국 간의 해운과 어업을 둘러싼 일련의 규정과 분쟁을 연구함으로써 당시 조청 양국 간의 책봉조공질서와 만국공법질서가 혼재된 상황을 설명했다. 그는「중조상민수륙무역장정」에 기초해 처리한 각종 해양관련 소송문제에서도 전통적인 방식과 근대적인 방식이 서로 충돌하며 그 접점을 찾고 있다고 지적했다.

박정현은 조청 양국 상민 간의 갈등 해결방식을 근대 전환기 조청관계의 축소판으로 간주하였다. 그는 조청 양국상민간의 재판에 대한 분석을 통해 청이 이 시기에서 표면적으로 조선의 자주권을 인정하였지만 실제로 간섭한 대조선정책을 추진했다고 하는 결론을 내렸다.

손성욱은 근대 전환기 동안 청국에서 두 개의 조선사관, 즉 '조공-책봉' 체제 하의 회동관(會同館)과 근대적 조약관계를 상징하는 주천진공관(駐津公館)의 병립 현상을 발견하였다. 아울러 이 현상에 대한 분석을 통해 당시 조청관계의 성격을 규명했다. 그는 두 개 조선사관의 병립이 실질적으로 '책봉-조공 관계'와 '근대적 조약 관계'의 병립 하에 조청 양국 간 근대적 사무의 비중이 커지면서, 종래의 '조공-책봉 관계'를 약화시킬 수밖에 없는 역사적 사실을 반영한다고 밝혔다. 따라서 손성욱은 1880년대 이후 조선에 있어 조공사무는 의례적으로 행해야 했던 것으로 정치적으로나 경제적으로 이익이 전혀 없는 요식행위라고 생각했다. 그리고 그는 1880년대 이후 청정이 근대적인 조약체제의 요소에 의하여 전통적인 조청관계를 조정하는 정책을 긍정적으로 평가하였다. 그는 청국이 조공체제과 조약체제의 마찰을 피하기 위해 조공 사무와 근대적 통상외교 사무를 분리했던 정책을 최선의 방책이었다고 호평했다.

박은숙은 근대전환기의 조청관계의 변화에 대해 체계화·이론화 작업을 행했다. 그는 처음으로 장정체제의 개념을 제출했다.

장정체제란 조중상민수륙무역장정이 가동된 1882~1894년 조청 간 특수한 관계를 규정한 체제라는 의미로 사용하고자 한다. 무역장정에 규정된 조청관계는 조공체제와 조약체제 어느 것으로도 범주화할 수 없는 특이성을 갖고 있으며, 청이 '장정'을 '상하' 관계를 의미하는 용어임을 조선 측에 통지하여 조약과 다른 범주임을 분명히 했기 때문에 별도로 장정체제로 지칭하고자 한다.

위의 내용을 통해 "장정체제"는 조공체제와 조약체제 그 어느 범주에도 포함할 수 없는 특수한 체제라는 것을 알 수 있다. 그러나 장정체제라고 명명하는 것으로 쉽게 "장정체제"의 성격을 나타낼 수 없다. 박은숙은 "장정"이라는 용어를 통해 조청 양국 간의 上下관계를 나타내고자 하였다. 하지만 과연 이 용어의 선정은 적합한 것인가. 1840년대 이후 청 정부는 열강의 위협때문에 다수의 불평등조약(不平等條約)을 체결하였고, 일련의 장정을 조인하였다. 청 정부는 장정이라는 용어를 사용함으로써 전쟁에 패배했다는 심리적인 실의를 만회하고자 하였다. 그러나 장정이라는 용어는 현실에서 실력차 혹은 지위차를 의미하지 않는다. 때문에 "장정체제"라는 용어를 사용하여 근대 전환기의 조청관계를 설명할 때는 반드시 장정체제의 정의에 대한 검토가 선행되어야 한다. 그러나 박은숙은 장정체제의 정의에 대한 검토를 행하지 않았으며, 조청 간의 장정과 청과 서양 국가 간의 장정의 차이를 밝히지 못하였다. 이 때문에 지금까지 장정체제라는 용어는 아직 학계에서 인정받지 못하고 있다.

대부분의 기존 연구는 청의 대조선정책을 조선에 대한 간섭과 외압으로 간주했다. 그러나 조공체제 하에 청국이 조선에 대해 어떤 권리와 의무를 향유하는 자가 아직 구체적으로 밝혀지고 있지 않다.

그렇다면 조공체제 하에 종주국이었던 청국의 조선에 대한 간섭을 어떻게 인식해야 하는가. 박원호는 종속의 성질이 고정된 것이 아니고 양국의 정세에 따라 가변성과 신축성이 있었다고 지적했다. 뿐만 아니라 그는 종주국이 속국의 내정을 간섭할 여지가 있다고 인정했다. 그러나 박원호는 여전히 전반적으로 볼 때 한중 간 종속관계는 기본적으로 자주의 기조가 유지되었다고 강조했다.

4. 새로운 제언: 예·법공생체제의 성립

근대 전환기 조청관계의 변화에 관한 연구가 이미 활발히 전개되었지만, 체계화·논리적인 연구는 아직 성행하지 않았다. 이로 인해 필자는 이 시기의 조청관계에 대해 다시 살펴보고, 그의 특수성에 대해 체계적·논리적으로 규명하자고 한다.

조선 개화사상가 유길준은 근대 전환기 조선의 대외체제를 '양절체제'라고 총괄했다. 이런 견해는 청국의 대외체제연구에도 적용되었다. 중국 학자 권혁수(權赫秀)는 '양절체제'를 바탕으로 근대 전환기 조청관계에 대한 연구에서 "하나의 외교, 두 종류의 체제(一個外交兩種體制, One Diplomacy Two Systems)"라는 학설을 제출하고, 이런 학설을 청국 전체 대외관계에까지 확대했다. '양절체제'와 "하나의 외교, 두 종류의 체제"라는 용어는 근대 전환기 조공체제의 요소와 조약체제의 요소가 병립하는 역사 현실을 생생하게 담아냈다고 생각되지만, 이 배후의 원인과 수단을 반영할 수 없었다. 이에 비해 박은숙의 '장정체제'설과 라센의 '비공식제국주의'설 혹은 '다국적 제국주의'설은 청정의 대조선정책의 수단과 성격을 설명할 수 있지만, 동·서양 국제질서가 병존하는 시대특성을 반영할 수 없었다. 그리고 오카모토 다카시의 '속국자주'설은 근대 전환기 조청관계의 특징을 총괄하려고 하는 학설이었지만 조청관계를 규명하는 것보다 조선의 국제적 지위에 집중한 연구였다.

이런 연구 상황에서 필자는 근대 전환기 조청관계의 변화 혹은 특징을 총괄하기 전에 반드시 새로운 연구 틀을 만들어야 한다고 생각했다. 기존의 연구는 주로 미국학자 페어뱅크의 '조공시스템설'과 '충격-대응설'에 의하여 전개되었다. 대부분 학자들은 '조공시스템설'에 의하여 초기의 조·청 관계를 대표적인 조공 관계로 간주하는 동시에, '충격-대응설'에 의하여 근대 이후의 조·청 관계가 조약관계로 이행하는 과정을 서양의 충격에 대한 대응으로 간주하였다. 그러나 이러한 연구 경향은 '충격-대응'설을 잘못 인식하는 것에서 비롯된 것이다.

사실 페어뱅크 본인도 중국이 서양의 충격을 받은 후 필연적으로 서양의 조약 체제에 편입했다고 주장하지 않았기 때문이다. 그는 19세기 후반 청정이 서양 세력의 충격을 직면했을 때 자국의 대외 전통에 의거하였으며 급격하게 대외관계를 서양화시키지 않았다고 지적하였다. 청의 전통 체제가 여전히 잘 운영되고 있었기 때문에 청정은 서둘러 대외관계를 서양화 할 필요가 없었다. 여하튼 페어뱅크의 결론은 서양화는 중국의 유일한 선택이 아니었다는 것이다.

그리고 하마시타 다케시는 조청관계의 연구에 대한 새로운 길을 열었다. 그는 조공체제에서 조약체제로 혹은 근대 국제질서로 이행하는 기존의 틀에서 벗어나, 화이질서(華夷秩序)와 조공체제(朝貢體制)의 공존의 각도에서 새로운 요소를 발견했다고 강조했다.

필자는 앞에서 페어뱅크의 '충격-대응'설을 비판하였지만, '충격-대응'설 자체에 대한 비판이 아니고, 기존 학자들이 '충격-대응'설을 잘못 활용한 것을 비판했다. 필자는 근대 전환기 조청관계에 관한 연구에서 계속 '충격-대응'설을 활용하겠다. 다만 필자는 화이질서와 조공체제의 공존 혹은 공생의 각도에서 '충격-대응'설을 활용하고자 한다. 보다 상세하게 말하자면 1870년대 이후 전통적인 조청관계는 외계의 충격 즉 일본과 서양의 동북아 진출 때문에 필연적으로 반응해야 했다. 그 반응은 사실상 수 많은 가능성이 존재하지만 지금 학계는 단지 2가지 가능성만 주목했다. 하나는 중국학자들의 청정이 근대적인 요소를 도입하면서 전통적인 조공제도 혹은 전통적인 중국적 세계질서(Chinese world Order)를 유지한다고 하는 주장이다. 다른 하나는 한·일과 구미학자들의 청정이 근대적인 요소에 의하여 전통적인 조청관계를 근대적인 조약관계로 재편했다고 하는 주장이다.

그러나 필자는 여기서 다른 가능성을 제출하겠다. 즉 청정은 근대적인 요소에 의하여 새로운 조청관계 혹은 근대적인 중국적 질서를 만들려고 시도했다. 필자는 이러 새로운 조청관계를 예·법공생체제하의 산물으로 간주했다.

우선, 예의 개념을 살펴보자. 후마 스스무(夫馬進)는 "외교를 '예'의 문제로 살펴본다고 하면 이상하게 여길지 모른다. 하지만 '예'의 문제를 간과한다면 근대 이전의 중국외교에 접근하는 것은 매우 어렵다. 특히 명·청 시대 중국과 조선의 외교가 그러하다"라고 하였다. 이로써 '예'를 통해 중국의 전통 외교에 접근하는 것이 얼마나 중요한 것인지를 알 수 있다.

한족 문명에 대해 쉽게 개괄할 수 없지만, 예·예의·예치주이(禮治主义)는 어느 정도 한족 문명의 요체를 반영하고 있다. 예는 중국 고대 봉건 사회에서 남녀유별(男女有別)·노소유분(老少有分)·구천유차(貴賤有差)이라는 이론에 의해 형성된 것으로 사람과 사람 간의 예속관계(隸屬關係)이다. 예치주의는 이와 같은 인간관계인 예가 점차 사람과 자연의 관계, 사람과 우주의 관계로 적용되는 과정에서 형성되었다.

예치주의의 중요한 역할 중 하나는 민족·지역·국가 간 질서의 건립을 촉진하는 것이다. 이런 질서는 중국의 봉건 왕조에 의하여 유지와 발전이 실현되기 때문에 천조예치체계(天朝禮治體系)라고 불렸다. 근대 이전의 한·중 관계는 천조예치체계에 의하여 이루어졌는데, 특히 명청시대 중국이 예에 의해 조선을 통치한 것이 가장 대표적인 사례이다. 이러한 조청관계에 대해 기존의 연구는 조공관계라는 용어를 사용하여 설명했다.

그러나 조공관계라는 용어는 단지 양국 간 '조공-책봉' 혹은 조공무역의 현상에 대한 객관적인 설명일 뿐이다. 이것은 조공질서 배후의 중국이 예를 이용하여 국제질서를 만들고자 했던 의도를 반영하지 못한다. 뿐만 아니라, 조선은 예의 영향을 가장 많이 받은 국가로 자신들도 예질서를 만들고자 하는 소망을 가지고 있었다. 때문에 필자는 조청관계를 연구할 때 예의 영향을 간과해서는 안 된다고 생각한다. 예는 구체적으로 조공제도 혹은 사료에 나타난 구제도를 가리키지만, 본질적으로 문화·전통을 비롯한 연성 권력(soft power)을 함축한 것이라고 할 수 있다.

다음으로 법의 개념을 살펴보자. 본고에서 법은 만국공법 혹은 국제법을 바탕으로 형성된 조약체제를 가리킨다. 1864년 총리아문의 지원 하에 헨리 휘턴의 『Elements of International Law』가 중국어로 번역되어 『만국공법』이라는 제목으로 출판되었다. 이것은 청정의 대외관계에 있어서 하나의 전환점이 되었다. 『만국공법』은 청국 총세무사인 로버트 하트(Robert Hart)의 건의로 중앙과 지방 관원에게 발송되었는데, 이로 인해 국제법을 연구하는 풍조를 일으켰기 때문이다. 『만국공법』이 확산됨에 따라 청정의 일부 관원은 『만국공법』에 의거하여 청의 대외교섭문제를 처리하기 시작하였다. 1880년대 이후 『만국공법』은 점차 조선에 관한 사무에 적용되기 시작하였다.

보다 구체적으로 말하자면 1880년대 이후 조선이 조약체제에 편입되면서 청정은 전통적인 조공관계를 계속 유지할 수 없는 상황 하에 국제법의 원리를 이용하여 새로운 조청관계를 모색할 수밖에 없었다. 그때부터 예과 법은 함께 청국의 외교수단으로 활용되었다. 법의 추진이 특정한 상황에서 군사력을 비롯한 강성 권력(hard power)에 의하여 실현되었지만, 법의 본질은 협상과 담판이다. 강성 권력은 단지 예 혹은 법을 위반하는 상황에서 동원되었다.

공생은 원래 생물학의 용어이고, 각기 다른 두 개나 그 이상 수의 종이 서로 영향을 주고받는 관계를 가리킨다. 필자는 여기서 共生이라는 용어를 도입하고 이것으로써 근대 전환기 조공관계와 조약관계가 서로 영향을 주고받는 관계를 설명하고자 한다. 생물학에서는 공생을 상리공생(Mutualism) 편리공생(Commensalism) 편해공생(Amensalism) 기생(Parasitism)로 나눈다. 필자는 조청간의 예·법공새체제를 상리공생로 설정했다. 즉 조공체제와 조약체제는 모두 상대방으로부터 이익을 얻을 수 있었다.

근대 전환기의 조청관계에 있어서 예는 법 즉 청정의 조선사무에 대한 개입을 위해 이론적인 근거를 제공했다. 반면에 법은 예 즉 조청간의 조공관계를 위해 구체적이고 물질적인 지지를 제공했다. 기존의 조약체제가 조공체제를 보완한다고 하는 주장과 정반대로 조공체제가 조약체제를 보완하는 경우도 있다. 예를 들어「중조상민수륙무역장정」과 천진조약의 성립이 모두 예(조공체제)를 바탕으로 실현되었다. 반대로 위안 스카이는 근대 종주국의 책임(법)에 의하여 조·일간 방곡령사건(防穀令事件)에 개입하는 것을 통해 전통적인 조공관계(예)를 공고히 했다.

이와 반면에 조선정부는 예·법공생체제를 받아들일 가능성이 존재했다. 조선정부는 예를 이용하여 청정의 간섭정책(법)에 저항할 수 있을 뿐만 아니라 청정으로부터 물질적·구체적인 도움을 받을 수 있었다. 다른 한편 조선정부는 법(조약체제)을 이용하여 예(조공체제)차원에서의 자신에 대한 불리한 상황을 수정할 수 있었다.

5. 결론

　본고는 근대 전환기 조·청관계의 성격규정을 과제로서 학계의 연구를 정리하는 동시에 새로운 연구방향을 모색했다. 근대 전환기 조·청관계는 본질적으로 조선을 둘러싼 열강들의 각축과 조선이 국제질서에서 자기의 신분에 대해 자시 규정하는 문제이다. 이로 인해 조·청양국의 학자뿐만 아니라 일본과 구미 학자들도 적극적으로 근대 조·청관계에 대해 연구하고, 많은 연구성과를 산출하였다.

　근대 전환기 조청관계의 변화에 관한 연구가 이미 활발하게 전개되었지만, 체계화·논리적인 연구는 아직 성행하지 않았다. 지금까지 근대 전환기 조청관계의 성격에 관한 체계화·논리적인 학설로는 주로 '양절체제', '하나의 외교, 두 종류의 체제' '속국자주', '비공식제국주의'설 혹은 '다국적 제국주의'설, '장정체제'설 등이었다. 그러나 이런 기존의 연구는 근대 전환기 조청관계의 실상을 정확하게 반영하지 못할 뿐만 아니라 여전히 기존의 조공체제에서 조약체제로 이행하는 연구 틀에서 벗어나지 못하고 있다. 이로 인해 필자는 근대 전환기 조청관계의 변화 혹은 특징을 총괄하기 전에 반드시 새로운 연구 틀을 만들어야 한다고 생각했다. 필자는 기존의 연구와 달리 청정이 근대적인 요소에 의하여 새로운 조청관계 혹은 근대적인 중국적 질서를 만들려고 시도한 것이 주목했다.

　필자는 생물학의 공생개념을 인용하여고 예·법공생체제라는 개념을 만들었다. 예는 구체적으로 조공제도 혹은 사료에 나타난 구제도를 가리키지만, 본질적으로 문화·전통을 비롯한 연성 권력(soft power)을 함축한다. 법은 만국공법 혹은 국제법을 바탕으로 형성된 조약체제를 가리킨다. 법의 추진이 특정한 상황에서 군사력을 비롯한 강성 권력(hard power)에 의하여 실현되었지만, 법의 본질은 협상과 담판이다. 강성 권력은 단지 예 혹은 법을 위반하는 상황에서 동원되었다.

공생은 원래 생물학의 용어이고, 각기 다른 두 개나 그 이상 수의 종이 서로 영향을 주고받는 관계를 가리킨다. 필자는 여기서 공생이라는 용어를 도입하고 이것으로써 근대 전환기 조공관계와 조약관계가 서로 영향을 주고받는 관계를 설명하고자 한다. 필자는 조청 간의 예·법공생체제를 상리공생(서로 도움을 주는 공생)로 설정했다. 즉 조공체제와 조약체제는 모두 상대방으로부터 이익을 얻을 수 있었다. 근대 전환기의 조청관계에 있어서 예는 법 즉 청정의 조선사무에 대한 개입을 위해 이론적인 근거를 제공했다. 반면에 법은 예 즉 조청 간의 조공관계를 위해 구체적이고 물질적인 지지를 제공했다. 이로 인해 필자는 기존의 조약체제가 조공체제를 보완한다고 하는 주장과 정반대로 조공체제가 조약체제를 보완하는 역할에 주목하고자 한다.

■ 참고문헌

1. 논문

구선희, 「19세기 후반 조선사회와 전통적 조공관계의 성격」, 『사학연구』 80, 2005.

김달중, 「중국의 對韓幹涉 및 統制政策: 1880年代를 中心으로 」, 『社會科學論集』 12, 1981.

김정기, 「1876-1894年 淸의 朝鮮政策 硏究」, 서울대학교 박사학위논문, 1994.

박원호, 「근대이전 한중관계사에 대한 시각과 논점」, 『韓國史市民講座』 40, 2007.

박은숙, 「'장정체제'에 대한 조선 정부의 저항과 만국공법-1883-1884년 무역장정의 발효 시점을 중심으로」, 『역사학보』 226, 2015.

박정현, 「1882-1894년 조선인과 중국인의 갈등 해결방식을 통해 본 한중관계」, 『중국근현대사연구』 45, 2010.

孫成旭, 「淸代 朝鮮使館으로 본 淸·朝관계-會同館에서 駐淸公使館으로-」, 『동국사학』 60, 2016.

송규진, 「근대시기 한중관계의 변화과정」, 『역사와 담론』 68, 2013.

于晨, 「外交史의 각도에서 다시 보는 防穀令사건(1889-93)」, 『명청사연구』 45, 2016.

유용태, 「중국의 지연된 근대외교와 한중관계: 동아시아 지역사의 시각」, 『한중인문학연구』 37, 2012.

이영옥, 「조청관계에 대한 편의적 이해 사례」, 『동북아역사논총』 35, 2012.

조세현, 「19세기후반 해운과 어업을 통해 본 한중관계-통상조약 해양관련 조항과 해양분쟁 사례를 중심으로」, 『역사와경제』 80, 2014.

權赫秀, 「晚淸對外關系中的"一個外交兩種體制"現象芻議」, 『中國邊疆史地硏究』 2009년 제4집.

權赫秀, 「陳樹棠在朝鮮的商務領事活動與近代中朝關系(1883年10月-1885年10月)」, 『社會科學硏究』 2006년 제1집.

張啟雄, 「東西國際秩序原理衝突下的外交轉型-論"以不治治之"vs."實效管轄"的淸末朝鮮門戶開放」, 欒景河·張俊義 편, 『近代中國: 文化與外交』, 北京: 社

會科學文獻出版社, 2012.

張衛明,「在宗藩體制與國際公法之間-晩晴中朝秩序的重新構建」, 欒景河 張俊義 편,『近代中國:文化與外交』, 北京: 社會科學文獻出版社, 2012.

張存武,「清季中韓關係之變通」,『清代中韓關係論文集』, 臺北: 台灣商務印書館, 1987.

邹振环,「丁韪良译述『万国公法』在中日韩传播的比较研究」,『韩国研究论丛』 2000년 제1집.

大澤博明,「日本の東アジア秩序構想と清・朝宗屬關係」,『東アジア近代史』 권 20, 2016.

梶村秀樹,「東アジア地域における帝國主義體制への移行」, 梶村秀樹著作集刊行委員會, 梶村秀樹著作集刊行委員會編集委員會 편,『梶村秀樹著作集』제2권,『朝鮮史の方法』, 東京: 明石書店.

夫馬進,「明清時期中國對朝鮮外交中的"禮"和"問罪"」,『明史研究論叢』2012년 제10집.

濱下武志,「宗主權の歷史サイクル-東アジア地域を中心として 」,『歷史學研究』 690집, 1996.

濱下武志,「朝貢和條約-談判時代的海洋性亞洲和條約口岸網絡1800-1900」, Arrighi Giovanni Selden Mark・濱下武志 合著,『東亞的複興: 以500年150年和50年爲視角』, 北京: 社會科學文獻出版社, 2006.

濱下武志,「宗主權の歷史サイクル-東アジア地域を中心として 」,『歷史學研究』 960, 1996.

John K. Fairbank and S. Y. Teng, *On the Ch'ing Tributary System*, Harvard Journal of Asiatic Studies 6, 2, 1941.

John K. Fairbank 저, 杜繼東 역,「中國的世界秩序中的早期條約體系」, John K. Fairbank 편, 杜繼東 역,『中國的世界秩序-傳統中國的對外關係』, 北京: 中國社會科學出版社, 2010.

John K. Fairbank, *Tributary Trade and China's Relations with the West*, The Far Eastern Quarterly 1, 2, 1942.

2. 저서

權赫秀,『근대 한중관계사의 재조명』, 서울: 혜안, 2007.

김한규,『한중관계사Ⅱ』, 서울: 마르케, 1999.

山邊健太郎, 까치 편집부 역,『한국근대사』, 서울: 까치, 1982.

Hosea Ballou Morse, 張彙文 외 역,『中華帝國對外關係史』권3, 北京: 商務印書館, 1960.

Hosea Ballou Morse, Harley Farnsworth Macnair, 姚曾廙 외 역,『遠東國際關係史』, 北京: 商務印書館, 1975.

林明德,『袁世凱與朝鮮』, 臺北: 中央研究院近代史研究所, 1970.

盛利,『清朝對朝鮮外交體制變通硏究-以19世紀60年代至19世紀80年代中期爲中心』, 山東大學博士論文, 2009.

宋慧娟,『淸代中朝宗藩關係嬗變硏究』, 長春: 吉林大學出版社, 2007.

信夫淸三郞, 天津社會科學院日本問題硏究所 역,『日本外交史』, 北京: 商務印書館, 1980.

王信忠,『中日甲午戰爭之外交背景』, 北京: 國立淸華大學, 1937.

陳偉芳,『朝鮮問題與甲午戰爭』, 北京: 三聯書店, 1959.

川島眞, 田建國 역,『中國近代外交的形成』, 北京: 北京大學出版社, 2012.

黃枝連,『天朝禮治體系硏究·上』, 北京: 中國人民大學出版社, 1994.

岡本隆司,『屬國と自主のあいだ: 近代淸韓關係と東アジアの命運』, 名古屋: 名古屋大学出版会, 2004.

茂木敏夫,『變容する近代東アジアの國際秩序』, 東京: 山川出版社, 1997.

田保橋潔,『近代日鮮關係の硏究』, 朝鮮總督府中樞院, 1940.

Fairbank · Reischaure · Craig, *East Asia : the modern transformation*, Boston: Houghton Mifflin, 1965.

Hevia, James Louis, *Cherishing Men from Afar: Qing Guest Ritual and the Macartney Embassy of 1793*, Durham: Duke University Press, 1995.

John K. Fairbank and S. Y. Teng, *China's Respones to the West: A Documentary Survey, 1829-1923*, Cambridge:harvard University Press, 1954.

KIRK W. LARSEN, *Traditions, Treaties, and Trade: Qing Imperialism and Chosŏn Korea,1850-1910*, Cambridge, Mass: Harvard University Asia Center, 2008.

동아시아사의 순간들

4부_ 근현대편

10장 신해혁명과 민국의 탄생

이 평 수

1. 서론: '파이 중국'과 '동물원 중국'

 1898년 1월 프랑스의 『르 프티 주르날(Le Petit Journal)』에 한 폭의 풍자화(그림 1)가 게재되었다. 파이 앞의 좌측부터 차례로 영국(빅토리아 여왕)·독일(빌헬름 2세)·러시아(니콜라스 2세)·프랑스(마리안)·일본(사무라이)을 각기 대표하는 사람들이 중국이라는 파이를 조금이라도 더 먹어 치우기 위해 칼을 들고서 신경전을 부리고 있는 모습이다. 여기에 보이는 청조 대신은, 아마도 리훙장(李鴻章: 1823~1901)인 듯 보이지만, 깜짝 놀란 표정으로 보란 듯이 두 손을 들어 차마 울지도 웃지도 못하는 대환영을 하고 있다. 이 작품은 당시 프랑스의 삽화가인 헨리 마이어(Henri Meyer)의 작품으로 '중국에서: 왕과 …… 황제들의 파이'라는 제목이 붙여 있으니, 이것을 간단히 줄여 '파이 중국'이라고 불러도 무방해 보인다. 1)

상징적인 측면에서 본다면, 이 '파이 중국'보다도 좀 더 적나라한 풍자화가 같은 해 중국에서도 발표되었다. 즉 셰쫜타이(謝纘泰: 1871~1938)가 곰(러시아)·개(영국)·개구리(프랑스)·매(미국)·태양(일본)·뱀(독일)이 중국의 영토를 각기 점령하고 있는 「시국전도(時國全圖)」(사진 2)라는 한 폭의 풍자화를 내놓았다. 이것을 풍자화답게 제목을 바꾼다면, 아마도 '동물원 중국'이 가장 적합할 것이다. 셰쫜타이는 1892년 양취윈(楊衢雲: 1861~1901) 등과 함께 홍콩에서 애국단체인 보인문사(輔仁文社)를 결성하였고, 그로부터 약 3년 후인 1895년 쑨원(孫文: 1866~1925) 등과 협력하여 홍콩 흥중회를 출범시켰으니, 19세기 말 중국의 초기 혁명파를 대표하는 인물 중의 한명이다.2)

〈그림 1〉 '파이 중국'

〈그림 2〉 '동물원 중국'

---

1) EN CHINE (Le gâteau des Rois et……des Empereurs), *Le Petit Journal no.374*, 1898. 1. 16.
2) 程薇薇, 「中國近代史上重要漫畫: 時局圖」, 『檔案與建設』, 2012-1.

20세기로 진입하기 직전에 위의 두 풍자화에 묘사된 중국의 영토 과분에 대하여, 청조가 1894년 청·일 전쟁에서 패배를 당한 이후에 독일이 교주만을, 러시아가 여순구와 대련만을, 프랑스가 광주만을, 영국이 위해위와 구룡을 조차하고 있는 상황에 대하여, "땅을 나누어 주는 것을 차(借) 혹은 조(租)라고 하는데, 망국의 새로운 방법"이라고 '시대를 애통해 하는 필객(哀時客)'이 1899년 「과분위언(瓜分危言)」이라는 문장을 발표하였다.3) 그가 바로 유신파를 대표하는 인사였던 량치차오(梁啓超: 1873~1929)이다. 유신과 혁명은 당시 청조를 망국의 길로부터 구출할 수 있는 길항 관계의 유일한 출로였는데, 유신파의 량치차오나 혁명파의 셰쫜타이의 궁극적인 목적은 구국과 애국이라는 측면4)에서 본다면 사실상 별반 차이가 없었다.

파이와 동물원으로 풍자된 약 2년 후에 중국은 서구 제국주의 국가들로부터 그에 걸맞은 처참한 대우를 받게 된다. 즉 1900년 영국 등의 8개국 연합군이 의화단 운동의 진압을 명목으로 출병하여 천진과 북경을 점령했던 것이다. 이듬해 중국은 이른바 '신축의 치욕'으로 일컬어지는 「신축조약」(베이징 의정서)을 11개 열강과 체결하였다. 총 12개조의 정문과 19개의 부칙으로 되어 있는 이 조약은 말 그대로 불평등 조약의 극치를 보여준 그야말로 치욕적인 내용으로 가득 차 있다. 예컨대 의정서에는 일부 왕족과 관료들의 처형이나 자결을 요구하였다. 특히 배상금과 관련 조항을 보면, 중국은 4억 5천만 냥의 백은을 관세·염세·상관세 등을 담보로 하여 연 이자율 4리로 39년 동안 배상해야 하는데, 그 총액은 무려 9억 8천만 냥이나 되었다.5) 이렇게 중국은 '파이 중국'과 '동물원 중

---

3) 梁啓超, 「瓜分危言」, 橫濱 『淸議報』 第23冊, 光緒 25年 7月 1日, 1쪽.
4) 요시자와 세이치로, 정지호 역, 『애국주의의 형성: 내셔널리즘으로 본 근대 중국』, 서울: 논형, 2003.
5) 가와시마 신, 천성림 역, 『중국근현대사』 2, 서울: 삼천리, 2013, 67~87쪽; 중국근현

국'의 모습으로 처참하게 20세기를 맞이했던 것이다.

2. 장렬한 죽음: 루하오동과 린줴민

1) 루하오동(陸皓東, 1868~1895)

루하오동(그림 3)은 고향이 광동 향산으로 어려서 쑨원과 동학이었다. 그는 1886년 상해의 전보학당에서 공부를 한 이후 상해전보국에서 통역관으로 근무하였다. 1894년 쑨원이 리훙장에게 개혁 상서를 올릴 때 천진으로 동행하였고, 1895년 쑨원과 함께 홍콩 흥중회의 창립에 참여하였다. 그러나 이 해 10월 광주기의에 참여했다가 체포되어 희생되었다. 그는 옥중에서 심문을 받을 때 다음과 같이 공술하였다.

> 이번 거사는 비록 성공하지 못했지만, 그 마음만은 위로받을 수 있겠구나. 나 하나를 죽일 수 있을지언정 나를 뒤따라 일어서는 자들은 모두 죽일 수 없을 것이다.[6]

참으로 혁명을 위한 고귀한 유언이다. 이 광주기의가 쑨원의 혁명 활동에서 첫 번째 무장기의이고, 이 때 혁명군의 깃발로 준비한 것이 바로 루하오동이 그린 청천백일기(靑天白日旗, 그림 4)였다.[7] 쑨원은 후일 루하오동에 대하여 "중국의 유사 이래로 공화혁명을 위해서 희생된 첫 번째 사람"이라고 칭하였다.[8] 루하오동이 남긴 청천백일기는 쑨원이 계획

대사학회, 『중국 근현대사 강의』, 경기: 한울, 2019, 110~111쪽.
6) 馮自由, 『中華民國開國前革命史』, 上海: 革命史編輯社, 1928, 20쪽.
7) 馮自由, 「興中會組織史」, 『革命逸史』 4, 北京: 中華書局, 1981, 9쪽.
8) 廣東省社會科學院歷史硏究所 等合編, 「建國方略」(1917~1919), 『孫中山全集』 6, 北京:

한 무장기의에서 기의군의 깃발로 자주 사용되었다. 1906년 중국동맹회가 일본에서 혁명방략을 논의하는 과정에서 쑨원은 홍중회 시기의 혁명 열사를 기념하고 삼민주의를 강조하기 위해 루하오둥의 청천백일기를 기본으로 하여 청천백일만지홍기(靑天白日滿地紅旗, 그림 5)를 제작하였다. 이후 이 깃발은 중화민국 임시정부 시기에는 해군기로, 중국 국민당의 국민정부 시기에는 국기로 사용되었으니, 바로 오늘날 타이완의 국기인 셈이다.

〈그림 3〉 루하오둥

〈그림 4〉 청천백일기

〈그림 5〉 청천백일만지홍기

2) 린줴민(林覺民, 1887~1911)

린줴민(그림 6)은 복건 민후인으로 1907년 일본으로 유학을 갔다가 얼

中華書局, 1985, 230쪽.

마 후 중국동맹회에 가입하였다. 그는 1911년 4월 말 쑨원의 제10차 기의이자 황싱(黃興: 1874~1916)이 직접 진두지휘한 황화강기의(광주기의)에서 광주의 양광총독아문(兩廣總督衙門)을 공격하다가 포로가 되어 희생된 소위 '황화강 72열사' 중의 한 명이다. 특히 그는 기의에 참여하기 전에 「부친에게 드리는 편지(稟父書)」(그림 7)와 「아내와 이별하는 편지(別妻書)」(그림 8)를 작성해 두었다.

불효한 아들 줴민이 머리를 조아리고 아룁니다. 아버님, 아들은 이제 죽습니다. 아버님을 고생시키고 동생들을 따뜻하게 보살펴주지 못해서 너무 죄송스럽습니다. 이제 전국의 동포에게 큰 보답을 하고자 하오니, 부디 이 큰 죄를 너그러이 용서하십시오.(「부친에게 드리는 편지」의 전문)

내 마음이 사랑하는 아내를 비추고 있으니, 마치 당신을 만나고 있는 것 같구료. 나는 지금 이 편지를 가지고 당신과 영원한 작별을 하고자 하오. 내가 이 편지를 쓸 때에는 아직 이 세상 사람이지만, 당신이 이 편지를 읽을 때 즈음에는 나는 이미 저 세상 사람이 되었을 것이오. 내가 이 편지를 쓸 때에 내 눈물과 필묵이 서로 뒤엉켜 흘러내려 편지를 다 쓰기도 전에 붓을 내려놓을까 망설이기도 하였오. 그런데 당신이 내 마음을 잘 헤아리지 못해서 '내가 당신을 버리고 죽어버렸구나', '당신은 내가 죽는 것을 원하지 않는다는 것을 내가 모르는구나.'라고 말하는 것이 염려되어, 다시 이를 악물고 비통한 마음으로 당신께 다음의 말들을 하고자 하오.
나는 당신을 정말 사랑하오, 당신의 마음까지 사랑하기에 기꺼이 사지로 향해 가는 것이오. 내가 당신을 사랑한 이후로 천하의 연인들이 바라는 것처럼 결혼하여 부부가 되었오. 그런데 도처에 피비린내 나는 먹구름이 드리워져 있고, 온 거리는 흉악한 짐승들로 가득 차 있으니, 어떤 가정이 행복할 수 있겠소? (이하 생략, 「아내와 이별하는 편지」의 서두)

이 짧은 「부친에게 드리는 편지」의 전문 속에는 부친에 대한 자식의 도리와 조국에 대한 염원이 가득 채워져 있었다. 또한 너무나도 애절한 말투로 시작하는 「아내와 이별하는 편지」 속에는 부부지간의 진정한 사랑이 조국을 위해서 어떻게 승화되고 있는지 잘 녹아 있었다.

 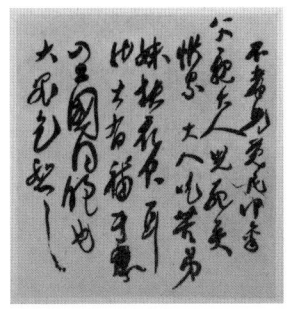

〈그림 6〉 린줴민   〈그림 7〉「부친에게 드리는 편지」

〈그림 8〉「아내와 이별하는 편지」

10장 신해혁명과 민국의 탄생 353

1911년 4월 말, 황싱의 인솔 하에 린줴민 등의 수많은 혁명지사들이 광주의 총독아문을 맹렬히 공격하였다. 그러나 린줴민은 부상을 입고 청군에 체포되었다. 수사제독 리준(李準: 1871~1936)은 린줴민의 의연한 자세를 보고서 청군으로 회유시켜 목숨을 살리고자 했지만, 광주장군 장밍치(張鳴歧:1875~1945)는 살려두면 반드시 후환이 남을 것이라고 판단하였다. 심문을 받을 당시 린줴민은 이 두 사람에게 "청조의 폭정을 제거하고 공화국을 건립해야만 국가를 강대하게 만들고 한족을 공고히 할 수 있으니, 그렇게 된다면 나는 편안히 눈을 감을 수 있을 것이다."9)라고 응대하였다. 5월 초, 린줴민은 24세의 젊은 나이로 광주의 천자마두에서 총살로 생을 마감하였다.

3. 수의 삼열사: 펑추판·류푸지·양홍성

홍중회 시기까지 합치면 무려 10차례의 무장기의를 모두 실패한 쑨원은 1911년 4월 말의 황화강기의를 끝으로 다시 구미를 전전하고 있을 무렵, 10월 10일 저녁 호북성 무창의 신군 부대에서 제8사단 공병대대 하사관 슝빙쿤(熊秉坤: 1885~1969)의 지휘 아래 신해혁명을 알리는 총성이 울려 퍼졌다. 흔히 '쌍십절'이라고 부르기도 하는데, 사실 중국동맹회와 밀접한 관련을 맺으면서도 사실상 별개의 조직이었던 무창의 두 혁명단체인 공진회(共進會)와 문학사(文學社)가 9월 호북 혁명군 총지휘부를 결성하였고, 이들의 연합 거사일은 10월 6일이었다.

그러나 기의 정보가 누설되어 다시 10월 11일로 재조정되었지만, 9일

---

9) 中國國民黨中央委員會黨史史料編纂委員會 編,「林覺民」,『革命人物誌』 2, 臺北: 中央物供應社, 1969, 448쪽.

비밀 근거지에서 폭약이 폭발해 버리는 사고로 인해서 총사령관 장이우(蔣翊武: 1884~1913) 등의 군사 지휘부가 궤멸되었고, 혁명당원의 일부가 체포되어 10일 새벽에 처형되었다. 이 중에서 당시 희생된 펑추판(彭楚藩: 1884~1911, 그림 9)과 류푸지(劉復基: 1884~1911, 그림 9), 그리고 양훙성(楊洪勝: 1875~1911, 그림 10)은 '수의 삼열사(首義三烈士)'로 일컬어진다. 당시 헌병이었던 펑추판은 호북 혁명군 총지휘부의 군사준비위원으로 무한의 각 군영을 정찰하는 임무를 맡고 있었다. 류푸지는 군사지휘부 조사부 부부장으로 기의 준비 전반을 담당하고 있었다. 양훙성 역시 군사준비위원으로 각 군대에 무기를 운송하는 책임을 지고 있었다.[10] 아마도 체포된 이 혁명당원들이 비참한 죽음 앞에서도 입을 굳게 닫아버렸기 때문에 바로 이날 저녁에 신해혁명을 알리는 총성이 울려 퍼질 수 있었을 것이다.

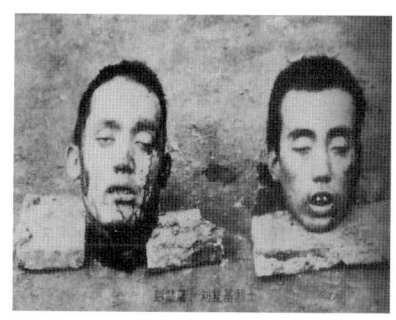

〈그림 9〉 펑추판과 류푸지

〈그림 10〉 양훙성

---

10) 何廣, 「彭劉楊三烈士」, 『世紀行』 2001-8.

한편, 무창기의가 순식간에 성공할 수 있었던 배경을 보면, 그것은 바로 사천에서 벌어진 철도 수호운동(保路運動)과 밀접한 관계를 맺고 있었다. 1911년 5월 청조가 우전대신 성쉬안화이(盛宣懷: 1844~1916)의 책동 하에 철도의 국유화를 선포하여 이미 지방의 신사와 상인 등에 의해서 주도하기로 되어 있던 천한철로(川漢鐵路: 성도↔한구)와 월한철로(粤漢鐵路: 광주↔무창)의 부설권을 국유화시켰다. 이에 격분한 사천의 인민들이 철도 국유화 반대 운동을 대규모로 진행시켰던 것이다. 일찍이 이러한 반대운동이 혁명 운동으로 연결되기 쉽다는 것을 경험한 청조는 급기야 호광총독ㆍ귀주순무ㆍ양광총독에게 병력의 파견을 명령하였고, 나아가 당시 철도 문제의 책임자였던 돤팡(端方: 1861~1911)에게는 9월 호북성의 군대를 지휘하여 사천의 대규모 사태를 진압하라고 명령하였다. 결국 10월 10일 신군 부대에서 무창기의가 발생했을 때 호북성의 청조 주력 군대가 사천의 보로운동 진압에 전념하고 있었기 때문에 무창기의를 진압할 청조의 병력은 텅 빈 상태에 놓여 있었던 것이다. 쑨원과 황싱이 무장기의를 그토록 여러 번 시도했지만 모두 실패로 돌아갔으니, 이 무창기의의 발발과 성공은 하늘이 선사한 절호의 기회였던 것이다.

4. 무창기의와 민국의 선포

1911년 10월 10일 저녁 8시, 중국의 호북성 무창진의 제8사단 공병대대에서 한 발의 총성이 울려 퍼졌다. 신해혁명의 신호탄, 이른바 무창기의가 발발하였다. 공진회와 문학사를 중심으로 구성된 호북 혁명당은 11일 호광총독 아문을 점령하고, 12일 차례로 한양과 한구를 점령하여 이른바 무한의 삼진(즉, 무창ㆍ한양ㆍ한구) 전체를 순식간에 장악하였다. 이러한 소식은 각 지역으로 일파만파 퍼져나갔고, 적어도 12월 초까지 호북을 비롯하여 호남·섬서·강서·강소·절강·안휘·복건·광서·광동·운남·귀주·사천 등 13개 성이 혁명의 깃발 아래 독립을 선언하였다. 하지만 직례·하남·감숙·산서·산동 등 5개 성은 여전히 위안스카이(袁世凱: 1859~1916)의 통제 하에 있었다.

급기야 12월 11일 남경에 모인 각 성 도독부의 대표들이 중앙 정부의 건립을 논의하기 시작하였고, 쑨원은 12월 25일 프랑스에서 상해로 급히 귀국하였다. 12월 29일 남경의 강소자의국에서 각 성의 대표들에 의해서 임시 대총통의 선거가 개시되었고, 마침내 쑨원이 제1대 중화민국 임시 대총통으로 당선되었다. 이리하여 1912년 1월 1일 쑨원은 남경에서 정식으로 중화민국의 성립을 선포하였다. 「임시 대총통 맹서(臨時大總統誓詞)」(그림 11)에서 쑨원은 다음과 같이 맹서하였다.

> 만주의 전제 정부를 전복하여 중화민국을 공고히 하고 민생의 행복을 도모하는 국민의 공의에 따라 나는 진실로 나라에 충성을 다하고 민중을 위하여 복무하고자 한다. 전제 정부를 타파하여 국내의 변란이 그치고, 민국이 온 세계에 탁립하여 열강의 공인을 얻게 된다면, 나는 당연히 임시 대총통의 직에서 물러날 것이다. 삼가 이를 백성에

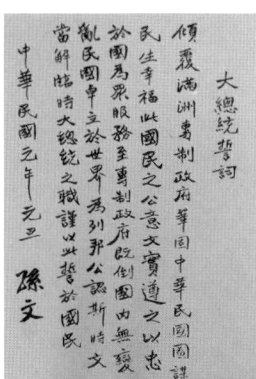

〈그림 11〉 임시 대총통 맹서

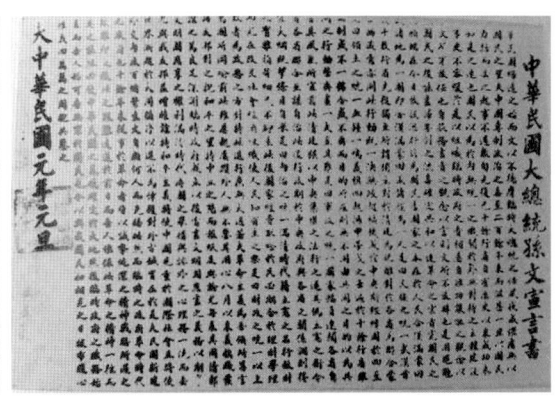

〈그림 12〉 임시 대총통 취임 선언서

게 맹세한다.11)

아울러 이날 쑨원은 「임시 대총통 취임 선언서(臨時大總統宣言書, 즉 中華民國大總統孫文宣言書)」(그림 12)에서 중화민국이 지향해야 하는 원칙에 대하여 다음과 같이 언급하였다. 첫째는 '민족의 통일'이다. 이는 국가의 근본은 인민에게 있으니, 한족(漢)·만주족(滿)·몽고족(蒙)·회족(回)·장족(藏) 등의 여러 민족을 합하여 중화민국을 구성하는 인민으로 삼겠다는 것이다. 둘째는 '영토의 통일'이다. 이는 무창기의를 발단으로 여러 성이 독립했으니, 독립된 성들이 연합하여 국가의 중추 기관을 중앙에 성립하고 국가의 영토를 확정해야 한다는 것이다. 셋째는 '군정의 통일'이다. 이는 서로 다른 군대의 편제와 호령이 일치하지 않더라도 공동의 목적과 행동을 달성하기 위해서는 이것을 하나로 통일해야 한다는 것이다. 넷째는 '내치의 통일'이다. 이는 각 성이 연합하여 서로 자치를 도모하고 있으니, 이후의 행정은 중앙 정부와 각 성과의 관계에 대하여 그 대강을 세워 적절하게 조정해야 한다는 것이다. 마지막으로 '재정의 통일'이다. 이는 국가의 경비를 백성에게 걷되 반드시 이재의 학리에 맞도록 해야 하니, 사회경제 조직을 개량해서 인민들에게 인생의 즐거움을 주어야 한다는 것이다. 쑨원은 이상의 5가지 '통일'을 정무의 방침으로 삼았고, 이것이 바로 전 세계가 기뻐해야 할 '혁명주의'라고 선언하였다.12)

그러나 당시 청조의 정치·군사권을 장악하고 있었던 위안스카이의 상황과 영국·프랑스·미국 등 제국주의의 간섭 등으로 인해서 쑨원은 위안스카이에게 청 황제를 퇴위시킨다는 조건으로 임시 대총령의 직위를

---

11) 「臨時大總統誓詞」(1911.1.1.), 『孫中山全集』 2, 1쪽.
12) 「臨時大總統宣言書(=中華民國大總統孫文宣言書)」(1911.1.1.), 『孫中山全集』 2, 1~3쪽.

위안스카이에게 양위하게 되다. 2월 12일 위안스카이는 선통제 푸이(溥儀: 1906~1967)와 룽위(隆裕: 1868~1913) 태후를 협박하여 '청 실우대조건'을 받게 한 후 퇴위 조서를 반포하였다. 이로써 청조와 왕조 권력을 상징하는 황제가 마침내 역사의 뒤안길로 사라져버렸다. 2월 15일 위안스카이는 제2대 중화민국 임시 대총통으로 선출되었다.

〈그림 13〉 정장군 총사령관 인창헝

5. 비운의 정장군 총사령관 인창헝

그렇다면 무창기의 발발과 성공의 배경이 되었던 사천의 상황은 어떠했을까? 사천 신해혁명과 관련해서 언급해야 하는 인물은 바로 혁명 이후 사천 도독으로 추대된 인창헝(尹昌衡: 1884~1953, 그림 13)이다.[13] 하지만 그는 자손들의 노력과 열정에 의해서 2011년 신해혁명 100주년 기념일을 맞추어 『인창헝집(尹昌衡集)』이 처음 출판될 정도로 그의 행적에 비하면 신해혁명과 민국의 창립 과정에서 그다지 주목받지 못한 인물이다.

---

13) 四川辛亥革命暨尹昌衡國際學術研討會組委會 編, 『四川辛亥革命暨尹昌衡國際學術研討會論文集』, 北京: 中國社會科學出版社, 2014, 493~891.

인창형은 1903년 사천 무비학당에 제1기로 입학하였고, 이듬해 사천총독 천춘쉬안(岑春煊: 1861~1933)의 보증 추천을 받아 일본으로 유학을 떠나게 된다. 그는 일본에서 진무학교를 거쳐 일본 사관학교 제6기로 보병과에 진학하여 공부하였다. 1909년 귀국한 인창형은 광서 육군 소학당의 감독을 거쳐 1910년 고향으로 돌아와 사천 도독부에서 교련처 편역과 과장을 역임하였다. 1911년 9월 사천 보로운동이 본격화되고 10월 무창기의가 발생하자, 촉군정부가 중경에서 독립을 선언하였다. 급기야 11월 27일 성도에「사천 지방 자치문」이 반포되고 청조의 서리 사천총독이었던 자오얼펑(趙爾豊: 1845~1911)이 물러나고, 자의국 의장이었던 푸뎬쥔(蒲殿俊: 1875~1934)이 도독으로, 신군통제 주칭란(朱慶瀾: 1874~1941)이 부도독으로 취임하여 대한 사천군 정부가 수립되었다. 당시 인창형은 군정부의 군정부장으로 취임하였다.

12월 자오얼펑은 자신이 장악하고 있던 병권을 가지고 천전변무대신의 명의로 이른바 '성도 병변'을 일으키면서 사천의 복벽을 시도하였다. 푸뎬쥔과 주칭란이 화를 피해서 도망가 버리면서 군정부는 해체되었지만, 인창형은 이 성도 병변을 신속하게 평정하게 되면서 성도의 정치·군사권을 장악하게 된다. 1912년 성도와 중경의 군정부가 합병되어 사천 도독부가 다시 성립되는 과정에서 인창형은 사천 도독으로 추천되었다. 그의 나이 28세였다.

그런데 1912년 6월, 13세 달라이 라마를 중심으로 한 티베트의 상층부 인사들은 영국의 지지 하에 서장의 독립을 위해서 라사의 북경 중앙 정부군을 몰아내고, 나아가 사천의 동부 지역으로 군대를 파견하여 강변·염정·이당을 차례로 점령하니, 이른바 '강장 반란(康藏叛亂)'이 시작된 것이다. 위안스카이의 북경 정부는 사천 도독 인창형을 정장군(征藏軍) 총사령으로 임명하고, 이에 대한 진압을 명령하였다. 그리하여 인창형은 7월 직접 군대를 이끌고 출정하게 되는데, 이것이 바로 인창형의 서정(西征)[14]이다.

약 6개월 동안의 악전고투 끝에 사천의 서부 변경 지역을 수복하는데 성공했지만, 대외적인 압력에 처한 위안스카이의 저지 속에 끝내 티베트까지는 진군하지 못하였다. 그런데 1914년 1월 위안스카이는 북경으로 상경한 인창형을 '모공통역(冒功通逆: 공로를 가로채고 반역을 도모함)'과 '침점공관(侵占公款: 공금을 횡령함)'의 죄명으로 투옥시키고, 1915년 10월 도형 9년이라는 판결을 내린다. 1916년 6월 위안스카이가 사망한 이후 임시 대통령에 취임한 리위안훙(黎元洪: 1864~1928)의 특별 사면에 의해서 출옥했지만, 인창형은 이후 모든 정치적 활동을 일체 중단하고 초야에 묻혀 저술 활동 등에 매진하게 된다.

6. 혁명 전후의 남겨진 서화들

1) 왕례(尢列: 1866~1936)

왕례[15](그림 14)는 청대 회당 비밀결사를 대표하는 천지회의 인사이자 흥중회 시기 광주기의와 혜주기의에 참여했던 혁명파 인사이다. 잘 알려져 있지는 않지만, 그는 쑨원이 영도한 흥중회·동맹회와 밀접한 관계를 맺으면서도, 이와는 별개로 천지회의 전통을 계승한 중화당(中和黨)을 건립하였다. 그는 홍콩·일본·싱가포르·남양 각지에 중화당의 분회를 건립하여 이곳의 화교들을 상대로 적극적인 혁명 선전에 종사하였다. 신해혁명 이후 토원 활동에 참여하기도 하였고, 쑨원의 호법군 정부의 고문으로 활동하기도 하였다. 만년에는 어린이 교육에 종사하였다. 그가

---

14) 任新建 等主編, 『尹昌衡西征史料匯編』, 成都: 四川大學出版社, 2010.
15) 馮自由, 「尢列事略」·「尢列事略補述一」·「尢列事略補述二」, 『革命逸史』 1, 26-42쪽.

남긴 서화(그림 15) 중의 하나는 다음과 같다.

명교 안에 절로 즐거운 곳이 있으며,(名教中自有樂地)
풍월 외에는 또한 많은 말 할 것이 없네.(風月外亦無多談)

일반적으로 명교는 봉건적 예교를 의미하지만, 여기에서는 아마도 혁명의 대의로 해석하는 편이 적절해 보인다. 또한 풍월은 남녀 간의 애정을 가리키는데, 이는 명교로 표현된 혁명의 대의를 위한 삶과 구별되는 일상적인 삶의 단면을 의미한다고 보아도 무방할 것이다. 혁명파 인사로서 왕례는 이 서화를 통해서 아마도 자신이 걸어온 인생의 역정을 '명교'라는 대의와 '풍월'이라는 일상의 대비로써 표현해 놓았던 것으로 짐작된다.

〈그림 14〉 왕례

〈그림 15〉 왕례의 서화

2) 천사오바이(陳少白: 1869~1934)

천사오바이[16](그림 16)의 경우 이른바 '사대구'의 일원으로 쑨원과 더불어 흥중회 · 동맹회의 혁명 활동을 대표하는 혁명파 인사이다. 특히 그는 1899년 『중국일보(中國日報)』를 창간하여 혁명 사상을 고취시켰으며, 중국동맹회의 홍콩 분회 회장을 역임하면서 혁명 활동에 투신하였다. 신해혁명 이후 그는 중화민국의 외교사장으로 추천되었으나, 곧 사직하고 월항공사를 조직하는 등 교통 방면의 사업에 종사하였다. 1921년 쑨원이 비상대총통이 되자 총통부의 고문으로 초빙되었다. 그러나 곧 사임하고 고향인 강문으로 돌아간 이후 일생을 마감하였다. 그가 남긴 서화(그림 17) 중의 하나로 다음의 것이 있다.

> 사람살이 10무의 뽕밭과 100무의 논만 있으면 충분하니,(有甚生涯十畝桑田百畝稻),
> 바로 풍수가 8할은 동으로, 2할은 남으로 가는 것과 같다.(是眞風水八分東向二分南).

그는 만년에 고향으로 돌아와 손수 중건한 그의 집을 '백원'으로, 그 백원의 앞문에 있는 석교를 '백교'라고 칭했는데, 백원 주위가 전야와 어당으로 둘러싸여 있고 시냇물이 흐르고 있었으니, 이는 명청시대 이래로 상기어당(桑基魚塘) 혹은 과기어당(果基魚塘)으로 알려진 전형적인 광동의 향촌 풍경이라고 말할 수 있겠다. 이 백원의 대문에 걸려 있는 것이 경오 신원(庚午新元)인 1930년에 쓴 바로 이 서화이다. 아마도 '중국의 국숙(國叔)'이자 '혁명 신문의 첫 번째 창간자'로 일컬어졌던 천사오바이

---

16) 郭玉, 「資産階級民主革命先覺者陳少白的歷史貢獻」, 『五邑大學學報』(社會科學版) 2016-4.

가 후일 관직과 신분에 미련을 두지 않았던 소박한 마음을 이 대련에 담아 놓은 것으로 짐작된다.

〈그림 16〉 천사오바이

〈그림 17〉 천사오바이의 서화

3) 쑨원(孫文: 1866~1925)

쑨원[17](그림 18)은 중국 민주 혁명의 위대한 선구자이다. 그는 1894년 흥중회를 창립한 이후로 도탄에 빠진 백성들을 모두 구제하고, 장차 붕괴될 정국의 일체를 회복하기 위해서 제국주의와 봉건 통치를 반대하는 혁명 사업을 시작하였다. 각 방면의 역량을 연합하기 위해서 국내외를 분주히 돌아 다녔으며, 혁명의 선전 활동과 무장기의를 진행하였다. 쑨원은 흥중회·화흥회·광복회의 주요 영수들과 회동하여 1905년 8월 일

---

[17] 이승휘,『손문의 혁명』, 경기: 한울, 2019; Harold Z. Schiffrin, Sun Yat-sen, Reluctant Revolutionary, Boston: Little, Brown, 1980.

본에서 마침내 중국동맹회를 창립하였고, 아울러 혁명 강령을 "구제달로, 회복중화, 창립민국, 평균지권"(그림 18)으로 삼았다.

오랑캐를 몰아내고(驅除韃虜),
중화를 회복하며(恢復中華),
민국을 창립하고(創立民國),
지권을 평등하게 한다(平均地權).

이 16개의 글자로 된 혁명 강령은 중국의 사회 문제에 눈을 뜨기 시작한 쑨원이 1894년 11월 하와이에 창립한 흥중회의 맹서인 "구제달로(驅除韃虜), 회복중국(恢復中國), 창립합중정부(創立合衆政府)"[18]를 발전시킨 것이다. 좀 더 구체적으로 1906년 쑨원의 군정부 선언을 보면, '구제달로'

〈그림 18〉 중국동맹회의 혁명 강령과 쑨원

---

18) 이평수, 「19世紀末 廣東地域의 革命活動: 廣東天地會와 興中會의 合作이라는 觀點에서」, 『東洋史學硏究』 81, 2003.

는 한인을 노예로 부린 야만 정권인 만주 정권으로부터 한족의 주권을 돌려받는 것이고, '회복중화'란 한족의 국가를 광복하여 중국인이 중국을 다스리는 중국인의 정치를 해야 한다는 말이다(민족주의). 그 결과로 전제 군주를 타도하고 탄생한 정체가 '창립민국'인데, 이는 바로 국민의 참정권과 의회 제도를 골격으로 하는 공화국의 창립을 가리킨다(민권주의). 특히 새롭게 탄생한 민국의 시대에는 '평균지권'이 상징하는 것처럼 사회를 개량시켜 모든 국민은 국가의 이익을 함께 향유해야 한다는 것이다(민생주의).19) 이러한 내용의 혁명 강령은 후일 쑨원의 정치·사회 사상을 집대성한 저 유명한 '민족주의'·'민권주의'·'민생주의'라는 '삼민주의'로 더욱 발전해 나간다.

한편 『예기(禮記)』의 「예운편(禮運篇)」에는 중국인들에게 매우 익숙한 '천하위공(天下爲公)'이란 구절이 나온다. 쑨원 또한 이 구절을 혁명 활동을 진행하는 과정에서 그토록 중시했다고 하니, 2011년 신해혁명 100주년을 기념하는 오늘날의 예술가들도 이점을 결코 잊지 않았다. 기념행사를 주관한 북경의 중국미술관 측에는 쑨원 자필의 '천하위공'의 서화뿐만 아니라 1944년 조각가 류카이취(劉開渠: 1904~1993)가 청동으로 만든 쑨원의 동상(그림 19)까지 세워 놓았다.20) 천하는 공공의 것이며, 천자의 자리는 현자를 추대하는 것이지 자식에게 넘겨주는 것이 아니라는 것, 이것이야말로 신해혁명의 가장 큰 공훈이 아니겠는가? 당대의 예술가 어우양중스(歐陽中石: 1928~)는 아마도 그것을 멋있는 행서체의 "신해폐제, 백년개명(辛亥廢帝, 百年開明)"(그림 20)으로 표현해 놓은 것이다.

---

19) 이평수, 「20세기 초 중국의 공화혁명과 비밀결사: 동맹회와 천지회의 무장기의를 중심으로」, 『中國近現代史硏究』 54, 2012, 109쪽.
20) 中國人民共和國文化部 主辦, 「百年風雲·壯志丹靑: 紀念辛亥革命100周年美術作品展」, 北京: 中國美術館, 2011.10.1.~10.22.

 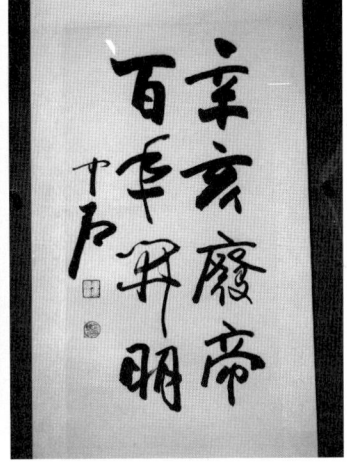

〈그림 19〉 '천하위공' 서체와 쑨원의 동상   〈그림 20〉 우양중스의 서화

4) 황싱(黃興: 1874~1916)

쑨원이 신해혁명의 선구자·사상가였다고 한다면, 황싱[21]은 그 혁명의 구체적인 실행자로서 많은 무장기의를 직접 지휘하고 참여하였다. 그러한 황싱도 2011년 신해혁명 100주년을 기념하는 북경의 중국미술관에서 만날 수 있었다. 해서와 초서 중간의 서체인 행초체(行草體)로 쓰인 2점의 서화(그림 21, 22)가 바로 그것인데, 보는 순간 어딘가 범상치 않은 풍격이 물씬 풍겨나다.

> 표범은 남산의 안개 속에 숨어 있고(豹隱南山霧),
> 붕새는 북해의 바람을 타고 날아오르네(鵬搏北海風).
>
> 뜨거운 마음으로 세상을 구제하고(熱心濟世),
> 냉철한 눈빛으로 사람을 바라보네(冷眼看人).

---

21) 蕭致治, 『黃興評傳』, 南京: 南京大學出版社, 2001.

〈그림 21〉 황싱의 서화

〈그림 22〉 황싱의 서화

　서화의 품격을 모르는 사람일지라도 황싱이 남겨놓은 이 서화 앞에서는 글자 자체가 주는 감동을 느낄 것이다. 더군다나 '표범(豹)'·'붕새(鵬)'로 비유된 의연한 혁명가들의 활동과 '뜨거운 마음(熱心)'·'냉철한 눈빛(冷眼)'으로 표현된 고뇌하는 이들의 모습이 서화의 서체에 고스라니 녹아 있기 때문이다. 황싱은 1911년 광주의 황화강기의의 총사령관으로 참여했는데, 당시 전투 과정에서 오른쪽 손에 총탄을 맞아 중지와 약지를 잘라내었다. 그렇다면 이 황싱의 서체를 '혁명가의 영혼이 살아있는 글씨'라고 칭해도 무방할 것이다.

7. 결론: 우연과 필연의 이중주

　무창기의의 발발로부터 선통제의 퇴위에 이르는 약 4개월 동안 진행된 신해혁명의 과정을 통해서 중국 사회에 2천년 이상 유지해 왔던 전제 군주의 체제가 종결되고 새로운 중화민국이라는 공화국의 시대가 본격적으로 열리게 되었다. 그러나 신해혁명이 성공한 배후에는 '예기치 못한 우연'과 '예견된 타협의 필연'이라는 이중주의 과정으로 점철되어 있었다고 말해도 과언은 아니다.

무창기의 자체가 혁명파의 구심점 역할을 한 중국동맹회의 계획에 의해서 이루어진 것이 아닌 이른바 "계획 밖의 기의"였다. 각 성들이 독립하는 과정에서는 성을 장악하고 있었던 청조 구 관료들과의 철저한 타협도 이루어졌다. 황제라는 전제 군주가 퇴위 한 것 이외에는 사실상 혁명 이후 큰 사회적 변화도 곧바로 수반되지 못하였다. 그보다는 오히려 중앙 권력의 부재라는 상황 속에서 군사권을 바탕으로 지역 사회를 전횡하는 소위 '군벌의 시대'만을 태생시켰다. 나아가 일본까지 가세한 제국주의 국가들의 정치적·경제적 압박도 여전히 지속되고 있었다. 동아시아에서 처음으로 탄생한 공화국이었지만, 겉만 공화국이지 속은 아직도 봉건 사회의 잔재와 제국주의의 압력이라는 그림자에서 여전히 벗어나지 못하였다.

이렇게 본다면, 신해혁명을 '실패한' 혁명으로 규정하거나 혁명이 아닌 '변혁' 내지는 '왕조의 교체' 등으로 규정하는 일부 학자들의 견해에도 마땅히 귀 기울여야 할 것이다. 다만 1925년 쑨원이 "혁명은 아직 끝나지 않았다."[22]고 하는 유언 속에는 그가 진정으로 원했던 혁명은 계속 진행되어야 한다는 것이지, 결코 신해혁명이 실패했다거나 그것의 혁명성을 부정하는 말은 아닐 것이다. 쑨원은 임시 대총통 취임 선언서의 말미에서 다음과 같이 언급하였다.

---

22) 「國事遺囑」(1925.3.11.), 『孫中山全集』 11, 639쪽.

임시 정부는 혁명 시대의 정부이다. 십여 년 이래로 혁명에 종사한 사람들은 모두 '진실하고 순결한 정신'을 가지고서 이들이 부닥친 모든 난관을 극복하였다. 설사 앞으로 더 큰 난관에 부닥치더라도 말이다. 이리하여 우리는 오직 이 '혁명의 정신'을 귀중히 여겨 한 번 나아감에 저지하는 것이 없으면 반드시 중화민국의 기초를 대지 위에 확립해야만 한다. 그래야만 임시 정부의 직무가 비로소 완성되는 것이며, 아울러 우리들도 죄가 없음을 비로소 국민들에게 알릴 수 있을 것이다.[23]

요컨대 역사적 과정 속에 있는 인물들의 생각·이념 혹은 신념이 후대 역사가들의 역사적 평가라는 잣대에 반드시 일치할 필요는 없는 것이다. 다시 말해서 역사적 과정 속의 인물들이 결코 '실패한' 혁명이나 '변혁' 내지는 '왕조의 교체'로 규정하지 않았음에도 불구하고 오히려 후대의 역사가들이 이처럼 규정하는 것은 쑨원이 앞서 언급한 혁명가들의 '진실하고 순결한 정신', 즉 '혁명의 정신'에 대한 철저한 모독일지도 모르겠다.

---

23) 「臨時大總統宣言書(=中華民國大總統孫文宣言書)」(1911.1.1.), 『孫中山全集』 2, 3쪽.

참고문헌

1. 사료

廣東省社會科學院歷史硏究所 等合編, 『孫中山全集』 6, 北京: 中華書局, 1985.
中國國民黨中央委員會黨史料編纂委員會 編, 「林覺民」, 『革命人物誌』 2, 臺北: 中央物供應社, 1969.
梁啓超, 「瓜分危言」, 橫濱 『淸議報』 第23冊, 光緖 25年 7月 1日.
任新建 等主編, 『尹昌衡西征史料滙編』, 成都: 四川大學出版社, 2010.
馮自由, 『中華民國開國前革命史』, 上海: 革命史編輯社, 1928.
馮自由, 『革命逸史』 1·4, 北京: 中華書局, 1981.
EN CHINE (Le gâteau des Rois et……des Empereurs), *Le Petit Journal no.374*, 1898.1.16.

2. 논문

김형종, 「辛亥革命의 展開」, 서울大學校東洋史學硏究室 編, 『講座中國史』 Ⅵ, 1989.
김형종, 「淸末 革命派의 '反滿 革命論'과 '五族共和論'」, 『中國現代史硏究』 12, 2001.
이평수, 「19世紀末 廣東地域의 革命活動: 廣東天地會와 興中會의 合作이라는 觀點에서」, 『東洋史學硏究』 81, 2003.
이평수, 「20세기 초 중국의 공화혁명과 비밀결사: 동맹회와 천지회의 무장기의를 중심으로」, 『中國近現代史硏究』 54, 2012.
이평수, 「북경에서 본 신해혁명 100주년: 사천 신해혁명과 윤창형 국제학술토론회의 참관을 겸론하여」, 『中國近現代史硏究』 52, 2011.
北京大黨委辦公室 等主辦, 「回望一九一一: 海峽兩岸紀念辛亥革命100周年圖片展」, 北京: 北京大學, 2011.10.
程薇薇, 「中國近代史上重要漫畫: 時局圖」, 『檔案與建設』, 2012-1.
中國人民共和國文化部 主辦, 「百年風雲·壯志丹靑: 紀念辛亥革命100周年美術作品展」, 北京: 中國美術館, 2011.10.1.~10.22.

何廣, 「彭劉楊三烈士」, 『世紀行』 2001-8.

3. 저서

가와시마 신, 천성림 역, 『중국근현대사』 2, 서울: 삼천리, 2013.
요시자와 세이치로, 정지호 역, 『애국주의의 형성: 내셔널리즘으로 본 근대 중국』, 서울: 논형, 2003.
민두기, 『중국의 共和革命』, 서울: 지식산업사, 1999.
이승휘, 『손문의 혁명』, 경기: 한울, 2019.
중국근현대사학회, 『중국 근현대사 강의』, 경기: 한울, 2019.
四川辛亥革命暨尹昌衡國際學術研討會組委會 編, 『四川辛亥革命暨尹昌衡國際學術研討會論文集』, 北京: 中國社會科學出版社, 2014.
蕭致治, 『黃興評傳』, 南京: 南京大學出版社, 2001.
陳錫祺 主編, 『孫中山年譜長編』 上, 北京: 中華書局, 1991.
Schiffrin, Harold Z. *Sun Yat-sen, Reluctant Revolutionary*, Boston: Little, Brown, 1980.

11장 중국의 설탕 이야기

정 영 구

　단맛. 단맛은 짠맛, 쓴맛, 신맛과 더불어 4가지 기본적인 맛의 하나이다. 그런데 일찍이 중국의 옛사람은 "그지없이 그윽한 향기, 짙고 짙은 빛깔, 지극한 단맛 등은 사람들이 늘 크게 탐하는 것들이다"[1]라고 하여 단맛이 다른 맛과는 다른 특별함이 있다고 말했다. 유아들을 대상으로 한 미국의 어느 연구조사에 따르면 인간은 성장환경과 상관없이 단맛을 좋아하는 성향을 가지고 있다고 한다. 인간은 태어날 때부터 단맛을 좋아한다는 것이다.[2] 그러니 실제로 단맛은 매우 특별하다고 할 수 있다.
　단맛의 대명사는 설탕이다. 물론 설탕보다는 꿀이 더 보편적으로 더 오랜 기간 사용되었지만, 꿀은 단맛 이외에 꿀만의 독특한 향을 가지고 있다. 반면에 순수한 설탕은 단맛 이외에 다른 잡맛이 섞여 있지 않고

---

1) [明] 송응성, 최현, 『천공개물』, 전통문화사, 1997, 133쪽.
2) 시드니 민츠, 김문호, 『설탕과 권력』, 지호, 1998, 60쪽.

당도 역시 꿀보다 훨씬 높아서 사람들이 더 선호한다.

그렇다면 사람들은 언제부터 설탕을 먹었을까? 꿀과 달리 설탕은 자연에서 채취하여 얻을 수 있는 것이 아니라 여러 가지 복잡한 공정을 통해 제작되기 때문에 특수한 기술이 필요하다. 그래서 오랜 기간 소수의 특별한 사람만이 이 설탕을 먹을 수 있었다. 설탕이 문헌에 처음 등장한 것은 B.C. 4세기경으로 알려져 있다. 알렉산더 군대의 사령관 네아르쿠스가 인도에서 꿀벌의 도움 없이 꿀을 만들 수 있는 갈대를 발견했다는 기록이 있고 그리스의 역사가 메가스테네스가 인도에서 무화과, 꿀보다 달콤한 조각을 먹었다는 기록이 있다.[3] 물론 그 시기 이전에도 설탕에 관한 이야기가 존재하지만, 그것이 정확히 고체로 된 설탕을 가리키는 것인지 아니면 시럽 형태의 설탕액을 말하는 것인지 불분명하다. 한 가지 분명한 것은 고대 인도에서는 사탕수수즙을 이용하여 고체 설탕을 만들어 먹었다는 사실이다.

인도에서 시작된 것으로 보이는 이 설탕 제조기술은 서쪽으로 코란을 따라 이슬람 국가에 전파되었고 동쪽으로 불경을 따라 중국에 전파되었다. 이슬람 국가로 전파된 설탕 제조기술은 다시 십자군 전쟁을 계기로 유럽에 전파되었는데 그다지 대규모로 설탕이 생산된 것은 아니었다. 서쪽에서 설탕이 대량 생산된 것은 유럽인이 아메리카에 도착한 이후의 일이다. 1492년 서인도제도에 처음 도착한 콜럼버스는 1493년 아메리카로의 2차 항해 때 사탕수수 묘목을 배에 실었다. 이후 산토도밍고, 쿠바, 바르바도스, 자메이카, 브라질 등 카리브해 연안과 남아메리카 등지에 수많은 설탕 플랜테이션이 만들어졌고, 이와 함께 많은 수의 아프리카 흑인들이 아메리카로 팔려나갔다. 설탕의 대중화와 함께 설탕 제조가 확

---

3) E. J. Rapson, M.A., *The Cambridge History of India Volume 1, Ancient India*, Cambridge at the university press, 1935, p.404.

실한 치부의 수단이 되자 유럽의 여러 나라가 설탕 산업에 뛰어들었다. 그 중 대서양 연안에 식민지가 없었던 독일에서 유럽 내 경작이 가능한 사탕무를 이용한 설탕 제조법을 고안해 냈고[4] 유럽의 여러 지역에 사탕무를 이용한 제당 공장이 설립되었다. 이후 설탕 시장은 사탕수수 설탕과 사탕무 설탕의 대립 구도가 형성되었다. 서구의 제국주의 국가들은 아시아의 여러 국가를 침략하여 점령한 뒤 세운 식민지에서도 설탕을 생산했고, 20세기 들어서면서 전 세계는 서구식 기계식 설탕을 섭취하게 되었다.

한편 중국에 인도식 제당법이 전파된 시기는 당태종 때(약 645년경)라고 알려져 있다. 그런데 당대는 유통경제가 그다지 발전하지 않았기 때문에 설탕은 주로 생산지에서 멀지 않은 지역에서 소비되었다. 송대가 되면서 소비도시가 발달하자 제당기술도 발전하여 설탕은 대량생산체제에 들어갔다. 원대, 명대를 거치면서 중국은 세계 유수의 설탕 생산국이 되었다. 그리고 20세기 초에 서양의 기계식 설탕이 중국의 설탕시장을 점령하기 전까지 엄청난 양의 설탕을 생산하고 소비하였다. 그러므로 중국설탕의 역사는 적어도 1,300년 이상 되었다고 할 수 있다. 그 기간 동안 중국은 독자적인 설탕 제조기술을 보유하고 있었으며, 독자적인 설탕 소비문화를 가지고 있었다.

그런데도 중국의 설탕은 역사에 잘 드러나지 않는다. 그 이유를 몇 가지 들자면, 우선 서구의 설탕은 흑인 노예제도와 밀접하게 연결되어 있지만, 중국의 설탕은 서구의 설탕처럼 커다란 이슈와 연결되어 있지 않다. 흑인 노예에 대한 문제는 역사학에서 다루는 큰 주제 중 하나이며 세계사를 이야기할 때 간과할 수 없는 부분 중의 하나이다. 이 노예제가

---

[4] 平野哲郎, 『世界の商品1 -砂糖』, 東京:アジア經濟研究所, 1968, 24쪽. 사탕무 안에 슈크로스가 있다는 것을 발견한 사람은 독일의 화학자 마르그라프(Marggraf 1709~1782)이다.

야기되고 유지되며 소멸되는 과정에 설탕은 반드시 언급되어야 할 상품이다. 그래서 서구의 설탕은 이른 시기부터 학계의 관심을 받았고 연구되었다. 반면, 중국의 설탕에는 주목할만한 경제적, 사회적인 사건이 결부되어있지 않다. 또한, 중국의 설탕 생산자와 설탕 소비자 중에 역사에 이름을 남길만한 유력한 인사도 거의 없다. 대다수가 이름이 전해지지 않는 소농민과 도시민이었기 때문에 크게 주목받지 못했다.

다음으로 근대 이후 전 세계의 설탕 시장을 서구의 기계식 설탕이 점령했기 때문이다. 지금 우리는 설탕이라는 상품을 생각할 때 몇 차례의 세척과정을 거쳐 만들어진 하얗고 고운 정제당을 아무 거부감 없이 떠올린다. 설탕의 표준이 정제당이라면 흑설탕은 정제가 덜 된, 불순물이 섞여 있는 미완성의 설탕이 된다. 그런데 전 근대 시기 중국인들은 설탕이라는 상품을 떠올릴 때 흑설탕을 생각했다. 백설탕 혹은 정제당은 흑설탕을 재가공해서 만들어진 또 하나의 상품이었다. 이러한 관념적인 차이가 역사에 적용되면 커다란 차이가 생긴다. 흑설탕이 설탕의 기준이 되는 순간 서구 설탕의 역사는 중국의 것에 비해 비교적 짧고 보잘것없는 것이 된다. 반면에 지금처럼 정제당이 설탕의 기준이 되면 중국 설탕의 역사는 근대 이후에 서구에 의해 생겨난 수동적인 것이 된다. 지금까지의 역사는 서구가 주도하고 있었기 때문에 설탕의 역사 역시 서구의 정제당을 기준으로 서술되었고, 그 여파로 중국의 설탕은 역사의 전면에 드러나지 못했다. 그래서 지금부터 중국 설탕에 관한 이야기를 간단하게 하려 한다.

중국에서 설탕을 언제부터 먹기 시작했는지는 정확히 알 수 없다. 다만 진시황이 중국을 통일하기 전인 춘추전국시대에는 사탕수수즙을 먹었던 것은 확실하다. 송옥이라는 사람이 쓴 초혼이라는 시에는 "자라를 삶고 새끼 양을 굽는데 사탕수수즙을 넣었네"라는 구절이 있다. 이때까지 설탕이 중국의 역사에 등장하지 않았던 것으로 보인다. 그러다가 한(漢)대부터는 즙을 졸여서 시럽을 만들기도 하고 돌처럼 굳혀서 먹기도 했다. 후한 초에 쓰인 문헌을 보면 사탕수수즙을 졸여서 엿을 만들고 그것을 햇볕에 굳혀서 석밀(石蜜)을 만든다고 했고, 삼국시대 오나라 황제 손권의 아들 손량이 광동성에서 바친 사탕수수로 만든 엿을 먹으려 했는데 쥐똥이 빠져 있었다고 한다. 엿과 같은 밀도 높은 액체보다 돌과 같은 고체가 보관하기도 편하고 먹기에도 훨씬 좋을 것인데 석밀 만드는 기술이 있었으면서도 황실에서 사탕수수 엿을 먹었으니 아마도 사탕수수 엿이 석밀보다 품질이 좋았거나 혹은 먹는 데 크게 불편하지 않았을 것 같다. 이후 당대에 들어오면 당 태종이 인도로 사람을 보내 설탕 제조법을 배워오게 한다. 사탕수수즙을 끓여 설탕을 만드는 방법(오당법, 熬糖法)이었다. 이때 만든 설탕은 지금처럼 알갱이가 작은 과립형이 아니고 쪼개서 먹는 조각 설탕이었다. 이후 중국에서는 지금 우리가 알고 있는 과립형태의 설탕을 생산하여 소비했다.

그런데 설탕이 사탕수수즙을 졸이거나 끓여서 굳힌 것이라면 당 태종이 인도기술로 생산한 설탕과 인도기술이 도입되기 전에 중국 자체 기술로 만든 석밀은 무엇이 다른 것일까? 근본적으로 같은 제품이라면 중국에서 설탕을 먹은 시기는 기원후 7세기가 아닌 기원후 1세기가 되어야 할 것이다. 그럼 문헌을 자세히 살펴보자.

당 태종이 인도에서 설탕 제조기술을 도입한 장면이 서술되어있는 문헌은 『신당서』이다. 당시 인도는 천축국이라고 불렸는데 동·서·남·북·중 등 다섯 개의 나라로 되어있었다. 신라승 혜초는 이 오천축을 모두 다녀왔기에 기행문을 『왕오천축국전』이라고 했다. 중천축의 속국 중 마게타라고 하는 나라가 있었는데 당나라에 사신을 보내서 교류했다. 마게타에서 당 태종에게 설탕을 선물했는데 이것을 먹은 태종이 사신을 마게타에 보내서 사탕수수즙을 끓여 설탕을 만드는 방법(熬糖法)을 배운

다음, 강남지방의 사탕수수를 사용해 그 방법대로 설탕을 만드니 마게타의 것보다 맛이 좋았다고 한다.5)

이 기록만 보면 당 태종이 인도로 사절단을 보내 매우 평화스러운 방법으로 제당기술을 배워온 것처럼 느껴진다. 그런데 이 시기 최첨단기술이라고 할 수 있는 이 기술을 마게타에서 선뜻 사절단에게 알려주었을까? 아쉽게도 『신당서』에 적힌 이야기는 매우 짧아서 자세한 내막을 알 수 없다. 심지어 당 태종이 배워온 오당법이라는 기술이 도대체 어떤 것이었는지 조차 설명되어 있지 않다. 이 글에는 설탕 제조법이 마치 별 것 아닌 것처럼 서술되어있지만 이 신기술이 들어온 것이 대사건이었기 때문에 정사(正史)에 기록된 것이다.

이 사건과 비슷한 사건이 서술된 문헌을 찾아보면 3가지가 더 있는데 그 내용이 대동소이하다. 기록에 의하면, 서쪽 먼 곳에 있는 유목민의 나라들에서 석밀이 나는데 중국에서 귀하게 여겼다. 당 태종이 마게타에 사신을 보내 그 방법을 배웠다. 주방에서 강남지방의 사탕수수즙을 이용해 그 방법대로 설탕을 만드니 색과 맛이 마게타에서 나는 것보다 나았다6)고 한다. 이 내용은 누가 봐도 『신당서』의 내용과 같은 것임을 알 수 있을 것이다. 그런데 문제는 이 문헌들에는 설탕이 석밀로 표기되어있다는 점이다. 그렇다면 당 태종 때 들어온 설탕 제조법은 사실은 석밀 제조법이었던 것일까? 이 석밀은 중국의 석밀과 다른 제품일까?

이 점에 대해 조금 더 자세히 알아보자. 현장법사의 이야기에 의하면, 당 태종의 사신인 왕현책이라는 사람이 비단 1,000필을 마게타국왕과 승

---

5) 『新唐書』卷221, 「西域列傳上」'摩揭它' (北京:中華書局, 1975, p.6239): "摩揭它, 一曰摩伽陀, 本中天竺屬國…貞觀二十一年, 始遣使者自通于天子…太宗遣使取熬糖法, 即詔揚州上諸蔗, 搾瀋如其劑, 色味愈西域遠甚."

6) [宋] 王溥 撰, 『唐會要』, 卷100, 「雜錄」 (上海:上海古籍出版社, 2006, p.2135) "西蕃胡國出石蜜, 中國貴之. 太宗遣使至摩伽佗國取其法. 令揚州煎蔗之汁, 於中廚自造焉. 色味逾於西域所出者."

378 동아시아사의 순간들

려들에게 나누어주고 승려 8명과 석밀 기술자 2명을 당 태종에게 보냈다고 한다.7) 그런데 왕현책이라는 사람은 평범한 사신이 아니었다. 『구당서』에 의하면 당 태종이 왕현책을 천축에 사신으로 파견했는데 마침 당 태종과 우호 관계에 있었던 중천축왕이 죽고 그 신하가 왕위를 찬탈했다. 그리고 병사를 일으켜 왕현책을 공격했다. 간신히 목숨만 살아남은 왕현책은 토번으로 도망가서 토번국과 니파라국 군사를 이끌고 중천축을 공격하여 이기고 왕을 사로잡았으며 많은 포로와 물자를 노획했다. 얼마 후 다섯 천축국에서 당 태종에게 많은 물자를 선물로 보냈고8) 태종은 왕현책을 마게타로 보내 석밀 기술자를 데려왔다. 이 사건을 통해 짐작해보면, 새롭게 즉위한 중천축국왕은 당나라의 힘을 등에 업고 즉위했거나 당나라와 매우 우호적인 사람이었을 것이다. 아니면 적어도 당나라의 요청을 쉽게 거절할 입장은 아니었을 것이다. 그 요청이 비록 첨단 기술의 유출이라고 할지라도.

마게타에서 전래한 오당법(熬糖法)이 석밀 제조법인 것은 분명한데 이 석밀이 대체 어떠한 물건이었을까? 중국 문헌에서 언급하는 석밀은 크게 3가지이다. 하나는 벼랑에서 채취한 꿀이고, 다른 하나는 설탕 덩어리이며, 또 다른 하나는 우유를 섞어 만든 유당(乳糖)이다. 이 중 유당의 경우 설탕을 녹여 우유와 섞어 만들기9) 때문에 오당법과는 다르다. 즉 인도에서 들어온 석밀 제조법은 설탕 덩어리를 만드는 방법이라고 할 수 있다.

---

7) [唐] 道宣 撰, 郭紹林 點校, 『續高僧傳』, 卷四, 「唐京師大慈恩寺 釋玄奘傳一」 (北京: 中華書局, 2014, p.120), "使既西返, 又救王玄策等二十餘人隨往大夏. 并贈綾帛千有餘段, 王及僧等, 數各有差. 并就菩提寺僧召石蜜匠, 乃遣匠二人僧八人俱到東夏, 尋敕往越州, 就甘蔗造之皆得成就."

8) 『舊唐書』 권198, 「天竺國傳」 5307~5302쪽.

9) [唐] 蘇敬等撰, 尙志鈞輯校, 『唐·新修本草輯復本』, 권17, '果部' '石蜜' (合肥:安徽科學技術出版社, 1981, p.447) "石蜜…煎煉沙糖爲之, 可作餅塊, 黃白色.〈云用水牛乳·米粉和煎, 乃得成塊. 西戎來者佳. 近江左亦有, 殆勝蜀者…新附〉"

그럼 원래부터 중국에서 만들었던 석밀과는 다른 것이었을까? 송대에 저술된 한 문헌에 석밀은 먼 나라에서 조공하여 저장해놓은 것인데 지금의 설탕이며 당나라 때 현장법사가 가지고 왔다고 했다.[10] 다시 말하면 당태종 때부터 만들기 시작한 석밀은 기존의 중국제품과는 완전히 다른 제품이며 송대의 설탕과 품질이 비슷하다는 것이다. 그래서 송의 한 학자는 설탕이 당 이후에 외국에서 전래된 것이고 그 이전에는 중국에 없었다고 하며 당 이전에 중국에서 만든 설탕과 석밀은 모두 찌개미(糟)[11]라고 했다.

설탕 제조법이 제대로 남아있는 문헌 중 가장 오래된 것이 돈황문서 「Pelliot Chinois 3303V⁰」이다. 돈황문서란 20세기 초에 감숙성 돈황시에 있는 막고굴 천불동 제17굴에서 발견된 대량의 고문서들을 말한다. 4세기에서 11세기에 걸쳐 만들어진 문서들인데 반 이상은 불경이지만 관청, 사원, 개인의 고사본 및 판각본 등 세속적인 문헌도 적지 않다. 불교, 도교, 마니교, 경교, 유교의 경전과 문학, 정치, 군사, 사회, 경제, 역사, 지리 등 여러 분야의 글이 한문, 티베트 문자, 우전문자, 소그드문자. 투르크 문자, 산스크리트 문자 등 다양한 문자로 기술되어있었다. 이 문서들은 1900년 경 동굴을 지키던 도사 왕원록이 우연히 발견한 것이다. 그리고 장경동을 방문한 영국탐험가 마크 오럴 스타인, 프랑스인 탐험가 폴 펠리오, 일본의 학승 오타니 고즈이 등에 의해 약탈되어 각 나라로 흩어졌다. 그중 펠리오는 1910년에 자신이 가져온 문서들을 파리 국립도서관

---

10) [宋] 程大昌, 『演繁露』 卷4 「飴餳」 (『(文淵閣)四庫全書』 852, 臺灣 :商務印書館,民國 72(1983) p.97 상단), "張衡七辨曰 沙飴石蜜, 遠國貢儲, 卽今沙糖也. 唐玄奘西域記, 以西域石蜜來, 詢知其法, 用蔗汁蒸造. 唐太宗令人製之, 味色皆踰其初, 中國有沙糖之始耶."

11) [宋] 陸游, 『老學菴筆記』 卷6 (『唐宋史料筆記叢刊』, 北京:中華書局, 1979, p.80) "聞人茂德言: 「沙糖中國本無之. 唐太宗時外國貢至, 問其使人:『此何物?』云:『以甘蔗汁煎.』用其法煎成, 與外國者等. 自此中國方有沙糖.」唐以前書傳. 凡言及糖者皆糟耳. 如'糖蟹' '糖薑'皆是."

에 기증했는데 혜초의 왕오천축국전도 그 안에 포함되어있었다.

펠리오의 문서 중 하나인 「P.3303V⁰」는 불경 뒤편에 적힌 간단한 글이다. 간단하긴 하지만 이 당시 사용한 설탕 제조법을 충분히 미루어 짐작할 수 있다. 이 문서는 대략 9~10세기경에 작성된 것으로 추정된다.[12] 즉 인도의 오당법이 전해진 이후 약 200여 년이 흐른 시기의 상황이라고 할 수 있다.[13]

「P.3303V⁰」에 기재된 설탕 제조법은 다음과 같다. 먼저 사탕수수에서 잎사귀를 제거하고 줄기를 5촌(15.55cm) 크기로 자른다. 그리고 손질한 사탕수수를 절구에 넣고 소를 이용하여 즙을 짰다. 이렇게 소가 끄는 절구는 인도의 콜루(Kolhu)와 유사하다. 절구이긴 한데 밑에 즙이 흘러나오는 길이 있어 사탕수수즙을 한 곳에 모을 수 있도록 만든 기구이다. 이러한 것은 중국에서는 흔히 볼 수 없는 것이다. 송대에는 콜루 대신 연자매(碾)를 사용했다. 인도의 콜루는 사탕수수를 압착하는 기구이기 때문에 소가 절구에서 사탕수수를 압착하면 즙이 흘러나와 준비된 그릇 안으로 들어가게 되어있다. 그러나 송대의 연자매는 비록 모양은 콜루와 비슷하지만, 사탕수수를 압착하는 것이 아니고 분쇄하여 작은 조각으로 만드는 기능을 했다. 콜루와는 전혀 다른 기능을 하고 있다고 할 수 있다. 원대에도 사탕수수를 바로 압착하지 않고 방아를 이용하여 분쇄한 후 촘촘한 광주리나 포대에 따로 담아서 압착했다. 이후 명대에 오면 당차(糖車)가 발명되는데 콜루는 당차와 모양과 기능이 비슷하다.

오대시기에 사용된 압착 기구가 송대와 원대에는 보이지 않고 명대에 와서야 비로소 유사한 기구로 개량되어 출현한다는 사실은 「P.3303V⁰」에 나오는 압착기술이 이후 중국 제당기술의 발전에 많은 영향을 주지

---

12) Christian Daniels and Nicholas K. Menzies, Agro-Industries:Sugarcane Technology, Science and Civilisation in China, Cambridge university press, 1996, p.288.
13) http://idp.bl.uk/에서 열람 가능함.

못했다는 것을 보여준다. 더 나아가 인도식 콜루가 과연 중국에 도입되었을까 하는 의구심을 불러일으킨다. 송대의 경우 사탕수수를 압착하기 위해 사탕수수의 껍질을 벗기고 동전처럼 작게 저민 후, 연자매를 이용해서 작은 조각으로 만들고 다시 포대에 넣어 찌는 번거로운 과정을 거쳤다. 「P.3303V⁰」보다 인력이 더욱 많이 소모되었을 것으로 판단된다. 그러므로 특별한 이유가 없다면 송대의 압착기술은 오대 때보다 퇴보했다고 할 수 있다. 또한, 원대에는 사탕수수의 끝과 잎사귀를 제거하고 2촌(약 6cm)으로 절단한 후 방아에 넣어 분쇄하고 그것을 다시 포대에 넣었다.14) 이러한 방법은 송대의 것보다 간결한 방법이기 때문에 보다 발전한 제당법이라고 할 수 있지만, 여전히 「P.3303V⁰」의 제당법보다 비효율적이라고 할 수 있다. 그러므로 압착기술만을 놓고 본다면 「P.3303V⁰」의 기술은 중국의 제당기술과 거리가 있다.

다음으로 이 압착된 사탕수수즙을 솥에 넣고 끓인다. 그런데 하나의 솥이 아닌 15개의 솥을 사용한다. 그런데 왜 하필 15개의 솥일까? 여기에서 언급한 15개의 솥이 의미하는 바가 두 가지이다. 하나는 각각의 아궁이를 가진 15개의 솥에서 사탕수수즙을 끓이는 것이고, 다른 하나는 한 개의 아궁이에 15개의 솥을 거는, 즉 직렬형태의 일구다공(一口多孔) 아궁이15)에 즙을 끓이고 졸이는 것이다. 미국의 어느 학자는 이 부분을 한 개의 아궁이에 15개의 솥을 거는 형태로 해석하며 이 시기에 "Chinese boiling train operating" 시스템이 만들어졌다고 생각했다.16) 이미 연료를

---

14) 『農桑輯要』, '甘蔗' "煎熬法…刈倒稽稈, 去梢·葉, 截長二寸, 碓擣碎, 用密筐或布袋盛頓, 壓搾取汁, 卽用銅鍋內〈甚酌多寡〉以文武火煎熬…熬至稠粘似黑棗…將熬成汁用瓢盛傾於盆內, 極好者澂於盆."
15) "一口多孔 아궁이"는 불 지피는 곳이 하나인데 솥을 거는 구멍은 여러 개에서 화력이 차별적으로 전달되는 아궁이를 뜻한다. 크리스찬 다니엘스는 이를 "Chinese boiling train operating" system이라고 명명했는데 도자기 가마와 그 원리가 같다고 했다. 현재 크리스찬 다니엘스가 명명한 이 시스템을 한자로 번역한 용례가 없어서 필자가 부득이 이러한 이름으로 번역했다.

효율적으로 관리하는 기술을 보유하고 있었던 것이다. 이와 비슷한 것이 사천지방에 있다. 사천의 설탕공장에서는 설탕 가마 9개를 그림과 같이 연결하여 사용했다.17)

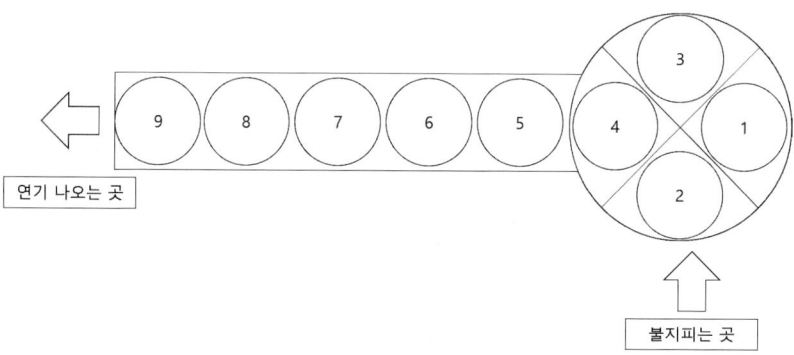

〈그림 1〉 사천의 설탕 만드는 아궁이 모형

비록 「P.3303V⁰」에 보이는 사례보다 6개나 적지만 배열 방법을 바꾼다면 충분히 한 아궁이에 15개의 솥을 걸 수 있다. 또한, 만약 1솥 1아궁이라면 굳이 솥의 숫자를 15개로 명시할 이유가 없으므로 15개의 솥은 1개의 아궁이를 이용한 것으로 보아야 할 듯하다.

하지만 이러한 아궁이 사용법이 송대나 원대의 문헌에는 언급되지 않고 명대에나 되어야 보편화 된다는 점을 생각한다면 이러한 주장은 신빙성이 떨어진다. 그리고 명대에 이후에 사용되는 아궁이의 경우 모두 배치된 솥 내에서 사탕수수즙을 옮기며 결정화시키지만 「P.3303V⁰」의 경우 15개의 솥 이외에 별도로 냉각용 솥 1개가 더 필요하기 때문에 더욱 의심스럽다. 사천지방의 아궁이 그림을 보면, 짜낸 사탕수수즙을 화력이

---

16) Christian Daniels and Nicholas K. Menzies, op. cit., p.363.
17) 趙國壯,「沱江流域與潮汕地域的糖業比較(1858~1938)」,『或問』113-17 (2009), 125쪽.

좋은 1~4번 솥에 넣고 끓이다가 어느 정도 졸아서 농축되면 화기가 약한 솥(5~9번)으로 계속 옮겨가며 결정화시킨다. 즉 아궁이 내에서 졸이기와 굳히기가 모두 이루어지는 구조로 되어있다. 그런데 「P.3303V⁰」의 경우 화구의 원근에 따라 사탕수수즙을 옮기는 구조가 아니고 15개의 솥에서 끓인 사탕수수즙을 한 군데로 모으는 구조이다. 15개의 솥에서 졸이는 사탕수수즙이 동일한 정도로 농축된다는 것을 전제로 하는 것이다. 그렇다면 이는 "Chinese boiling train operating" system의 선구적인 형태로 보기 어렵다.

이러한 결정화 공정에서 또 하나 검토해야 할 부분이 문서 후반부에 적힌 "着筋瘨小許"에 대한 해석이다. 중국의 대표적인 설탕 연구자는 이 부분에 석회를 나타내는 "灰"자를 첨가하여 "대나무 젓가락을 넣는다(著筋), 석회를 조금 넣는다(置小許(灰))"라고 해석했다.[18] 그런데 최근에 다른 학자는 이 부분을 "젓가락으로 조금 떠본다(着筋損小許)"라고 해석했다.[19] 설탕 제조과정 중 중요한 것 중 하나가 중화작업이다. 중국에서는 중화작업에 주로 석회를 사용했는데 석회는 사탕수수즙에서 유리산(游離酸)[20]을 중화시켜주기 때문에 설탕 제조를 더욱 용이하게 해주고, 불순물을 침전시킨다. 그래서 설탕의 맛을 더 좋게 해주며, 사탕수수즙의 점도를 감소시켜 더욱 깨끗하게 한다.[21] 이는 대단히 선진적인 기술이기 때문에 만약 「P.3303V⁰」에 기재된 기술에 석회가 사용되었다면 인도의 제당법은 중국의 제당법보다 몇 단계 발전한 수준이라고 할 수 있다. 그러나 이러한 제당기술이 송대나 원대에는 보이지 않기 때문에 「P.3303V⁰」

---

18) 季羨林, 「一張有關印度製糖法傳入中國的敦煌殘卷」, 『歷史研究』 1982年 1期, 131~132쪽.
19) 王繼如, 「P.3303號印度製糖法的釋讀」, 『敦煌研究』, 2000年 4期(總第66期), 129쪽.
20) free acid, 염산과 황산처럼 산의 형태로 독립적으로 존재하며 다른 화학물질과 결합하지 않는 산을 말한다.
21) 趙匡華·周嘉華, 『中國科學技術史』 化學篇, 北京:科學出版社, 1998, 606~607쪽.

에 석회(灰)가 생략되었다는 주장은 받아들이기 힘들다. 만약 이러한 선진기술이 이미 오대 시기에 사용되었다고 한다면 그 흔적이 중국의 제당기술에 남아있어야 하는데 줄곧 나타나지 않다가 600~700년가량 뒤에 저술된 명대에 가서야 등장한다는 것은 이치에 맞지 않는다.

중국과 관련된 문헌에서 중화법이 가장 먼저 등장한 것은 마르코 폴로의 『동방견문록』이다. 마르코 폴로는 대카안(Great Qa'an)[22]의 궁정에 있던 바빌로니아 지방 출신 제당기술자들이 복건지방 설탕 생산자들에게 목탄(The Ashes of Certain Tree)을 이용한 중화법을 가르쳐 주었다고 서술했다.[23] 이는 원대에 적어도 복건지방에서는 중화법이 사용되었다는 것을 보여준다. 그러나 석회가 아닌 목탄을 사용했다는 점, 이러한 중화법이 외부에서 도입되었다는 점은 오히려 중국 자체에 중화법이 사용된 적이 없다는 것을 말해준다. 「P.3303V⁰」에서 석회가 사용되었다면, 중국의 중화법은 (인도)석회→사용중지→(바빌론)목탄→(중국)석회의 순서로 발전양상을 보이지만 「P.3303V⁰」에서 석회를 사용하지 않았다고 가정한다면 미사용→(바빌론)목탄→(중국)석회의 순서로 발전양상을 보인다. 그러므로 「P.3303V⁰」에 "灰"가 누락되었다기 보다 졸인 사탕수수즙의 농축정도를 확인하기 위해 젓가락으로 조금 떠보는 것으로 해석하는 것이 타당하다.

「P.3303V⁰」에는 살할령 제조법도 기재되어있다. 살할령이란 인도 범어의 śakarā에서 유래된 석밀의 일종이다.[24] 어원, 혹은 형태에 대한 고

---

22) 김호동에 의하면 '카안'이라는 칭호는 '칸 중의 칸' 혹은 '대칸'이라는 뜻으로 칭기스칸 때는 감히 쓰지 못했다가, 제국을 물려받은 2대 우구데이 때부터 사용할 수 있었다고 한다.(마르코 폴로 저, 김호동 역주, 『마르코 폴로의 동방견문록』, 사계절, 2000, 7쪽)
23) Polo, Marco, (Moule, A. C., Pelliot, Paul), *Marco Polo The description of the world*, London G. Routledge, 1938, p.347.
24) 季羨林, 「一張有關印度製糖法傳入中國的敦煌殘卷」, 『歷史研究』 1982年 1期, 132~133쪽.

증이 정확한지는 알 수 없으나 문서의 내용을 살펴보면 살할령 제조법이란 분밀당을 만드는 방법임을 쉽게 알 수 있다. 원대에 편찬된 서적에는 분밀당 제조법이 나와 있다.25) 끓여서 검은 대추처럼 찐득찐득해진 사탕수수즙을 질버치[瓦盆]라는 기구에 넣고 당밀을 분리시킨다. 버치(盆)이라고 하는 것은 윗부분이 넓고 아랫부분이 좁은 동이를 말하는데, 이 질버치의 경우 깔때기 모양의 용기로, 밑에 젓가락 머리만한 작은 구멍이 뚫려있었다고 한다. 끓인 즙을 표주박으로 퍼서 질버치에 담아 놓으면 당밀이 밑으로 빠져 질버치 안에는 뽀송뽀송한 설탕만 남게된다. 이러한 설탕을 당밀이 분리되었다고 해서 분밀당이라고 한다. 어느 학자는 이 질버치가 명대 이후 보편적으로 사용되는 와루(瓦漏)의 초기형태라고 설명하는데26), 명대의 와루가 백설탕을 만드는 도구라고 한다면 원대의 질버치는 당밀이 분리된 흑설탕을 만들기 위한 도구였다. 그러므로 살할령이라는 고급설탕은 석밀이라기 보다 분밀당인 흑설탕으로 보아야 한다. 이렇게 당밀을 제거한 흑설탕을 흑당(黑糖)이라고 부르는데 캐리비안의 영연방식민지에서 생산한 무스코바도(muscovado)와 같은 것이다.27) 이 설탕을 흑당으로 부르는 것이 타당한지는 검증해 보아야 할 문제이지만, 어찌 되었든 이 무스코바도와 비슷한 원대의 흑설탕은 그 시작을 9~10세기로 보아야 하고 그 원류는 인도에서 전래된 것으로 보아야 한다.

마지막으로 「P.3303V⁰」에는 설탕과 분리한 당밀로 술을 만들었다는 기록이 있다. 서구에서는 당밀을 물에 섞어 발효시킨 후 증류시켜 럼주를 만드는 것이 보편적이었다.28) 이 럼주는 거친 환경을 견디어야 하는

---

25) 『農桑輯要』, '甘蔗' "熬至稠粘似黑棗, 合色. 用瓦盆一隻;底上鑽箸頭大竅眼一個, 盆下用甕承接. 將熬成汁用瓢盛傾於盆內, 極好者澂於盆. 流於甕內者, 止可調水飲用."
26) 戴國煇, 「中國甘蔗糖業の展開」, 『アジア經濟調査研究叢書』 129, 東京:アジア經濟研究所, 1967, 100쪽.
27) Christian Daniels and Nicholas K. Menzies, op. cit., p.367.
28) 천샤오추에, 양성희 역, 『쿠바, 잔혹의 역사 매혹의 역사』, 북돋움, 2007, 69~70쪽.

사람들에게 인기가 있어서 영국령 아메리카나 카리브해의 식민지에서 대량으로 소비됐고 또 아프리카에서 인기가 있어 노예무역의 한 축이 되었을 뿐만 아니라 18세기부터는 영국이나 아일랜드에도 대량으로 수출되었다.29) 한편 중국에서 당밀을 분리하기 시작한 것은 원대부터인데 원대에는 당밀을 식용으로 사용했다. 명대 지방지에도 설탕은 모두 다른 지역에 판매하고 생산지에서는 당밀을 먹었다고 하니30) 이때도 역시 당밀은 술을 만드는 용도보다 식용으로 많이 사용했던 것으로 생각된다. 이러한 경향은 1860년대까지도 이어져서 외국인의 기록에도 남지만31) 대만처럼 당밀을 이용해서 술을 만들었던 곳도 있기 때문에32) 모든 지역에서 식용으로 사용했던 것만은 아니었다.

중국에서는 흑설탕 이외에 얼음 설탕이라고 말할 수 있는 당상(糖霜)을 먹었다. 얼음 설탕이 중국에 전해진 것은 8세기 후반경이다. 전해지는 이야기에 따르면 추씨 스님이 있었는데 그의 나귀가 사탕수수밭을 망치자 그 밭 주인에게 배상금 대신 얼음설탕 만드는 방법을 전수해주었다고 한다.33) 추씨 스님의 출신에 대해서는 중국사람이라는 주장과 인도사람이라는 주장이 팽팽히 맞서고 있지만, 어찌 되었건 이 기술은 계속 전수되어 송대가 되면 얼음 설탕 제조법이 보편적으로 사용된다.

얼음 설탕은 흑설탕에 비해 만드는 방법이 상당히 까다롭다. 우선 사

---

29) 기와기타 미노루, 장미화 역, 『설탕의 세계사』, 좋은책 만들기, 2003, 136~137쪽.
30) (弘治)『興化府志』, 卷13, 「戶紀」, '貨殖', "莆作業布爲大黑白糖次之…九月各處客商皆來販賣. 其糖由鄉人自買(之)…今上下習奢販賣甚廣."
31) "看起來中國人不用糖釀酒" W. F. Myer: Treaty Port of China and Japan, 1867, pp.239~242. (팽택익 편, 『中國近代手工業史資料(1840~1949)』 2, 북경:삼련서점, 1957, 114쪽)
32) 『臺灣通史』 「農業志」 "糖水再熬之糖曰「赤沙」, 性涼可解毒, 又以釀酒."
33) 『糖霜譜』, 「第一」(1쪽) "糖霜, 一名糖冰…唐大曆間, 有僧號鄒和尚, 不知所從來. 跨白驢登繖山, 結茅以居.…一日驢犯山下黃氏者蔗苗, 黃請償於鄒, 鄒曰汝未知管蔗糖爲霜, 利當十倍. 吾語女, 塞責可乎. 試之果信. 自是就傳其法"

탕수수의 껍질을 제거하고 동전처럼 잘게 저민 뒤에 연자매로 분쇄하고 이 조각들을 자루에 넣고 찐 후 압착한다. 이렇게 복잡하게 사탕수수즙을 얻는 이유는 보다 깨끗한 얼음 설탕을 만들기 위해서이다. 재래식 설탕이 홍색, 자홍색, 갈색 등의 색상을 띠는 이유는 껍질에 들어있는 안토시아닌(anthocyanins, 식물색소)이라는 성분이 물에 쉽게 용해되기 때문이다.[34] 그래서 명대에는 얼음처럼 투명하고 깨끗한 제품을 만들기 위해서 얼음 설탕의 원료로 백설탕을 이용했다.

한편 찐 사탕수수 조각을 압착할 때 자두(榨斗)라고 하는 포대를 사용했다. 자두는 그 해 생산된 대나무로 짠 것으로 높이가 4尺(약 123cm)이나 된다. 거름망과 같은 역할을 해서 보다 깨끗한 원료를 만들어 냈다. 중화법이 도입되기 전에 사용할 수 있는 가장 효과적인 찌꺼기 제거 도구라고 할 수 있다.

그 후 솥에 넣고 졸여 70% 정도로 농축시켜 3일 동안 숙성시키고 다시 불에 달여 90%로 농축시킨다. 사탕수수즙을 70%로 농축시키는 것은 당분이 66~68%가량이 남는 상태이고 온도는 약 105℃ 정도이다. 잡물질을 제거하는 과정이다. 또한, 90%로 농축시키는 것은 당분이 85~88%, 온도가 약 114~123℃의 상태이다. 매우 걸쭉한 시럽의 상태라고 할 수 있다.[35] 1차와 2차 졸이기 사이에 3일의 숙성기간을 두는 이유에 대해서는 밝혀진 바가 없다. 아마 양질의 얼음 설탕을 만들기 위한 노력일 것이다. 90% 농축한 사탕수수즙을 2일간 어두운 독 안에 대나무 조각과 함께 넣고 입구를 삼태기로 막은 후 자연 건조하면 얼음 설탕이 모래처럼 손에 만져지고 음력 정월 대보름부터 음력 5월까지 그 크기가 꾸준히 커진다. 얼음 설탕은 이러한 복잡한 과정을 거쳐 생산되기 때문에 흑설탕보다 훨

---

34) 趙匡華 · 周嘉華, 앞의 책, 610쪽
35) 李治寰, 『中國食糖史稿』, 北京:農業出版社, 1990, 141~142쪽.

씬 비싸게 거래되었다.

명대가 되면 진흙을 이용한 흑설탕 탈색법이 발명되면서 백설탕을 만들기 시작한다. 원대의 질버치와 비슷한 도구인 와류(瓦溜)를 사용하는데 사기로 만들었다. 이 와류는 위가 넓고, 아래가 뾰족하며, 바닥에는 작은 구멍이 뚫려 있다. 구멍을 풀로 막은 뒤 흑설탕을 넣고 굳기를 기다렸다가 구멍을 막고 있는 풀을 뽑아내고 황토 물로 씻어 내리면 그 속의 검은 찌꺼기는 항아리로 흘러 들어가고 와류에 남는 것은 모두가 백설탕이 된다. 맨 위층의 두께가 5치쯤 되는 것은 유달리 희어서 양당(洋糖)이라 불렀다. 서양의 설탕이 매우 희어서 이런 이름이 붙인 것이다. 밑의 층은 약간의 황갈색을 띤다.36) 대만에서는 황토물을 붓지 않고 흑설탕 위에 황토를 덮어 놓았다. 그러면 약 14일 후에 그 색이 점점 백색으로 바뀐다. 황토를 3번 바꾸어 덮으면 와류의 설탕은 모두 백색이 되고 아래에만 조금 붉은 기운이 남는다.37)

이렇게 생산된 설탕은 어디에서 소비되었을까? 당대에 오당법이 전해진 이후 설탕의 휴대가 용이해지자 설탕은 생산지를 벗어나 멀리까지 유통되기 시작했다. 이때부터 설탕의 생산지와 소비지가 분리되는 현상이 나타났다. 그러나 그 유통량은 많지 않았고 생산지는 일부 지역에 한정되어 있었다. 송대의 주요 설탕 소비처는 발달한 도시였다. 북송대에는 천주, 복주, 길주, 광주 등에서 생산된 설탕38)이 화북의 4경으로 운송되

---

36) 『天工開物』「甘嗜第六」, "然後以瓦溜〈教陶家燒造〉置缸上. 共溜上寬下尖, 底有一小孔, 將草塞住, 傾桶中黑沙於內. 待黑沙結定, 然後去孔中塞草, 用黃泥水淋下. 其中黑滓入缸內, 溜內盡成白霜. 最上一層厚五寸許, 潔白異常, 名曰洋糖, (西洋糖絕白美, 故名.) 下者稍黃褐.
37) 『臺灣通史』「農業志」, "又有白糖, 其法以成糖時, 入於石屬內, 下承以鍋, 而受其汁, 謂之糖水, 上蓋以泥, 約十四日, 其色漸白, 易泥蓋之, 凡三次, 悉白, 唯下稍赤爾."
38) 북송대 설탕생산지에 대해서는 『本草綱目』에 인용된 蘇頌(1020~1101)의 『圖經本草』

어 팔렸고, 남송대에는 수녕, 광한, 광주, 복주, 명주 등에서 생산된 설탕39)이 항주 같은 대도시로 유통되었다. 그런데 설탕 소비량이 점점 증가하자 점차 기후와 교통 등 여러 측면에서 유리했던 동남 연해 지방의 제당업이 다른 지역에 비해 더 발달하였고 그 중 복건지역 제당업이 두드러지게 발전하였다. 이러한 상황은 원대를 거쳐 명대에도 지속되어서 이 당시 복건지역과 광동지역에서 생산되는 사탕수수가 전국 사탕수수 생산량의 대부분을 차지했다.40) 광동과 복건설탕은 호광의 곡물, 강남의 견직 및 면직, 경덕진의 도자기, 불산의 철기 등과 함께 지역 특산품의 하나가 되어 거대한 지역별 분업체계의 한 축을 담당하며 방대한 유통구조의 일부가 되었다. 청대가 되면, 설탕의 주요 생산지로 광동지역이 대두되면서 지역별 분업체계에 의해 생성된 유통망이 뚜렷하게 나타났다. 설탕 교역로는 고도로 발달된 시장경제 상업망의 일부가 되었다.

청 초기 광동설탕의 주요 거래처는 당시 가장 경제가 발달한 곳인 강남지역이었다. 광동지역에서 생산된 설탕은 주로 해로를 이용해서 강남지역에 판매되었다. 운송비가 가장 적게 들었기 때문이다.41) 청대에는 복건과 광동사람들이 설탕을 싣고 강남으로 와서 판매한 다음 그곳의 면

참조. "竹蔗는 줄기가 굵고 긴데 즙을 짜서 설탕을 만들 수 있다. 泉州, 福州, 吉州, 廣州 등 여러 주에서 그것을 많이 만든다."(李時珍, 『本草綱目』卷33, 「果之五」 '甘蔗' (北京:人民衛生出版社,1975, 1889쪽), "竹蔗莖粗而長, 可笮汁爲沙糖, 泉・福・吉・廣諸州多作之.")

39) 糖霜은 일명 糖冰이라고 한다. 福唐, 四明, 番禺, 廣漢, 遂寧에서 생산되는데 오직 遂寧의 것이 제일 좋다. (王灼, 『糖霜譜』,(『叢書集成初編』, 上海:商務印書館, 1936, 1쪽.),「第一」, "糖霜, 一名糖冰. 福唐・四明・番禺・廣漢・遂寧有之. 獨遂寧爲冠")

40) 사탕수수에는 두 종류가 있는데 福建, 廣東일대에서 가장 많이 난다. 다른 지역의 합계가 이곳의 10분의 1에 불과하다(宋應星(潘吉星 譯註),『天工開物』, (上海古蹟出版社, 1998, 244쪽.) "凡甘蔗有二種, 產繁閩・廣間, 他方合並得其什一而已.")

41) 명청시기 강남지역과 다른 지역 사이의 교역은 주로 水路를 이용했는데 수로를 이용한 운송 중 가장 저렴한 것이 海運이고, 그 다음이 長江船運이며 그 다음이 運河船運이었다. (李伯重, 『江南的早期工業化(1550~1850)』, 北京:社會科學文獻出版社, 2000, 360쪽)

화를 사가는 이른바 설탕-면화교역이 성행했다. 이 거래에 수백 척의 선박이 동원되었다. 광동지방은 청초기까지는 면포를 다른 지역에서 구매하던 곳이었다. 설탕-면화교역이 성행하며 면화가 성내에 유통되면서 면직업이 발달하기 시작했고, 옹정-건륭년간을 거치면서 면직업이 비약적으로 발전했다.[42] 광동지역과 강남지역 간에 이루어진 설탕-면화교역은 단순한 물자의 교류라기보다 선순환에 가까운 높은 상호의존성을 가진 교역이었다.

청 말이 되면 조산지역과 대만이 주요 설탕 생산지역으로 그 지위를 굳건히 하고, 해외에서 면화 및 면사가 수입되는 상황에서도 여전히 강남지역의 면화가 광동지역과 복건지역으로 유통되고 있었다. 1852년 한 영국인이 홍콩 총독에게 중국의 무역 현황을 보고하면서, 중국 전역이 서로 다른 특산물을 생산하며 각자의 물산을 교역하는 짜임새 있는 사회적 분업체제를 가지고 있다고 하고, 복건지역의 설탕과 강남지역의 면화가 서로 교역되는 양상을 사례로 들어 이를 상세히 설명했다.[43] 이러한 사회적 분업체제를 이 영국인은 '외국 경쟁자들의 모든 침략에 대한 난공불락의 시스템'이라고 표현했다. 이는 설탕-면화교역이 청 전기부터 청 후기까지 지속적으로 유지되었다는 것을 말해준다.

지금까지 불경을 따라 인도에서 동쪽으로 흘러들어온 설탕 이야기를

---

42) 洗劍民, 「清代前期廣東手工業的發展及其特點」, 『廣東社會科學』, 1993年 4期, 73쪽.
43) Great Britain. Foreign Office, Correspondence Relative to the Earl of Elgin's Special Missions to China and Japan, 1857-1859: Presented to the House of Commons by Command of Her Majesty, in Pursuance of Their Address Dated July 15, 1859, inclosure No.132, Mr. Mitchell to Sir G. Bonham, March 15, 1852, p.246.(본 보고서는 다음의 웹싸이트에서 무료로 열람 가능,
https://books.google.co.kr/books?id=-2M9AAAAMAAJ&hl=ko&source=gbs_book_other_versions, 또한 田中正俊의 『中國近代經濟史研究序說』의 후면에도 전문이 삽입되어 있음, 이하 「미첼보고서」라고 간칭함.)

살펴보았다. 설탕은 이미 오래전에 동아시아로 흘러들어왔고 동아시아 문명권에서는 설탕 제조기술을 발전시키며 오랫동안 설탕을 소비해왔다. 사탕수수가 자라는 아열대성 기후에 속한 나라들이 한정되어 있어 광범하게 설탕 제조기술이 전파되지는 않았지만 다양한 계층의 사람들이 다양한 형태로 동아시아에서 제조한 설탕을 소비했다. 한국의 경우 사탕수수가 자라지 않고 활발한 교역이 이루어지지 않았으며 맥아당을 이용한 조청이나 엿과 같은 대체품이 있었기 때문에 설탕을 소비하는 사람들이 극히 적었지만, 중국에서는 설탕 생산지 근처에 산다면 서민들이라고 해도 사탕수수즙이나 시럽 혹은 덜 정제된 흑설탕 등을 소비하며 그들만의 문화를 형성했다. 그런데 근대 이후 순백의 설탕이 전 세계에 유통되며 각 국의 설탕 시장을 점령하자 동아시아에서 주로 소비되었던 흑설탕의 역사는 세계사의 뒤편으로 밀려났다. 이와 함께 중국 설탕의 역사 역시 사람들에게 크게 주목받지 못했다. 그런데 최근에는 사람들이 건강에 관심을 가지면서 백설탕보다 흑설탕이 주목받기 시작했다. 근대 이후 우리가 소비했던 흑설탕 즉 카라멜 색소가 입혀진 백설탕이 아닌, 사탕수수즙을 졸여 만든 무스코바도 즉 흑당이라고 불리는 함밀당으로서의 흑설탕을 다시 소비하기 시작한 것이다. 이러한 유행이 일시적인지는 여부는 알 수 없지만 이러한 현상은 적어도 중국의 설탕 이야기가 지금처럼 역사의 뒤편에 자리 잡고 있어야 하는 가치 없는 이야기가 아니라는 것을 말해준다.

참고문헌

1. 사료

[唐] 道宣 撰, 郭紹林 點校, 『續高僧傳』, 北京: 中華書局, 2014.
[唐] 蘇敬等撰, 尙志鈞輯校, 『唐·新修本草輯復本』, 合肥: 安徽科學技術出版社, 1981.
[後晉] 劉昫, 『舊唐書』, 北京: 中華書局, 1975.
[宋] 歐陽脩, 宋祁, 『新唐書』, 上海: 中華書局, 1975.
[宋] 王溥 撰, 『唐會要』, 上海: 上海古籍出版社, 2006.
[宋] 王灼, 『糖霜譜』, 『叢書集成初編』, 上海: 商務印書館, 1936.
[宋] 陸游, 『老學菴筆記』 卷6, 『唐宋史料筆記叢刊』, 北京: 中華書局, 1979.
[宋] 程大昌, 『演繁露』 卷4, 『(文淵閣)四庫全書』 852, 臺灣: 商務印書館, 民國 72(1983).
[元] 大司農司 編, 繆啓愉 校釋, 『農桑輯要』, 『元刻農桑輯要校釋』, 北京, 農業出版社, 1988.
[明] 宋應星, 潘吉星 譯注, 『天工開物』, 上海: 上海古籍出版社, 1998.
[明] 李時珍, 『本草綱目』, 北京: 人民衛生出版社, 1975.
[民國] 連橫, 『臺灣通史』 上下, 『臺灣文獻史料叢刊』 第1輯, 臺北: 大通書局, 1984.
팽택익 편, 『中國近代手工業史資料(1840~1949)』 2, 북경:삼련서점, 1957.

2. 논문

季羨林, 「一張有關印度製糖法傳入中國的敦煌殘卷」, 『歷史研究』 1982年 1期.
정영구, 「唐代 인도제당법의 전래와 중국의 전통 제당기술-燉煌文書 「Pelliot Chinois 3303V⁰」」, 『역사와 세계』 50, 2016.
정영구, 「唐·宋代 설탕의 종류와 개념」, 『중국고중세사연구』 45, 2017.
정영구, 「전통 중국의 설탕-면화교역과 근대세계체제」, 『동양사학연구』 139, 2017.
冼劍民, 「淸代前期廣東手工業的發展及其特點」, 『廣東社會科學』, 1993年 4期.
王繼如, 「P.3303號印度製糖法的釋讀」, 『敦煌研究』, 2000年 4期.

趙國壯,「沱江流域與潮汕地域的糖業比較(1858~1938)」,『或問』113-17, 2009.

3. 저서

기와기타 미노루, 장미화 역,『설탕의 세계사』, 좋은책 만들기, 2003.
마르코 폴로, 김호동 역주,『마르코 폴로의 동방견문록』, 사계절, 2000.
시드니 민츠, 김문호 역,『설탕과 권력』, 지호, 1998.
천샤오추에, 양성희 역,『쿠바, 잔혹의 역사 매혹의 역사』, 북돋움, 2007.
李伯重,『江南的早期工業化(1550~1850)』, 北京: 社會科學文獻出版社, 2000.
李治寰,『中國食糖史稿』, 北京:農業出版社, 1990.
趙匡華·周嘉華,『中國科學技術史』化學篇, 北京: 科學出版社, 1998
戴國煇,「中國甘蔗糖業の展開」,『アジア經濟調査研究叢書』129, 東京: アジア經
  濟研究所, 1967.
平野哲郎,『世界の商品1－砂糖』, 東京:アジア經濟研究所, 1968.
E. J. Rapson, M.A., *The Cambridge History of India Volume 1, Ancient India*,
  Cambridge at the university press, 1935.
Christian Daniels and Nicholas K. Menzies, *Agro-Industries: Sugarcane Technology,
  Science and Civilisation in China*, Cambridge university press, 1996.

4. 기타

http://idp.bl.uk/
https://books.google.co.kr/books?id=-2M9AAAAMAAJ&hl=ko&source=gbs_book_
  other_versions

12장 근대 일본 공민교육의 탄생과 소멸
– 정치교육을 중심으로

김 종 식

1. 서론

근대 일본국민에 대한 이해는 근대일본의 성격을 파악하는 기초적인 작업일 것이다. 천황제 지배체제 일본에서 일본국민의 성격에 대하여 호리오 테루히사(堀尾輝久)는 명치유신 이후 1945년까지를 신민(臣民)-공민(公民)-황민(皇民)의 순서로 전개되었다고 정리하였다. 이러한 일본국민에 대한 성격규정은 일본의 정치체제와 시대의 변화를 반영하는 것이다. 이것은 또한 각 시기마다의 일본정부가 만들려고 하는 국민상을 보여주는 것이다. 국민상은 교육을 통해 재생산되고, 이러한 교육을 가장 잘 반영하는 것이 공민교육이다.[1]

---

1) 堀尾輝久, 『天皇制国家と教育 : 近代日本教育思想史研究』, 青木書店, 1987, 185~220쪽(원래 출전 《公民》および公民教育について-近代社会における《公民》概念の検討と日本における公民教育の意義』, 教育学誌編修委員会, 『教育学誌 第一号 集団教

일본에서 명치헌법체계에서 「공민」은 시정촌제(市町村制)에서 자치단체의 주민을 가리키는 용어였다. 그렇기 때문에 공민과 공민교육은 지방자치단체의 주민과 주민교육을 의미하였다. 그러나 1910년대 공민교육은 독일과 미국의 영향으로 국민교육 혹은 시민교육의 의미도 포함되었다. 근대 일본에서 공민교육은 지역사회의 주민교육에서 중앙정부의 국민교육 혹은 사회생활에 필요한 시민교육의 의미로 점차 확장되어 사용되었다.[2]

공민교육의 출발은 러일전쟁 후의 「자치민육운동(自治民育運動)」, 「지방개량운동」에서 찾고 있다. 특히 내무성은 지방개량운동의 일환으로 미래의 공민인 청년에 대한 교육에 힘을 쏟았으며, 그 중심에 비정규 교육기관인 실업보습학교가 있다. 문부성은 1920년 「실업보습학교규정」의 개정으로 실업보습학교의 목적을 직업교육과 함께 공민교육이라고 하였다. 1924년 「실업보습학교 공민과 교수요강(実業補習学校公民科教授要綱)」을 공포하였다. 실업보습학교의 「공민과」는 위의 요강에 따라 처음으로 정식 교과목으로 자리잡게 되었다. 이후 정규의 교육기관에서 공민과 설치는 1930년 실업학교, 1931년 중학교와 사범학교, 1932년 고등여학교에 기존의 「법제경제(法制經濟)」를 대신하여 이루어졌다. 그러나 1931년 만주사변의 발발과 국제연맹 탈퇴, 1935년 천황기관설문제와 국체명징운동의 발생으로 국가의 국민통제가 강화되었다. 1935년 실업보습학교와 근로 청년의 군사교련을 담당하는 청년훈련소가 통합되어 청년학교가 만들어졌고, 「공민과」는 「수신 및 공민과(修身及公民科)」로 바뀌었다. 이어 1937년 중학교·고등여학교의 「공민과」의 내용이 국체관념이 강화되는 것으로 개정되었다. 1943년 중학교·고등여학교, 실업학교의 공민과는 폐지되고 「국민과수신(國民科修身)」에 흡수 통합되었다.

育』牧書店, 1957).
2) 공민에 대한 개념은 堀尾輝久의 위의 논문 참조.

근대 일본 공민교육의 변용을 전체적으로 조망하는 연구는 그다지 많지 않다. 호리오 테루히사(堀尾輝久)의 연구는 근대 일본 국민상의 변화를 신민-공민-황민으로 정리하였고, 이것에 따른 공민교육의 기본적 성격변화에 주목하였다.[3] 사이토 도시히코(斉藤利彦)는 일련의 연구를 통해 교육당국 중심의 정치과정으로 공민과의 성립과 변용을 파악하려고 하였다.[4] 무토 다쿠야(武藤拓也)는 실업보습학교와 중학교의 공민과를 교육내용의 변화에 중점을 두고 정리하였다.[5] 마쯔노 오사무(松野修)는 명치초기부터 1935년까지 근대 일본 공민교육의 흐름과 역사적 성격을 계통적으로 정리하였다. 공민교육의 사상적 분석 위에 공민과의 교과분석을 수행하였다.[6] 가마모토 다케시(釜本健司)는 공민과에 대한 역사적 분석을 통해 공민과를 사회, 정치, 경제의 내용을 망라하는 총체적인 사회인식의 형성과 사회생활자와 국가공민으로서의 자질 양성이라는 이중구조의 육성이라는 관점에서 분석하였다.[7]

기존 연구는 공민과 성립 과정을 교육행정의 관점, 사상적인 관점, 내용적인 관점에서 분석하였다. 그러나 공민교육과 공민과가 만들어지는 정치과정과 그것의 의미는 충분히 논의되지 못하였다.[8] 본 연구자는 공

---

3) 주 1)과 동일.
4) 斉藤利彦,「地方改良運動と公民教育の成立」,『東京大学教育学部紀要』22, 1982; 斉藤利彦,「「大正デモクラシー」と公民科の成立」,『日本教育史研究』2, 1983; 斉藤利彦,「日本公民教育の歴史と構造(その一)」,『研究年報』(学習院大学) 32, 1985; 斉藤利彦,「公民科の変質－昭和12年における公民科教授要目改訂の内容と性格」,『研究年報』(学習院大学) 34, , 1987.
5) 武藤拓也,「実業補習学校公民科のカリキュラム--「実業補習学校公民科教授要綱」の教科内容とその編成」,『教育学部紀要』(北海道大学) 62, 1994; 武藤拓也,「旧制中学校における公民科の導入」,『研究紀要』(鹿児島短期大学) 65, 1999; 武藤拓也,「旧制中学校における公民科の導入2－文政審議会における公民科論争」,『研究紀要』(鹿児島短期大学) 66, 2000.
6) 松野修,『近代日本の公民教育』, 名古屋大学出版会, 1997.
7) 釜本健司,『戦前日本中等学校公民科成立史研究－認識形成と資質育成を視点として』, 風間書房, 2009.

민과의 성립을 교육정책이 아닌 내무정책 혹은 정치과정의 관점에서 검토하였다. 러일전쟁과 제1차 세계대전을 거치면서 형성된 청년정책의 연장선상에서 공민교육의 문제가 논의되었다는 사실을 규명하였다. 1920년대 초반 공민교육이 청년정책에서 실업보습학교의 교육과정에 정착하는 과정과, 1920년대 후반 문정심의회에서 중학교 공민과가 다루어지는 정치과정을 검토하였다. 그리고 1930년대 초반 정당내각에서 중학교 공민과가 성립하는 정치과정을 살펴보았다.9)

본고에서는 1900년대부터 1945년까지의 정치변화에 따른 공민교육 및 공민과의 교육내용과 교육방법의 변용을 전체적으로 조망해 보고자 한다. 공민과를 왜 만들려고 하고, 어떤 내용을 담을 것인가에 대한 정치적 논의와 그 전개과정에서 만들어지는 공민과의 교육내용과 방법을 살펴본다. 특히 정치교육이라는 관점이 어떻게 투영되고 변화되고 있는지에 주목하고자 한다.

2. 공민과 성립기

공민교육에 대한 처음 관심은 학교교육의 바깥에 존재하는 청년들의

---

8) 가령 谷口琢男의 연구(「昭和初年の中等教育改革に関する一考察-中等教育改革をめぐる政党と文政審議会」, 『茨城大学教育学部紀要』 25, 1975)는 하나의 단편적인 사례라고 할 수 있다.
9) 본 원고는 필자의 기존 근대 일본 공민과 성립과 변용에 관한 연구를 체계적으로 정리하기 위한 기초 작업이다. 필자의 기존 연구성과를 활용한 글이다. (김종식, 『근대일본 청년상의 구축』, 선인, 2007; 김종식 「공민교육을 통한 근대 일본 국민상의 모색-1924년 실업보습학교의 「공민과」 성립을 중심으로」, 『동양사학연구』 114, 2011; 김종식, 「1930년 전후 중학교 공민과의 정치교육 성립과정-중의원의원선거혁정심의회의 논의를 중심으로」, 『일본역사연구』 35, 2012; 김종식, 「1920년대 일본 중학교 「공민과」 설치 논의-문정심의회의 논의를 중심으로」, 『사림』 54, 2015).

교육에서 출발하였다. 1872년의 학제 공포로 일본에서 근대공교육이 시작되었다. 정규 공교육의 바깥에서 교육기관으로 발전한 것이 실업보습학교(実業補習学校)이다. 1893년 이노우에 고와시(井上毅) 문부대신은 실업교육의 진흥을 위한「실업보습학교규정」을 만들었다. 실업보습학교는 각종의 실업에 종사하고 있는 아동에게 소학교교육의 보습과 직업교육의 실시를 목적으로, 심상소학교(尋常小學校) 졸업자를 대상으로, 심상소학교 또는 고등소학교에 부설되었다.[10] 교과는 수신, 독서, 습자, 산술의 보통교육 과목과 각 지방의 실정에 맞는 농업 등의 실업교육 과목으로 이루어졌다. 또한 실업보습교육은 소학교를 졸업하지 못한 청년에게 보통교육을 시키는 곳으로 소학교 교육의 보충·강화의 역할을 수행하기도 하였다. 1902년 실업보습학교의 설치기준이 완화되는 개정이 이루어졌다. 이 개정에 의해 실업보습학교 수는 비약적으로 증가하였다.[11]

1904년 러일전쟁시기 일본정부는 청년들을 후방지원활동,「총후(銃後)활동」에 참가시켜 활용하였다. 총후활동은 출정군인의 배웅, 출정군인가족의 위안과 구호, 전사·부상병의 조문과 위문, 군수물자의 공출, 국채의 응모 등 다방면에 걸친 것이었다. 내무성은 청년단체의 전쟁지원을 지속적인 활동으로 만들기 위하여 1905년 9월 29일 내무성 지방국장 명의로 지방장관에 대해 지방청년단체의 향상 발달에 관한 통첩(通牒)을 내렸다.[12] 한편 러일전쟁은 일본의 승리로 끝났지만, 러시아의 무배상으로 전쟁경비는 고스란히 일본국민이 부담해야했다. 일본정부는 대대적인 증세와 경비감축을 실시하였다. 내무성은 증세와 경비감축에 대한 불

---

10) 1886년 소학교령으로 설치, 만6세에 초등 보통교육을 실시하는 의무교육기관으로, 교육기간은 처음에는 4년, 1907년부터 6년이 됨. 고등소학교는 심상소학교의 상급 초등교육 학교로 수업기간은 4년, 뒤에 2년이 됨.
11) 김종식,『근대일본 청년상의 구축』, 선인, 2007, 45쪽.
12) 熊谷辰治郎,『大日本青年団史』, 1942, 196쪽.

만을 무마하기 위하여 기초자치단체인 정촌(町村)의 행정과 재정의 정리와 함께, 이러한 사업에 주민의 자발적인 참가를 유도하였다.13) 주민의 자발성유도를 구체화한 것은 지방개량운동이었다. 내무성은 지방개량운동의 주도적 담당자로 청년단체를 활용하려고 하였다. 그것의 일환으로 청년단체의 교육에도 주목하게 되었다.

러일전쟁 후 문부성은 전쟁시기 장정(壯丁)교육의 필요성에서 보습교육이 주목받는 것에 착목하여 소학교의 시설과 교원을 이용하여 소학교 주도의 보습교육을 강화하였다. 동시에 문부성은 보습교육의 장려를 위해 청년단체의 활용에 적극적으로 나섰다. 문부관료는 청년단체 회원을 보습학교의 생도와 동일화시킴으로서, 사업과 교육을 통일적으로 전개하려고 하였다. 실제로 청년단체와 실업보습학교는 독립된 기관이지만, 문부성은 활성화된 청년단체의 활동을 통해서 실업보습학교를 활성화시켜 소학교와 계통적으로 이어지는 공식적인 상급학교로서 위치시키려는 의도를 가지고 있었다.14)

문부성은 실업보습학교의 장려를 위해 실업교육의 강화와 함께 국민교육을 강화시키려고 하였다. 1911년 문부성 실업학무국에 실업보습교육조사회를 설치하여 실업보습교육 장려를 구체화하였다. 실업학무국장 마노 분지(真野文二)는 실업보습교육조사회에서 실업보습학교의 교육내용에서 수신과목과는 별도로 「국민시정촌민(国民市町村民)의 심득(心得: 마음가짐·소양의 의미로 이하 심득으로 기술)」을 수신교육의 일환으로 그 교육의 필요성을 인식하는 것에 그치고 있다. 문부성은 실업보습교육에 국민교육이 필요하다는 점은 인식하였지만, 수신에서 독립된 교과목으로까지 발전시키지는 못하였다. 다른 한편 내무성은 러일전쟁뿐만 아니라, 전후

---

13) 大島美津子, 「地方制度(法体制確立期)」, 『講座日本近代法発達史8』, 勁草書房, 1959 참조.
14) 김종식, 위의 책, 53~61쪽.

의 지방개량운동에서 활약한 청년단체가 정치세력화되는 것을 목도하면서 청년과 청년단체에 대한 통제의 필요성에서 교육에 주목하였다.

제1차 세계대전의 발발로 유럽에서 청년을 후방지원활동과 예비병으로 전쟁에 활용하였다. 일본에서도 이것에 영향을 받아 청년에 대한 정책이 중요시 되었다(대정4년훈령). 또한 1910년대 정당의 성장과 정당정치의 활성화로 청년과 청년단체의 정치참여가 늘어났다. 결국, 청년과 청년단체에 대한 공민교육은 문부성과 내무성의 필요와 정치사회정세의 변화로 필요성이 점차 높아지게 되었다.

청년을 대상으로 하는 1918년 내무성과 문부성 공동의 대정7년훈령(大正7年訓令)은 러시아혁명과 제1차세계대전의 전후 혼란을 미연에 방지하기 위하여 실업보습교육과 그 속에서의 공민교육을 중시하였다. 문부성은 실업보습학교를 관장하고, 내무성의 청년정책을 주관함으로써, 각자의 영역과 시점에서 공민교육을 장려하였다. 문부성은 1920년 12월 실업보습학교규정을 개정하여, 실업보습학교는 직업교육과 함께 공민교육을 실업보습교육의 두 기둥으로 삼았다. 그러나 공민교육은 정규교과목이 채용되는 못했으며, 그 구체적인 내용 역시 아직 정리되지 못하였다. 더불어 공민교육을 어떻게 가르쳐야 하는가의 문제도 그대로 남아있었다. 한편 내무관료는 청년들을 대상으로 지방자치단체의 주민교육뿐만 아니라 정치교육의 필요성도 느끼고 있었다. 1910년대 말과 1920년대 초의 정치계에서 보통선거법에 제정을 둘러싸고 활발한 논의가 전개되어 보통선거의 실시는 기정사실화되었다. 보통선거를 준비하는 과정에서 공민교육은 국민들을 위한 정치교육의 일환으로 인식되었다.

공민교육의 구체화를 위한 작업이 천천히 준비되기 시작하였다. 공민교육은 지방자치체의 주민양성이라는 목적과 공민적 훈련에 중점이 주어져 있었지만, 여전히 수신교육과 구분되지 않았다. 문부성 측에서 가르치고 싶어하는 공민교육은 시정촌의 공민으로서의 자세와, 국가 구성원, 즉 국민으로서의 자세, 사회구성원으로서의 자세를 포괄하는 개념이었다. 문부성은 내무성의 지방자치체 주민교육을 포괄하면서 국민교육으로서의 공민교육을 상정하였다.

1922년 12월 「공민교육조사위원회」를 설치하였고, 1924년 10월에 훈령15호로 「실업보습학교 공민과 교수요항 및 교수요지」를 공포하였다. 이렇게 하여 공민과는 구체적인 교육내용을 확정하여 독립된 교과목으로서 내실을 갖추게 되었다. 위원회에서 내용이 거의 완료되는 1924년 7월에 제1회 공민교육강습회가 개최되었다. 공민교육을 만들어가는 과정에서 개최된 첫 강습회는 공민교육의 설계자들, 즉 문부성 관료들의 공민교육에 대한 생각과 의식이 가장 잘 드러났으며, 공민교육의 내용을 전국에 확신시키기 위한 공간이기도 하였다. 문부관료 기무라(木村)는 원론적으로 공민교육의 성격을 네 가지로 설명하였다. 첫째는 자치교육, 둘째는 정치교육, 셋째는 국가교육, 넷째는 사회적 교육이었다. 공민교육의 자치교육과 정치교육적인 성격은 기존의 일본사회의 현실을 반영하는 내용으로, 지방의 실정에 기반한 청년정책의 일환으로 공민교육을 시행하려는 내무성의 의도를 반영하였다.

국가교육과 사회교육은 공민교육의 교육적인 성격을 규정하는 요소였다. 국가교육은 독일식의 국가의 권위를 중시하고 그것을 위한 교육에 중심을 두고, 사회교육은 미국식의 「선량한 공민」을 만들기 위한 구체적인 지식-판단력-실천의 순서적인 방법론을 강조하였다. 실업보습학교를 정규교육기관의 틀에서 파악하려는 문부성은 국가교육과 사회교육을 통합하는 국민교육으로서 공민교육을 위치시키려고 하였다. 이것은 도덕 중심의 「수신과」 교육과, 지식중심의 「법제경제」과 교육을 극복하기 위한 것이었다. 국가의 관념과 가치를 중시하는 교육과 사회에 대한 실천을 중시하는 두 가지 공민교육 성격의 결합은 실제 생활에서 실천·활용하는 도덕과 윤리를 통해서 전개되었다. 실천을 통한 도덕은 학생 스스로 판단할 수 있는 능력을 키우는 교육이 아닌, 일상생활의 반복 훈련을 통해 양성되는 것이었다. 일본 실업보습학교의 공민교육은 지식-훈련(도덕교육)-실천을 통해 이루어지고, 구체적인 실천과 훈련은 지역사회를 무대로 이루어지도록 하였다. 이것은 서구와 다른 근대 일본 공민교육의 특징을 보여주는 것이었다.

3. 공민과 전개기

1920년대 일본사회는 변화하고 있었다. 제1차 세계대전과 러시아혁명 이후 국제정세의 변화와 일본의 사회변화에 교육은 대응하지 못하였다. 1923년 관동대지진이 발생하였다. 천황의 이름으로 국민정신작흥에 관한 조서를 내렸다. 조서는 천황제하 국민의 정치참여를 이론적으로 담보하는 민본주의와 러시아 혁명에서 촉발된 사회주의의 사상과 운동의 확산에 대응하기 위한 것이었다. 한편 1925년 제국의회는 보통선거법과 치안유지법을 제정하였다. 이에 중의원의 각 정당은 교육에 관한 「국민 교육의 근본적인 혁신 관한 건의」을 만장일치로 가결하였다. 사회주의에 대한 대응으로 황실국가 관념의 강화와 더불어, 민본주의의 발현으로 실현된 정당정치와 정당내각에 조응하는 공민적 훈련이 강조되었다. 1928년 2월 20일 보통선거법의 성립 후 최초의 총선거가 실시되었다. 총선이 끝난 후 교토 사건과 공산당사건에 다수의 학생이 관계한 것에 대한 대응으로, 문부성은 국체에 대항하여 편향된 사상에 감염되는 것을 방지하기 위해 국체관념의 함양과 국민정신작흥(作興)의 훈령을 내렸다. 또한 1928년 6월 18일 지방장관회의에서 쇼다 문부대신은 국체 관념의 명징(明徵)을 공산당 사건 이후 더욱 강조하는 한편, 보통선거법과 배심원법의 실시 등을 위한 공민교육의 필요성도 호소하였다.

국체관념의 함양과 공민교육은 교육과정에 공민과의 설치문제로 구체화되었다. 이 문제는 중학교 교육개혁의 일환으로 논의되었다. 중학교의 교육개혁은 정신교육과 사상 대책으로도 필요하지만, 동시에 현실적인 문제에서도 제기되었다. 중학교의 급격한 증가로 중학교 교육은 상급학교 진학교육뿐만 아니라 사회진출 준비를 위한 실업교육(직업교육)도 필요하였다. 또한 중학교는 고등보통교육기관으로서 공민교육을 필요로 하였다.

1927년 문부성 내 중학교육조사위원회가 만들어져 중학교 공민과의 기본적인 틀이 만들어졌다. 1928년 총리대신의 자문기관인 문정심의회에서 중학교육개혁에 관한 자문이 이루어지고, 그 속에서 공민과의 교육내용과 교육형식이 논의되었다.

문부성의 중학교 교육개혁안은 1928년 9월 28일 문정심의회에 자문 제11호 「중학교 교육개선에 관한 건」으로 제출되었다. 중학교에 실업교육과 진학교육은 제1종과 제2종 교육으로 분류되고, 작업과를 신설하고, 동시에 공민과도 신설하였다. 문제는 공민과, 작업과의 신설이 외국어, 수학의 교육시수 삭감과 일체화되어 논의되었다는 점이다. 외국어, 수학의 교육 시간을 줄이고 공민과, 작업과의 시간을 새로 만들거나 늘인다는 것이다. 그렇기 때문에 외국어, 수학의 교육 시수 삭감 반대자들은 공민과 수신이 성격이 유사함으로 굳이 두 과목이 아닌 하나의 과목으로 통합할 것을 주장하였다. 1929년 문정심의회는 중학교 공민과의 설치를 자문에 대한 답신으로 내 놓았다. 문정심의회 자문안에서는 공민과에 대해서 「법제경제」의 지식중심 교육의 문제점을 지적하고, 공민적인 품성을 수련하는 정신교육이라는 성격을 명확히 하였다. 공민과의 성립을 위해 공민과는 기존의 법제경제와 구분되어야 하고, 수신과와도 구분해야 하였다. 문부성측은 법제경제와 공민과를 지식중심교육과 정신교육의 차이로 나누고, 수신과 공민과를 도덕과 실제 공동생활에서의 정신의 차이라고 하였다. 또한 국민의 정치참여라는 현실에 대응하여 문부성측은 공민과를 사회생활의 지식과 정신교육으로 설명하였다. 입헌정체를 지지하는 측은 공민과를 입헌자치의 국민양성을 위한 정치교육과 훈련으로 이해하였다.

공민교육은 1920년대 일본사회의 국체 옹호와 국민의 정치참여 욕구에 대응하기 위하여 구상되었다. 그러나 문정심의회에서 교육시수의 문제로 공민과의 설립은 기존의 법제경제, 수신과 다른 존재근거를 필요로 하였다. 문정심의회의 공민과의 성립논거는 정신교육으로서의 측면으로도, 입헌자치의 정치참여 교육으로도 해석 가능한 모양새로 봉합되었다.

4. 공민과의 변화 – 정치교육의 등장과 소멸

정치교육에 대한 사회적인 관심은 다이쇼데모크라시의 발전과 괘를 같이 한다. 1925년 보통선거법의 성립을 전후한 시기에 정당정치가 활성화되고, 정당내각이 안정적 발전을 맞이하여, 정치교육에 대한 사회적 관심이 높아졌다. 소화초기(1920년대 말-30년대 초)는 정당정치와 정당내각의 전성기이면서 동시에 위기의 시기로 정치교육의 구체화를 위한 논의가 가장 활발히 전개되었다. 이 시기 정당내각은 국정을 장악하여 운영하였지만, 경제 불황에 대한 미숙한 대처와 야당 및 관료 등의 정치적 공격 등으로 정치적 위기에 직면하였다. 정치교육은 선거제도와 선거운동개선 등과 함께 소화초기 정당정치의 위기를 구원하기 위해서 광범위하게 논의되었다.

1929년 성립한 민정당 내각은 정당정치의 신뢰회복을 위해서 선거혁정심의회를 만들어 선거제도와 선거운동, 선거에 대한 관료의 중립성문제, 정치교육 등 다양한 선거 관련 문제를 다루는 장을 만들었다. 특히 공정한 선거를 위한 기초로서 정치교육이 중요한 문제로 다루어졌고, 정치교육은 학교교육에서 필수과목으로 교육할 수 있도록 체계화할 것을 결정하였다. 이러한 내용의 심의회 답신이 1930년 10월 26일 이루어졌다. 한편 문부성은 중학교의 공민과 필수화에 대하여 1928년 문정심의회에 자문하였고, 1929년 10월의 문정심의회는 답신으로 공민과의 필수화를 자문하였다. 여기서는 정치교육의 문제가 중심적으로 다루어지지 않았다.

중학교 정치교육문제는 문부성 문정심의회의 공민과 필수와 중의원선거혁정심의회의 정치교육 필수 답신에 기초하여 진행되었다. 결국 중학교 공민과는 필수과목이 되었고, 이전에 등장하지 않았던 정치교육의 영역이 등장하였다. 1929년 문정심의회 자문 답신에는 없던 것이 1931년 중학교령시행규칙개정에는 포함된 공민과의 교육내용이 「정치생활」에 관련된 부분이다.

문부성의 공민과 필수화는 1929년 문정심의회에서 준비되어진 것이지만, 그 주요한 내용으로 정치교육의 영역이 들어간 것은 다른 맥락으로 이해해야 한다. 그것의 중심에 중의원선거혁정심의회에서의 논의가 있다. 선거혁정심의회에서 문부성측은 정치교육의 단독 과목화를 막고 공민과의 한 부분으로 위치시키려고 하였다. 그러나 내무성과 다른 참석위원은 문부성의 공민교육에 임하는 자세와 정치교육의 지식 중심 교육에 반발하였고, 정치교육의 필수화를 주장하였다. 또한 그들은 비교과 교육에서 학생들의 학교생활 지도를 통해 실제적인 정치교육을 실현하려고 하였다. 결국 논의는 문부성측의 의견이 관철되어 정치교육은 공민과의 한 부분이 되었다. 그러나 만들어진 중학교 공민과는 이전에 법과 경제에 대한 지식교육이 아닌 정치생활과 밀접히 연관된 정치교육의 내용을 담고 있으며, 정치교육을 시행하면서 경험할 수 있는 학교생활의 항목이 설치되었다.

이러한 정치생활을 포함하는 공민과의 성립은 기존의 지식중심 혹은 수신교육과 뒤섞여 있는 공민교육과는 다른 공민교육의 내용을 규정하는 것으로「공민과」의 변용을 상징적으로 보여주는 대목이다. 이후 공민교육은 또다시 정치정세의 변화와 맞물려 수신교육과 뒤섞이게 되면서 황민화교육으로 진행된다. 이러한 점에서 1931년 공민과의 변화는 1945년 이전 공민교육의 최고 도달점이면서 동시에 한계를 노정하였다. 이것은 다이쇼데모크라시하의 정당정치, 정당내각의 발전, 쇠퇴와 맞물려 진행된다는 점에서 더욱 흥미롭다.

1930년대 다이쇼 데모크라시의 추락과 연이은 전쟁으로 공민과의 성격도 변화하였다. 먼저 그 변화는 비정규 교육과정인 실업보습학교와 청년훈련소를 합친 청년학교에서 시작되었다. 청년학교는 공민과와 수신을 통합한「수신 및 공민과」를 만들었다. 교과 설명에서 국체 본위와 입헌 자치의 정신 체득은 병렬적으로 나열되었다. 국체명징운동과 1936년 2·26사건으로 군부의 정치적 영향력이 더욱 커지면서, 중학교 공민과는 국체명징운동의 성과를 반영하면서, 국체에 입각한 국가중심의 사고방식을 함양하는 교과목으로 변화하였다. 내용적으로 국체에 기반한 입헌정치 국민양성은 공민과와 수신의 경계를 허물어 버리는 것이었다. 1941년 아시아·태평양전쟁의 발발로 중등학교는「중견황국민(中堅皇國民)」의 양성을 교육목표로 설정하였다. 공민과는 국민수신과로 통합되면서 소멸하였다. 교육내용도 황국(皇國)이라는 명칭을 사용하여 천황중심적, 국가중심적인 사고방식을 구현하는 것으로 변화하였다.

5. 결론

공민교육이 성립하고 전개된 시기는 러일전쟁을 전후한 시기부터 1930년대 초반까지이다. 이시기는 다이쇼데모크라시의 시기로, 일본에서 국가를 대신하여 사회와 개인이 발견되면서, 가치관의 재정립이 일어나면서 정치·사회적으로 다양한 변화를 경험했던 때이다. 민(民)에 대한 파악방식도 기존의 군주(君主)와 신민(臣民)에서 근대적인 국가와 국민, 근대적인 사회와 시민으로 전개되었다. 공민교육에 대한 관심은 이러한 정세에서 현실적으로 발생하는 문제를 해결하는 과정에서 발생하였으며, 그것을 해결하는 과정과 방식이 바로 공민교육의 내용을 이룬다.

근대일본 공민교육은 비정규교육기관인 실업보습학교에서 시작하여 정규교육기관인 중학교에서 정식으로 성립하였고, 비정규교육기관인 청년학교에서 수신과 통합되는 과정을 거쳐 중학교에서 국민과의 수신으로 흡수되는 모양새로 소멸하였다. 공민과는 교육체계의 가장 약한 고리인 비정규 교육기관에서부터 시작하여 성립과 소멸의 과정을 거치는 특징을 보여주었다. 중학교 공민과의 성격은 수신과 구별되고 법제경제와 차이를 드러내면서 분명해졌다. 교육내용은 기존의 법과 경제에 사회영역이 더해지고, 정치정세를 반영하여 입헌정치를 위한 정치교육이 추가되었다. 또한 교육방식도 지식중심에서 생활 속에서의 훈련과 실천으로 강조점이 옮겨졌다. 국체명징운동 이후 공민과는 국체의 관점과 입헌정치의 관점을 대등하게 취급하였고, 결국 입헌정치를 위한 국민양성의 성격은 사라지고 국체기반의 신민 양성과목으로 변화되었다.

궁극적으로 근대 일본 공민교육은 수신으로부터 분리되어 시작되었고, 수신에 통합되면서 사라졌다. 그것의 뒤에는 국체 기반의 국민정체성 형성 교육이 있었다. 중학교 공민과도 시대의 변화를 반영하여 지식교육-입헌정치교육-국체·신민교육의 방향과 내용으로 변용되면서 성립과 소멸의 과정을 거치게 되었다.

▎참고문헌

1. 사료

熊谷辰治郎, 『大日本青年団史』, 1942.
堀尾輝久, 「《公民》および公民教育について-近代社会における《公民》概念の検討と日本における公民教育の意義」, 教育学誌編修委員会, 『教育学誌 第一号 集団教育』, 牧書店, 1957(『天皇制国家と教育: 近代日本教育思想史研究』, 青木書店, 1987 재수록).

2. 논문

김종식, 「공민교육을 통한 근대 일본 국민상의 모색-1924년 실업보습학교의 「공민과」 성립을 중심으로」, 『동양사학연구』 114, 2011.
김종식, 「1930년 전후 중학교 공민과의 정치교육 성립과정-중의원의원선거혁정심의회의 논의를 중심으로」, 『일본역사연구』 35, 2012.
김종식, 「1920년대 일본 중학교 「공민과」 설치 논의-문정심의회의 논의를 중심으로」, 『사림』 54, 2015.
大島美津子, 「地方制度(法体制確立期)」, 『講座日本近代法発達史8』, 勁草書房, 1959.
谷口琢男, 「昭和初年の中等教育改革に関する一考察-中等教育改革をめぐる政党と文政審議会」, 『茨城大学教育学部紀要』 25, 1975.
斉藤利彦, 「地方改良運動と公民教育の成立」, 『東京大学教育学部紀要』 22, 1982.
斉藤利彦, 「「大正デモクラシー」と公民科の成立」, 『日本教育史研究』 2, 1983.
斉藤利彦, 「日本公民教育の歴史と構造(その一)」, 『研究年報』(学習院大学) 32, 1985.
斉藤利彦, 「公民科の変質-昭和12年における公民科教授要目改訂の内容と性格」, 『研究年報』(学習院大学) 34, 1987.
武藤拓也, 「実業補習学校公民科のカリキュラム--「実業補習学校公民科教授要綱」の教科内容とその編成」, 『教育学部紀要』(北海道大学) 62, 1994.
武藤拓也, 「旧制中学校における公民科の導入」, 『研究紀要』(鹿児島短期大学) 65, 1999.
武藤拓也, 「旧制中学校における公民科の導入2-文政審議会における公民科論争」,

『硏究紀要』66, 鹿児島短期大学, 2000.

3. 저서

김종식, 『근대일본 청년상의 구축』, 선인, 2007.
松野修, 『近代日本の公民教育』, 名古屋大学出版会, 1997.
釜本健司, 『戦前日本中等学校公民科成立史研究-認識形成と資質育成を視点として-』, 風間書房, 2009.

13장 1949년 개국대전(開國大典) 그날

김 지 훈

1949년 10월 1일 오후 3시 국공내전에서 승리한 중국공산당은 베이징 천안문 광장에 모인 30만 민중 앞에서 중화인민공화국 수립을 선포했다. 이로부터 70년이 지난 2019년 10월 1일 중화인민공화국은 건국 70주년을 맞이하여 10만 여 명이 참여한 대규모 열병식을 가졌다. 중화인민공화국은 정부가 수립된 이후 사회주의 건설과 개혁개방을 통해 세계 2위의 경제력을 가진 국가로 변모했다. 중화인민공화국 수립 70주년을 기념한 천안문광장의 대규모 열병식을 보면서 70년 전인 1949년 10월 1일에 개최된 중화인민공화국의 개국대전(開國大典)을 위해서 어떤 준비를 하였고 그 날 어떤 일이 있었을까를 되돌아보게 된다. 70년 전 중국 베이징에서 개최된 개국대전의 준비 과정과 행사를 통해서 당시 중화인민공화국이 어떤 상황에서 건국하였고 어떤 국가를 지향했는지를 살펴보겠다.

1. 개국대전 하루 전

1949년 9월 30일 밤 국립 베이핑(北平: 베이징)¹⁾예술전문학교²⁾의 젊은 교수 저우링자오(周舒釗)는 우라오후통(五老胡同)의 집으로 돌아와 잠자리에 들었는데 밖에서 황급히 대문을 두드리는 소리를 들었다. 저우링자오를 찾아온 사람은 집에 들어오자마자 "그 그림을 좀 더 수정해야 겠어요"라고 말했다. 저우링자오는 즉시 신혼이었던 신부 천뤄쥐(陳若菊)와 함께 천안문 성루로 달려갔다. '그 그림'은 도대체 무슨 그림이었을까? 저우링자오는 왜 이렇게 긴장 속에서 급하게 간 것일까?

'그 그림'은 1949년 10월 1일 중화인민공화국 개국대전에서 천안문 성루에 걸린 마오쩌둥의 초상화였다. 9월 초 개국대전 준비위원회는 개국대전 당일 천안문에 마오쩌둥의 초상화를 걸기로 결정했다. 화가인 저우링자오는 마오쩌둥의 초상화를 그리는 임무를 부여받고 개국대전 시작 전 20일 정도의 긴박한 시간 속에서 작업을 하였다.

저우링자오가 가장 먼저 착수해야 했던 일은 마오쩌둥의 어떤 사진을 모델로 선택하여 그릴 것인가 하는 문제였다. 저우언라이는 사진사를 불러서 마오쩌둥의 정면 사진을 찍도록 했다. 그러나 마오쩌둥은 이렇게 사진을 찍는 것을 부자연스러워했다. 사진사가 찍은 마오쩌둥의 사진은 자연스럽지 못해서 모두 선정되지 못했다. 당시 저우언라이(周恩來)와 주더(朱德) 등은 어느 사진 속의 마오쩌둥을 초상화로 그리는 것이 좋을지 논의했지만 명확한 결론을 내리지 못했다.

마오쩌둥은 자신의 사진들을 보고 별로 만족하지 않았다. 결국 9월 마오쩌둥이 선택한 사진은 1945년 마오와 주루이(朱瑞)³⁾가 함께 찍은 스냅

---

1) 베이징은 정식으로 중화인민공화국의 수도가 되기 전에 베이핑(北平)으로 불렸다.
2) 지금 베이징에 있는 중앙미술학원(中央美術學院)이다.
3) 주루이는 중국인민해방군 포병을 만든 인물로 동북민주연군과 동북군구 포병사령원

사진이었다. 1945년 마오쩌둥은 주루이가 동북으로 갈 때 연안에서 함께 사진을 찍었다. 이 스냅 사진에서 마오쩌둥은 옷의 후크를 풀고, 자연스러운 표정으로 미소를 짓고 있었다. 이 사진은 중국공산당 제7차 대표대회에서도 사용되었으며 마오쩌둥이 팔각모자를 쓰고 미소를 짓고 있어 친밀한 느낌을 주었다.

이 사진이 초상화의 모본으로 선택된 이후 저우링자오와 부인 천뤄쥐는 밤낮으로 긴장 속에서 작업을 시작하였다. 이들 부부는 초상화를 계속 수정하면서 완성해 갔다. 9월 30일 밤에 결국 마오쩌둥의 초상화가 완성되었다. 이 초상화의 아래에는 마오쩌둥이 쓴 "인민의 승리(人民的勝利)"라는 글씨도 들어갔다.

이 때 베이핑시장 녜룽전(聶榮臻)은 개국대전 열병식의 총 지휘자였다. 그는 개국대전에 걸릴 마오쩌둥의 초상화가 거의 완성되었을 때 이 그림이 마오쩌둥과 많이 닮았다고 칭찬하였다. 다만 그는 그림 속의 마오쩌둥이 입고 있는 옷의 후크가 풀려 있는 모습을 보고, 후크를 잠근 모습이 좋을지 후크를 풀은 원래의 모습으로 하는 것이 좋을지를 검토하였다. 저우링자오가 처음 그림을 그릴 때 받은 마오쩌둥의 사진은 후크를 풀은 모습이었다. 마오쩌둥은 낭만적인 시인이었기 때문에 후크를 풀은 모습이 이상하지 않았다.

그러나 녜룽전은 중화인민공화국을 수립하는 개국대전에서 사용될 마오쩌둥의 초상에는 후크를 잠근 장중한 모습으로 그리는 것이 더 좋겠다고 하였다. 저우링자오는 마오쩌둥의 옷에 후크를 잠근 모습으로 초상화를 수정하였다.

그러나 이 마오쩌둥의 초상화는 최후에 다시 한번 수정되었다. 저우언

을 역임했다. 1948년 10월 1일 랴오선전역(遼沈戰役)에서 의현(義縣)을 공격한 후 주루이는 전장을 순시하다가 지뢰를 밟고 순직했다. 주루이는 43세에 사망했는데 국공내전에서 희생된 인민해방군 지휘관 가운데 가장 고위직이었다.

라이 총리는 개국대전을 마지막으로 점검하면서 천안문에 걸린 마오쩌둥 초상화 아래에 "인민의 승리(人民的勝利)"라 글씨를 지우는 것이 좋겠다고 하였다. 이러한 저우언라이의 지적을 받았기 때문에 9월 30일 밤 집에 가서 자고 있던 저우링자오를 급하게 깨웠던 것이다.

저우링자오와 천뤄쥐가 천안문에 도착했을 때는 이미 개국대전이 시작되기까지 10여 시간 정도만 남아 있었다. 마오쩌둥의 초상화도 이미 천안문 성루 위에 걸려 있었다. 게다가 그림을 걸기 위해 설치했던 발판도 철거된 상태였다.

저우링자오는 30여 미터의 높은 성루에서 임시로 두 개의 사다리를 묶어 만든 발판을 딛고 올라가 힘들게 초상화를 수정하였다. 10월 1일 중화인민공화국의 첫날 아침 햇살이 천안문 성루에 비칠 때 저우링자오는 마오쩌둥 초상화의 수정을 마칠 수 있었다. 마오쩌둥의 초상화 하단에 적혀있던 "인민의 승리"라는 글씨는 지워지고 그 위에 후크를 잠근 좀 더 엄숙한 모습으로 수정되었다.

저우링자오는 다시 한번 마오쩌둥의 초상화를 자세하게 바라보았다. 천안문 앞에 걸려 있는 마오쩌둥의 초상화는 높이 6.4미터, 넓이 5미터였다. 마오쩌둥의 초상화는 미소를 지으며 이 오랜 역사를 가진 국가의 새로운 탄생을 주시하고 있었다.[4]

---

4) 마오쩌둥의 초상화가 천안문에 처음 걸렸던 것은 1949년 2월 12일이었다. 1949년 1월 31일 베이핑이 평화롭게 해방된 이후 인민해방군이 정식으로 베이핑을 접수했다. 2월 12일 20만 명의 군중이 천안문광장에서 베이핑의 평화로운 해방을 경축하는 집회를 개최하였다. 이 집회에서 마오쩌둥의 초상화가 처음 천안문 성루에 걸렸다. 「70年前元宵节毛主席画像挂上天安门城楼」, 『北京日报』, 2019.02.21.

2. 개국대전 개최 결정

1949년 가을 저우링자오와 마찬가지로 개국대전을 준비하기 위하여 노력하였다. 개국대전을 준비할 수 있는 시간이 부족했고, 국공내전이 계속되고 있는 상황이었기 때문에 준비하는데 어려움이 많았다.

1949년 6월 15일 신정치협상회의 준비회(籌備會) 제1차 전체회의는 베이핑의 중남해의 근정전(勤政殿)에서 개최되었다. 이 회의에는 리지션(李濟深), 션쥔루(沈鈞儒), 궈모뤄(郭沫若) 등 100여 명의 신정치협상회의 대표들이 참석했다.

이 회의에서 신중국의 개국대전과 열병식을 거행하는 문제가 논의되었다. 개국대전은 중화인민공화국의 능력을 시험하는 첫 번째 대규모 행사였다. 그러나 대부분의 사람들은 이 전례없는 개국대전을 준비할 시간이 단지 3개월 밖에 되지 않았다는 사실을 잘 알지 못하고 있다. 게다가 중국공산당은 개국대전을 준비하는 동시에 중국의 남부와 서남, 서북 지역에서 국민당 잔존 부대와 전쟁을 계속하고 있었다.

1949년 7월 초 중국공산당 중앙위원회는 개국대전 준비위원회를 조직하고 저우언라이가 주임위원이 되었다. 펑전(彭眞)과 녜룽전(葉榮臻), 린보취(林伯渠), 리웨이한(李維漢) 등은 부주임위원이 되었다. 열병 지휘기구는 주덕이 열병사령원을 겸임하고 녜룽전이 열병 총지휘를 담당하도록 했다.

마오쩌둥과 저우언라이는 항일전쟁시기 중공중앙 진찰기분국(晉察冀分局) 서기와 군구 사령원이었고, 해방전쟁시기 화북 전선에서 활약한 녜룽전장군에게 열병의식의 총지휘를 맡겼다.

당시 베이핑의 부대는 화북군구의 지도를 받았고, 당시 화북군구 사령원은 녜룽전이었다. 그래서 개국대전 열병조직은 자연스럽게 화북군구에서 담당했다. 이에 따라 녜룽전은 자연스럽게 열병식의 주요 책임자가 되었다.

개국대전 행사는 3개 부분으로 구성되었다. 첫째, 중화인민공화국 중앙인민정부 성립 전례(典禮), 둘째, 중국인민해방군 열병식, 셋째, 민중의 가두행진이었다.

개국대전과 열병식을 담당할 기구가 만들어지면서 개국대전 준비 업무가 정식으로 시작되었다. 그러나 당시 중국은 열병식의 경험이 매우 부족했기 때문에 소련의 경험을 주로 참고하였다. 이미 많은 중국공산당원이 소련 유학을 한 경험이 있었기 때문에 소련 홍군의 열병식을 참조하여 준비한 것이다.

녜롱전과 군인들은 세부적인 부분을 연구하여 『열병전례방안(閱兵典禮方案)』을 작성하였다. 세부행사는 주덕 총사령이 사열하는 열병식과 모택동주석이 사열하는 분열식의 두 부분으로 구성하였다. 이 열병 방안은 중국인민해방군의 첫 번째 방안으로 이후 열병식을 거행하는 기초가 되었다.

열병식 방안이 나온 이후 녜롱전은 어느 부대를 열병에 참가시킬 것인지 결정해야 했다. 해군은 개국대전의 열병식에 가장 먼저 등장했다. 이는 마오쩌둥 등이 인민해방군의 현대화와 해군 건설을 중요하게 생각하고 있었다는 것을 보여준다.[5]

3. 개국대전을 어디에서 개최할 것인가?

개국대전의 방안이 정해졌지만 개국대전을 어디서 거행할 것인가를

---

5) 「중국인민정치협상회의공동강령」 제3장 제22조는 중화인민공화국은 현대화된 육군을 강화하고 공군과 해군을 건설하여 국방을 공고하게 해야 한다고 하고 있다. 「中國人民政治協商會議共同綱領」(1949.9.29), 中共中央文獻硏究室, 『建國以來重要文獻選編(第一册)』, 北京: 中央文獻出版社, 1992, 6쪽.

결정해야 했다. 1949년 8월 15일 열병식 방안이 만들어진 이후 저우언라이에게 보고되었다. 이 방안에는 개국대전을 개최할 장소로 천안문과 시위안(西苑)비행장 두 곳이 후보지로 제시되었다.

당시에 베이핑 서쪽 교외의 시위안(西苑)비행장과 천안문광장 가운데 어느 곳이 개국대전을 개최하는데 더 적합할까?

시위안비행장은 베이핑에 들어온 인민해방군이 열병식을 거행한 경험이 있었다. 1949년 3월 25일 중공중앙이 베이핑에 들어오던 당일 마오쩌둥은 시위안비행장에서 해방군 병사들을 사열하였다. 시위안비행장은 넓고 안전을 확보하기 쉬웠다. 그러나 시위안비행장은 사열대를 임시로 건설했기 때문에 많은 행사인원이 올라갈 수 없었다. 시위안비행장에 사열대를 만드는 공사는 시간과 비용이 많이 들어가는 일이었다. 게다가 시위안비행장은 도심에서 너무 떨어져 있어서 수십만의 민중들이 모이기 위한 교통에 문제가 있었다.

반면에 천안문광장은 베이징의 시의 중심에 있어 교통이 편리했다. 게다가 천안문은 당시 베이징에서 가장 높은 건축물이라는 상징성을 가지고 있었다. 매우 웅장한 천안문에서 개국대전을 개최한 것은 베이징에서 가장 높은 건축물 위에서 신중국의 성립을 선포한다는 의미를 가지고 있다. 천안문 성루는 지도자들이 열병식의 사열대로 사용할 수도 있어서 장점이 많았다. 천안문 앞에 동서로 뻗어 있는 장안대가는 열병식 행진을 하기에 적절한 도로였다.

그러나 당시 천안문광장은 지금과 같이 넓은 광장이 아니었다. 천안문광장은 당시에는 지금의 광장에 비해서 작은 광장이었고, 홍색의 담으로 둘러싸여 있었다. 이 천안문광장의 홍색 벽에는 몇 개의 문이 있었다. 당시의 천안문광장은 관리가 제대로 되지 않아서 매우 황량했고 잡초가 무성했다. 1949년 1월 인민해방군이 베이핑에 진입했을 때 천안문광장의 남쪽은 황량한데다가 구덩이가 파여있고 쓰레기 더미가 쌓여 있었다.

천안문광장의 주변에는 비둘기 똥이 쌓여 있었다.

원래 주홍색이었던 천안문광장의 담벼락은 벗겨져서 얼룩덜룩했고 깨진 기와와 벽돌이 나뒹굴고 있었다. 천안문광장 남쪽의 중국인민혁명영웅기념비가 있던 곳에는 원래 중화문(中華門)6)이 있었다. 이 중화문 안의 양쪽 편에는 쓰레기 더미가 높이 쌓여 있었다. 개국대전을 개최할 장소를 이곳으로 선택한 것은 정말 잘 결정한 것이었을까?

저우언라이는 최종적으로 9월 2일 개국대전을 천안문 앞에서 거행하는 것이 좋겠다고 판단하였다. 1949년 10월 1일 수립된 중화인민공화국 정부는 천안문 광장의 이 쓰레기 더미를 치우고 수립되었다.

1949년 2월 12일 원소절(元宵節)에 중국공산당 베이핑시위원회는 천안문 앞에서 베이핑의 평화적인 해방을 경축하는 집회를 개최하였다. 이는 천안문 성루를 처음으로 군중집회를 개최하는 데 사용한 것이었다.7)

1949년 8월 9일부터 14일까지 베이핑시에서 각계대표회의를 개최하였다. 이 회의에서 베이핑시 공산당위원회 서기 펑전(彭眞)은 천안문 성루와 광장을 수리하겠다고 선포하였다. 9월 10일 오후 6,000여 명의 인원이 천안문광장에서 광장의 쓰레기더미를 청소하기 시작하였다. 며칠 동안 광장의 쓰레기를 치우고 잡초를 뽑았으며, 청소를 하면서 바닥의 구덩이를 메우고 정지작업을 하였다. 9월 말이 되자 천안문광장은 개국대전을 개최할 수 있는 광장으로 변모하였다.

---

6) 천안문광장 남쪽에 있던 중화문은 중화민국이 수립되면서 바뀐 이름이다. 명나라 때는 대명문(大明門)이었고 청나라 때는 대청문(大淸門)이었다. 중화문은 천안문 광장에서 철거되었기 때문에 지금은 찾아 볼 수 없다.
7) 1949년 1월 31일 베이핑이 평화롭게 해방된 이후 베이핑시 인민정부는 천안문 광장 청소 작업을 하였다.

4. 새로운 국기와 국가 결정

1949년 6월 15일 신정치협상회의 준비회(籌備會) 제1차 전체회의는 상무위원회 아래에 6개 소조를 설치하기로 결정하였다. 이 준비회 제6 소조는 국기와 국가휘장(國徽), 국가(國歌)를 결정하는 업무를 하였다. 6소조의 조장은 마쉬룬(馬叙倫), 부조장은 예젠잉(葉劍英), 선얀빙(沈雁冰)이었고, 톈한(田漢), 마인추(馬寅初), 궈모뤄(郭末若) 등이 조원이었다.

1949년 9월 14일 신정치협상회의준비위원회 제4차 전체 회의에서 수도(首都) 선정과 국가휘장 문제 등을 결정하였다. 그러나 국기와 국가(國歌)를 선정하는 과정에서 논쟁이 일어났다. 준비위원회 제6소조의 비서인 펑광한(彭光涵)은 2,993폭의 도안 가운데 선정한 50여 폭의 국기 도안을 저우언라이(周恩來)에게 보고하였다.

상하이 경제통신사의 편집자였던 정롄쑹(曾聯松)은 "별과 달을 학수고대하며 기다린다"는 말에 영감을 얻어서 홍군의 모자에 붙어 있는 오각형의 별을 연상하였고, 하나의 큰 오각형 별을 중국공산당으로 하고, 4개의 작은 별을 노동자와 농민 등 광범한 인민대중으로 하며, 큰 별을 중심으로 작은 별이 둘러싸는 도안을 만들었다. 큰 별에는 노동자와 농민을 상징하는 망치와 낫 도안을 넣었다. 이는 중국공산당이 전 중국 인민을 영도한다는 것을 의미하였다.

9월 25일 마오쩌둥과 저우언라이 등은 중남해의 펑쩌위안(豊澤園)에서 좌담회를 개최하였다. 이 회의에서 마오쩌둥은 오성홍기 도안에 대해 "이 도안은 우리나라 혁명 인민의 대단결을 표현했다"고 하였다. 이 회의에서 오성홍기를 국기로 정하는 데 의견이 일치하였다.

오성홍기는 저장성(浙江省) 루이안(瑞安) 사람인 정롄쑹이 홍색 바탕에 5개의 별을 그린 도안이었다. 이 도안에서 최종적으로 망치와 낫이 제외되고 큰 별만 남았다. 중국공산당은 민주당파들과 함께 중국인민정치협상회의를 구성하여 국가를 운영하려 하였기 때문에 공산당의 상징이라고 할 수 있는 망치와 낫을 큰 별에서 제외한 것이다.

1949년 9월 25일 정치협상회의 좌담회에서 화가 쉬페이홍(徐悲鴻) 등의 대표가 제의하여 '의용군행진곡'을 국가로 사용하기로 하였다. 다수의 대표들이 이에 동의하였다. 그러나 정치협상회의 대표들은 '의용군행진곡'의 원곡 가사를 수정할 필요가 있다는 의견이 제시되었다.

'의용군행진곡'의 "중화민족에게 가장 위험한 때가 되었다"는 가사는 국가의 가사가 건국의 기쁨을 표현해야 한다는 일부 대표들의 생각과 달랐다. 그러나 쉬페이홍은 프랑스의 국가 라 마르세예즈(La Marseillaise)도 매우 비장한 가사를 가지고 있다고 하면서, '의용군행진곡'의 가사도 그대로 사용하는 것이 좋겠다는 의견을 제시하였다.

마오쩌둥과 저우언라이도 '안전할 때 위험이 다가올 것을 잊지 않는다(安不忘危)'는 생각으로 이 의견에 찬성하였다. '의용군행진곡'은 중화민족이 위태로운 상황에서 중화민족이 용감하게 전진한다는 것을 표현한 것으로 불요불굴의 전투정신을 보여주고 있다. 회의가 끝날 때 '의용군행진곡'의 회의장에 울려 퍼졌다.

1949년 9월 27일 중국인민정치협상회의 제1기 전체회의에서 국기를 정식으로 '오성홍기'로 이름을 붙이고 중화인민공화국 국가가 정식으로 제정되기 전까지 티엔한이 작사하고 녜얼이 작곡한 "의용군행진곡"[8]을 국가로 하는 결의를 통과시켰다.

당시 '의용군행진곡'의 작사자인 티엔한(田漢)은 중국인민정치협상회의에 참석하였다. 그는 자신이 작사한 '의용군행진곡'이 새로운 공화국의 국가가 되었기 때문에 기쁨을 느꼈다. 그러나 그는 곧 녜얼(聶耳)를 생각하면서 다른 한편으로는 슬픔을 느꼈다. 이 노래의 작곡자인 녜얼이 지금

---

8) 1982년 12월 4일에 '의용군행진곡'은 정식으로 중화인민공화국 국가가 되었다.

살아있었다면 더 기뻤을 텐데……

5. 메이화춘 공관으로 걸려온 전화

10월 1일 개국대전은 일반적인 행사가 오전에 시작된 것과는 달리 그 날 오후 3시에 시작되었다. 왜 10월 1일 오후에 개국대전을 시작했을까? 왜 행사 시작 전 몇 시간 전에 개국대전 개최 시간을 전 세계에 공개했을까?

중화인민공화국 수립 후에 개최된 열병식은 유일하게 개국대전 열병식만 오후 3시에 시작하였고 그 이외의 열병식을 모두 오전에 개최하였다. 그러면 개국대전은 왜 유일하게 오후 3시에 시작한 것일까?

1949년 10월 1일 오전 10시 광저우(廣州) 동산(東山) 메이화춘(梅花村) 천지탕(陳濟棠) 공관(公館)에서 장제스(蔣介石)는 라디오로 중화인민공화국 개국대전이 곧 거행된다는 소식을 들었다. 갑자기 전화벨이 울렸다. 전화를 한 사람은 국민당 공군 사령(司令) 저우즈러우(周至柔)였다. 전화의 목소리는 매우 다급했다. "교장님9) 방송을 들으셨습니까? 지금 비행기가 이륙하지 못하면 제 시간에 도착할 수 없습니다."

이미 장제스는 오늘 하루 동안 저우즈러우의 전화를 4번이나 받았다. 장제스의 대답은 모두 "좀 더 기다려라"였다. 그러나 이번에는 저우즈러우가 반복하여 재촉을 했기 때문에 장제스도 명령을 내렸다.

"임무를 취소해라!"

---

9) 다른 사람들이 장제스에게 하는 호칭은 여러 가지가 있었다. 장제스는 1924년 설립된 황포군관학교의 교장이었다. 이 때문에 이 학교의 교관과 학생 출신들은 장제스를 "교장"이라고 불렀다. 공군 사령 저우즈러우는 1920년대 황포군관학교의 교관이었기 때문에 장제스를 교장이라고 부른 것이다.

임무를 취소하라는 장제스의 명령을 받은 저우즈러우는 이해할 수 없었다. 지난 몇 개월 동안 이 임무를 수행하기 위하여 충칭(重慶), 광동(廣東), 타이완에 부지런히 부대를 배치했었다. 그러면 이 임무는 도대체 무슨 임무였을까?

원래 장제스는 1949년 10월 1일 이날 개국대전을 폭격하려고 준비했다. 저우즈러우는 장제스의 목소리 속에서 피로감을 느껴서 더 많이 물어 볼 수 없었다. 그러면 장제스는 왜 마지막 순간에 개국대전을 폭격할 계획을 취소한 것일까?

이에 대해서는 두 가지 견해가 있다. 하나는 최후의 순간 장제스는 천안문을 폭격하여 성공하더라도 천안문과 자금성 등 문화유적이 파괴된다면 중화인민공화국 성립을 막지 못할 뿐만 아니라 민중들의 분노를 불러일으킬 것이고 미국인들에게도 자신이 멸시당하는 등 자신에게 불리해질 것이라고 생각했다고 한다. 천안문은 자금성과 이어져 있고 폭탄에 눈이 있는 게 아니므로 일단 자금성이 폭격으로 파괴되면 역사적인 범죄를 자신이 짊어져야 하는 부담이 있었다는 것이다.

다른 하나의 견해는 바로 전에 송메이링(宋美齡)이 미국과 상의하여 국민당군의 폭격기가 한국에서 급유를 받으려고 했으나 미국이 회답을 하지 않아서 계획을 포기했다는 것이다.

장제스가 개국대전 폭격계획을 포기한 것은 또 다른 한 인물과 밀접한 관계가 있다. 그는 10월 1일 개국대전 열병식을 총지휘했던 녜룽전이다. 1949년 개국대전을 준비하던 전야에 마오쩌둥과 저우언라이는 개국대전을 거행할 곳으로 천안문광장을 정했다.

이는 녜룽전이 개국대전을 준비하는 과정에서 중요한 문제가 되었다. 개국대전이 개최되기 5개월 전에 국민당군의 폭격기가 베이징을 폭격한 적이 있었기 때문이다.

1949년 5월 4일 국민당군의 폭격기는 산동성 칭다오에서 이륙하여 베이징의 난위안비행장을 공습했다. 난위안비행장의 공산당군은 갑작스러운 국민당군의 공습을 제대로 방어하지 못하였다. 그 결과 24명의 사상자가 발생하였고 4기의 비행기가 파괴되었으며 196칸의 건물이 파괴되었다.

10월 1일 개국대전에서도 국민당의 폭격기가 베이징을 공습할 가능성이 높았다. 녜롱전은 중앙군사위원회에 10월 1일 오후에 열병식을 거행하여 장제스의 개국대전 공습을 대비해야 한다고 건의했다. 녜롱전이 개국대전을 오후 3시에 시작하기로 한 것은 정밀하게 계산한 결과였다.

당시 국민당군은 저장성(浙江省) 딩하이(定海)와 후난, 쓰촨 등지에서 폭격기를 이륙시켜 공산당지역을 공습할 수 있었다. 당시 국민당군은 미국제 B-24와 B-25폭격기로 베이핑을 폭격할 수 있었다. 이 때문에 개국대전을 준비하면서 국민당 폭격기의 베이징 공습을 대비해야 했다.

녜롱전은 국민당군이 약화되었지만 최후의 일격을 가할 실력을 가지고 있다는 것을 알고 있었다. 화베이 지역을 공산당군이 점령하고 있었지만 인민해방군의 공군력이 매우 약했기 때문에 국민당의 폭격기는 공산당 지역의 상공에서 마음대로 비행할 수 있었다.

녜롱전은 개국대전에 참석한 당중앙 지도자와 전국 각계의 대표, 참여부대, 현장에 참여한 민중 등 수십만 명을 안전하게 보호해야 했다. 개국대전이 개최될 때 국민당 폭격기의 공습을 당하면 어떤 결과가 초래될지 상상할 필요도 없었다. 개국대전은 반드시 개최해야 했기 때문에 녜롱전은 개국대전을 안전하게 개최할 방법을 찾기 위해 고심하다가 결국 국민당군의 공습에 대응할 방법을 생각해냈다.

당시 국민당 공군이 보유한 폭격기는 미국의 B-24폭격기로 속도는 시속 488km이고, 최대 항속거리는 3,380km였다. 저장성(浙江省) 저우산(舟山)군도의 비행장에서 베이징까지의 국민당군 폭격기의 직선 비행거리는 1,230km였다. 만약에 10월 1일 오전에 개국대전을 거행한다면 국민당군의 B-24 폭격기는 약 3시간 정도를 비행하여 베이징을 공습하고 안전하게 돌아갈 수 있었다.

만약 국민당의 B-24폭격기가 청두의 비행장에서 출발한다면 베이핑까지 4-5시간이 걸린다. 날이 밝은 후에 출발한다면 베이핑에 도착했을 때는 12시정도가 된다. 야간 비행능력이 부족한 국민당군의 폭격기는 베이핑을 공습하고 해가 지기 전에 귀환해야 했다.

그러나 10월 1일 오후에 B-24 폭격기가 이륙한다면 베이징을 공습하는 것은 가능하지만 야간 비행능력이 부족하기 때문에 안전하게 귀환하기는 어려웠다. 녜룽전은 국민당 폭격기가 임무를 수행하고 귀환하는데 성능이 부족하다는 사실을 파악하고 개국대전 시간을 조정한 것이었다.

마오쩌둥은 10월 1일 개국대전 시간을 오후 3시로 결정했다. 이렇게 해서 국민당군의 공습 가능성은 줄어들었지만 대책이 충분하지는 않았다. 만약에 희생을 무릅쓰고 국민당군의 폭격기가 공습을 한다면 어떻게 대처할 것인가?

6. 17대의 비행기로 26대의 편대비행 실시

당시 인민해방군이 개국대전 열병식을 위하여 동원할 수 있는 비행기는 단지 17대 뿐이었다. 막 만들어진 인민해방군 공군의 난위안 비행대는 베이징의 방공 안전을 담당하면서 개국대전 당일 열병식에 26대의 비행기로 편대비행을 해야 했다.

그러면 국민당 폭격기의 공습에 대비할 전투기는 어디에 있었던 것일까? 난위안 비행장의 비행대는 어떤 조치를 취했을까?

비행제대 제6편대 분대장 팡화이(方槐)[10]는 녜룽전에게 공군의 작전 능력이 있는 항공기는 단지 17대 뿐이고 베이징 상공의 안전을 지키는 것이 가장 중요한 임무이지만 개국대전의 열병식에도 참가해야 하므로 두 대의 전투기에 실탄을 장전하고 열병식에 참가하자고 건의했다.

팡화이의 계획대로 개국대전 열병식에 전투기가 기관총탄을 장착하고 비행한다면 공중에서 사격이 가능해지므로 사고가 발생할 가능성이 있었다. 국제 관례에 따르면 안전 문제 때문에 일반적으로 열병식에 참여하는 비행기에는 실탄을 장착하지 않았다. 열병식에 참가하는 항공기의 무장을 엄격하게 통제하는 국제관례와는 달리 실탄을 장전하고 열병을 한다는 생각은 매우 위험한 발상이었다.

녜롱전은 팡화이의 보고를 받은 후 즉각 대답을 하지 않았다. 몇 일 후 녜롱전은 팡화이를 불러서 이 건의를 받아들이기로 결정했다고 하였다. 그 결정은 몇 대의 전투기를 선정하여 실탄을 장전하고 열병식에 참여하라는 것이었다.

당시 중국인민해방군이 보유하고 있던 비행기는 국민당군에게서 노획하였거나 국민당군이 투항하면서 확보한 것이었다. 이렇게 확보한 비행기는 상태가 좋지 않거나 부속품이 부족하여 정상적으로 가동되기 어려운 경우가 많았다. 게다가 조종사들을 신뢰할 수 없는 경우도 있었다.

그래서 대부분의 사람들은 무장을 한 전투기가 개국대전 열병식에 참여하는 것은 안전하지 않다고 보았다. 개국대전의 열병식을 준비하는 과정에서 사람들은 인민해방군의 비행기가 천안문 상공을 비행하는 것을 볼 수 있었다. 당시 열병식 연습을 마친 후 참관한 사람들은 인민해방군의 비행기를 보고 매우 기뻐했다. 열병식 예행 연습을 지켜 본 펑더화이(彭德懷)는 먼저 이 비행대가 예행연습에 참가하는 것이 좋을지 아닐지 좀 더 생각해 보자고 했다. 화베이군구(華北軍區) 부사령(副司令)으로 개국대전 열병을 준비한 양청우(楊成武)는 만약 이 비행부대의 적은 수의

---

10) 팡화이(方槐)는 당시 인민해방군 군사위원회 항공국 작전 교육처 처장이었다.

비행기가 열병에 참여한다면 무장을 하지 않은 상태로 참가할 수 있다는 의견을 제시했다.

결국 관계자들은 저우언라이 총리에게 이 문제를 보고하고 최종 결정을 기다렸다. 저우언라이 총리는 개국대전 열병식에서 육해공군 3군 가운데 하나라도 누락될 수 없다. 공군도 반드시 참가해야 한다는 최종 결정을 내렸다.

10월 1일 오후에 개국대전을 거행한다는 것은 특급 비밀이었다. 이 때문에 개국대전이 시작되기 불과 5시간 전에 당일 오후 3시에 거행한다고 공식적으로 발표하였다. 인민해방군은 국민당 공군의 폭격을 대비하고 예방하기 위하여 당시 10월 1일 열병에 참여하는 4대의 전투기에 실탄을 장전시키고 비행했다.

당시 인민해방군이 보유하고 있던 미국제 P-51 머스탱 전투기 2대와 영국제 모스키토(Mosquito) 폭격기[11] 2대에 무장을 장착했다. 이러한 조치는 세계 열병사에서 극히 드문 일이었다. 열병식에 참여한 조종사들은 모두 서약서에 서명하고 국기에 선서를 했다. 선서 내용은 일단 비행기 고장 등 긴급한 상황이 발생하면 자신을 희생하더라도 일반 민중과 건축물에 비행기가 추락하지 않아야 한다는 것이었다.

---

11) 드 해빌랜드 모스키토(DH.98 Mosquito) 폭격기는 영국에서 만든 경폭기로 국공내전 시기 국민당군은 전투에서 미제 B-25 폭격기의 손실이 커지자 캐나다에서 205대의 모스키토 폭격기를 구매하여 사용했다. 중국인민해방군은 5대의 모스키토 폭격기를 확보하고 2대를 "전투비행대 제1중대"로 3대를 "제3폭격기중대"로 편성하여 사용했지만 1951년에 퇴역했다.

7. 개국대전을 둘러싼 보이지 않는 전쟁

1949년 1월 초 국공내전의 3대 전투가 시작된 지 100여 일이 지났다. 베이핑성 밖에 90여 만 명의 인민해방군이 진군하자 베이핑을 지키고 있던 25만 명의 국민당군은 완전히 고립되었다. 베이핑은 세계적으로 유명한 문화를 간직한 고도(古都)였지만 전쟁으로 파괴될 위험한 상황에 직면했다. 국민당군의 사령관 푸줘이(傅作義)는 인민해방군이 제기한 평화조건을 받아들였고, 그 결과 베이핑이 평화적으로 접수되었다.

이에 따라 중공중앙기관도 시바이포(西栢坡)에서 베이핑으로 이전했다. 중공중앙이 베이핑으로 이전한 이후 국공내전을 지휘하면서 다른 한편으로 신중국 수립을 위한 준비 업무를 하였다. 비록 인민해방군이 베이핑을 평화적으로 접수하였지만 국민당정부의 북방지휘중심이었던 베이핑에는 대량의 국민당 스파이들이 활동하고 있었다. 이들은 베이핑의 치안을 교란시켰기 때문에 혼란 속에서 안정을 이루지 못하고 있었다. 베이핑을 평화적으로 접수하기 직전에 푸줘이는 허쓰위안(何思源)을 국민당 담판 대표로 파견하여 공산당과 회담하도록 했다. 국민당 스파이는 평화회담을 방해하기 위해 허쓰위안의 집에 폭탄을 설치하여 폭파시켰다. 이 사고로 허쓰위안의 딸이 사망하고 5명이 부상당했다.

개국대전이 안전하고 순조롭게 거행되기 위해서는 베이핑의 국민당 스파이조직(特務組織)에 대처해야 했다. 이 조직들은 8개 조직에 110개 단위로 구성되어 있었다. 당시 베이핑에는 국민당의 각종 스파이와 경찰 등 16,000여 명이 활동하고 있었다.

1949년 9월 초 개국대전의 안전을 강화하기 위하여 신중국 최초의 공안 중앙종대가 조직되었다. 마오쩌둥은 국민당군과 전방에서 전투를 하고 있던 뤄루이칭(羅瑞卿)장군을 베이징으로 불러들여 중화인민 공안종대(公安縱隊)를 설립하였다. 이 중화인민공안 중앙종대를 설립한 목적은 개국대전의 안전을 지키는 것이었다.

1949년 7월 말 베이핑시 공안국은 600명으로 특수업무를 수행할 편의대대(便衣大隊)를 설립하기로 하였다. 편의대대의 임무는 개국대전의 안전을 지키는 것이었다. 1949년 8월 호성하(護城河)변에서 활동을 시작했다. 주요 임무는 천안문 관련 기관과 함께 개국대전의 안전을 지키는 일이었다.

편의대는 평소에 신발수리공이나 자동차수리공, 인력거꾼, 거리의 행상 등으로 꾸미고 활동하였다. 편의대대의 류슈안후(劉栓虎)[12]는 개국대전에 참가할 지도자의 동선을 순찰하다가 천안문 부근의 길바닥에 담배꽁초를 발견했다. 그는 연안에서 중앙경위단의 일원으로 활동한 경험이 있었다. 류슈안후는 이 장소에 담배꽁초가 있다는 것은 누군가가 여기서 활동을 하고 있는 것이라고 직감하고 담배꽁초가 떨어져 있던 주변을 자세히 살펴보니 구두자국이 있었다. 구두자국은 증거가 될 수 없었지만 일반인들이 잘 다니지 않는 곳에 누군가가 왔다는 것이기 때문에 류슈안후는 계속 수색을 하여 몇 개비의 담배를 더 찾아냈다. 그는 매일 이 곳을 특별히 주의하면서 순찰하였다. 순찰을 하던 5일째 되는 날 모자를 쓴 남자가 나타났다. 그는 이 거리를 스케치하고 있었다. 편의대는 그가 국민당의 스파이라고 판단하고 그림을 보여 달라고 하자 그는 칼을 빼들고 저항했지만 체포되었다.

40명의 여성 편의대는 천안문 성루 위에서 지도자들이 마시는 차와 음료를 보호하는 업무를 담당하였다. 당시 스파이들이 매우 많았기 때문에 음료에 독극물이 들어가는 것을 방지할 필요가 있었.

천안문 성루 위에서 제공된 물은 전문적으로 공급받은 물을 사용했고,

---

[12] 류슈안후는 당시 公安 1師 2團 排長이었다.

담당자가 지켜보는 가운데 끓여서 제공했다. 스파이 활동을 방지하기 위하여 편의대는 물을 받아서 지도자들에게 차를 제공하는 과정에서 찻주전자를 손에서 떼지 않았다.

개국대전은 국민당 공군의 폭격을 대비하면서 동시에 국민당 스파이의 파괴 활동도 대비해야 했다. 특히 중국공산당 지도자의 안전을 지키기 위하여 준비 업무를 담당한 화베이구(華北區) 군구(軍區) 선전부 부장 장즈샹(張致祥)은 천안문 성문 아래에 남아있던 포탄을 발견하였다. 성문 아래의 터널은 만일 개국대전을 도중 국민당군의 폭격기가 공습을 할 경우 지도자들이 대피할 수 있도록 준비했다.

개국대전이 개최된다는 소식이 전해진 후 국민당은 베이핑의 스파이 조직에 비밀 명령을 내려서 일체의 대가를 무릅쓰고 파괴활동을 전개하라고 하였다.

국민당 스파이들은 중국공산당 지도자들에게 접근할 방법이 없다는 것을 알고 그 대신 야저우반점(亞洲飯店)[13])에 묵고 있던 중국인민정치협상회의 대표들에게 접근했다. 당시 중국인민정치협상회의 각계 대표들은 이 호텔에 묵고 있었다.

국민당 보밀국(保密局) 국장 마오런펑(毛人鳳)은 직접 그 동안 잠복해 있던 우루이진(吳瑞金)이라는 스파이에게 명령을 내려 야저우반점에 잠입하도록 했다. 9월 24일 우루이진은 모자를 쓰고 채소를 재배하는 농민으로 변장한 다음 야저우반점으로 갔다. 호텔 안에는 일부 대표들은 묵고 있었다. 호텔을 지키고 있던 초병은 우루이진에게 "너는 뭐하는 사람이냐?"라고 물었다. 우루이진은 "저는 채소를 공급하는 사람입니다, 왕치앙(王强)이 오라고 했습니다. 채소는 호텔 구매 담당인 왕치앙이 예약한 것입니다"라고 대답했다. 초병은 왕치앙이란 구매 담당 호텔 직원이 있

---

13) 지금의 첸먼젠궈반점(前門建國飯店)이다.

다는 것을 알고 있었다. 초병이 처음 몸 수색을 했을 때 별 다른 이상이 없었다. 우루이진이 막 초병을 통과할 때 우루이진의 무의식적인 행동이 초병의 주의를 끌었다.

우루이진은 긴장하여 얼굴에 땀이 흘렀다. 우루이진이 손을 들어 이마의 땀을 닦으면서 옷소매가 내려갔다. 이때 호텔 문을 지키던 초병(哨兵)은 우루이진의 하얀 팔목을 보았다. 초병들은 팔목이 하얀 우루이진이 농민이 아니라는 것을 바로 간파하고 그를 체포했다.

초병들은 다시 세밀한 수색을 하여 채소 광주리 안에 숨겨둔 폭탄을 발견했다. 우루이진은 자신의 정체가 탄로 나자 독을 먹고 자살을 시도했지만 초병이 급히 제지했다.

공안부대는 베이핑시 안에서 일망타진식으로 수색활동을 하여 국민당 당통국(黨通局) 베이핑구(北平區) 제2분국 행동조 가운데 여러 명의 스파이를 적발했고, 국민당 잔여 세력 등 3,000여 명 이상을 체포하였으며, 기생집과 아편관 250여개도 폐쇄시켰다.

8. 개국대전 개최

1949년 10월 1일 오전 6시부터 많은 사람들이 흥분을 억제하지 못하고 베이징의 가두에서 행진을 하였고, 일부는 천안문 광장에 도착하여 환호하였다. 그러나 그보다 한 시간 전인 오전 5시 경에 저우언라이 총리는 모든 업무를 마친 후 개국대전이 예정된 동선을 따라서 천안문 광장에 왔다. 그는 천안문 성루에 올라가 개국대전 준비상황을 점검했다. 저우언라이는 천안문 아래의 주석이 차에서 내린 후의 모든 동선을 점검했다. 그는 천안문 위에서 마이크의 상태를 점검했다. 저우언라이는 마오쩌둥이 앉을 소파의 상태가 어떤지도 직접 확인했다. 저우언라이는 소파를 뒤집어서 아래에 무슨 물건이 있지 않은지 세심하게 점검했다.

이날 아침 베이징기차역에서 베이핑 주재 소련총영사 겸 소련 주중국 임시 대리 세르게이 레오니도비치 찌흐빈스키[14]는 저우언라이를 보았다. 저우언라이는 그곳에 두 명의 경호원의 부축을 받으며 창백한 얼굴로 눈을 감고 서 있었다. 저우언라이의 비서가 지흐빈스키에게 달려와서 "총리를 방해하지 말아주세요. 총리님이 4일 동안 눈을 붙이지 못하고 정치협상회의 업무 때문에 바쁘셨습니다"라고 말했다.

1949년 10월 1일 오후 3시 30만 명이 베이징 천안문광장에 모였고 박수소리가 끊임없이 이어졌다. 천안문광장에 모인 30만 명의 민중들은 이 행사를 보며 기쁨을 느꼈다. 사람들은 역사적 시간이 도래하는 것을 함께 기대하며 천안문 위를 바라보았다. 전 세계는 모두 동방에서 엄중한 선언이 시작된 것을 들었다. 마오쩌둥은 마이크 앞에서 다음과 같이 선언했다.

"중화인민공화국 중앙인민정부가 오늘 수립되었습니다!"

30만 민중의 우레와 같은 함성 속에서 중화인민공화국 수립이 선포되었다. 중화인민공화국 중앙인민정부의 주석은 마오쩌둥이었다. 부주석은 모두 6명이었는데 중국공산당의 주더(朱德), 류샤오치(劉少奇), 가오강(高崗: 동북인민정부 주석)과 민주 당파를 대표하는 송칭링(宋慶齡), 리지션(李濟深: 국민당혁명위원회 주석), 장란(張瀾: 민주동맹 주석)이 부주석에 임명되었다. 중화인민공화국 정무원의 정부위원들도 공산당원과 민주당파 인사들이 나누어 담당하였다.

저우언라이(周恩來)는 중앙인민정부 정무원 총리 겸 외교부 부장이 되었

---

14) 세르게이 레오니도비치 찌흐빈스키(谢尔盖·列奥尼多维奇·齐赫文斯基: Сергей Леонидович Тихвинский, 1918年9月1日－2018年2月24日)

고, 마오쩌둥은 중앙인민정부 인민혁명군사위원회 주석, 주더를 인민해방군 총사령이 되었다.

이날 마오쩌둥은 중화인민공화국정부가 전국 인민을 대표하는 유일한 합법정부임을 선언하였다. 중화인민공화국 헌법은 아직 제정되지 않았기 때문에 「중국인민정치협상회의 공동강령」을 정부의 시정방침으로 하였다. 또한 중화인민공화국의 수도는 베이징으로 결정하였다.

중국인민정치협상회의는 1949년 9월 21일 중국공산당을 비롯하여 민주동맹과 국민당혁명위원회 등 각 당파의 대표 165명과 해방구 대표 116명, 인민해방군 대표 71명, 각종 단체 대표 235명, 저명인사 등 특별 초청대표 75명 등 662명으로 구성되었고, 「중국인민정치협상회의공동강령」을 제정하여 1954년까지 중화인민공화국 헌법을 대신하였다.

이 강령은 중화인민공화국은 신민주주의(인민민주주의) 국가로 프롤레타리아계급이 영도하고 노동자와 농민의 연맹을 기초로 각 민주계급과 국내 각 민족이 단결하여 인민민주주의 독재를 실시하고 제국주의와 봉건주의, 관료자본주의에 반대하며, 중국의 독립, 민주, 평화, 통일과 부강을 위해 분투한다고 하였다.[15]

「중국인민정치협상회의」에서 중화인민공화국을 "프롤레타리아계급이 영도"한다고 한 것은 프롤레타리아 정당인 중국공산당이 중화인민공화국을 영도한다는 것을 의미하는 것이었다.

이 강령은 중화인민공화국의 권력은 인민에게 속하고 국가의 최고 권력기관은 인민들이 보통선거를 통해 구성된 전국인민대표대회이고 인민대표대회가 폐회중일 때는 중앙인민정부가 국가권력의 최고 기관의 역할을 한다고 하였다.

---

15) 「中國人民政治協商會議共同綱領」(1949.9.29), 中共中央文獻研究室, 『建國以來重要文獻選編(第一册)』, 北京, 中央文獻出版社, 1992, 2쪽.

1930년 마오쩌둥이 말했던 대로 "한 알의 불씨가 광야를 불살랐다". 이 소식은 베이징 신화방송국을 통하여 전국에 실황 중계되어 전 세계에 알려졌다. 첫 번째 오성홍기가 천안문 앞에 게양되었고 '의용군행진곡'이 연주되었다.

1949년 10월 1일 천안문 광장에서는 54문의 예포가 28발을 발사하였다. 국제관례에 따르면 국가적으로 개최하는 행사에서 일반적으로 21발의 예포를 발사한다. 그런데 왜 중화인민공화국의 개국대전에서는 28발의 예포를 발사하였을까?

이것은 1921년 중국공산당이 창당한 이후 중국공산당의 영도 아래 인민과 인민군대가 28년의 투쟁을 거쳐서 중화인민공화국을 수립했다는 것을 의미했다.

오후 3시 35분 중국인민해방군 총사령 주더(朱德)는 리무진에 녜롱전과 함께 타고 3군 부대를 사열하였다. 1만 6,400여 명의 부대가 분열식을 거행하였다. 해군이 처음 입장하고, 이어서 육군과 공군이 천안문 광장을 통과하였다. 당시에 여건이 좋지 않아서 열병식 대열의 대포는 나귀가 끌고 천안문을 통과하였다.

당일 천안문 성루 위에는 각 당파 대표와 구역대표, 군대대표 등 각 대표단체와 함께 취재와 사진 촬영을 하고 있던 중앙 사진사 호보(侯波)는 천안문에 현재는 난간이 있지만 개국대전 당일에는 난간이 없었다. 지도자들이 성벽에 서 있었기 때문에 사진을 찍을 공간이 부족해서 어려움을 겪었다. 별 다른 방법이 없었기 때문에 사진사들은 위험을 무릅쓰고 뒤로 가서 사진을 찍었는데 저우언라이 총리가 호보의 옷을 잡아끌면서 "(위험하니) 조심하시오"라고 했다.

천안문 성루 위에서 신문기자 리푸(李普)는 개국대전을 직접 기록했다. 개국대전이 끝난 후 리푸는 개국대전 기사를 작성하였고 10월 2일 아침 『인민일보』 제1판에 게재되었다.

개국대전의 행사 행렬 안에 15세의 소년 왕멍(王蒙)은 드럼을 치고 있었다. 민중들은 "마오주석 만세!", "마오주석 만세!"를 외쳤고, 마오쩌둥은 "인민 만세!"라고 회답했다.

광장의 민중들이 환호하는 가운데 열병식이 정식으로 시작되었다. 중국인민해방군 총사령 주더와 녜룽전은 무개차를 타고 육해공 각군을 사열하면서 손을 번쩍 들었다. 해군을 시작으로 육군 보병과 포병, 탱크, 기병 등이 차례로 천안문 앞을 행진하였다.

당시 인민해방군의 장비는 거의 전장에서 노획한 것으로 전 세계의 각종 장비가 섞여서 "전세계의 브랜드(萬國牌)"가 다 있었다. 개국대전에 참가한 탱크부대는 정비를 철저하게 하였다. 녜룽전은 "차량이 절대로 멈추면 안된다"고 명령했다. 당시 열병식에 참가한 탱크와 장갑차는 전쟁 기간 노획한 무기들로 자주 고장이 났다. 한 장갑차가 막 천안문을 통과하는데 기계가 노후하여 엔진이 꺼졌다. 뒤에 있던 장갑차가 고장난 장갑차의 뒷부분을 밀어서 금수교 옆으로 밀어냈다.

기병은 중국인민해방군의 전쟁 과정에서 국민당군의 기계화부대에 대항하는 중요한 수단이었다. 열병식에 많은 전마(戰馬)들이 동원되었기 때문에 대량의 분변이 문제가 되었다. 전마의 분변은 후면에 뒤따르는 부대와 민중의 행진에 큰 장애가 되었다. 결국 열병식 전에는 말에게 약간의 사료만을 주고 풀을 먹이지 않았다.

인민해방군 공군의 전투기도 천안문 광장 상공을 비행했다. 이 비행기를 보면서 군중들은 환호했고, 천안문 성루 위의 지도자들도 모자를 벗어 흔들었다. 천안문 광장에 모인 사람들은 하늘에 지나가는 인민해방군의 비행기를 보면서 숫자를 세어 봤다. 모두 26대의 비행기가 하늘을 지나갔다.

이것은 정말 이상한 일이었다. 당시 인민해방군이 개국대전 열병식에 동원할 수 있는 시위안비행장의 비행기는 모두 17대에 불과했다. 그러면 천안문 광장에서 하늘의 비행기를 세어 본 사람들이 잘못 본 것일까?

당연히 아니다. 난위안비행대는 어떻게 17대의 비행기로 26대의 비행편대를 만들었을까?

실제로는 아주 간단했다. 17대의 비행기는 모두 6개 편대로 나뉘어졌다. 앞의 3개 편대는 모두 9대의 P-51D 머스탱 전투기였다. P-51D 머스탱 전투기는 비행속도가 매우 빨랐기 때문에 천안문광장 상공을 제일 먼저 통과한 후 다시 회전하여 나머지 비행편대가 통과한 그 뒤로 비행을 한 것이다.

그래서 천안문 광의 사람들은 실제로는 17대의 비행기가 비행했지만 26대의 비행기가 천안문 상공을 통과한 것으로 본 것이다. P-51D 머스탱 전투기와 모스키토 전폭기 가운데 4대에는 국민당 폭격기가 공습해 올 것을 대비하여 실탄이 장전되어 있었다. 이 때문에 조종사들은 잠시도 긴장을 늦추지 못하고 긴장된 상태에서 비행을 하였다.

개국대전에 참가한 인사들은 모두 홍색의 초대장(請柬)을 달고 있었다. 대표들 이외에는 개국대전 장소를 지키는 경위(警衛) 등 업무담당자들만 이 초대장을 달고 있었다. 이때 장(江)이란 성을 가진 여성이 대회장 안으로 들어오려 했다.

그녀는 마오쩌둥의 부인인 장칭(江靑)이었다. 개국대전이 시작된 후 장칭은 노동인민문화궁의 측면의 문으로 대회장 안에 들어오려 했다. 장칭은 안으로 들어가겠다고 했고 초병은 초대장을 제시하라고 했다. 그러나 장칭은 초대장이 없었기 때문에 초병이 그녀를 들여보내지 않았다.

장칭은 "당신이 무슨 권리로 나의 증명서를 조사하려 하느냐? 나는 중남해 판공실 주임이다. 나는 주석님에게 가야한다. 주석이 천안문 위에 계신데 누가 나를 감히 가로막느냐"라고 했지만 장칭이라고 말을 하지는 않았다. 초병은 그녀가 대단한 사람이라고 생각하고 대대에 보고했다.

대대에서는 다시 천안문 위에 전화를 했다. 뤄루이칭이 전화를 받고 "규정대로 처리하라(照章辦事)"라고 지시했다. 개국대전 경위규정에 따르면 증명서가 없는 사람은 입장할 수 없었다. 결국 초대장이 없었던 장칭은 개국대전이 열리고 있던 천안문 성루 위에 올라가지 못했다.

이날 저녁 6시 경 개국대전이 거행된 이후 국경연회, 즉 "개국 이후 첫 번째 연회(開國第一宴)"는 베이징반점(北京飯店)에서 개최되었다. 베이징반점은 당시 베이징시에서 가장 큰 호텔이었다. 베이징반점은 설비도 가장 좋았고 객실도 가장 많았으며 식당도 가장 많았다. 그러나 베이징반점은 중국식 식당이 없었다. 이 때문에 왕푸징대가의 시라후통(錫拉胡同)에 있던 위화타이반장(玉華台飯庄)에서 회양채(淮揚菜)를 전문으로 하던 요리사들이 베이징반점에 와서 음식을 준비했다.

저우언라이총리는 베이징반점의 첫 번째 사장(經理)으로 왕런(王靭)을 임명했다. 그는 베이징에서 지하공작을 할 때 회양채를 전문으로 하는 위화타이반장에서 식사를 한 적이 있었다. 그래서 이 식당의 주디엔룽(朱殿榮)을 베이징반점으로 초청하여 "개국 이후 첫 번째 연회(開國第一宴)"를 중국음식으로 준비했다.

7월에 주디엔룽 등 3명이 음식 준비를 하였으나 일이 너무 많아서 6명의 요리사를 더 초빙했다. 주디엔룽 등 9명의 요리사들이 10월 1일 저녁 "개국 이후 첫 번째 연회"를 준비했다. 이외에 10명의 프랑스식 요리사가 기타 음식을 담당했다. 모두 19명의 요리사가 이 연회를 준비했다.

9. 10월 1일의 기쁨과 슬픔

중화인민공화국이 10월 1일 수립되었지만 여전히 푸젠(福建), 화중 화남의 후베이(湖北), 후난(湖南), 광둥(廣東), 광시(廣西), 서남의 쓰촨(四川), 윈난(雲南), 꾸이저우(貴州), 티베트(西藏) 등지에서는 여전히 전투가 계속되고 있었다.

10월 1일 황포군관학교 출신으로 항일전쟁에 참전했었던 국민당 장군 황웨이(黃維)는 베이징의 공더린(功德林)전범관리소에서 중화인민공화국이 수립되었다는 소식을 들었다.

중국국민당 장군 황웨이(黃維)는 1948년 9월 20병단 사령(司令)에 임명되었다. 11월 6일 국공내전의 중요한 승부처였던 회해전투(淮海戰役)가 시작되었다. 반년 정도 시간이 지난 후 황웨이가 회해전투에서 전사했다는 소식이 가족들에게 전해졌다. 국민정부는 황웨이의 전사하자 성대한 추도회를 개최하였다. 1948년 말 국공내전의 전황은 국민당에게 불리해졌다. 결국 황웨이의 가족들은 국민당군과 함께 대만으로 철수하였다.

그러나 1949년 황웨이의 부인 차이뤄슈(蔡若曙)는 몰래 대륙으로 다시 돌아왔다. 남편 황웨이가 전사했다는 소식을 믿지 않았기 때문이었다. 차이뤄슈는 남편 황웨이의 행방을 수소문하여 황웨이가 베이징에 수감되어 있다는 사실을 알고 석방을 위해 노력하였다.

1948년 12월 회해전투에 참가한 국민당의 제12병단은 중무장을 하고 있었기 때문에 이동 속도가 느렸다. 황웨이가 지휘한 제12병단은 안후이성(安徽) 솽투이지(双堆集)에서 한편으로 전투를 하면서 다른 한편으로 철수를 시도하였다. 그러나 국민당군 제12병단의 진지는 조금씩 인민해방군에게 장악당했다.

황웨이의 국민당 부대와 싸우고 있던 인민해방군 지휘관은 천겅(陳賡) 대장의 부대였다. 황웨이와 천겅은 황포군관학교를 함께 졸업한 동기생이었다.

황포군관학교를 졸업한 두 동기생 사이의 전투는 천겅의 승리로 끝났다. 병력이 완전히 전멸당할 위기에 빠진 국민당군 제12병단은 전면 퇴각명령을 내렸고, 제12병단 부사령관은 퇴각할 수 있었다.

그러나 1948년 12월 15일 저녁 황웨이가 타고 있던 탱크가 고장이 나서 움직일 수 없게 되었고, 결국 황웨이는 인민해방군의 포로가 되어 베이징 덕승문 밖에 있던 공더린(功德林)전범관리소로 보내졌다.

황웨이는 황포군관학교 출신으로 장제스에게서 배웠다. 장제스는 황웨이의 스승이자 상관이었다. 그는 공산당의 포로가 되었지만 장제스와 국민당을 배신하지 않았다. 황웨이는 공산당의 설득에도 불구하고 자신은 죄가 없다고 하면서 협력을 거부했다. 그는 "항전에서 승리했을 때 공산당도 장선생(장제스)을 인민의 영수라고 했었다. 이제 그가 실패하자 독재자라고 욕한다!"고 공산당을 비판하기도 했다.

1959년 12월 4일 중화인민공화국 최고인민법원은 제1차 사면 명단을 공고하였다. 이 사면 명단에는 공더린 감옥에 수감되어 있던 두웨이밍(杜聿明)과 왕야오우(王耀武), 송시롄(宋希濂) 등 10명의 국민당 장군의 이름이 있었지만 황웨이의 이름은 보이지 않았다. 황웨이가 석방되기를 학수고대하고 있던 차이뤄슈는 크게 실망하였다.

황웨이는 완강하게 자신이 무죄라는 신념을 바꾸지 않았기 때문에 전범관리소에서 그의 석방에 동의하지 않았고, 결국 석방명단에서 제외되었다. 황웨이는 27년 동안 복역한 후 1975년 3월 21일 마지막으로 사면된 293명의 전범과 함께 석방되었다. 석방되었을 때 황웨이는 이미 71세가 되어 있었다.

10월 1일 황웨이는 포로가 되어 베이징의 전범수용소에 있었지만 황포군관학교의 스승이자 국민당군의 지도자인 장제스도 광저우에서 일생에 가장 큰 심적 고통을 겪었다. 장제스는 이틀 후 비행기를 타고 타이완으로 갔다.

1919년 10월 1일 개국대전에서 중화인민공화국 중앙정부가 수립되었다는 마오쩌둥의 선언을 듣고 많은 중국인들은 기뻐하였다. 그러나 중화인민공화국이 수립되기까지 많은 사람들이 희생되었다. 살아남은 사람들은 혁명이 성공했기 때문에 기뻐하기도 했지만 그 과정에서 희생당한 무수한 사람들을 생각하며 슬픔도 느꼈다.

1949년 10월 1일 초후이잉(邱惠英)은 별과 달을 학수고대하듯이 기다려서 결국 중국이 해방되었기 때문에 매우 기뻤다. 그러나 자신의 남편을 볼 수 없게 되었기 때문에 마음이 무거웠다.

초후이잉의 남편은 저장성에서 국민당에게 체포당했다. 그녀는 남편을 찾기 위해 노력했지만 찾을 수 없었다. 초후이잉은 중국혁명이 성공한 것은 기쁜 일이었지만 자신의 남편이 체포되어 행방불명이 된 것은 슬픈 일이었다.

당시의 사람들은 혁명에는 희생이 따르고 희생이 없다면 승리할 수 없다고 생각했다. 중화인민공화국은 중국혁명의 과정에서 수 많은 사람들이 희생당한 피와 땀 속에서 수립되었다.

10. 맺음말

1949년 10월 1일 마오쩌둥은 천안문 성루 위에서 30여 만의 민중들을 바라보면서 중화인민공화국 수립을 선포했다. 그날 마오쩌둥은 짙은 갈색의 중산복을 입고 왼쪽 가슴에 '주석(主席)'이라고 쓰여져 있는 붉은 리본을 달고 있었다. 개국대전이 열리던 그날 마오쩌둥이 그렸던 중화인민공화국은 어떤 모습이었을까?

중국은 사회주의 건설과 개혁 개방을 거쳐서 세계 2위의 경제대국으로 부상하였다. 중국의 국력 신장에 따라 국제사회에서 중국의 정치와 경제적 영향력은 나날이 강화되고 있다. 그러나 현재 중국은 여러 가지

도전에 직면하고 있기도 하다.

개혁 개방 이후 중국경제는 비약적 성장을 하였지만 대기오염과 수질오염 등 환경오염을 초래하였으며, 최근에는 경제성장률도 둔화되고 실업이 증가하고 있다. 중국정부의 민영기업에 대한 통제에 따라 민영기업의 경영자들이 퇴진하는 등 경제에 대한 국가의 통제가 강화되고 있다.

중국의 성장에 위협감을 느낀 미국은 본격적으로 중국을 견제하고 있다. 미국과 중국의 무역분쟁은 기술과 금융, 군사 등 전방위로 확산되고 있다. 미국과 중국의 갈등은 21세기 세계 패권을 둘러싼 대립으로 쉽게 해결되기 어려운 측면이 있다.

또한 중국의 신장 위구르지역과 티베트에 대한 통제정책은 국제적으로 비난을 받고 있다. 2019년 격화된 홍콩시위는 중국이 주창한 일국 양제에 의문을 불러 일으키고 있다. 이러한 일국 양제에 대한 회의론은 대만과의 통일을 지향하는 중국에게 장애요소가 될 가능성이 있다.

중국은 2021년에 중국공산당 수립 100주년이 된다. 그리고 2049년에 중화인민공화국 수립 100년을 맞이하려 한다. 중국은 중국공산당 창당 100주년과 중화인민공화국 수립 100주년이라는 이 두 개의 백 년에 큰 의미를 부여하고 있다. 중국은 2021년에 중국의 국내 총생산과 도시 및 농촌 주민의 평균 수입을 2010년에 비하여 두 배가 되도록 하고, 샤오캉 사회를 전면적으로 실현하며 2049년에 부강·민주·문명·조화의 사회주의 현대화 국가를 건설하여 중화민족의 위대한 부흥을 실현한다는 것이다.

"중국의 위대한 부흥의 꿈"은 실현될 것인가?

우리의 이웃국가로 변화하는 중국의 상황을 지켜볼 필요가 있다.

참고문헌

구보 도루, 강진아 역, 『중국근현대사 4: 사회주의를 향한 도전 1945-1971』, 삼천리, 2013.
로드릭 맥파커, 김재관·정해용 역, 『중국현대정치사』, 푸른길, 2012.
마리-클레르 베르제르, 박상수 역, 『중국현대사: 공산당, 국가, 사회의 격동』, 심산, 2009.
모리스 마이스너, 김수영 역, 『마오의 중국과 그 이후 1』, 이산, 2004.
알랭 루, 정철웅 역, 『20세기 중국사』, 책과함께, 2010.
알렉산더 판초프, 심규호 역, 『마오쩌둥 평전』, 민음사, 2017.
유용태·박진우·박태균, 『함께 읽는 동아시아 근현대사』, 창비, 2016.
이매뉴얼 C.Y. 쉬, 조윤수, 서정희 역, 『근·현대중국사: 인민의 탄생과 굴기』, 까치, 2013.
중국근현대사학회 엮음, 『중국근현대사강의』, 한울, 2019.
프랑크 디쾨터, 고기탁 역, 『해방의 비극: 중국 혁명의 역사 1945-1957』, 열린 책들, 2016.
한중일3국공동역사편찬위원회, 『한중일이 함께 쓴 동아시아근현대사 1』, 휴머니스트, 2012.

게재정보

*이 책의 수록 글 중 이하는 다음과 같이 기존에 발표하였던 논문들에 입각하여 작성한 것이다.

1장 상주 왕조 교체와 주의 제후 봉건 _이유표

「서주시기 '제후(諸侯)'의 다양성과 그 성격의 차이」(『중국사연구』 116, 2018)와 「서주(西周) 시기 영성족(嬴姓族)의 분포 및 그 지역적 성격」(『중국고중세사연구』 52, 2019)을 기초로 하여 작성하였다.

2장 고대 동아시아의 戶籍제도 – 출토자료를 중심으로 _김경호

「고대 동아시아의 호적제도」(배항섭 외 책임편집, 『동아시아로부터 생각한다』, 성균관대 출판부, 2017)

4장 공자의 관을 덮고 나서 – 중국왕조의 공자 평가 2000년 간사(簡史) _김성규

「漢文帝의 刑制改革과 그 評價」(『中國古中世史研究』 18, 2007)을 기초로 하여 작성하였고, 새로운 사료와 내용을 추가하였다.

5장 효문제(孝文帝)의 한화정책(漢化政策) – 보편적 통치원리에 입각한 통일국가의 지향 _정재균

「孔子의 관을 덮고 나서 – 중국왕조의 공자 평가 2000년 簡史」(『역사교육』 139, 2016)

6장 당(唐) 전기(前期) 예제(禮制)의 정비와 국가의례서(國家儀禮書)의 편찬 _김정식

「唐 玄宗朝『禮記』「月令」의 改定과 그 性格」(『동양사학연구』 93, 2005), 「『大唐開元禮』 官人 「凶禮」에 대한 小考」(『중국고중세사연구』 32, 2014), 「唐 玄宗朝 國家儀禮書의 편찬과 그 특징」(『동방학』 33, 2015년)을 기초로 하여 작성하였다.

10장 신해혁명과 민국의 탄생 _이평수

「북경에서 본 신해혁명 100주년: 사천 신해혁명과 윤창형 국제학술토론회의 참관을 겸론하여」(『中國近現代史硏究』 52, 2011)

12장 근대 일본 공민교육의 탄생과 소멸 - 정치교육을 중심으로 _김종식

「공민교육을 통한 근대 일본 국민상의 모색 - 1924년 실업보습학교의 「공민과」 성립을 중심으로」(『동양사학연구』 114, 2011)와 「1930년 전후 중학교 공민과의 정치교육 성립과정 - 중의원의원선거혁정심의회의 논의를 중심으로」(『일본역사연구』 35, 2012), 「1920년대 일본 중학교 「공민과」 설치 논의 - 문정심의회의 논의를 중심으로」(『사림』 54, 2015)를 기초로 하여 작성하였다.

집필진 소개

이유표 (李裕杓) 동북아역사재단 연구위원, 선진사(先秦史)
  주요논저: 『西周王朝軍事領導機制研究』(2018)
           『의고시대를 걸어 나오며』(역서, 2019)
           「서주시기 '제후(諸侯)'의 다양성과 그 성격의 차이」(2018)
           「서주(西周) 시기 영성족(嬴姓族)의 분포 및 그 지역적 성격」(2019)

김경호 (金慶浩) 성균관대학교 동아시아학술원 교수, 중국고대사(진한시기)
  주요논저: 『간독(簡牘)이란 무엇인가?』(역서, 2017)
           「한대 서북변경 私信의 구조과 주요 내용—居延·敦煌 漢簡을 중심으로」(2019)
           「동일한 사실, 상이한 기록—진시황제 사망과 胡亥 繼位 기사를 중심으로」(2019)

임병덕 (林炳德) 충북대학교 사학과 교수, 중국 고대 법제사
  주요논저: 『사료로 읽는 중국 고대 법제사』(2008)
           『구조율고』(역서, 2014~2015)
           『중국고대의 법제』(2017)

김성규 (金成奎) 전북대학교 사학과 교수, 송대 외교사
  주요논저: 『宋代の西北問題と異民族政策』(2000)
           『동양과 서양의 위대한 만남』(2009)
           『宋代 동아시아의 국제관계와 외교 의례』(2020 예정)

정재균 (鄭在均) 충북대학교 사학과 강사, 중국중세사
주요논저: 「발해 사신의 입당 절차와 이동경로에 관한 기초적 검토」(2011)
「5~6세기 민간 조상(造像) 활동의 성행과 조상기(造像記)」(2018)

김정식 (金正植) 신라대학교 역사교육과 교수, 중국중세사상사
주요논저: 「唐 玄宗朝 『禮記』 「月令」의 改定과 그 性格」(2005)
「唐 前期 官人 父母喪의 확립과 그 성격 – 心喪·解官을 중심으로」(2012)
「漢朝부터 唐朝까지 국내 禮制 硏究의 주요 쟁점과 과제」(2017)

한윤희 (韓允熙) 성균관대학교 사학과 박사과정 수료, 중세 한일관계사
주요논저: 「여말선초 피로인 송환에 관한 한 고찰 –「今川了俊의 송환 배경='경제적 수익 목적'설」에 대한 비판적 검토」(2014)

홍성화 (洪成和) 부산대학교 역사교육과 교수, 중국 근세사
주요논저: 『전쟁과 교류의 역사 – 타이완과 중국 동남부』(공저, 2012)
『중국은 어떻게 서양을 읽어왔는가』(역서, 2017)

우신 (于晨) 성균관대학교 사학과 박사, 근대 한중관계사
주요논저: 「1885년 淸·日 天津條約의 재검토」(2015)
「外交史의 각도에서 다시 보는 防穀令사건(1889-93)」(2016)
「근대 전환기 청 대외관계의 연구 – 화이질서의 재조정을 중심으로」(학위논문, 2019)

이평수 (李平秀)　충북대학교 사학과 교수, 중국근대사
　주요논저: 『횡단적 역사학으로 본 역사상의 주변부와 비주류』(공저, 2019)
　　　　　「존 톰슨의 여행을 통해 본 근대 중국의 인물」(2019)

정영구 (鄭榮九)　안동대학교 사학과 교수, 중국 근대사회경제사
　주요논저: 「1864~1904년 중국 설탕시장의 성격 − 『中國舊海關史料』 분석을 중심으로」(2015)
　　　　　「전통 중국 사탕수수 농업의 변화와 발전」(2015)

김종식 (金宗植)　아주대학교 사학과 교수, 일본근현대사
　주요논저: 『근대일본 청년상의 구축』(2007)
　　　　　『1920년대 일본의 정당정치 − 성립과 쇠퇴의 논리』(2007)
　　　　　「제1차 세계대전에 대한 일본과 식민지 조선의 대응 − 노동정책을 중심으로」(2015)

김지훈 (金志勳)　성균관대학교 동아시아역사연구소, 중국근현대사
　주요논저: 『기억의 정치공간: 박물관을 통해 본 동아시아의 역사 교육과 민족주의』(2014)
　　　　　『현대중국: 역사와 사회변동』(공저, 2014)